中国金融论坛丛书

中国金融体制改革：回顾与展望

（第六届）

邓乐平 主编

ZHONGGUO JINRONG TIZHI GAIGE

HUIGU YU ZHANWANG

(DI 6 JIE)

Xinan Caijing Daxue Chubanshe

西南财经大学出版社

前　言

2006年，第六届中国金融论坛先后在广西南宁和北京召开了两次。两次论坛由于其不同的召开地点和主题而被区分为“中国金融论坛南宁会议”及“中国金融论坛北京会议”。

2006年4月22日，由西南财经大学中国金融研究中心主办、北海银河集团协办的第六届中国金融论坛在广西南宁召开。本次会议围绕“中国金融改革：回顾与展望”的主题，回顾和讨论了我国二十多年来的金融改革历程所积累的经验教训，就当前中国金融改革中的一些热点问题进行深入交流，以期在理论上对我国金融改革有所裨益。著名金融学家黄达、张志超、吴念鲁、张亦春、白钦先等以及来自国内10多所财经院校和科研机构的专家学者、中国人民银行南宁支行、广西银监会代表等50余人参加了此次大会。中心副主任邓乐平教授作了大会主题报告“中国金融改革：回顾与展望”，大会讨论的主要议题及观点如下：

一、对中国金融改革进程的回顾及反思。中国金融的发展将面临更加严峻的挑战，已进入新的节点。进一步的发展必须破除观念和意识形态的限制，不能忽视我国与发达国家的巨大差距和众多发展中国家在金融改革中的本土化发展方式及其成功经验，也不能因循守旧，对市场经济主导及进一步的产权改革持怀疑甚至否定的态度。对以往改革经验教训的梳理和对自身主客观缺陷的深刻反思是十分有必要的。对中国金融改革进程的评价包括：近三十来的改革实践表明，对改革前景的过度悲观是难以令人信服的，改革走到今天，中国的金融体系并没有出现令怀疑论者忧心忡忡的“金融崩溃”，而是不断完善。金融教学推动了金融学科的发展，最大的成就是建立了包括货币银行在内的学科体系，并且在财政信贷综合平衡、货币政策、外汇储备与货币供给、控制现金购买力以及控制制度性的金融风险五个方面具有中国特色。金融思想史的研究，需要与金融制度的变迁相结合，而研究制度变迁需要全面深入地分析其经济需求，不能进行草率的价值判断。金融思想史的研究需要搭建一个新的认识框架，提炼出观念和思想的新范式。

二、金融开放与金融安全。金融开放的同时必须关注中国的金融安全，确保决策程序的公正和透明。在当前的条件下，中国还不具备人民币自由兑换的条件，贸然放松资本项目的管制非常危险。加强我国外汇储备的管理，进行市场化的运作是一个迫切需要解决的问题，藏汇于民恐怕不是解决这一问题的根本途径。

三、金融资源的合理配置。当前国内的金融资源配置上存在过度倾斜，这导致了区域经济、金融发展严重失衡，如果任由其发展会产生严重的社会问题，应该关注区域金融的协调发展。基于中小企业融资难、我国农村金融发展存在的区域布局失衡、货币市场发展滞后以及利率市场化改革的现实，金融改革还需要立足于长远规划，进行阶段性的安排。

四、中国商业银行体系的改革和发展。国有银行的股份制改革和上市，引进战略投资者等问题成为了专家们关注的热点。有学者指出，结合中国金融改革的历史与现实，评判国有银行贱卖与否并不是问题的关键，而在于是否能够通过引进战略投资者，改变国有银行的经营理念，转换经营机制，提高经营效率，从而建立更加具有弹性和竞争力的商业银行体系。即“花钱买机制”的做法是否最终可行，一是看是否买到了真正好的机制，二是这种好的机制经过磨合怎样实现本土化，真正提高银行的绩效。

五、政府在金融改革中的地位和作用。在改革中，政府的活动领域相当宽广，其对金融发展既有正面作用也有负面作用。如宏观调控，对渐进性的经济增长起到了推动作用，为市场信用的形成提供了时间和空间。但宏观调控导致传统增长方式的回潮，阻碍了民间金融的发展，金融机构的市场退出机制难以有效建立等。在讨论政府与市场的关系时，必须重视约束条件，新加坡模式虽然比较成功，但其约束条件与中国有较大的不同，不能盲目地照搬其经验。

2006年9月23日，西南财经大学中国金融研究中心和中国银行业协会联合举办的第六届中国金融论坛北京会议在全国政协礼堂举行。中央财经领导小组办公室副主任唐仁健、中国人民银行副行长苏宁、中国银监会副主席唐双宁、中国保监会副主席周延礼、中国证监会主席助理姜洋、中央汇金投资有限责任公司总经理谢平、汇丰集团亚太区业务发展与经济顾问梁兆基，黄达、曾康霖、赵海宽、张亦春、吴念鲁、白钦先、洪维国等国内外金融机构及高校代表约300余人参加了本届论坛。大会开幕式由西南财经大学副校长丁任重教授主持，校长王裕国教授和中国银行业协会专职副会长刘张君分别致辞。教育部为论坛发来了贺信。

本次论坛围绕主题后WTO时代的金融创新，对后WTO时代中国金融业的创新与发展进行深入探讨，着重讨论了以下议题：

一、把握创新的内涵，以创新战略来推动建立一个与国际接轨的现代金融体系。作为一个从计划经济向市场经济转型的发展中国家，我国金融创新有着更为丰富、更为复杂的内容：从宏观层面讲，主要是金融体制、金融制度和运行机制的创新；从微观层面讲，主要是金融企业的金融产品、服务方式、业务流程、管理制度、内控机制等方面的创新。在当前背景下，关于创新亟需解答并解决的重点战略问题有：如何全面促进金融衍生产品市场的发展，迎接结构金融时代；如何推进商业银行业务结构创新，增强风险抵抗能力；如何以利率市场化来推进金融创新的进程；如何掌握人民币金融衍生产品的主导权和定价权；政府在金融创新中的角色以及如何由政府主导创新过渡到市场主导创新；如何以债券市场为突破口扩大直接融资，为结构金融产品提供创新基础；如何以证券化为起点来发展第三种融资模式；如何以创新来带动混业经营，实现金融资源的有效整合；如何破除金融垄断，创新金融市场的进入和退出机制；如何为金融创新做好法律、税收、会计、信用等制度环境建设；如何加强金融人才的培养来支持金融创新基础建设；随着金融创新的持续发展，监管体制如何适应，监管理念如何调整，监管手段如何跟进。

二、中国在WTO框架下的权利与义务。加入WTO以来，中国在享受WTO成员权利的同时，也履行了相应的承诺和义务。现在的问题是：按WTO的规则，怎样实现权利与义务的对等，特别是怎样实现经济发达国家与经济发展中国家的权利与义务的对等；如果现阶段不对等，对等有一个过程，中国作为发展中国家该怎么选择？与此紧密相关有以下问题值得研究：如何协调处理金融开放与国内宏观经济稳定、金融开放与财政平衡以及与国内金融体系自由化的关系；我国银行业要不要走出去，怎样走出去；加入WTO，对老百姓究竟带来了什么好处；与什么国家发展自由贸易，自由贸易是否都是双赢；如何处理外汇储备持续增长与招商引资问题。

三、对后WTO时代的中国金融创新及研究的反思。后WTO时代的中国金融创新由于其后发机遇，更多的或主要地是对国际标准的学习、借鉴和移植。从这个角度上讲，中国的金融创新亦不是严格意义上的创新。但是，处于转型与发展双重特征的中国特定约束条件使得金融创新的本身极具复杂性。WTO前后中国金融业的特征与变化有哪些，研究后WTO时代金融创新的逻辑起点在哪里；研究的范例又是怎样的呢，这些都是值得进一步研究。

本届论坛得到了大家的大力支持，收到了很多优秀论文，这里选取一部分集结出版。遗憾的是，由于版面原因，有很多的优秀论文我们没有收录，大家可以进入中国金融研究中心的网站（http：//zgjr. swufe. edu. cn/）下载电子版本。最后，对支持本届论坛的学者、专家表示感谢。

西南财经大学中国金融研究中心

目 录

商业银行改革

资本市场及外汇市场改革

后WTO时代的金融创新

其他

中国金融改革：回顾与展望

西南财经大学中国金融研究中心
《当代中国金融发展思想史研究》课题组

如果从1978年中国的改革开放算起，中国金融改革已近三十年了；即使从1985年标志中国宏观经济体制改革起步的“巴山轮会议”算起，中国金融改革也经历了整整二十年的曲折和艰辛。在此过程中，中国金融改革取得了一些重要的成就，积累了许多宝贵的经验和教训，留下了一些悬念和思考，也形成了一些虽不成体系但也闪烁光芒的思想火花。鉴古而知今，归纳、整理这些散乱于各个历史时期、深藏于不同重大历史事件中的思想火花并将其系统化和理论化，对于金融改革本身以及学术进步无疑具有重要的历史和现实意义。事实上，一些重大问题的讨论已经展开。例如：渐进式改革与冷冻疗法孰优孰劣？政府主导与市场主导何者更有效率？下一步中国金融改革的焦点在哪里，是产权边界，还是公司治理？近年来有很多争论的诸如股市赌场论、银行贱卖论、人民币升值与否以及国家金融安全等问题。

一个显而易见的特征是，中国经济及金融改革在取得巨大成绩的前提下，现已进入一个新的节点，其标志是：第一，进一步发展的数量及环境限制。由于比较改革初期经济发展总量的基数已经变大，并且因改革初期社会整体受益的局面不再彰显而使改革的边际效用降低（或边际成本增加），经济增长速度将受到抑制；加以自2006年起我国金融业加入WTO的过渡期已过而不再受到保护，中国金融的发展将面临更加严峻的环境。第二，进一步发展的观念及意识形态限制。目前以及较长一段时间以来，有两种认识或观念令人担忧。一是过高评价我们的成绩而肯定一切，认为已跻身于世界强国，因此断定我们走过的路是完全正确的，严重忽视了我们与发达国家的巨大差距以及某些内源性障碍问题，同时，也忽视了与我们竞争的亚洲、东欧、南美等发展中国家，尤其是忽视了它们多种本土化的发展方式以及隐藏其中的成功经验，因而不易看到变幻世界中的多样性和相对论的视角。二是因袭某些传统、陈旧乃至“左”的观念，对历史发展所展示的规律视而不见，对市场经济主导及进一步的产权边界等深层次问题全然否定，导致改革进程经常进二退三，总是在一些意识形态问题中纠缠不休。因此，我们在面对任何空泛理想主义的时候，都应该有一种特殊的警惕，不要忘记历史教训。

正是基于以上原因，金融界乃至整个经济界必须立足实证，反思历史，思考未来。若不进行认真而负责任的梳理，尤其是针对自身各项主客观缺陷进行深刻的反思，由此推动新一轮的有突破意义的金融创新，要想有一个较大的新的发展空间恐怕很难，至少是比改革初期难，并且是越来越难。那么，在新一轮的发展或曰节点上中国金融的进一步发展靠什么呢？通过对历史与实证的认真研究，我们的回答是：第一，靠民间力量的进一步创新和成功；第二，靠市场结构的进一步发育和成熟；第三，靠包括政府在内的全社会的思维和观念更加民主、理性、务实和富有效率。

当代中国金融发展思想内容丰富、涵盖面广。从新中国成立初期到20世纪60年代中期，这是在中国特定历史条件下，从理论与实践上探索如何进行社会主义经济建设的最初尝试时期。在这一时期，中国的金融理论工作者抱着非常认真的态度，对实践中所提出的金融理论问题进行研究，曾涌现出不少真知灼见；同时，苏联货币金融理论及其研究模式，对新中国金融思想的形成与发展产生了极为重要的影响。从20世纪60年代后期到70年代后期，即十年“文革”时期，随着极

“左”思潮的泛滥，中国金融、经济乃至整个社会遭受到重大的冲击和破坏，这一时期没有留下多少值得研究的金融思想。从1978年到现在，这是在以经济建设为中心的前提下和改革开放的环境中探索建设有中国特色社会主义的尝试期，崇尚解放思想和实事求是成为这一时期的主旋律。这一时期金融理论界对金融理论的重新讨论，不仅对有关的问题有了进一步的认识，而且也逐渐摆脱了传统理论研究模式。对西方金融理论的引进和研究，极大地促进了中国金融思想在理论和实证方面的发展。但就总体而言，纵观中国五十多年金融思想的形成和发展过程，其研究的范式多以对经典理论的解释和对政策实践的研究为主，难以形成较为完整和系统的金融思想学说，似乎没有一条完整的主线来贯穿于这五十年来金融思想的发展过程。

面对如此重大的课题和浩如烟海的文献资料，正确的研究思路与方法尤为重要。为此课题组于2002年9月就该课题的研究思路、方法、内容等问题先后采访请教了黄达、王兰、周升业、曾康霖、赵海宽、秦池江、何泽荣、甘培根、刘鸿儒、王传纶、吴念鲁、王克华等著名学者。其中，周升业指出，五十多年来中国金融理论的研究往往因为政治与体制变化的影响，而不断转移研究目标，没有坚持对某一思想的研究、发展、应用和完善，难以形成贯穿始终的主脉络。王传纶认为，在20世纪70年代末到80年代中期，金融思想主要集中于金融体系的改革方面，这是关系到方向性的问题，所以必须最先得到解决；而20世纪80年代中期以后，集中于金融市场和金融机构的发展和规范问题，两个问题交织在一起，难以分出前后。在具体研究方法上，刘鸿儒、秦池江给予了热情指导。刘鸿儒建议以时间为主线，以各时期的问题、争论的事件为核心分块建立文章的框架；同时，问题与争论应以金融学术思想为主，以实践中的矛盾和操作为辅，并以学术争论为核心，展开争论产生的背景、主要观点、实际操作以及对未来改革思想的影响的验证；在研究重点上，则主张“厚今薄古”原则，以改革开放以来的二十多年为主，前三十年只做整理和参照，而不做过多挖掘；另外在指导思想上，要强调邓小平建设有中国特色社会主义的理论思想的突破作用，既要说明中国的国情背景，又要结合西方思想的影响。

根据上述情况和专家学者的意见，课题组经过充分讨论研究，确定了课题研究的总体思路，制订出了详细的研究计划，分四个阶段实施：第一阶段筛选大事件；第二阶段取舍论点；第三阶段设置问题；第四阶段为系统整理与完稿阶段。同时对每个阶段的时间进度做了周密的安排。

2004年11月中旬到2005年3月中旬的4个月内，课题组又对北京、上海、深圳和成都四地的五十余名金融学专家学者进行了交互式的采访调研，采访了吴晓灵、谢平、夏斌、李扬、王国刚、王松奇、张育军、蔡重直等，取得了一系列有意义的成果。有意思的是，关于中国金融思想发展过程中的一些根本性问题，在采访的过程中就出现了分歧。比如，过去五十年以来中国是否存在或者产生过金融思想？对此就有两种观点。一种观点认为，中国没有金融思想，有的只是政策，但政策史并不是严格意义上的思想史。中国金融改革的过程就是“摸着石头过河”，就是如何到达“彼岸”；在此过程中一直在照搬外国经验和理论：在改革开放之前照搬苏联，之后则主要照搬美国。因此，中国本身没有思想或者缺乏思想。另一种观点认为，中国金融发展过程中是有思想的，至少是不乏“思想火花”的；这些思想可能不都是原创性的，都是对西方或者马克思主义的金融思想的阐释、运用。尤其在货币政策思想方面，谢平认为“中国的经济学家在货币政策理论方面没有突破性的贡献，我们只是照搬、应用西方的理论”，“只是应用性的解释，原创性的没有”。多数人可能都持有第二种观点。又比如，在金融思想与金融实践的关系问题上，夏斌指出，中国的金融思想很大程度上是先于金融实践的。金融思想者通过宣传、鼓动甚至教育金融改革的政策制定者从而影响金融改革进程；金融政策是硬化的金融思想。谢平也指出，金融改革中深刻甚至惨痛的教训也使人们不得不加强金融问题的理论研究。但蔡重直说，要把金融思想与金融政策区分开，也许某些金融政策反映了重要的金融思想，但很多好的金融思想却未必被金融政策所吸纳，因此金融政策与金融思想不是严格一致的。甘培根也指出，中国金融改革很大程度上归功于中国学者或者学者型官员对中国实际的研究以及对国外经验的借鉴；中国金融改革的某些重大挫折也归咎于这些学者的误导、片面。在货币供给、货币需求的研究方面，王克华说，现金与商品的关系是1∶8，这个公式是人民银行的一个叫王清立的人提出来的；但是王兰又说，这个公式是陈牧算出来的，他说，陈牧当时是行长助理，他根据很多年的资料算出了1∶8的比例，现金和零售额是1∶8的比例。可见这个公式究竟是谁提出的还有待进一步考证。在银行改革方面，老一辈的金融专家也提出质疑。比如王克华指出，银行改革究竟往什么方向去，这个问题似乎还没有解决。他说目前专业银行①有时候还要靠地方政府的支持，而政府也要靠银行，"政府对银行的干预问题一直没有解决"。银行不良资产的增加和减少都与政府有关系。在银行改革方面，我们社会主义的特色究竟是什么，还不够明确。总之，通过调查采访，开阔了视野，加深了理解，对总结前期研究成果和指导后期研究重点和方向产生了重要影响。

截至2005年12月，通过近三年自认为还算勤奋、扎实的工作，课题顺利结项。该课题史论结合，以史为主，以述为主，并辅以适度而尽可能客观的评介。通过"点"上的历史事件来带动"面"上的历史过程的研究，做到"人"和"事"的有机结合，力图寻找出那些在事件和政策之后的背景资料，以求更真实地反映历史，在研究方法上有一定的突破。另外，该课题突破思想史研究注重"故纸"整理的窠臼，而采取灵活生动的"互动式"研究方式，这也为本课题的现实性增色不少。也正是由于采用这独特的研究方式对国内部分资深学者和重点任务进行实地采访和调研，挖掘出了主流金融思想及其背景材料，为历史保留了一分真实，因此，该课题研究也被一些资深学者称为金融思想史上的"抢救行动"，得到了他们高度赞赏和支持。

本课题研究内容有一定的创新意义。我们通过重点研究新中国建立伊始尤其是改革开放以来各历史时期主要金融思想和政策主张的基本内容以及它们之间的基本联系，试图勾画出一幅活生生的金融思想史的"清明上河图"，并揭示其中相关思想产生、发展和演变的基本规律，加深人们对中国金融思想及其发展过程的认识，为洞察中国金融改革和发展的现状与未来提供一种独特的视角，也为建立当代中国金融理论体系提供初步的思想基础。该课题取得的一些有意义的研究结论，增加了课题研究的学术价值和应用价值。择其要点如下：

（1）总的说来，需要从渐进式发展这个总的背景下来把握当代中国金融理论产生、发展与演变的内在逻辑。具体而言，应该把握这样四个层次。第一，发展性前提，应该在"发展才是硬道理"的前提下，既看到我国政治经济体制的稳定性，更要突出不断向前突破的非稳定性来把握我国不同时期的金融理论；第二，以转轨为标志的阶段性特征，应该将其放在转轨过程这一大的历史环境与条件下来把握，尤其是比较不同经济体制或不同经济运行方式的差异性；第三，金融深化的必然性，应该在金融制度或体制的变迁过程中来把握金融理论，金融体制的深化和思想者的创新是永恒的；第四，学术的自由性，强调在一个相对自由、开放的思想环境中，客观评价马克思主义学说并广泛吸取西方文明的合理成分，强调文明的融合与思想的交汇。只有在这种前提下，金融理论才具有发生的现实性和可能性，理论才有现实的实践来源，才能发生理论的继承，从而每种具体的理论在一定的范围内才具有真理性或说服力。

（2）转轨以来我国金融体系的变迁与创新，既是政府主导型的强制性制度变迁过程，同时又受到思想界的深刻影响，从而带有某些诱致性制度变迁的特征。例如，中国宏观政策的确立受"巴山轮会议"的影响；开放证券市场受"合肥会议"的影响。中央银行的分设也是同当时学术界关于"宏观经济理论"、"货币政策理论"等思想争论密切相关的。因此，必须发掘中国金融体系产生和演化的特定约束条件，包括传统文化、价值观念以及改革者的思想意识等。正是这种环境制衡与思想者的向前突破形成博弈与妥协，从而产生具有鲜明特点的该时期的金融思想。迄今为止，

① 实际上是指各国有商业银行。

中国金融及其思想史的发展仍然颇具这种“中国特色”。我们尤其注意到：中国中央银行及至大区行的分设等重大事件，既是部门主官的某种倾向性主张，又同金融及学术界关于“宏观调控理论”、“货币政策机制”等思想争论密切相关。在中国，由于学术供给同政策需要的某种延续关系，金融思想史在宏观政策及政府监管方面似乎最为活跃与积极。

（3）中国商业银行体系的发展和演变，带有强烈的历史印记或特色烙印，至今仍未能完全摆脱。学术界对此的讨论从未停止，有时甚至还十分激烈。例如，1984 年，在讨论“中国金融改革的突破口”这个重大问题时，西南财经大学的部分老师和研究生响亮提出“中国金融改革的突破口在专业银行的商业化”，在国内引起反响。但中国银行改革和发展的出路在哪里，国有银行目前是否已达到商业化标准，商业化银行同金融稳定的关系究竟是什么等，目前仍然是金融前沿争论的焦点。我们发现，或许是由于讳言产权问题，金融思想史在这个方面似乎略显滞后，直到最近几年也没有实质性突破，银行改革引进战略投资者问题以及国有银行贱卖论此起彼伏即是明证。

国有银行的股份制改革和上市无疑是一项重大的改革举措，对我国未来金融制度变迁必将产生深远影响。其中，引进战略投资者被作为国有银行改革的关键环节，但此举自 2005 年下半年以来却饱受非议与责难，国有银行被贱卖的呼声不绝于耳。结合中国金融改革的历史与现实，客观公正地看待这一问题就会发现，国有银行贱卖与否并不是问题的关键，关键在于是否能够通过引进战略投资者，改变国有银行的经营理念，转换经营机制，提高经营效率，从而建立更具弹性和竞争力的商业银行体系。通俗一点说，所谓“花钱买机制”的做法是否可行。一是看是否买到了真正好的机制；二是这种好的机制经与中国磨合怎样实现“本土化”，并真正提高银行绩效，产生体制外的“不可抗”和历史性的“不可逆”的综合力量，借以推动新一轮的金融创新与金融深化。——就国有银行改革而言，如何在改革的理想主义和现实压力之间寻求平衡，仍然是一个有待深入研究的课题。

（4）同商业银行的国有化主色调不一样，中国非银行金融机构，这里主要指信托业及农村信用组织，都带有明显的“海水”（市场）与“河水”（计划）相互交织的痕迹。信托的理论设想及学术论证毋庸置疑，但信托的建立一开始就偏离了市场的方向，导致整个信托几近全行业崩溃，发展到不得不对信托进行大规模的行政干预并在此基础上进行“第二次创业”。农村信用组织本来是民间组织，却被诸多的计划经济、行政干预以及后来的地方保护等搞得面目全非，产权模糊，管理混乱。通过对学术界相关问题争论的整理，我们既看到了闪烁的真理，也发现了诸多的无奈与遗憾。

（5）同以上两个领域不一样，中国证券市场的产生和发展，一开始就是市场的产物，这是我们从第一手调研中发现的。它包括股票、上市公司和交易所，都是先于某种制度破壳而出的。以后的问题，大抵是围绕着“发展与规范”这一主题展开的。中国证券市场的时间虽然不长，但是发展的规模和速度之快为世人公认。同时，这一市场的问题之多，对老百姓的影响之大也是众所周知的。于是，关于“改革、发展与稳定”，关于“效率与公平”等基本问题，是当今学术界、官员和老百姓共同关注的焦点。我们看到，金融思想史在这一问题上争论颇多且异常激烈，有些争论甚至带有明显的感情色彩，以至于人们怀疑其中有没有利益的纠葛。

（6）我们注意到，包括金融工程、公司财务等微观金融问题也已进入我们的学术领域，并得到迅速的传播与接受。如果说原有的中国金融思想可称为“主流学派”，那么，微观金融作为一种“异军突起”的力量也让人不敢轻视。在这个方面目前需要解决的根本问题是，这种理论以及大量的计量经济模型怎样运用于国内实践；或者就规范的学术语言而论：这种外来理论怎样确立符合自身要求的理论及市场前提即约束条件。

（7）关于赌场论及其争论。2001 年著名经济学家吴敬链先生提出中国股票市场是赌场的观点①引起极大争议，无独有偶，中国股市偏偏在此后即陷入漫漫“熊途”，一蹶不振，由此拉开了一场关于中国股市是否赌场以及如何办下去的社会大辩论。我们认为，给股市一个怎样的名分其实不是最重要的，最重要的是股市是否发挥了应有的作用。从博弈论的观点来看，包含交易、投资等各种主体经济行为都可理解为一种博弈关系。其实，大至国家政治、军事，小至个人家庭、事业，不都是一种博弈行为吗？因此，把股市比喻为一种相互博弈的场所或曰赌场，似乎没有什么必须正名的辨别价值。股票市场作为一种多元博弈结构，重要的是博弈规则即相关制度是否能有效地引导投资者、上市公司、经纪人等市场主体的理性行为，实现资本配置的优化。至于在此过程中，中国股市是否全无规则，黑幕重重，甚至已沦落到整个社会为此付出代价的腐朽的边缘，我们认为，此说未免危言耸听，且不论这是中国转轨过程中的必然产物，即使以美国“梧桐树协议”之后二百多年的股市看，其初期和中期不也是这样走过来的吗？因此，对于中国股市及其发展的相关问题，或许不是要讨论它是不是赌场，而是要讨论它应该是什么样的赌场；不是要对它进行社会道德判断，讨论其“好”还是“不好”，而是要从经济学研究的视角出发，关心它是否公开、公正和公平，并由此演绎出，在效率与公平原则下促进资本流动与优化资源配置等证券市场的终极目标来。因此，在我们看来，争论的中心并不在于这个赌场该不该存在，而是这种竞技场所的游戏规则、透明度、激励和约束机制能否使每个参赛队员感到公平并发挥出最大的效率，并由此提高整个社会经济的活力和效率，这就像我们提倡或崇尚的奥林匹克精神一样。

最后，必须指出的是，当代中国金融改革及其孪生的思想发展历经五十年后已经发生了重大变化；要想在短期内完整准确地把握其基本过程，并穷其规律，无疑是不现实的。我们还面临一些重要的问题和困惑，至今还没有得到解决和澄清。因此我们目前的研究也只是初步的，也是处于过程之中而有待进一步充实、完善和提高。

本次会议的主题也在于讨论中国金融改革与金融思想发展过程中的基本方面，为此，我们以本文就教于全体代表，抛砖引玉，仅供批评。我们期待本次会议给予本课题指导、帮助和批评。我们相信，本次会议的成果必将对本课题的总纂以及中国金融思想史的后续研究产生重要影响。

---

① 2001 年 1 月 14 日，中央电视台《经济半小时》栏目播出了对吴敬琏先生的访问，吴敬琏在采访中发表了对中国股市的看法。吴先生的观点被《证券市场周刊》概括为三条，其中第一条就是“中国的股市很像一个赌场，而且很不规范”。“赌场论”一经抛出即引起了社会各界强烈反响。2001 年 2 月 11 日，厉以宁、董辅礽、肖灼基、韩志国、吴晓求五位经济学家在北京召开“中国股市恳谈会”，反对吴敬琏的观点。

商业银行改革

国有商业银行改革：重组上市与绩效分析

王　森①

内容提要：国有商业银行的改革和发展对中国经济的深度发展具有重要意义。本文对截至2003年底的国有控股的上市公司绩效进行研究，应用回归计量检验，得出的结论：就国有控股的上市公司而言，从总体上看其绩效在下降，这说明单纯依靠重组公司的治理结构来希望改善公司的运作效果或经营业绩在短期内是不现实的。这一研究结论是令人吃惊的，它说明在2006年外资银行全面享受国民待遇的时刻即将到来之际，中国商业银行的拓展市场业务比改善治理结构要重要得多。本文的研究结果对于国有银行的改革和发展有重要的启示。

关键词：国有控股企业　国有商业银行　治理结构　绩效

一、文献评论

Megginson，Nash和Randenborgh（1994）研究过从1961年到1990年来自美国18个县的61家上市公司的表现以及在不同时期公众化的过程，可以说是研究和探讨上市公司绩效的代表性论文。他们的研究表明，公司通过重组上市改善治理结构之后，公司的效率得到了明显的提高，而且债务水平也得到了控制。

Boubakri and cosset（1998）也考察过1980年 到1992年时期中的21个发展中国家的公众化企业的表现。他们选取了这些国家的79家公司作为样本进行了分析，研究表明这些公司在上市后的操作效率、资本项目、收益性以及雇用水平方面都取得了重要的进步。

有关私营化后操作效率、资本项目和收益性的绩效考察，Barberies，Boycko，Shleifer和Tsukanova（1996）更进一步，Perotti和Guney（1993），Perotti（1995），Megginson，Nash和Netter（1998）把研究重心放在上市的私营化的公司的公正的价格表现上。Eckel和Singal（2002）把研究对象放在英国空中航线私营化的财务表现方面的绩效上。以上学者从不同的角度论证了公众化对于改善企业经济的效率的重要作用，他们得出的结论几乎完全一致，即企业重组上市后其绩效是正向的。

众所周知，中国的股票市场运行只有短短15年的时间，在此期间使中国最重要的国有企业通过重组上市改善了治理结构。最近股权分置的改革正在积极实施，中央政府改变以国有控股公司占绝大多数上市公司的决心已逐步显露。截至2003年底，沪深两市的全部1287家上市公司中，有1054家国有企业，占上市公司总数的81.90%。由此看来，作为中国经济发展的龙头——国有控股的上市公司，代表了国有企业改革的情况。我们感兴趣的是，中国的国有公司的绩效是否因为上市得到了改善？它们对国有银行改革有什么样的启示？这些问题是否与国际上学者们研究结论相一致？

①　王森，现任山西财经大学中国企业与金融研究中心主任，一级教授，博士生导师。研究方向：企业金融与资本市场研究。

二、国有控股公司的绩效分析

（一）模型

1. 因变量与自变量的选择

本文主要论证上市公司数量与每股收益的相关程度①。设 y [1] 为每股收益（mgsy），设 x [1]为上市公司数（sss）。

2. 时间序列的选择

回归分析和弹性分析要求有一定的样本量，所以选择的时间序列为 1993—2003 年。

3. 模型的选择

在对 11 年数据分布状态深入分析的基础上，选择 $y = a + bx$ 的一元回归模型来说明上市公司数量与每股收益的相关程度；选择 $\mathrm{Log}(y) = a + b\log(x)$ 的对数回归模型，来说明上市公司数量对每股收益的弹性。

（二）国有上市公司数量与每股收益的相关程度检验结果

$$y[1] = -0.000208 \times x[1] + 0.427869$$

Variable	Coefficient	Std. Error	t - Statistic	Prob.
SSS	-0.000208	5.32E-05	-3.907901	0.0058
C	0.427869	0.046456	9.210209	0.0000
AR (1)	0.299572	0.353900	0.846488	0.4253

R - squared	0.838688	Mean dependent var	0.265797
Adjusted R - squared	0.792599	S. D. dependent var	0.068192
S. E. of regression	0.031056	Akaike info criterion	-3.862741
Sum squared resid	0.006751	Schwarz criterion	-3.771965
Log likelihood	22.31370	F - statistic	18.19707
Durbin - Watson stat	1.773814	Prob (F - statistic)	0.001686

（三）国有上市公司数量与每股收益的弹性分析

$$\mathrm{Log}(y[1]) = -0.477201 \times \log(x[1]) + 1.792791$$

Variable	Coefficient	Std. Error	t - Statistic	Prob.
LOG (SSS)	-0.477201	0.240097	-1.987538	0.0872
C	1.792791	1.618112	1.107952	0.3045
AR (1)	0.390338	0.318551	1.225355	0.2601

R - squared	0.709756	Mean dependent var	-1.357786
Adjusted R - squared	0.626829	S. D. dependent var	0.277275
S. E. of regression	0.169381	Akaike info criterion	-0.470009
Sum squared resid	0.200829	Schwarz criterion	-0.379233
Log likelihood	5.350044	F - statistic	8.558817
Durbin - Watson stat	1.655806	Prob (F - statistic)	0.013173

① 本文选择每股收益为考察上市公司绩效的指标，与选择净资产收益率指标以及其他单一的指标对绩效的计量检验结果相一致。在上市公司的年报中很少发现整体上相关绩效的走向不一致的案例。

通过以上的计量检验，我们的结论是国有上市公司数量与每股收益呈现强烈的负相关关系，即随着国有上市公司数量的增多，业绩在下降；其弹性系数为 -0.477 201，即国有上市公司数量增加1%，那么国有上市公司的业绩均值下降0.477 201%。可见，国有企业经过改制和重组变成上市公司以后，其业绩不仅没有明显的改善，反而在下降。由于我们选择的样本时间是从 1993 年到 2003 年底，因此这种实证研究的结果非常容易说明问题，即希望通过上市重组国有企业来改善公司有效运作的想法看来在短时间内是难以奏效的。

三、国有商业银行的重组与发展

相对于国有企业来讲，国有商业银行的改革要慢得多，当然这有一个历史背景，因为过早地大规模的全方位改革容易诱发更多的社会经济问题。现在我们注意到，从 2003 年底中央汇金公司注资，到 2004 年股份有限公司成立，中国建设银行、中国银行已经初步搭建了法人治理结构。由此为导向，各大国有商业银行以及各地方的商业银行都在积极考虑重组方案，特别是对通过引进外国的战略投资者来实现重组上市的目标十分感兴趣，从而希望以此来改善公司治理结构和经营业绩。目前已有外资参股中国的商业银行，如中国建设银行、杭州商业银行、北京商业银行、济南商业银行、西安商业银行、深圳发展银行、民生银行、交通银行、兴业银行、浦发银行、南京商业银行、上海银行以及光大银行。

对于国有企业和国有银行这一对改革难题来讲，从对国有控股的上市公司的绩效研究的结果可以看出：通过重组来实现公司上市，并不能达到改善公司运作的绩效，国有商业银行与国有企业一样，实际上治理结构的多元持股主要还是国有资产之多元，所以建立良治的充分条件尚未具备，旧体制可以轻易地在新构架中延伸发展。这恐怕是国有公司重组上市后绩效下降的主要原因。

改革确实存在着这样一个悖论：一方面，如果没有上市这么一个直观目标，想要推动改革是很难的；另一方面，上市确实比不上市有很大改进，但是远未达到转变机制、脱胎换骨的效果。以中国银行在香港为例，刚开始上市的时候确实对它抱有很大的期望，但上市后的进一步改革效果并不明显。银行改革是一个长期过程，特别是中国的银行改革，不能一蹴而就。长期的体制问题，多年积淀的文化、管理的落后，信息的落后，不是一下子就能改完的。上市固然是其中很重要的一步，但是不要把它看得太重。例如，我们把银行适用的会计准则先是从国内 1993 年的准则过渡到 2001 年的会计准则，再转换到国际会计准则（IFRS），这是一件很困难的事。这不光是会计科目的转变，实际上很大程度是管理行为的转变。一个账目的转变就能把几十亿的盈利变成几十亿的亏损。有些管理人员认为转变会计准则转变了管理方式，因而不能接受新的国际准则。可见，上市带来的事情涉及经营理念、行为、人员素质等一系列变化，治理结构的终极目标是在对旧体制的扬弃。上市是银行改革的过程并不是目标，国有公司的目标应该是最终的绩效改善和良性的公司运作。

目前，西方发达国家的银行业务已经完成了由传统业务（存贷业务）向现代业务（中间业务）的转变，因而在日益激烈的经济竞争中占据了有利地位。据统计，西方银行业的中间业务收入占其总收入的比重平均达到50%左右，而我国商业银行中间业务收入占各项收入的比重最高的不超过10%，最低的不足1%，大多数中间业务还没有进入我们的视野。我国商业银行曾受传统经营观念束缚以牺牲中间业务为代价换取存贷款业务的快速增长。为了占领信贷市场，采取不收费或少收费，甚至无偿提供办公场所、办公设备；一些银行为存款业务不择手段。这种恶性竞争的结果实际上严重地削弱了国内银行与国外银行的竞争能力。

研究表明，美国的商业银行的平均资产利润率是中国四大国有商业银行平均水平的12.86倍。由此可见，我国的中间业务中的卡类项目虽然种类不少，但是其目的和盈利都与西方发达国家的情况悬殊，而且现代商业银行业务很多的内容还没有进入我们的视野。

中国银监会发布的最新统计数字显示，目前外国银行已在我国设立了244 家营业性机构，获准经营人民币业务的在华外资银行机构达到100家，在法规规定的12项基本业务范围内经营的业务品种约有100个。截至2004年底，在华外资银行的总资产市场占有率达1.82%，外汇贷款市场占有率达17.8%，人民币资产总额857亿元。此外，中国已经了开放北京、昆明和厦门的外资银行人民币业务；2005年底，还开放了西安、沈阳、宁波和汕头4个城市；到2006年底，已取消所有地域限制，同时开放中国居民个人的人民币业务。届时，外资银行在人民币业务的范围和领域方面将与中资银行完全一样。目前花旗银行、美洲银行、亚洲开发银行、澳洲联邦银行、荷兰ING集团、加拿大丰业银行、新桥投资、恒生银行、国际金融公司和新加坡政府投资公司等外资金融机构都已入股中资银行。这表明外资银行正在加紧进入中国的步伐，而中国与外资银行之间的差距，日渐明显。可见，外资金融机构在我国已粗具规模，我国金融业应该在拓展现代银行业务和提高国际竞争力上下功夫，从而堵塞过渡经济中诱发金融和经济危机的漏洞。

四、结论

文献表明，目前在世界范围内有关公司治理的讨论已经涉及多个学科领域。早在20世纪80年代初期，公司治理的概念最早出现在经济学文献中。经济学家哈特（Hart，1995）认为，只要存在以下两个条件，公司治理问题就必然产生。一个条件是代理问题，组织成员（所有者、经理、工人或消费者）间存在利益冲突；另一个条件是交易费用之大使代理问题不可能通过契约解决。在没有代理问题的情况下，公司治理无关紧要，这是新古典经济学所主张的。公司中所有个人可以被指挥去追求利润、企业的净市场价值最大化或者最小成本；每个人努力和其他的各种成本可以直接得到补偿。因此，不需要激励机制调动人们的积极性，也不需要治理结构去解决争端。新古典理论纯粹把企业看作是一个黑匣子，视为一组生产函数 $Q = Q(L,K)$。标准的委托—代理模型假定签订一份完全契约是没有费用的，然而，实际并非如此。交易费用的存在决定了所有的当事人不能签订完全的契约，而只能签订不完全契约，那么，公司治理结构就有一定的作用。此后，大量的学者对此问题进行了理论和实际的研究，但是我们发现国外的大多数学者研究的背景主要对象是发达国家，我们不禁会问这种思路对正处在转轨经济中并远离均衡点的中国在短期内究竟有多大作用?!

麦肯锡（2004）以及La Porlaetal（1998），Iskander（1999）和Chamlou（2000）等学者认为在学术界有关公司治理的研究结论分歧较大，因此在不同经济背景下用何种形式的治理结构目前仍难下结论。我们也注意到，有的学者如Porta（1997），Lopez（1998），Shielfer（2002），Vishny（2003）认为，不同国家间不同的公司治理机制的差异，源于各国的政治文化和法律传统差异。法律保护外部投资者的程度伴随政治和法律渊源的差异而变化。研究表明，即使是研究在西方国家有关公司治理也是一个悬而未决的事情。这些学者提供给我们一个重要的启示是公司治理不可能撇开一国的文化和法律背景来研究，依靠治理结构真正解决问题在转轨经济中至少是一个相当缓慢的过程。毫无疑问，中国的国有商业银行必须改善治理结构并向现代企业制度迈进，但是，与咄咄逼人的外国商业银行的大举进入相比，我们最紧迫的选择应该是什么呢？我们的答案是中国商业银行目前的选择应该是改善传统业务（存贷业务）而向现代业务（中间业务）扩展。关于这一点，恐怕比长期才能实现的良性治理结构的改革要现实得多。

参考文献：

1. Sen Wang. On Study of the China's ways and performances of resources' disposition [J]. Journal of USA - China Business Review, 2002 (12).

2. Eckel, Catherine, Doug Eckel et al. Privatization and efficiency: Industry effects of the sale of British Airway [J]. Journal of Financial Economics, 1997 (43).

3. Hingorani, Archana, Kenneth Lehn et al. Vestor behavior in mass privatization: The case of the

Czech voucher scheme [J]. Journal of Financial Economies, 1997 (12).

4. Jones, Steven, Meggicson et al. Share issue privatizabons as financial means to political and economic ends [J]. Journal of Financial Economics, 1999 (2).

5. Mogginean, William, Robert Nash et al. The financial and operating proof newly privatized firms: An international empirical analysis [J]. Journal of Finance, 1994 (49).

6. Nask Robert, Jefhyy Netter. Share issues privatizations as financial means to political and economic ends [J]. Journal of Financial Economics, 1999 (53).

7. 王森. 国有商业银行改革：改善治理结构，还是扩展市场业务？ [J]. 金融研究，2005 (6).

8. 王森. 拓展中间市场业务是国有商业银行市场化的关键 [N]. 21 世纪经济报道，2005 - 09 - 26.

9. 王森. 中国的金融风险控制与国有经济整合研究 [J]. 经济学动态，2004 (4).

外资银行进入对我国银行业影响的实证研究

黄　宪　熊福平[①]

内容提要：本文通过实证检验，分析了改革开放以来，外资银行的进入对我国国内银行绩效影响的短期效应，并将其与其他发展中国家或转型或家的情形进行了比较研究。计量结果表明，由于我国经济金融体制上的固有特点，我国银行业绩效在面临外资竞争时，表现出了有别于类似国家的较大差异和独立的特征。

关键词：外资银行进入　东道国　银行业竞争

随着我国经济水平的逐步提高和经济形势的不断演化，金融业作为国民经济命脉行业的重大意义越发突出，也成为影响我国经济建设成败的要点所在。从改革开放初期外资银行进入中国起，它们在华的经营状况、管理特点、市场行为等等就被我国金融界所关注。时至今日，尽管外资银行在国内银行市场整体上所占据的比例仍然较小，但它们在某些细分市场上已经表现出强大的竞争力，并对进入和占有更多的经营领域表现出强烈的兴趣，国内银行业明显感觉到了它们的潜在压力和威胁。表面上看来，外资银行的进入并没有对国内银行的市场竞争和绩效产生显著影响，而实际上，在外来竞争的压力之下，国内银行的市场行为已经发生了较大的转变，这种转变无疑会或多或少反映在其绩效表现上。本文通过实证检验，分析了外资银行的进入对我国国内银行绩效影响的短期效应，并将其同其他发展中国家的情况进行了对比分析。实证检验的结果表明，在面临外资竞争时，我国银行业的经营绩效已经表现出了较大的不同。

一、外资银行进入对东道国银行绩效影响的文献回顾

尽管外资银行的进入对东道国银行经营绩效产生的具体影响一直是经济学家所关注的问题，但由于数据获取的难度较大，相关的研究出现得并不多。早期的研究主要集中于针对极少数国家的个案研究。Cho（1990）分析了印度尼西亚的情况，认为外资银行进入后，银行市场的竞争有明显加强。Denizer（2000）研究土耳其的情况后发现，外资银行的进入导致国内银行的利差收入、资产收益率以及管理费用都下降了。Barajas（2000）等人研究了哥伦比亚的状况，表明外资银行的进入会导致的金融中介机构的间接融资的成本降低，同时伴随国内银行资产质量的明显下降。Demirgü－Kunt 和 Huizinga（1999）研究了外资银行在不同国家的绩效表现后发现，通常在发达国家经营的外资银行的利息收入和利润率比东道国银行要低，而在发展中国家境内经营的外资银行则能获得比东道国银行更好的绩效表现。

Claessens（2001）等人为了考察外资银行进入东道国市场的程度和对银行业造成的影响，使用了 80 个国家在 1988 至 1995 年间银行业的约 7900 组数据，首次进行了大范围的实证研究，其中既包括发达国家，也包括许多发展中国家和经济转轨国家。在发展中国家，进入的外资银行通常能够

---

① 黄宪（1954－），男，湖北武汉人，武汉大学经济与管理学院金融系教授、博士生导师、“公司金融与银行管理研究所”所长。

熊福平（1974－），男，湖北十堰人，武汉大学经济与管理学院金融系 2003 级博士研究生。

获得比国内银行更高的利差收入、达到更高的利润率水平和承担更高的税赋，而这一效果在发达国家的显现则恰恰相反。就东道国而言，进入该国外资银行的数量的多少比外资银行占有的市场份额的大小对国内银行的影响更大。也就是说，只要外资银行开始进入该国银行业市场，无论是否实质性的占有了一定市场，国内银行都会感受到所面临的市场竞争压力，并会开始采取对应的措施。Claessens 的研究还指出，外资银行的进入能够促进一国银行市场的竞争，尽管模型中样本数据跨越的年份不长，不能直接证实这一结论，但从各国银行市场短期发展的趋势来看，的确如此。同时，对发展中国家而言，尤其是监管水平不高的发展中国家，银行业市场的开放是有风险的，如果国内银行不能很好应对市场竞争条件的变化，有些银行就可能难以生存下去。

Lensink 和 Hermes（2004）收集了 1990 至 1995 年间 48 个国家的 3967 组数据，在完成了一系列计量分析后，发现外资银行的进入给东道国的银行业带来了如下的短期效应：在经济落后的国家，国内银行的经营成本将上升，同时国内银行会努力将一部分损失转嫁给客户，最终利差收入也将上升，而利润的总体变化在统计上不显著；在经济发达的国家，外资银行的进入或者导致国内银行的成本、利差收益、利润下降或者统计上不显著，即这些经济变量不发生明显的变化。

Lensink 和 Hermes 的研究在 Claessens 等人研究的基础上前进了一大步，他们注意到了不同发展水平国家的银行业在应对外来竞争者时所表现出来的行为和结果上的不同，并给出了合理的解释。另外，正如 Lensink 和 Hermes 在论文结语中指出，除东道国经济发展水平之外，其他的经济变量，如银行市场的集中度、金融体系的发展和完善程度等，也可能对国内银行的绩效和行为产生影响。Uiboupin（2005）继承了这一思想，进一步地研究了金融体系的发展程度的影响。Uiboupin 选取了 1995 至 2001 年间中东欧转轨经济国家 319 家银行的数据作为样本。Uiboupin 的研究结果是：①外资银行的进入显著增加了东道国银行市场的竞争，主要表现在东道国银行的税前利润、非利息收入、平均贷款利率和贷款损失准备都显著下降，同时一般营业成本也有所上升，尽管统计上不是很显著；②东道国银行市场的发展完善程度直接影响着国内银行所受冲击的大小，在银行市场发展落后的国家，其银行的收入和贷款损失准备下降的程度明显高于银行市场相对完善的国家，而且后者基本上没有显著的营业成本上升；③东道国银行自身规模的大小也是其绩效变化的一个影响因素，占有较大市场的银行的非利息收入和贷款损失准备的下降程度比小银行小得多。

二、外资银行进入我国对银行业影响的实证检验

根据国际学术界常用分析思路，我们运用多元回归方法对国内银行业受外资银行进入的影响做一个实证检验。在国内银行的变量选择上，用利息收入率（IM）和非利息收入率（NIM）来反映银行收入状况，用税前利润率（PRO）反映银行的盈利能力，用营运费用率（EXP）[①] 来反映银行的成本情况。反映反映外资银行进入程度的变量，分别选取外资银行资产占我国银行业全部资产的比例（FS）和外资银行设立的营业性分行数（FN）来代表。建立相关分析模型如下：

$$I_{it} = \alpha + \beta FS_t + \lambda X_t + \varepsilon_{it} \tag{1}$$

I_{it} 是为作为被解释变量（反映外资银行进入后对国内银行绩效影响的程度），分别由国内银行各主要经营指标，如利息收入率、非利息收入率、营运费用率、税前利润率等所构成；

α 为截距项；

FS_t 反映外资银行进入程度，使用外资银行资产份额（FS）和外资营业性分行数（FN）作为变量；

X_t 反映我国的经济发展水平（用名义 GDP 增长率 - GDPGR 表示[②]）；

ε_{it} 为随机误差项。

① 文中营运费用包括各种管理费用、损失准备等各种成本。

② 考虑到模型中有关银行的所有变量的口径一致性，资产、收入、利润和 GDP 增长率等都使用名义量。

我们建立模型的基本思想同国外研究模型的思想基本是一致的，与 Claessens、Lensink 和 Hermes、Uiboupin 等的模型相比，最主要的区别在于我们的模型中并没有引入反映国内各银行不同个体特征的经济变量。这是因为，新中国商业银行都诞生和成长于相同的政治、经济、制度环境，发展的历史也都不长，最早成立于改革开放初期的经营型银行，距今也不过二十多年时间。因而，无论是国有商业银行，还是股份制商业银行，在业务范围、经营环境、组织结构、管理制度、人力资源等很多方面具有同质性，因而我们对模型作简化处理。

所有数据直接来源于或生成于《中国金融年鉴》、《人民银行季报》、《中国统计年鉴》各期，包括了国内四大国有商业银行，以及交通、中信、光大、华夏、民生、广发、深发、招商、兴业、浦东发展等共 14 家商业银行 1996 至 2003 年的面板数据。使用 Eviews5.0 软件的 Panel Data 计量模块，进行固定效应（Fixed Effects）分析。计量结果如表 1 和表 2。①

表 1　　**外资银行资产占有比例（FS）为解释变量的回归结果**

被解释变量	利息收入率（IM）			非利息收入率（NIM）		
回归方式	无自回归	一阶自回归	二阶自回归	无自回归	一阶自回归	二阶自回归
截距	1.294 (8.062)	1.466 (6.267)	1.476 (7.045)	-0.328 (-1.548)	0.360 (1.560)	0.574 (3.636)
FS	8.615 (1.438)	3.040 (0.414)	-3.118 (-0.408)	58.937 (7.455)	32.626 (3.785)	12.027 (2.147)
GDPGR	-0.528 (-0.428)	-1.140 (-0.657)	-0.076 (-0.048)	0.120 (0.074)	-3.033 (-1.860)	-1.645 (-1.369)
AR（1）		0.362 (3.775)	0.553 (5.590)		0.625 (8.021)	0.573 (9.401)
AR（2）			-0.136 (-1.575)			-0.106 (-1.908)
A. R^2	0.392	0.503	0.573	0.582	0.747	0.837
F	5.728	7.126	7.572	11.251	18.932	26.088
D. W.	1.203	1.481	2.292	0.834	1.869	2.202
被解释变量	营运费用率（EXP）			税前利润率（PRO）		
回归方式	无自回归	一阶自回归	二阶自回归	无自回归	一阶自回归	二阶自回归
截距	1.344 (7.523)	1.565 (7.641)	1.742 (11.885)	-0.378 (-2.255)	0.238 (1.070)	0.362 (2.461)
FS	27.288 (4.090)	19.398 (2.851)	4.847 (0.844)	40.264 (6.426)	21.925 (2.900)	3.337 (0.614)
GDPGR	-1.803 (-1.311)	-2.451 (-1.654)	-2.128 (-2.000)	1.395 (1.080)	-1.929 (-1.161)	-0.689 (-0.644)
AR（1）		0.430 (5.629)	0.383 (4.826)		0.446 (5.142)	0.469 (6.997)
AR（2）			0.025 (0.423)			0.029 (0.539)
A. R^2	0.359	0.576	0.643	0.509	0.601	0.742
F	5.109	9.246	9.816	8.616	10.154	15.103
D. W.	0.955	1.853	1.964	1.158	1.668	2.536

① 表中对应解释变量的数据为回归得到的该解释变量的系数，括号中数据为其 t 值。

表 2　　**外资银行营业性分行数（FN）为解释变量的回归结果**

被解释变量	利息收入率（IM）			非利息收入率（NIM）		
回归方式	无自回归	一阶自回归	二阶自回归	无自回归	一阶自回归	二阶自回归
截距	1.775 (1.800)	−0.089 (−0.104)	−0.652 (−0.978)	7.191 (4.859)	1.643 (1.776)	0.930 (1.724)
FN	−0.002 (−0.329)	0.010 (1.922)	0.013 (3.081)	−0.038 (−4.376)	−0.004 (−0.775)	−0.001 (−0.355)
GDPGR	−0.512 (−0.300)	−1.295 (−0.788)	−0.615 (−0.402)	−4.938 (−1.929)	−3.854 (−1.940)	−1.307 (−0.994)
AR（1）		0.409 (4.528)	0.576 (6.257)		0.673 (7.768)	0.587 (8.649)
AR（2）			−0.146 (−1.876)			−0.093 (−1.669)
A. R^2	0.379	0.516	0.630	0.449	0.699	0.825
F	5.484	7.477	9.319	6.996	15.099	24.171
D. W.	1.192	1.438	2.286	0.875	1.901	2.151
被解释变量	营运费用率（EXP）			税前利润率（PRO）		
回归方式	无自回归	一阶自回归	二阶自回归	无自回归	一阶自回归	二阶自回归
截距	4.143 (3.586)	1.276 (1.625)	0.155 (0.276)	4.824 (4.257)	0.367 (0.427)	−0.402 (−0.786)
FN	−0.013 (−2.000)	0.005 (0.938)	0.011 (2.980)	−0.026 (−3.963)	0.003 (0.526)	0.005 (1.601)
GDPGR	−3.310 (−1.657)	1.579 (−2.179)	−2.063 (−2.003)	−2.141 (−1.092)	−3.883 (−2.070)	−0.753 (−0.678)
AR（1）		0.499 (6.369)	0.341 (4.540)		0.447 (4.702)	0.449 (6.646)
AR（2）			0.041 (0.750)			0.019 (0.387)
A. R^2	0.276	0.541	0.687	0.396	0.536	0.752
F	3.805	8.143	11.752	5.809	8.021	15.799
D. W.	0.975	1.979	1.852	1.171	1.666	2.446

根据计量结果，我们可以获得以下初步的结论：

（1）以外资银行营业性分行数目（FN）为解释变量均未能通过统计检验。这一事实表明国内银行对外资银行分支机构数目的增加不敏感，外资银行为谋求在华发展而进行的“布局”并没有引起国内银行较大注意，因而没有进行相应的经营调整。

（2）相比之下，以外资银行占据市场份额的大小（FS）作为解释变量获得了较为显著的计量结果。这表明实实在在的市场份额的失去，而不是单纯的外资银行对手数量增加，对国内银行的影响更大，这一点有别于 Claessens 的研究所得到的结论。

（3）在使用外资银行市场份额作为解释变量分析中，利息收入率没有获得统计显著的结果，表明国内银行利息收入率的变化同外资银行进入之间没有太大的联系。与此相对照，非利息收入率、运营费用率和税前利润率计量都获得了比较显著的结果，而且都是系数为正，说明随着外资占据市场份额增加，这些经济变量也增加了。

一般在进行时间序列数据分析时，回归方程的随机误差项往往存在方差序列相关的问题，导致回归结果无效、有偏。由于我们研究可采用的样本数据较少，同时为了比较和剔除数据序列相关性的影响，因此，分别采用无自回归、一阶自回归、二阶自回归三种方式进行回归分析。各种回归方式的 Durbin - Watson 检验结果或者表明数据间不存在序列自相关，或者无法做出判断，但都没有证实存在明显的序列相关①。

三、实证结果的国际比较分析和解释

为了便于比较，我们的将 Claessens 等、Lensink 和 Hermes、Uiboupin 等对其他发展中国家的研究结果与我们对我国银行实证检验结果进行比较，将明显的异同总结在表 3 中。

表 3　　外资进入时我国和其他发展中国家银行业绩效变化的实证对比

	解释变量	利息收入率	非利息收入率	营运费用率	利润率
Claessens 等	FN	NS	−	−	−
	FS	NS	NS	NS	NS
Lensink 和 Hermes	FN	+	+	+	−
	FS	+	+	+	−
Uiboupin	FN	−	−	NS	−
	FS	−	−	NS	−
我国的情况	FN	NS	NS	NS	NS
	FS	NS	+	+	+

注："+"表示正相关，"−"表示负相关，"NS"表示不显著

1. 外资银行的数目与外资银行的市场份额对国内银行的影响

首先表现在外资银行分行数目变化对东道国银行的影响上的区别。Claessens 等、Lensink 和 Hermes、Uiboupin 的研究都表明，外资银行在东道国分支机构的增加会显著影响到东道国银行的绩效。其中，Claessens 和 Uiboupin 的研究都发现，在发展中国家，外资银行数目比外资银行占有的市场份额对国内银行的影响更大，这一点同我们的实证检验结果相反。一般而言，外资银行从进入东道国设立分支机构到获得一定的市场地位需要经历一段时间。在外资银行进入初期开始进行分支机构布局，而市场份额仍然较小时，机制灵活对市场变化敏感的东道国银行就会主动寻求对策，而较为迟钝的东道国银行则会在市场失去后才"痛定思痛"。所以，我国国内银行对外资进入数目的增加不敏感，应该是对市场变化反应缓慢的表现，最终可以归结到我国银行的经营机制不灵活、管理缺位的根源上。

其次 Uiboupin 的研究表明，同样是面临外资竞争，规模较大的东道国银行同小银行相比，占有的市场比重大，业务全面，受外来竞争的影响较弱，对外来竞争也表现出较低的敏感性。我国国内市场大，银行数目少，就相对规模而言，我国银行规模比其他发展中国家银行要大得多，这也应该是国内银行对外资进入没有很大反应的一个重要原因；在以外资银行市场份额作为解释变量时，国内外情况的实证都得到了较显著的检验结果。

2. 利息收入率

计量结果中，利息收入率同外资银行进入、经济增长之间都没有显著的相关关系。我们的解释是，我国利率市场化程度低。尽管目前银行在贷款定价上拥有一定的灵活性，但总体上中国银行业

① 这样的结果也许让人无法判断究竟哪种结果更为可取。但在数据和时间跨度都极为有限的条件下，我们研究的目的只是试图找出国内银行受到外资银行影响的定性关系，而并不企图得出精确的定量关系。对于确定的研究目的，计量结果表明无论采用哪种方式所得到的经济关系基本上是一致的。

"群体"经营仍然处于缺乏弹性和价格竞争机制的市场环境中，各银行只能以相同的价格购进"资源"、以相同的价格售出"产品"，商业银行的存贷利差权实质上掌控在中央银行手中。再加上银行贷款投向和规模在较大程度上还需要服从国家宏观调控的安排，使得利息收入的外生性仍然很强。与此对照，其他的发展中国家尽管经济发展水平可能比中国低，但其金融市场自由化程度普遍比我国高。较充分的市场竞争必然引致激烈的价格战，存款利率上升，贷款利率下降，导致利差收入下降。

3. 非利息收入率

在非利息收入率方面，我国银行的计量结果显示同外资银行进入存在着较为显著的正相关关系；而在 Uiboupin 的研究中，中东欧国家银行在外资银行进入后，非利息收入出现了显著下降。我们的解释是，这种差别的主要原因在于我国各金融市场间仍处于相对分割的状态所致。一般来讲，在初步开放的国家，当东道国银行在某些领域竞争不利时，一般会在自己仍然具有领先优势的市场上，通过提高产品价格等手段将部分损失转移到客户身上。我国的情况基本如此。缺乏网点优势和业务资源是外资银行在刚进入中国经营时的普遍劣势，所以它们几乎都将经营重点集中于外资企业、新兴富裕阶层等优质客户上。由于国内资本和货币市场的发展，传统的存贷业务竞争上的发展空间受限，国内银行在相互之间以及同外资银行的较量中，也毫无例外地大力开发非利息收入盈利途径。然而，在我国目前分业监管的情况下，非利息收入业务所依赖的资本市场，外资银行还不能进入，而对于巨大的普通居民零售金融业务市场，外资银行缺乏网点的支持也难以深度介入。近几年来，国内银行在拓宽中间业务（一些银行甚至获得短期融资券的直接承销权）和提高零售金融业务技术含量（利用"金控"公司推出各类组合型个人理财项目）的同时，还纷纷开始对一些传统免费服务征收手续费，如银行卡年费、小额储户管理费用等，一度成为国内备受争议的话题。在 2003 年 6 月银监会颁布实施《商业银行服务价格管理暂行办法》后，服务收费有了明确的法规依据，更是名正言顺地成为了银行利润的重要来源。

4. 营运费用率

随着外来竞争的增强，国内银行为了弥补同对手之间的差距，需要较大强度地引进高技术和更新设备，改革原有的业务模式和组织，并加大对高素质人力资源的投入，这些都会导致营运费用率的上升。在这一点上，我国银行的表现同国外的情形以及相应研究的结论是一致的。

5. 银行税前利润率

计量模型的被解释变量之间，存在如下的会计等式：

利息收入率 + 非利息收入率 = 营运费用率 + 税前利润率

在营运费用率增加的情况下，我国国内银行仍然出现了税前利润率同外资银行市场份额存在着一定正相关的现象，同其他发展中国家的情况大相径庭。唯一的解释只能是，由于非利息收入率同外资银行进入上表现出显著的正向关系，并超过了营运费用率增加的程度，从而导致了国内银行税前利润率与之也有了一定的正相关关系。

四、结论的解释与政策建议

（一）对研究结论的主要解释

（1）实证结果中，同是面临强大的外来竞争，我国和其他发展中国家或转型国家的银行在利息收入率上的表现截然不同，这种不同应当主要归因于中外银行"市场化"程度上的差异。国外研究的对象中尽管有许多同样来自经济转轨国家，但其市场化进程非常迅速，金融机构早已摆脱计划经济下行政指挥的影响，独立自主地按照市场要求运作。国内银行缺乏合理的产权制度和公司治理结构，还不是真正意义上的市场化的金融企业。市场上缺乏大批量成熟的，懂市场经济规则和先进经营管理的职业经理人队伍，银行的管理层远不能满足开放市场条件下竞争的需要。因而，我国银行不能及时感受到市场的变化和采取行动，调整经营策略。

(2) 国内银行没有自主确定利率的权力，其产品不是完全市场化的产品，由此导致的利息收入不是市场竞争的结果，经营绩效不能反映金融资源配置的要求。尽管表面上看来国内银行的利息收入没有受到外来竞争的影响也许并不是坏事，但是长久来看，国内银行依靠“体制”吃饭，不能发展出经得起市场“考验”的管理、技术和产品，这必然对未来同外资银行将进行金融价格竞争、产品竞争十分不利。

(3) 近年来，我国银行改革过于强调“改制上市”，并希望通过引进战略投资者的“外力”、“外脑”提升国内银行经营水平，反而在积极建设和深化真正由价格信号调控的国内银行市场体系和市场主体方面进步不大，这样的政策指导可能会造成外资银行更加强大而中资银行愈发孱弱的局面。

(二) 政策建议

(1) 中央政府和相应的金融职能部门应该充分认识到市场自身具有的实现效率和发展的根本作用，加快国内银行业市场基础制度、体系的建设，培育出“市场化”的银行、“市场化”的金融产品，这样我国银行业的长期良性发展才会有坚实的基础。

(2) 应该承认，近几年国内银行注重增加非利息收入，大力开发各种服务性业务，取得了不错的成绩。但同国外先进银行相比，我国银行在这方面仍然有不小的差距。经过长期的发展，国外银行使用过的中间业务品种多达两万多种，并从早期以结算、汇兑、账户服务、信托、交易服务等低附加值业务为主，逐渐向投资银行、资产证券化、风险投资等高附加值业务的方向转变。已经进入我国的外资银行无一不在跃跃欲试，企图借助其技术和管理上的优势，将它们多种多样的产品引入到中国市场上来，只是受制于目前我国有关法规以及客户资源条件的限制。因此，我国商业银行和金融管理部门需要更加明确未来发展中间业务面临的巨大机遇与挑战，在外资银行实现对市场“分割”的突破以前，建立起自己的多样化高附加值的服务和产品体系来，以在非利息收入市场上的争夺上占得先机。

(3) 总的来看，正是由于我国金融体制乃至经济体制的特殊性，受外资银行进入影响的我国银行业绩效表现出一些不同于其他发展中国家的特点，主要表现在国内银行利息收入变化同外来竞争无关、非利息收入率和税前利润率同外资进入同向变化上。理解产生这些不同外在表现的深层原因，能够帮助我国银行业更好地应对外资竞争、调整自身发展策略，同时有助于宏观经济调控部门的政策制定和完善。

由于我国银行业本来发展历史有限，目前又正处于制度转换的关键时期，而外资银行在中国发展的时间也不长，因而实证研究得出的结果应该是一种短期经济效应。同时，直到今天外资银行占据我国银行市场的份额还比较小，在这种条件下得出的计量结果可能不具有普遍意义。这是本研究的局限性，同时也是我们下一步的研究要在角度和方法上调整之处。

参考文献：

1. Stijn Claessens, Asly Demirgü - Kunt, Harry Huizinga. How Does Foreign Entry Affect Domestic Banking Markets? [J]. Journal of Banking & finance, 2001 (25).

2. Robert Lensink, Niels Hermes. The Short - term Effects of Foreign Bank Entry on Domestic Bank Behaviour: Does Economic Development Matter? [J]. Journal of Banking & Finance, 2004, 28 (3).

3. Janek Uiboupin. Short - term Effects of Foreign Bank Entry on Bank Performance in Selected CEE Countries [J]. Bank of Estonia Working Papers, 2005 (4).

4. Barajas A., N. Salazar, R. Steiner. The Internationalization of Financial Service: Issues and Lessons for Developing Countries [M]. Dordrecht and Boston: Kluwer Academic Press, 2000.

5. Cho. K. R. Foreign Banking Presence and Banking Market Concentration: The Case of Indonesia [J]. The Journal of Development Studies, 1990, 27 (1).

6. Dages, B. G., L. Goldberg, D. Kinney. Foreign and Domestic Bank Participation in Emerging Markets: Lessons FSom Mexico and Argentina [J]. Federal Reserve Bank of New York Economic Policy Review, 2000 (9).

7. Denizer C. Thc Internationalization of Financial Services: Issues and Lessons for Developing Countries [M]. Dordrecht and Boston, Kluwer Academic Press, 2000.

8. Levine R. Financial Development and Economic Growth: Views and Agenda [J]. Journal of Economic Literature, 1997 (33).

9. Asly Demirgü - Kunt, Harry Huizinga. Determination of Commercial Bank Interest Margins and PROability: Some International Evidence [J]. World Bank Economic Review, 1999, 13 (2).

10. Asly Demirgü - Kunt, Levine R., Min H. C. Opening to Foreign Banks' Issues of Stability, Efficiency and Growth, in: Seongtae Lee (ed.) [G]. The Implications of Globalization of World Financial Markets, Bank of Korea, Seoul, 1998.

11. 郭研，张立光. 外资银行进入对我国银行业影响的实证研究 [J]. 经济科学，2005 (2).

12. 谈儒勇，丁桂菊. 外资银行进入效应研究述评 [J]. 外国经济与管理，2005 (5).

13. 苗启虎，王方华. 外资银行进入对东道国金融业的影响 [J]. 海南金融，2004 (12).

外资战略与中国银行业改革：效率与稳定的权衡

艾洪德　张　羽①

内容提要：本文从多个角度讨论了中国银行业改革中所实施的外资战略问题，结果表明：第一，中国金融业的开放更多地具有外生性质，这意味着银行业引进外资将面临更大的金融风险；第二，中国银行业改革偏好于外资在客观上导致了政府的某些部门或某些地方政府与外资“合谋”瓜分政府长期垄断银行业而形成的特殊利益，而这些利益应当是属于社会公众的；第三，理论与实践均表明外资银行的进入给东道国带来的影响是复杂的，既可能有利于一国的经济金融稳定，也可能对一国的经济金融稳定造成损害；第四，更多地引入外资尽管可能会显著提高银行业的微观效率，但这在一定程度上会以损害宏观经济稳定为代价。本文的结论是中国银行业引进外资必须注意效率与稳定的权衡，谨慎、适度地引进外资是我们当前的合理选择。

关键词：外资战略　银行业改革　外生逻辑　权衡

一、问题的提出

随着 WTO 过渡期的即将结束，中国银行业改革进入了一个关键时期。2003 年底，国家为中国银行和中国建设银行注入 450 亿美元以补充其资本金的不足；2004 年，两行进行了股份制改造；2005 年 9 月，中国建设银行在香港上市。中国国有商业银行正按照注资、股改、上市这样的逻辑次序进行着深刻的变革。

在这一变革过程中，中国金融业加快了对外开放的步伐，明显的标志就是越来越多的外资入股中国银行业，这不仅包括国有商业银行、股份制商业银行，也包括地方城市商业银行。而且，这一做法得到了政策层面的大力支持。中国政府和监管当局公开表示，欢迎合格境外战略投资者参股中资银行，并将单个外资机构入股中国银行业机构的最高比例由原来规定的 15% 提高到目前的 20%。对于中资银行引进境外战略投资者这一做法，理论界和管理层大都抱有乐观的态度。其理由在于，引进境外战略投资者除了可以有效缓解中国银行业普遍存在的资本金不足的状况，更重要的是可以引进先进的管理经验和技术手段，以促进中资银行完善公司治理结构，提高管理水平等。一言以蔽之，就是“以市场换技术”。

平心而论，外资银行入股中资银行后，大都会签订一系列的技术援助协议。比如，汇丰银行入股交通银行之初就签订了“技术支持协议”，在信用卡产品开发、技术支持、信用评级及推广等方面出动了几百人。同样，花旗银行入股上海浦发银行之后，也为后者提供了人员、技术以及经验方面的帮助。

问题在于，这些所谓的技术援助，往往只是搞些有关银行业务的入门培训和扫盲教育而已，核心的管理和技术几乎全不涉及。实际上，以“市场换技术”并非是一个新鲜的思路，中国的汽车行业很早就实施了这一战略。但不幸的是，中国的汽车工业至今仍为没有自己的民族品牌而苦苦挣

① 艾洪德（1955—），男，内蒙古赤峰市人，东北财经大学校长、教授、博士生导师。
张羽（1976—），男，辽宁沈阳人，东北财经大学金融学院博士生。

扎。麦肯锡的一项研究报告表明，本地公司无需通过合资来获取外资进入的好处。中国的消费电子和 IT 公司，如海尔和联想，通过在国内市场与国外公司的竞争中磨炼了他们的技能。包括联想在内的一些公司通过为全球品牌做本地经销商，学到了营销和销售的技巧①。德意志银行集团首席经济学家 Norbert Walter 对于国内银行“以市场换技术”的思路发表看法时也说：“所谓经验必须在本地获得，资本市场的经验必须在市场实践中获得。”②

另外，境外战略投资者入股中资银行的动机主要出于“市场准入效应”和“财富效应”，即通过参股中资银行获得进入中国金融市场的“门票”，并以大手笔的“无风险”投入换回丰厚的回报。这一点早已为有关案例所证明。2000 年 10 月，中石化在香港、纽约和伦敦上市时，英国石油公司、埃克森美孚和壳牌三家欧美石油巨头均作为战略投资者持股该公司股票。但禁售期过后，三家战略投资者在股价成倍上扬时，先后抛售其手中持有的中石化股份。在赚得盆满钵满的同时，取得了在中国部分城市石油终端销售领域的零售权。2002 年 7 月，中国银行在香港上市时，渣打集团作为战略投资者认购了 4540 万股。但是，2004 年 1 月，它却趁高抛售这些股票，1 年半内净赚 2.8 亿港元。

以上的经验事实初步表明，引进境外战略投资者入股中资银行也许不会达到我们所期望的效果，或至少不会像我们所想象的那么美好。更重要的是，外资的进入可能会给中国的金融安全带来巨大的风险，而这一点恰恰为目前的理论界和管理层所忽视，这显然是一个危险的倾向。引人注目的是，就在我们的银行业争先恐后地引进外资的同时，曾经被我们视为榜样的韩国却开始反思其外资战略。2005 年 5 月 10 日，韩国央行的研究部门向该行行长及货币委员会提交了一份报告，呼吁监管机构鼓励国内投资者投资韩国银行及其他金融机构，这不能不引起我们的深思。

当然，有关银行业引进外资的风险问题并非没有人注意到，吴念鲁（2005）、史建平（2005）就表达了对引进外资的担忧。占硕指出控制权租金的存在会引发战略投资者对控制权的争夺，从而导致中资银行控制权的转移，并因此而产生效率上的损失。

与上述学者更关注于外资进入会引发哪些金融风险等细节问题不同，本文着重分析银行业引资背后深层次的政治经济学含义。文章结构如下：第二部分从一个外生视角重新解读了中国金融业开放的逻辑，指出任何对外开放措施的推出必须正视这一外生逻辑，从而使开放的收益最大化并有效抑制风险；第三部分分析了我国银行业改革外资偏好的原因与性质；第四部分从理论与实践上考察了引入外资银行的效应；第五部分指出中国银行业引进外资必须注意效率与稳定的权衡；第六部分给出全文的结论。

二、中国金融业开放的逻辑：一个外生视角

根据金融发展理论的理论逻辑，在开放的背景下，一国的金融发展应该包括两个层次的问题：对内深化和对外开放（雷达，于春海，2005）。两者显然不是孤立的，而是存在一定的逻辑次序，即对外开放应该建立在国内金融深化显著提高的基础上，对外开放应该是对内深化的自然延伸。Wyplosz（2001），Herry（2003）等人就明确指出，以资本账户自由化为核心的金融开放策略要取得成功，国内金融体系的发展必须要达到一定的“阈值”要求，即国内金融市场的发展必须达到一定的程度。简言之，一国金融对内深化是其对外开放的前提和基础，金融开放必须建立在国内金融深化进程充分发展的基础上。

当一国金融深化或金融发展达到一定程度以后，就会从内部自然产生出向外扩张和对外开放的

① Diana Farrell，Jaana K. Remes，Heiner Schulz，新兴市场上外商直接投资的真相，载于《麦肯锡高层管理论丛》，经济科学出版社 2004 年版。

② 王莉，李菁．登上险峰 风光无限——在百端待理的金融业中引入外资［J］．中国外汇管理，2005（10）．

需求。在这种背景下的金融开放更多地是对金融市场微观行为的一种事后认可，是出自金融体系的内在需求，本质上是一种“内生开放”。相反，若一国在金融深化或金融发展水平低下，国内金融体系发展尚不充分时，就采取了金融业对外开放的战略，那么，此种背景下的金融开放显然没有微观基础的支持，其开放的需求更多地来自于外生因素，是一种“外生开放”。

从世界各国金融自由化的历史来看，发达国家的金融开放大多都属于“内生开放”。无论是美国还是英国，在20世纪80年代进行金融自由化改革的时候，都已具备了成熟且完备的国内金融体系。在此基础上展开的金融自由化改革，一方面是为了增加国内金融市场的活力，另一方面是为了提高其国内金融机构的全球竞争力（雷达，于春海；2005）。反观发展中国家的金融开放则大多属于“外生开放”，即在本国金融发展水平不高的情况下实行金融自由化改革。拉美的智利、阿根廷等南共体国家，亚洲的韩国、马来西亚、印度尼西亚等国的金融开放就很具有代表性。发展中国家之所以更多地选择“外生开放”战略的原因是复杂的，包括外部竞争的压力、发达国家金融自由化的示范效应、一些如WTO组织、IMF等国际组织规则的要求，以及寄希望于通过对外开放来解决国内金融领域的发展问题等。不同的开放逻辑导致了天差地别的结果：发达国家通过金融自由化进一步强化了自身的经济优势；发展中国家的金融自由化却只带来了短暂的辉煌和奇迹，随之而来的则是深陷经济金融危机的漩涡中不能自拔。这其中的原因似乎不必赘言，缺乏必要的国内金融深度作为支持，外生性的金融开放只能是无源之水、无本之木。

具体到中国而言，我们的金融开放究竟是“内生开放”还是“外生开放”？这显然不是一个简单的价值判断问题。我们通过一组数据便可对这一问题做出初步的回答，见表1：

表1　　**金融发展状况的国际比较**

国家（地区）	私人投资占国内固定投资总额的百分比（%）		股票市场市值（百万美元）		国内上市公司（个数）		银行部门提供的国内信贷占GDP的百分比（%）	
	1990年	1997年	1990年	1998年	1990年	1997年	1990年	1998年
美国	86.5	85.9	3 059 434	11 308 779	6599	8851	114.6	162.8
英国	70.0	87.0	848 866	1 996 225	1701	2046	123.0	129.3
德国	—	—	355 073	825 233	413	700	108.5	145.8
法国	—	—	314 384	674 368	578	683	106.1	103.3
日本	—	—	2 917 679	2 216 699	2071	2387	266.8	137.4
韩国	86.0	—	110 594	114 593	669	776	56.9	84.1
新加坡	75.6	—	34 308	106 317	150	303	60.9	85.4
中国香港地区	85.1	—	83 397	413 323	284	658	156.3	146.8
印度尼西亚	—	60.5	8081	21 224	125	282	45.5	57.9
马来西亚	62.6	73.0	48 611	107 104	282	708	77.9	162.4
菲律宾	69.0	—	5927	35 314	153	221	23.2	69.8
泰国	68.1	67.7	23 896	34 903	214	431	91.1	159.6
印度	55.1	68.7	38 567	105 188	6200	5843	50.6	48.2
墨西哥	57.0	81.5	32 725	91 746	199	198	36.6	34.8
秘鲁	75.6	84.7	812	11 645	294	248	16.2	22.0
波兰	—	86.6	144	20 461	9	143	19.5	38.6
俄罗斯	—	76.6	244	20 598	13	208	—	35.6

表 1（续）

国家（地区）	私人投资占国内固定投资总额的百分比（%）		股票市场市值（百万美元）		国内上市公司（个数）		银行部门提供的国内信贷占 GDP 的百分比（%）	
	1990 年	1997 年	1990 年	1998 年	1990 年	1997 年	1990 年	1998 年
中国	43.4	49.1	2028	231 322	14	764	90.0	120.0
中国占美国比重%	50.17	57.16	0.07	2.05	0.21	8.63	78.53	73.71
中国占印度比重%	78.77	71.47	5.26	219.91	0.23	13.08	177.87	248.96

资料来源：世界银行《1999/2000 世界发展报告》第 256 页，引用时略加修改。

根据表 1，我们看到，中国的金融发展水平不但与发达国家差距很大，而且与一些发展中国家相比也处于落后的地位。例如，在私人融资指标上，中国在所有国家中居于末位；就是我们自认为规模较大的银行信贷也仅处于中等水平。如果考虑到中国的金融发展更多的是量性增长，而非质性增长，那么我国的金融发展水平将处于更加落后的状态。基于国际间的横向比较可知，中国总体金融发展水平与其世界经济大国的地位极不相称，是典型的“经济大国、金融小国”。

进一步地，金融对内深化本质上要求一国的金融业要对内开放，但中国金融业的对内开放程度显然远远不够。如金融机构仍未向民营资本开放、存在着金融机构的业务管制、金融市场处于严重分割状态、地区间复制金融机构，相互封锁金融资源的流动，致使资金的条块分割和金融组织结构的空间均齐等。中国金融业呈现出“外开放”与“内封闭”并存的奇特景观，这是一种典型的“二元开放”格局。考虑到这一点，再加上金融发展水平的低下，我们可以初步判断自 2001 年中国金融业开始对外开放①，尽管可能也有内生需求的因素在起作用，但却更多地具有外生的性质。也就是说，中国金融对外开放战略缺乏必要的国内金融深度作为支撑，国内金融体系自身并没有内在的开放动机。

金融业“外生开放”结论的重要意义在于使我们认识到目前我国金融开放是风险与收益并存，在某种程度上，甚至是风险大于收益。我们必须对此要有清醒的认识，任何对外开放措施的推出必须正视这一外生逻辑，盲目的乐观也许会让我们付出惨痛的代价。

三、银行业改革的外资偏好：原因与性质

外资入股中资银行并非是最近几年才有的事情。实际上，早在 1996 年亚洲开发银行就已入股光大银行，首开国内银行吸收国际资本的先河。但随后爆发的亚洲金融危机及中国金融业开放政策的收紧，外资入股中资银行经历较长一段的平静期。最近，随着政府支持政策的出台，中国银行业加快了引进外资的步伐，其态势之迅猛、范围之广泛均超出了人们的想象。外资不仅入股国有商业银行、股份制商业银行、城市商业银行，而且从地理区域来看，正由发达地区的大中城市向中西部推进。截至 2005 年 10 月底，已有 18 家境外金融机构入股 16 家中资银行，投资总额近 130 亿美元，具体情况见表 2：

① 严格地讲，在 2001 年加入 WTO 之前中国就已经实行了一定程度的金融对外开放。

表2　　外资入股中资银行一览表

中资银行	参股时间	外资机构	参股比例
光大银行	1996 年底	亚洲开发银行	1.90%
	1999 年 9 月	国际金融公司	7.0%
上海银行	1999 年 9 月/2002 年 3 月	国际金融公司	7.0%
	2001 年 12 月	汇丰控股	8.0%
南京市商业银行	2001 年 11 月	国际金融公司	15.0%
上海浦东发展银行	2003 年 1 月	花旗集团	5.0%
兴业银行	2003 年 12 月	恒生银行	15.98%
		国际金融公司	4.0%
		新加坡政府直接投资有限公司	5.0%
中国民生银行	2004 年 7 月	国际金融公司	1.08%
	2004 年 10 月	淡马锡控股	4.55%
交通银行	2004 年 8 月	汇丰控股	19.9%
西安市商业银行	2004 年 9 月	国际金融公司	5.0%
		加拿大丰业银行	
济南市商业银行	2004 年 11 月	澳洲联邦银行	11.0%
深圳发展银行	2004 年 12 月	新桥投资	17.89%
北京银行	2005 年 3 月	国际金融公司	5.0%
		荷兰银行集团	19.9%
杭州市商业银行	2005 年 4 月	澳洲联邦银行	19.9%
中国建设银行	2005 年 6 月	美洲银行	9.0%
	2005 年 7 月	淡马锡控股	5.1%
南充市商业银行	2005 年 7 月	德国投资与开发有限公司	10.0%
		德国储蓄银行集团	3.0%
中国银行	2005 年 8 月 18 日	苏格兰皇家银行集团	10.0%
	2005 年 8 月 31 日	淡马锡控股	10.0%
	2005 年 9 月	瑞士银行集团	1.85%
	2005 年 10 月	亚洲开发银行	
华夏银行	2005 年 10 月	德意志银行	13.98%
		萨尔奥彭海姆银行	

资料来源：根据公开资料整理。

毋庸置疑，政府鼓励中资银行引进境外战略投资者的初衷是好的。比如，外资可以带来先进的管理经验和技术手段，促进中资银行完善公司治理结构，提高管理水平等①。如果按照这一逻辑，我们自然应该对银行业改革引进外资表示欢迎。但问题在于，我们目前引进的外资有多少符合战略投资者标准呢？观察表 2 我们不难发现，截至 2005 年 10 月底，中资银行引进的外资中只有不到一半属于在国际上信誉卓著的大银行，另外一部分则要么是名不见经传的小银行，要么是投资银行或

① 唐双宁，引进战略投资者应坚持五项原则，《金融时报》2005 年 11 月 3 日。

私人资本运营公司。小银行、投资银行或私人资本运营公司的进入能否给我们带来先进的管理经验和技术是值得怀疑的。实际上，外国私人资本运营公司在韩国的所作所为已经证实了我们的疑虑。在20世纪90年代亚洲金融危机期间，由于韩国银行元气大伤，外国投资基金得以长驱直入。其中最为突出的是以凯雷投资集团为首的财团收购了韩美银行和新桥资本收购了韩国第一银行。之后，这两家银行的股权相继被转售给美国花旗集团和英国渣打集团，凯雷、JP摩根和新桥等初始投资人则从中获利丰厚。外国私人资本运营公司的低价买入和高价售出引起了韩国民众的强烈不满，同时也引起了韩国政府的极大关注。在此情况下，韩国政府开始反思其银行业改革的外资战略，并鼓励本土资本参股金融机构。

更重要的是，相对于成熟市场经济国家而言，中国银行业有着独特的演进逻辑，它处在一个频繁变动与调整的社会经济环境中，与政府的利害关系牵扯极深且表现得相当复杂。由此决定了银行业引进外资就不仅仅是一种简单的对外开放与完善自我的行为，而是具有更深层次的政治经济学含义。

众所周知，中国银行业改革的权力一开始就由中央政府垄断，这意味着相关租金自然就集中在中央政府手中。那么，谁的活动能量大，谁也就能获得更多的寻租收益。既然如此，中国银行业的改革也就与相关利益集团（包括各家银行、各级主管政府等）向中央政府的寻租努力一路伴随。这一点已为过去银行改革的实践所印证。以资产管理公司的设立为例，最开始国务院是确定建设银行试点一二年，后来中国银行挤了进来，到了1999年8月，另两家银行也获准成立资产管理公司（黄金老，2001）。再比如，在股份制改革试点中，最初由中国银行进行试点，但建行也提出要在较短的时间内上市，后来工行也加入到股改的行列之中。

同样，当国家决定引进战略投资者的时候，相关利益集团也纷纷展开了寻租竞争。实际上，国家最初将国内民营资本也划入战略投资者的范围之内。2004年2月9日，全国金融工作会议就传出消息，银监会鼓励民间资本和外资入股国内商业银行①。但后来随着银行业改革的深入，民营资本却又被排除在外。我们已知，无论是国有商业银行还是地方城市商业银行在进行引资之前都进行了不良资产的剥离，减轻了自身的包袱，提高了利润，从报表上看这些银行绝对称得上是“好银行”。而且，这些银行大多都由各级政府提供隐性担保。政府担保加上“好银行”股权意味着无风险投资，无论谁入股中资银行其风险都是最低的，收益都是最大的。在巨大的利益面前，相关利益集团的激烈竞争在所难免。就“公关能力”而言，民营资本与外资的差距显然不可同日而语②。当然，这其中也有政府部门对民营资本的一贯偏见。比如，认为民营资本不成熟、目光短浅、缺乏经验、逐利性质浓厚等。但事实上，中国经济多年的成就正是依靠这些民营企业才取得的。如果说改革开放之初，我们对民营企业存有普遍的怀疑是可以理解的，那么经过二十多年的发展壮大，我们依然对其抱有一成不变的观点，其中可能更多的是主观意识在作怪。人们经常引用的温州案例便是一个极好的例子，起初不太被看好的温州模式，如今却成为中国经济增长最有活力的部分，而且也是风险溢出最少的部分，那里的大部分民营企业保持着良好的信用记录。

于是，中国银行业对外开放格局就这样出人意料但又合乎逻辑地建立在对内依然封闭的基础之上。顷刻之间，以下景象映入眼帘：各级政府所主管的银行纷纷展开了引进外资的竞争，速度之快，范围之广，简直让人眼花缭乱，目不暇接。实际充当“银行家”的各级地方主管政府在其向更高一级政府展开寻租竞争的日程安排上都无一例外地标注着与外资迅速建立联系的内容。如果以上的描述和判断是准确无误的，那么可以推断，出于良好愿望而推行的银行业对外开放，在客观上却造成了政府的某些部门、某些地方政府，与外资“合谋”，瓜分政府长期垄断银行业而形成的特

① 李晓华，王向宁．中小银行如何引进战略投资者［J］．银行家，2004（11）．
② 据估计跨国公司（银行）为赢得招标项目，在非洲每年用于行贿的金额高达800亿美元（杨咸月，何光辉；2005）。

殊利益，而这些利益应当是属于社会公众的。在一场交易中，如果交易（或合作）双方的获益是建立在对第三方侵害的基础之上，那么，这种交易（或合作）就是无效的，就会产生内生交易费用并溢出大量内生风险（张杰，2003）。我们自然不能奢望通过这种性质的对外开放来降低和化解整体金融风险。

张杰（1995）的一项研究已经指出，一个国家实行“外开放”并不一定非要以解除“内封闭”为前提，“内封闭”状况只决定“外开放”的效果，但不决定“外开放”的规模。如果“外开放”不是“内开放”合乎逻辑的延续和扩展，那么“外开放”在很大程度上会成为遏止“内开放”的外在力量。也就是说，对外开放会使内部经济更加封闭。同样的逻辑，中国银行业的对外开放也会加深其内封闭的程度。因此，银行业开放的真正含义不是单纯的对外开放，而必须包括对内开放，并以此作为基本前提。

四、外资银行的进入效应：理论与实践

中国目前鼓励外资参与银行业改革，很大程度上受到了发展中国家银行业对外资开放示范效应的影响。的确，进入20世纪90年代中后期以来，外资银行大规模进军东欧、拉美和亚洲银行业。这三个地区发展中国家外资银行所占比重均有较大幅度的提高，见表3：

表3　　外资银行在部分新兴市场国家银行业中所占比重

	外资银行总资产（10亿美元）		外资银行控制率（百分比%）		外资银行参与率（百分比%）	
	1994.12	1999.12	1994.12	1999.12	1994.12	1999.12
东欧						
捷克	46.6	63.4	5.8	49.3		47.3
匈牙利	26.8	32.6	19.8	56.6		59.5
波兰	39.4	91.1	2.1	52.8	—	36.3
总计	112.8	187.1	7.8	52.3		44.0
拉美						
阿根廷	73.2	157.0	17.9	48.6		41.7
智利	41.4	112.3	16.3	53.6		48.4
墨西哥	210.2	204.5	1.0	18.8		18.6
巴西	487.0	732.3	8.4	16.8		18.2
哥伦比亚	28.3	45.3	6.2	17.8	—	16.2
秘鲁	12.3	26.3	6.7	33.4		33.2
委内瑞拉	16.3	24.7	0.3	41.9		34.7
总计	868.6	1302.4	7.5	25.0		24.2
亚洲						
韩国	638.0	642.4	0.8	4.3		11.25
马来西亚	149.7	220.6	6.8	11.5		14.4
泰国	192.8	198.8	0.5	5.6	—	6.0
总计	980.5	1061.8	1.6	6.0		10.9

注：外资银行控制率＝外资银行有效控制的全部资产/东道国总资产；外资银行参与率＝外国股权投资/东道国银行业全部股权。

资料来源：邱延冰．外资银行进入对新兴市场国家金融业的影响［J］．国际金融研究，2001（8）．

从表3我们可以看出，东欧转型经济国家以及部分拉美国家（如阿根廷、智利）其外资银行参与率与控制率已超过40%，亚洲的韩国、马来西亚外资银行所占比重也有较大提高。从数据统

计上看，发展中国家银行业引进外资的力度是非常大的。然而，外资银行占发展中国家银行业比重越来越大，这似乎并不能成为我们快速、广泛地引进外资的理由。根据发展经济学的观点，金融业是促进经济发展的关键部门（Arthur Lewis，1950），具有许多战略利益（Hawtrey，1926），如果被外资控制可能会损害国家的长远利益。即便这一点随着经济金融全球化的加深而逐渐淡化，但是外资银行的大量涌入究竟会给东道国带来什么样的影响仍然是不确定的。

Levine（2002），Beck 和 Levine（2002）以及 Demirgüc - Kunt 和 Maksimovic（2002）认为，外资银行进入可以提高东道国金融业的服务水准，进而提升金融发展的总体水平，最终促进东道国资本积累和合理配置，从而有利于东道国的经济增长。Claessens 等（2001）检验了外资银行进入与东道国银行效率之间的关系，指出外资银行的进入会提高东道国银行业的效率。Lensink 等（2004）也认为从长期看，外资银行会促进国内银行体系的健康运行。据此，很多学者（如 Cho ，1990；Levine ，1996；Buch ，1997；Berger 和 Hannan ，1998）支持取消对外资银行进入的限制，世界银行（2001）也鼓励发展中国家对外资金融机构实行开放政策，并认为此举会对经济增长产生非常有利的影响。

与之形成鲜明对比的是，部分学者对外资银行给东道国带来的正面效应提出了质疑。Kraft 和 Tirtiroglu（1998）对克罗地亚银行部门1994 年和1995 年的成本效率水平和规模效率水平作了预测，结果表明，外资银行的效率要低于老的私有银行或老的国有银行。谭鹏万（2005）对东欧五国（捷克、匈牙利、波兰、斯洛伐克及斯洛文尼亚）银行业的研究发现，从整体上看，这些国家的外资银行效率要低于内资银行。Lensink 和 Hermes（2004）注意到，在经济发展水平较低的国家，外资银行进入程度高会使银行的日常开支与利差收入增加，从而使银行的效率降低；而在经济发展水平较高的国家，外资银行进入程度高会使银行的日常开支与利差收入减少，从而使银行的效率提高。此外，Demirguc - kunt 和 Detragiache（1998）指出，降低金融业壁垒后，会削弱“银行特许权价值”，从而增加金融体系的脆弱性。

明显地，理论研究并未和外资银行的进入效应达成一致。同样，在实践中也不乏外资银行的过度进入不利于一国经济稳定的案例。

阿根廷在银行业对外全部开放前，外国资本控制的银行资产仅占 12%。但到了 1997 年，外资控制的比例上升到 52%；2001 年进一步增至 67%。在危机爆发前，阿根廷十大私营银行中，七家为外资独资，两家为外资控制。银行体系为外资控制为后来的金融危机埋下了伏笔。2001 年底，阿根廷爆发了严重的金融危机，政府丧失了调控金融的能力，无力稳定金融局势和有效遏止大量资本外逃。在这关键时刻，外资控制的阿根廷银行体系非但拒绝注入资金，而且还通过大规模的资本外逃和洗钱活动，将阿根廷民众三百亿美元存款转移海外。外资银行在阿根廷危机中起到了推波助澜的作用。

相似的是，在亚洲金融危机中，外资银行同样扮演了极不光彩的角色。从亚洲金融危机爆发时起，外资银行就不断减少对亚洲地区的信贷供应。从 1997 年 6 月至 1999 年 12 月，国际清算银行成员国（BIS 国家）对亚洲地区的信贷量减少了近 20%，其中日本跨国银行降幅最大，达 44%，其次为北美银行，达 24%，欧洲银行则小幅下降 4. 3%（邱延冰，2001）。毫无疑问，外资银行的信贷紧缩加剧了亚洲地区的金融危机。

理论与实践均清楚地表明外资银行的进入对东道国经济的影响是复杂的。就像一枚硬币的两面，外资银行进入既可促进东道国的资本积累和资本配置效率，提高银行体系的效率和稳定性，提高当局的监管水平，从而有利于经济增长；也可能将别国的经济衰退或危机输入东道国，并且当东道国面临困难时，外资银行会成为资本外逃的重要通道，从而不利于东道国经济的发展（谈儒勇，丁桂菊；2005）。

五、中国银行业引进外资：效率与稳定的权衡

引入境外战略投资者作为银行业改革的一项基本策略，其根本目的在于提高中资银行的效率，进而提高其国际竞争力。但不幸的是，微观效率的增进并不必然带来银行业和宏观经济稳定性的提高。相反，在银行个体竞争力提高的同时会伴随着金融风险的释放，进而可能影响到国家的经济与金融稳定。

众所周知，中国的资本市场非常弱小，目前银行仍然是金融体系的核心，见图1：

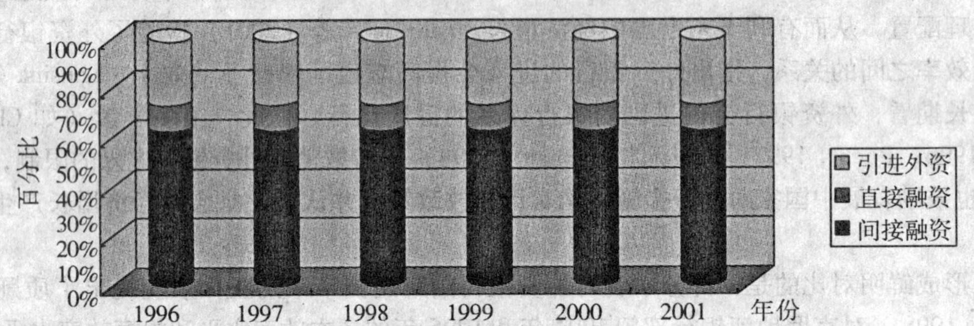

注：间接融资指银行贷款；直接融资包括股票、债券和基金。

数据来源：《2002年中国人民银行年报》。

图1　金融市场融资结构图

根据图1，我们可以看出虽然间接融资有下降的趋势，但其在金融市场融资结构中仍然占有绝对比重，银行肩负着为企业提供长期资金，支持经济发展，解决劳动就业等任务。张羽和李黎（2005）的一项研究指出，国有银行对转轨时期中国经济的增长作出了巨大贡献，1979—1996年国有银行对国有经济的支持基本维持在每年GDP的5%以上，这是一个相当大的数字，而与此相对应的是中国经济以年均9.8%的速度增长。可以坦率地说，如果没有巨额的金融支持，体制内的增长和体制内的平稳过渡将无从谈起。

但是，国有银行的“无偿”支持也导致目前国有企业拖欠的债务非常庞大，见表4：

表4　　5000户工业企业负债情况　　单位:%

年份	1996	1997	1998	1999	2000	2001
资产负债率	58.14	60.66	61.46	58.09	57.75	58.39
本外币贷款比率	96.2	90.6	89.9	88.8	81.2	89.4

注：本外币贷款为当年新增余额；外币按当年平均汇率折算成人民币。

资料来源：吴敬琏．银行改革——当前中国金融改革的重中之重［J］．中国经济快讯周刊，2002（30）．

由表4可以看出，目前我国企业特别是国有企业负债率仍然过高，并且其负债的大部分为银行贷款。令人担忧的是，外资战略投资者入股中资银行后将可能拒绝给国有企业继续输血。这种担忧正在逐渐变成事实：澳洲联邦银行进入济南城市商业银行后就规定，一旦某分支行出现新增不良资产时就停止该行的贷款业务。引入战略投资者后的中资银行停止对经营状况不佳的国有企业继续输血，虽然会提高自身的效率，但同时也可能导致国有企业破产增多、失业上升，经济增长速度放缓。根据麦肯锡的测算，就中国银行业现在的情况看，贷款业务增长率控制在5%到7%是比较安全的。但是，中国目前的GDP增长率为7%到8%，那么银行贷款增长率必须达到15%才能支撑GDP的增长。因此，按照5%到7%的贷款增幅不但不足以支持经济发展，而且还会引发大规模的

失业以及造成银行系统更大规模的呆账、坏账①。如果这种情况真的出现，将不可避免地引发经济金融危机。

具有讽刺意味的是，就在我们竭尽全力对国有商业银行进行改造的时候，人们对国有金融机构的信赖程度却居高不下。据李健（2003）的一份调查，最信赖国有金融机构的企业占到被调查企业的44.32%，而最信赖股份制金融机构、合资金融机构、外资金融机构的企业分别只占12.76%、11.60%和25.75%；最信赖国有金融机构的居民占被调查居民的比重则高达58.29%，而最信赖股份制金融机构、合资金融机构、外资金融机构的居民则分别只占8.21%、8.72%和15.90%。进一步地，理论研究也表明国有银行与银行危机发生概率之间并没有因果关系（Barth，Caprio和Levine，2000），或者只有微弱关系（La Porta等，2002）。相反，在发生危机时，许多国家倾向通过将银行收归国有来稳定局势，如亚洲金融危机时的韩国、印度尼西亚和泰国。

无论承认与否，一个客观的事实是，尽管国有商业银行积弊丛生，但其作为中国金融业的核心与中坚力量，以自身的稳定发展为中国金融业的稳定发展奠定了基石。据此，我们有充分的理由认为，中国银行业引进外资必须遵循渐进的逻辑，任何旨在追求短期见效的、急功近利的改革设计都是危险的，试图将复杂的银行改革一蹴而就是不切实际的想法。如果银行业通过外资战略暂时获得效率或者仅仅是有限的效率，但却以整个宏观经济的稳定为代价，那么这种改革策略显然得不偿失。

六、结论

中国银行业正在进入一个关键时期。注资、股份制改造、引进外资、上市，这一切昭示着中国银行业正在经历一场暴风雨的洗礼。由于WTO过渡期的即将结束，在“时间约束效应”和“巴塞尔协议约束效应”的双重压力下，更为大胆的改革计划正在被迅速拟定并付诸实施。银行业改革的外资战略便在这一背景下合乎逻辑地诞生了。

中国银行业走上对外开放的道路，并非是国内金融发展与金融深化达到一定程度后的内生产物，相反，中国银行业的对外开放更多地带有外生的性质，是在国内金融体系尚不完善、金融分割现象比较严重、对内依然封闭的状况下实施的“赶超型”战略。金融业外生开放的逻辑表明中国银行业的对外开放将面临着更大的金融风险。

那么，为什么中国银行业不对内资开放，而更偏好于外资呢？除了一些堂而皇之的理由之外，更深层次的原因是相关利益集团的博弈，是对中央政府长期垄断银行业利益的瓜分，而这些利益应当是属于社会公众的。进一步地，理论与实践均表明，外资银行的进入，给东道国带来的不仅仅是好处，同时也伴随着较大的金融风险。阿根廷金融危机和亚洲金融危机中外资银行的所作所为便是极好的例证。

更重要的是，尽管引进外资会在一定程度上提高银行业的微观效率，提高其国际竞争力，但这可能以损害宏观经济稳定为代价。这一点恰恰是我们无法容忍的，因为长期可持续的经济增长前景是唯一可以信赖的石头，只有这一块石头才能稳稳当当把当前的系统性金融风险撬起来并慢慢晾干，舍此别无他途（赵先信，2004）。

需要指出的是，我们并不是反对银行业引进外资，只是期望能够在完善相关制度条件下，谨慎、适度地引进外资。这不仅符合我们一直所秉承的渐进改革策略，而且这会使风险最小化、收益最大化。

---

① 正视银行业战略引资风险［J］. 上海金融，2005（10）.

参考文献：

1. Barth, James, Gerard Caprio Jr. et al. Banking Systems around the Globe: Do Regulation and Ownership Affect Performance and Stability? [r]. World Bank Working Paper, 2000.

2. Beck. T, and R Levinel Industry growth and capital allocation : does having a market - or bank - based system matter ? [J]. Journal of Financial Economics, 2002, 64 (2).

3. Claessens. S , A Demirgüc - Kunt , H Huizinga. How does foreign entry affect the domestic banking market ? [J]. Journal of Banking and Finance, 2001, 25 (5).

4. Demirguc - kunt Asli, Enrica Detragiache. Financial liberalization and Financial Fragility, World Bank: Annual World Bank Conference on Development Economics [R]. Working Paper, 1998.

5. Demirgüc - Kunt A , V Maksimovicl. Funding growth in bank - based and market - based financial systems : evidence from firm - evel data [J]. Journal of Financial Economics, 2002, 65 (3).

6. La Porta, Rafael, Florencio Lopez - de - Silanes et al. Government Ownership of Banks [J]. The Journal of Finance, 2002, 57 (1).

7. Levine. R. Bank - based or market - based financial systems : which is better ? [J]. Journal of Financial Intermediation, 2002, 11 (4).

8. Robert Lensink , Niels Hermes. The short - term effect s of foreign bank entry on domestic bank behaviour: Does economic development matter ? [J]. Journal of Banking & Finance , 2004 (28).

9. 黄金老. 金融自由化与金融脆弱性 [M]. 北京：中国城市出版社，2001.

10. 雷达，于春海. 金融自由化发展战略的内部深化与外部开放的冲突 [J]. 国际经济评论，2005 (3) ~ (4).

11. 李健. 加入世界贸易组织后的首都金融业发展——基于地区金融视角的分析 [M]. 北京：中国金融出版社，2003.

12. 史建平. 外资入股中资银行：问题与对策 [J]. 中国金融，2005 (6).

13. 世界银行报告小组. 金融与增长——动荡条件下的政策选择 [M]. 北京：经济科学出版社，2001.

14. 谭鹏万. 外资银行更有效率吗？——对中东欧国家银行业的实证研究 [J]. 世界经济研究，2005 (7).

15. 谈儒勇，丁桂菊. 外资银行进入效应研究述评 [J]. 外国经济与管理，2005 (5).

16. 吴念鲁. 对国有商业银行引进战略投资者及上市的评析 [J]. 银行家，2005 (9).

17. 杨咸月，何光辉. 国有银行民营化、效率与金融稳定 [J]. 改革，2005 (10).

18. 占硕. 我国银行业引进战略投资者风险研究 [J]. 财经研究，2005 (1).

19. 占硕. 引进外资战略投资者就能推动国有商业银行改革吗？[J]. 金融论坛，2005 (8).

20. 张杰. 中国金融成长的经济分析 [M]. 北京：中国经济出版社，1995.

21. 张杰. 交易、风险与所有权——解释中国经济转轨路径及其绩效的一种新视角 [J]. 管理世界，2003 (5).

22. 张羽，李黎. 论中国国有银行的渐进改革 [J]. 投资研究，2005 (8).

23. 赵先信. 当前国有银行改革的政策风险与政策启示——兼论外汇储备注资的货币扩张效应 [J]. 财贸经济，2004 (6).

绩效、控股权与战略投资者：转型经济银行改革的经验

吴志峰①

内容提要：本文分析了东欧转型经济银行改革的经验。东欧转型经济与中国当前的银行改革具有相似性。东欧国家在第一次银行改革中保持了国有控股权，但并没有提高银行绩效，最后只得对战略投资者继续开放，导致超过75%的银行资产被外资控制。本文的结论是：在继续保持国有控股的情况下，引进战略投资者作为小股东并不能建立良好的银行治理结构，也不会有效改善银行业绩；而外国战略投资者控股银行后确实能显著提高银行业绩，但国家也丧失了银行控股权，似乎在现有的改革路线中改善绩效与保持银行控股权两者不可兼得。因此，中国如果必须保持国内力量对主要银行的控股权，则应改变当前的银行改革思路，可选择的方式是借鉴招商银行模式，建立国内大型企业（不论国有还是民营）法人持股的治理结构。

关键词：银行改革　转型经济　绩效　控制权　战略投资者

一、引言

当前，中国国有银行的改革是按照"坏账剥离—注资重组—引入战略投资者、建立公司治理结构—发行上市"的路线进行的。在交通银行、建设银行引入汇丰、美洲银行等战略投资者并成功在香港上市、中国银行和工商银行正在引进战略投资者准备上市的时候，关于战略投资者是否能改善银行绩效、银行控股权是否会丧失并威胁国家安全以及国有银行是否贱卖等争议也越来越强烈。这些争议主要是从价值判断的规范性分析来阐述的，本文对这些观点不予置评，而是从东欧等转型经济国家银行改革的实证出发，以这些国家的事实来作为中国银行业改革路线的参照。由于难以获得这些国家银行改革的原始数据，本文只能从相关的研究文献中搜寻数据和事例，好在研究文献相当充分，作者在占据大量研究资料的基础上得出的结论得以有了确实的依据。

本文发现，东欧转型经济的银行改革其实与中国当前的银行改革具有惊人的相似性，即改革前都是面临巨额银行坏账、糟糕的治理结构、国有银行垄断市场且效率较低以及政府的干预等，改革的方式也是先剥离坏账、政府注资，然后是引进战略投资者、出售部分国有股份，最后发行上市。但这些国家的银行改革在继续保持国有控股地位的第一次银行改革并没有提高银行绩效，最后只得继续开放，向外国战略投资者转让股权，导致了整个东欧国家75%的银行资产被外资控制。作者因此得出结论：在继续保持国有控股的情况下，引进战略投资者作为小股东并不能建立良好的银行治理结构，也不会有效改善银行业绩；而外国战略投资者控股银行后确实能显著提高银行业绩，但国家也丧失了银行控股权，即在现有的改革路线中改善绩效与保持银行控股权两者不可兼得。因此，中国这样的大国如果必须保持国内力量（注意不是国有）对银行的控股权，则应改变当前的银行改革思路，可选择的思路是借鉴招商银行模式，主干银行（并非全部中国的银行）建立由国

---

① 吴志峰（1971—），湖南人，金融学博士，现为招商银行博士后工作站和北京大学光华管理学院博士后，联系电话：0755-83076512，email：peakreachwu@hotmail. com。本文系国家自然科学基金项目《WTO与中国商业银行的改革与创新》（项目编号：70373012）的一部分。

内大型企业（不论国有还是民营）法人持股、董事会和管理层有效制衡的治理结构；国家股全部退出，即不再由中央汇金公司或财政部直接持股；只有到海外发行上市时为便利发行才引入投资银行一类的战略投资者，不引入花旗、汇丰等同业巨头；依靠咨询公司的帮助来改进技术和管理模式，或者直接选聘有海外银行经验的人士任职。

本文第二节描述了东欧和俄罗斯银行改革的图景，展现了东欧国家第一次、第二次银行改革的情况；第三节以具体数据说明东欧国家第二次银行改革后银行绩效的普遍提升；第四节揭示了东欧国家银行控股权向战略投资者转移的具体情况；最后是结论和政策建议。

二、东欧和俄罗斯银行改革图景

作为前计划经济阵营的成员，俄罗斯及东欧国家在市场化的银行改革前面临着和中国一样的情况。在20世纪80年代，为打破单一的银行结构（monobank structure），这些国家将中央银行分离出来，并建立了专业银行制度，即由国家储蓄银行为居民提供存款和工商业贷款服务，外贸银行提供货币汇兑服务，农业银行为农业部门提供短期融资，建设银行为基础设施等长期投资提供资本。但专业银行制度建立后，银行业仍然被国家高度垄断，单一的国有企业客户为银行制造了巨额不良贷款。因此俄罗斯和东欧国家在苏联解体后迅速市场化的过程中，对银行部门的改革也成为转轨过程中必须解决的一大难题，这些国家面临相同的困难：银行高度垄断、效率低下、巨额不良贷款以及糟糕的治理结构。

东欧和俄罗斯对其银行部门改革的步骤是：

1. 剥离坏账

这些国家在实施银行私有化的改革前，银行部门的坏账已非常严重。根据Thorne（1993），波兰、捷克和匈牙利这三个国家的不良贷款率超过50%，因此剥离坏账和提高银行的资本充足率是改革的第一步，虽然这些国家在早期“休克”式改革中的恶性通货膨胀一定程度上减少了坏账的规模，但国家仍需采取措施化解坏账。

在捷克，其最大的银行Komercni Bank的贷款占这个国家所有贷款的3/4，政府只好从资产和负债两方面来解决其巨额不良贷款问题，1991年该银行将约1100亿捷克克朗（合38亿至40亿美元）的资产剥离给政府，并将790亿捷克克朗的循环贷款和相应负债转让给新成立的联合银行（Consolidation Bank），同时国家财产基金（National Property Fund，NPF）建立了一个222亿克朗的减债基金，Komercni Bank的国企客户因此得以减少151亿克朗负债，另外该银行获得NPF的7.8亿克朗的资本补充。通过这些措施，Komercni Bank的财务状况大为改善，其资产减少超过1/3，资本提高了17%。

匈牙利1991年由政府为三家主要国有银行50%的不良贷款提供担保。1992年启动贷款合并计划，通过匈牙利开发投资公司以政府债券替换商业银行的巨额不良贷款，其中布达佩斯银行获得了50亿福林的额度，使其资本资产比率得以由负值变为0。随后贷款合并计划得以扩展，银行部门获得800亿福林的补充资本，其中布达佩斯银行又获得了50亿福林，使其资本资产比率提高到4%。

波兰的不良贷款问题因其“休克疗法”期间的通货膨胀有所缓解，但新增不良贷款使情况同样不乐观，1992年国有银行的不良贷款率平均为26%。在正式确定实施企业重组和银行私有化计划后，政府决定先通过波兰银行私有化基金为国有银行补充资本。

俄罗斯不同，很长一段时间它甚至没有正式承认苏联解体后新建立银行的资产不良情况，在银行所有权发生变更时，企业仍处于预算软约束状况，其贷款仍为政府担保，因此并没有被当作不良资产问题。比如1992年，俄罗斯最大的Mosbusiness Bank为其全部贷款的拨备只有2%。其后至1994年，当企业的预算约束变更后，俄罗斯政府也没有财力为银行补充资本，因此在这方面很少作为。

虽然东欧国家在处理不良贷款和补充银行资本方面下了很大力气，但后来的事实表明，这些措施并不成功，因为后来又重复为银行补充资本，从而加重了银行的道德风险问题，我想这也是当前中国花数万亿元资金为银行剥离坏账和补充资本时应考虑的问题。

2. 第一轮银行改革

东欧国家在基本完成对不良贷款问题处理后，便开始了国有银行私有化和重建公司治理的改革，旨在建立一个健全、有效率的银行部门。其方法包括凭证式私有化、公开发行上市、引入战略投资者和管理层主导的私有化或管理者收购（MBO）。捷克是通过凭证式将银行私有化的，对其最大银行 Komercni Bank，原计划以凭证式方式出售 53% 的股份，剩余的 47% 仍由政府机构 NPF 持有，计划推出后捷克人踊跃购买，有 70 万人以凭证来兑换该银行的股票，但后来政府提高了股票的价格，导致股票需求下降。至 1996 年 12 月，政府通过 NPF 在 Komercni Bank 的股权比例为 53.1%，由国有银行组成的基金通过托管居民的凭证取得其余大部分股份，其余三家主要的国有银行凭证私有化的结果也与此相似。因此银行私有化的结果是国有股不但处于绝对控股地位，而且通过银行基金的交叉持股，国有控制权基本没有改变（见表 1）。

表 1　Komercni Bank（KB）的股权结构（1996 年 4 月）

所有者	股权比例
政府	53.1%
NPF	48.7%
补偿投资基金	4.4%
纽约银行 ADR	5.8%
房地产租赁基金（KB 银行全资拥有）	3.4%
KB 投资基金	3.4%
VUB Kupon（斯洛伐克最大商业银行的投资基金）	2.7%
Czech Saving Bank	2.6%
State Street Bank and Trust Co.	1.5%
IPB（政府所有的商业银行）	1.3%
其他	26.2%

资料来源：KB Prospectus，1996 年 5 月 7 日。

在波兰，由于其专业银行制度是按地区而非行业划分，所以形成了 9 大地方银行。波兰政府在 1992 年公布了于 1996 年前将这 9 家银行私有化的计划，政府设计的方案是改革后金融部（Ministry of Finance）继续保留约 30% 的股份，15% 左右的股份由员工优先购买，剩余约 50 的股份分成两部分，25% 公开上市（IPO）向中小投资者发售，25% 向外国大型战略投资者出售。最先被私有化的是 WBK 银行和 BSK（Bank Slaski）银行，这两家银行分别引来了欧洲复兴开发银行（EBRD）和荷兰国际集团（ING）作为战略投资者。股权比例如表 2：

表 2　WBK 和 BSK 银行改革时的股权结构（1993）

所有者	WBK 的股权比例	BSK 股权比例
金融部	29%	33.2%
外国战略投资者	28.5%	25.9%
员工	15%	8%
公众投资者（IPO）	27.5%	32.9%

资料来源：Abarbanell and Bonin（1997），后两行数字系根据该文和其他资料推定。

匈牙利银行对外国战略投资者转让比例更大些，政府保留的股份更少些。匈牙利在 1991 年的银行法中就允许外国银行持有超过10%的股份，因此政府在将银行向战略投资者出售时更大胆，其明确的目的是引入战略投资者改善银行治理、促进技术现代化并增加银行资本。但在银行改革之初，政府还是保留了约25%的股份。比如布达佩斯银行引入了欧洲复兴开发银行和GE Capital作为战略投资者，政府保留了22%的股份，其余股份在IPO时向公众出售（见表3）。

表3　布达佩斯银行改革后的股权结构（1995年12月）

所有者	股权比例
政府	22.0%
GE Capital	27.5%
欧洲复兴开发银行	32.5%
公众投资者（IPO）	18.0%

资料来源：Meyendorff and Snyder（1997）。

与东欧国家银行改革不同，俄罗斯的银行主要是通过管理层主导的方式实现所有权转移的，其过程简单而快速，即将控制权转移到银行管理层和中央银行各级地方官员手中，并由这些人来决定银行私有化的方式和股权结构，一些大型国有企业和银行管理层由此成为股东，但基本没有投入现金资本，因为他们是以基本不具有流动性的资产换取股权的。（见表4）

表4　Mosbusinessbank改革后的股权结构（1994年10月）

所有者	股权比例
管理层和员工	30%
大型企业和机构	45%
个人和其他投资者	25%

资料来源：Meyendorff and Snyder（1997）。

表5中总结了上述国家银行改革的方式。可以看出在第一轮改革（1993年前后）中，东欧国家均保留了30%的国家股，外国战略投资者的股权比例尚小，国家股通过联合其他国内投资者仍能保持对银行的控制。然而这样的股权结构并没有显著改善银行治理状况，国有股的存在、凭证化和IPO所造成的股权分散以及战略投资者没有发挥作用的动力，导致银行仍然是原有官僚的内部人控制，现代化的信息技术和管理模式没有能及时导入，资本增加有限，国家对经营的干预仍然存在，加上管制放松后新的私有银行和外资银行的进入导致竞争加剧，这些初步私有化的银行并没有表现出好的业绩，由此导致东欧国家在1996年后进入第二轮银行改革。

表5　银行改革方式比较

所有权转移模式	有代表性的国家	优势	劣势
凭证式私有化	捷克	快速 政治推动	无新的资本和专业技术投入 股权分散
管理层主导	俄罗斯	快速 政治推动	无新的专业技术投入 股权分散
IPO	匈牙利和波兰	新增资本	无新的专业技术投入 股权分散、缓慢
外国战略投资者	匈牙利和波兰	新增资本、技术 新的公司治理	缓慢

资料来源：Abarbanell（1996）。

3. 第二轮银行改革

在事实证明第一轮所有权转移的银行改革并没有改善银行绩效后，东欧的匈牙利、捷克和波兰等国家在1996年后进入第二轮改革中，其显著特点是进一步加大了向战略投资者的股权转让，国家在银行中的股权基本退出，并在战略投资者的主导下构建起现代银行治理结构。捷克在第一轮凭证私有化银行改革不成功后，于1998年后加大了向外国战略投资者的股权转让力度，从而使外资银行积极参与到银行改革中来。捷克的IPB银行在1998年1月向外出让了36%的股权，CSOB银行于1999年6月出售了69.99%的股权给比利时的KBC，最大的Komercni Bank也终于在2001年6月将60%的股权出售给了法国的Societe Generale。

而匈牙利的行动是最早最快且最彻底的，1996年进一步修正了银行法，对外资银行不再设股权比例限制，并鼓励它们积极参与。政府允许将管理控制权交予外国战略投资者，并为以后增持股份提供期权，同时战略投资者在不良资产等情况下还可以向政府回售股权，比如GE Capital在布达佩斯银行只有27.5%的股份，但拥有全部的管理权，并约定可向EBRD和政府购入股份以增加股权比例。在这些政策鼓励下，外资银行大量进入匈牙利，目前其超过90%的资产份额为外资银行控制。外资银行的进入显著改善了匈牙利银行部门的治理结构，银行不但摆脱了政府干预，而且引入了现代的信息技术和管理模式，补充了资本，完善了公司治理结构，也取得了很好的业绩。

波兰的银行改革在经历了“银行贱卖”以及控制权等争议后，还是决定在1996年进一步向外国战略投资者转让股权，如前面提到的WBK和BSK银行，其中WBK将政府和其他投资者36%股权转让给了爱尔兰联合银行（Allied Irish Bank，AIB），后来AIB还和欧洲复兴开发银行达成协议，取得购买其24%股权的期权，从而最终达到对WBK60%的绝对控股权。BSK的战略投资者ING也从政府那里增持了27%的股权，从而以54%的股权完成对BSK的绝对控制（见表6）。

表6　　WBK和BSK银行改革时的股权结构（1996年8月）

所有者	WBK的股权比例	BSK股权比例
金融部	10%	6%
外国战略投资者	60%（EBRD + AIB）	54%（ING）
员工	15%	8%
公众投资者（IPO）	25%	32%

资料来源：Abarbanell and Bonin（1997），后两行数字系根据该文和其他资料推定

经过第二轮银行改革，原先不同改革模式的东欧各国已经殊途同归，即都采用了向外资开放的政策，允许其控股国内银行，同时也放开对国内新建银行的管制。外国战略投资者全面参与到这些国家的银行改革中来，实现了其对本国银行部门的控制，战略投资者变身为控制者，同时这些国家也建立起现代银行的治理结构，技术手段和管理模式不断同欧美先进银行相融合。

三、第二轮改革后银行绩效普遍提升

东欧国家在经过第二轮改革后，由于外国战略投资者深刻介入到银行治理结构的改造中来，无论在激励约束机制、经营战略、金融技术、营运流程和人才培训方面均发生根本变化，在政府放弃对银行干预和促进竞争的政策配合下，其经营业绩得到了迅速提升。

就单个国家而言，Hasan and Marton（2003）用随机边界分析（SFA）方法分析了匈牙利银行业1993—1998年的数据，发现效率高的外国控股银行创造了好的经营环境，促使整个银行系统更有效率。Jemric and Vujcic（2002）用数据包络分析（DEA）对克罗地亚1995—2000年做的研究表明，外资银行和新建银行更有效率。多国比较分析方面，Grigorian and Manole（2002）分析了包括

俄罗斯在内的十七个转型经济在1995—1998的数据，发现外资控股银行（持有超过30%的股份）更有效率。Yildirim and Philippatos（2002）分析了包括俄罗斯在内的12个转型经济在1993—2000年的数据，发现外资控股的银行（持有多数股份）成本效率更高但盈利效率较低，后者或许是因为接管银行的巨额改造费用削减了利润。

Bonin、Hasan and Wachtel（2005a）用随机边界分析法（SFA）对保加利亚、捷克、克罗地亚、匈牙利、波兰和罗马尼亚6个较典型的转型经济进行，这6个国家至2002年超过75%的银行资产为外国所控制，作者收集了这6个国家67家大银行（如在各自国家资产处于TOP10）在1994—2002年的451个观察数，数据主要是1997年后的数据，1994—1997年的数据不到20%。样本银行被分成外资新建（指跨国银行的分行，占24.4%）、国内新建（16.6%）、国有（27.7%）和私有化银行（由原国有银行私有化而来，31.3%）四类，其中由战略投资者控制的银行占总样本的23%（不含外资新建银行），私有化银行类别中74%由一个战略投资者控股，这一数据不同国家有所区别，对保加利亚、克罗地亚和波兰超过了80%，匈牙利是72%，罗马尼亚推动时间较晚也有50%，捷克是在凭证化基础上后来再对外资出售的，有43%。

表7对四类银行的业绩进行了比较。在盈利指标方面，资产收益率（ROA）是最常用的指标，主要由外国战略投资者控股的私有化银行ROA较改革前提高了23.6%，而且也远高于国有银行和国内新建私人银行，但要低于跨国银行的分行；银行的净利差收入是其重要的利润来源，这一指标私有化银行在四类银行中最高，但彼此差距不大，这应是竞争的结果，其中国内新建银行净利差率最低，表明这类银行可能以提高存款利率压低贷款利率的方法作为竞争策略。改革后私有化银行净利差率比改革前提高了15.72%；佣金收入率反映银行中间业务水平，也是衡量银行为经济服务优劣的重要标志。私有化银行的佣金收入率改革后比改革前提高了40%，反映银行私有化后更重视中间业务的发展，为社会提供了更好的服务。同时私有化银行的这一指标在四类银行中也是最高的，较国有银行的优势可能是在于私有化银行改善了营销策略和服务水平，对国内和外资新建银行其优势在于已有的客户和网点优势，使之更能便利地为大众提供银行服务。在成本指标方面，成本资产比率是衡量银行成本控制的重要指标，私有化银行的这一比率较改革前下降18.39%，而且也低于国有银行和国内新建银行，但要低于外资新建银行，表明私有化银行在成本控制方面明显改善，

表7　　6个转型经济银行分类绩效

	外资新建	国内新建	国有银行	私有化银行	全部银行	私有化银行	
						前	后
总资产收益率	0.0224	0.0051	0.0042	0.0176	0.0133	0.0047	0.0158
佣金收入/资产	0.0140	0.0164	0.0130	0.0186	0.0155	0.0145	0.0204
净利差收入/资产	0.0417	0.0375	0.0424	0.0439	0.0422	0.0388	0.0449
成本/资产	0.1005	0.1434	0.1862	0.1302	0.1402	0.1631	0.1331
非利息支出/资产	0.0446	0.0713	0.0754	0.0649	0.0652	0.0619	0.0686
贷款/资产	0.4801	0.3945	0.3734	0.3797	0.4038	0.3745	0.3526
存款/资产	0.7542	0.7583	0.7850	0.7769	0.7690	0.7738	0.7754
流动资产/资产	0.4378	0.4340	0.4932	0.4924	0.4707	0.4924	0.5185
股权/资产	0.1171	0.1009	0.0729	0.1122	0.1041	0.0855	0.1187
贷款损失拨备/资产	0.0083	0.0171	0.0177	0.0133	0.0142	0.0135	0.0103
总资产（1000美元）	813024	1606922	3036874	4742269	2798652	2501847	4073382

数据来源：Bonin、Hasan and Wachtel（2005a）

但由于私有化后在技术更新和人才培养方面投入巨大，导致成本资产比率仍较外资新建银行高；这一判断可以从非利息支出与资产比率指标得到，私有化银行的这一比率同样低于国有银行和国内新建银行，但高出外资新建银行 46%，而且与成本资产比率改革后下降相反，非利息资产与资产比率改革后不降反升，表明私有化后银行技术改造加快、人事培训投入和工资增加了。在经营指标方面，私有化银行较外资新建银行存款资产比高而贷款资产比低，表明私有化银行的已有客户和网络优势有助于其取得存款，但外资新建银行在贷款方面更进取，似乎表明其对风险控制能力更加自信；在政府规定坏账拨备覆盖率相同的情况下，坏账损失拨备与资产比率是衡量资产质量的重要指标，私有化银行的这一指标改革后较改革前下降，而且也低于国有银行和国内新建银行，但高于外资新建银行，表明私有化银行不良贷款率降低，风险控制水平改善；另外银行私有化后资产规模增长了 62.81%，发展加快了。总之，在外国战略投资者主导银行私有化改革后，这些银行的绩效显著改善，而且促进了整个银行部门的健康发展。

Bonin、Hasan and Wachtel（2005）的另一项研究使用 1996—2000 年数据，对捷克、匈牙利、波兰、斯洛伐克、保加利亚、克罗地亚、罗马尼亚、斯洛文尼亚、爱沙尼亚、拉脱维亚和立陶宛等 11 个东欧转型经济做了分析，数据包括 225 家银行的 856 个观察数。他们将外资控股定义为外资持有多数股份即绝对控股，并把外资控股银行区分为由一个战略投资者控股的银行和多个外资联合控股的银行。研究发现：①国有股权相对国内私有股权并不存在有统计显著性的负效应，因此对于转型经济，私有产权本身并不能保证银行效率。②外资控股银行在成本驱动效率较利润驱动效率更高。另外外资控股银行，尤其是由一个战略投资者控股的银行，经规模调整后较国内私有银行取得更多的存款和贷款，提供了更好的服务。③经规模调整后，政府控股银行较外资控股银行取得较少的存款和贷款以及较高的非利息支出，显然这些仍待私有化的银行比已经私有化的银行（外资控股私有化）效率低。④国际机构投资者的参与对银行盈利效率有正面影响，表明这些投资者在重组前国有银行过程中发挥了积极作用。一些绩效数据如表 8 所示。

表 8　　　　11 个转型经济的银行分类绩效

	总样本（856 观察数）		控股股东（均值）			
	均值	标准差	国战略投资者（455 个观察数）	外国联合（62 个）	政府（85 个）	国内私有（254 个）
总资产收益率	0.010	0.053	0.014	0.005	0.001	0.007
净资产收益率	0.036	0.794	0.054	-0.018	0.077	0.003
净利差	0.055	0.040	0.051	0.055	0.056	0.061
贷款/资产	0.428	0.165	0.435	0.437	0.380	0.430
存款/资产	0.764	0.126	0.780	0.762	0.729	0.745
股权/资产	0.127	0.072	0.124	0.109	0.115	0.141
非利息支出/资产	0.069	0.053	0.059	0.063	0.084	0.082
总资产（1000 美元）	1 143 571	2 432 380	1 286 107	2 028 721	2 079 615	358 938

数据来源：Bonin、Hasan and Wachtel（2005b）。

综上所述，东欧国家在第二轮银行改革后，由外国战略投资者控股的银行绩效普遍提高，而虽然引进了战略投资者但仍由政府控股的银行效率仍然低下。

四、外国战略投资者最后掌握了东欧国家的银行控股权

经过第二轮银行改革后，东欧等转型经济的银行业与发展中国家和新兴市场经济国家明显不

同，即银行股权和资产的很大比例由外资控股银行掌握。这与20世纪90年代的前5年形成了鲜明的对比。捷克在改革之初企图通过凭证式私有化改革银行，主要银行在1992年开始的第一轮凭证式私有化浪潮中开始改革，但直到1998年仍没有一家银行由外国投资者控股。但在凭证式私有化过程中，由银行成立的凭证投资基金成了各家银行的股东，进而形成了国有股仍处于控股地位、各家银行交叉持股的股权结构，事实证明凭证式私有化不能有效改善银行治理，第一次银行改革后银行经营状况没有好转，金融不稳定状况继续存在。这促使捷克政府实施向外国战略投资出售的第二次银行改革，至2001年，捷克所有主要银行已全部向外资出售，其银行部门已为外国控制。

波兰政府在第一轮银行改革中仍保持30%左右的股权，其最先进行改革的WBK和BSK银行都引进了战略投资者，但直到1996年底只有BSK一家银行被外资（ING）控股。ING控股后BSK的快速成长以及在廓清一些争论后，波兰政府后来加快了向外资出售银行的进程，到2000年，外资已控制了银行业75%以上的资产，波兰最大和最后一家国有银行也在2004年实现私有化了。

匈牙利在东欧国家中引进战略投资者是最激进也是最早的，但1994年外资控股银行所占比例也不过15%，但1996年后匈牙利加快了向外资出售银行的进程，到1997年中，匈牙利前10大银行中的8家被外资控股。而到2001年，外资控股银行的数量占到全部银行的60%以上，如果以控股的资产来衡量，则外资控股银行掌握的资产更是达到90%，可以说整个匈牙利银行业就是外资银行的。匈牙利外资控股银行占全部银行数量的比重如图1。

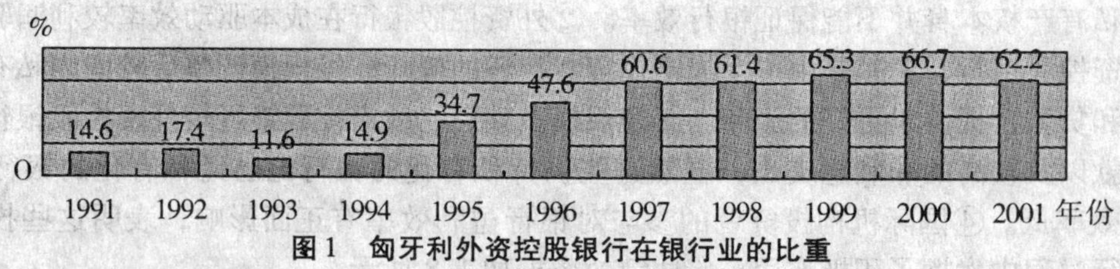

图1　匈牙利外资控股银行在银行业的比重

数据来源：Abel and Siklos（2004）

保加利亚、罗马尼亚和克罗地亚在20世纪90年代上半期都还没有实施银行私有化，外资银行在银行界几乎就不存在。保加利亚在1997年后开始跟上向外资出售的进程，到2000年，这个国家的10大银行中有8家被外资拥有；而克罗地亚2000年外国银行已掌握了84%的银行资产，到2002年，该国前10大银行均为外资控股。罗马尼亚直到1999年才开始这一进程，2004年其最大银行也出售给了欧洲复兴开发银行（EBRD）和国际金融公司（IFC）。

前述Bonin、Hasan and Wachtel（2005）研究中的数据也有助于说明外国战略投资者已取得东欧国家的银行控股权，其比重是以观察数中外资控股银行的比例确定的，包括由一家战略投资者控股和外资联合控股两种类型。数据如表9所示：

表9　11个国家外资控股银行在观察数中所占比重　　单位：%

	全部	保加利亚	捷克	爱沙尼亚	克罗地亚	匈牙利	拉脱维亚	立陶宛	波兰	罗马尼亚	斯洛文尼亚	斯洛伐克
外国战略投资者	53.2	56.3	70.5	100.0	23.0	81.0	31.1	60.0	57.1	50.9	28.9	66.2
外国联合	7.2	4.2	14.8	0	4.1	8.6	6.8	20.0	9.5	7.3	0	4.4
政府		9.9	14.1	5.7	0	10.5	1.7	4.1	0	6.8	10.9	18.4
国内私有	29.7	25.3	9.1	0	52.5	8.6	58.1	20.0	26.5	30.9	52.6	14.7

数据来源：Bonin、Hasan and Wachtel（2005）。

表9数据显示：11个转型国家中225个样本银行的856个观察数中，外资控股的银行占到了60.4%（外国战略投资者53.2%＋外国联合7.2%），最高的爱沙尼亚100%、匈牙利89.6%、捷克85.3%，最低的克罗地亚也有27.1%、斯洛文尼亚28.9%。

以上数据表明，东欧国家在最先引进战略投资者参与银行私有化改革后，各方的动态博弈最终导致了战略投资者取得了在这些国家的银行控制权。

五、结论

结论一：政府继续控股银行不能建立真正的治理结构，也不能有效改善银行绩效

La Porta 等（2002）发现国有银行经营业绩比不上私有银行，而国有银行在低收入的发展中国家普遍存在。国有银行经营业绩的劣势有许多原因，其中政府干预、公司治理以及竞争不足等问题是主要原因（Shirley and Walsh，2000）。按照这些研究的观点，国有银行私有化后业绩普遍应该提高。但捷克等国家通过凭证将银行私有化后，发现经营业绩并没有提高（Clauke、Cull and Shirley，2005），原因就在于凭证式私有化使银行股权分散，监督成本与收益的不对称使小股东的“搭便车”行为成为“自然选择”，转型经济体中资本市场又不像美国那样发达，市场的资源配置功能和监督功能远未发挥足够的作用，因而分散的股权结构没能改善银行的公司治理。而政府在这些私有化的银行仍占有较大比例的股份（30%），银行的管理层也主要来自国有银行的管理者和政府官员，这就为政府继续干预银行经营创造了条件。而且在限制新银行进入的金融管制政策下，私有化银行继续享受竞争不足的垄断租金，银行管理者和政府官员勾结成为内部控制人，因此即使银行实现部分私有化，但政府干预、公司治理和竞争不足的问题并未真正解决，这就是东欧国家在第一轮改革后银行绩效并未改善的原因。说明在转型经济体中，由于市场约束的机能不具备，国有银行在保持政府控股并依靠引入战略投资者、私有化和发行上市的政策无法奏效，因而银行改革的中心任务应该是放弃国有控股地位，以真正改善公司治理，而且私有化等股权改革方式和放松管制、促进竞争的措施必须围绕公司治理进行。

结论二：战略投资者控股有助于银行绩效的提高

在转型经济的第一轮银行改革中，没有证据表明战略投资者在国有银行的小比例参股会改进银行绩效。事实上，如果政府仍保持很大的股份，即使将剩余的很大股份卖给私人甚至战略投资者，仍不能有效改善银行绩效，这是因为外国战略投资者不能控制银行，它就没有动力为银行引进核心技术和管理经验；政府仍有继续干预银行经营的动力和空间；股份相当的股东之间可能彼此争斗，管理层成为内部控制人，甚至会操纵一方股东反对另一方，Abarbanell and Bonin（1997）就描述了波兰第一次银行改革的这种情形。

但银行一旦由战略投资者控股将很快提升经营业绩却是事实，本文有关东欧国家第二轮银行改革后的绩效数据也证明了这一点。这是容易理解的，因为战略投资者一旦控股国内银行，将会复制其成熟的治理结构，优化业务流程，激励培训人才，高效率地提供核心技术，打造先进的企业文化。更重要的是，外资控股后，本国政府再也没有直接干预银行经营的理由，银行与企业的业务关系也得以理顺，新的信用文化随之建立起来。

结论三：战略投资者将最终获得银行控股权

那些拥有银行核心技术的欧美战略投资者最初进入东欧银行业也没有取得控股地位，如 ING 开始只持有波兰 BSK25.9%的股份。在国家禁止外资控股本地银行的情况下，战略投资者的目的是带着将来控股银行的期望，在银行改革之初进入以了解银行业状况，并借助技术和产品引进协议利用当地银行的网络销售自身产品，同时也借以影响政府的政策。而且，战略投资者进入后在帮助银行重组上市过程中，将利用自身的影响力以提升参股银行的价值（但并非持久的经营业绩），由此战略投资者持股贬值的可能性很小，也就有效防范了风险。

但战略投资者参股后，由于结论二中的原因，当地银行绩效仍没有显著改善；同时金融管制政策已趋放松，银行竞争较以前加剧；而政府在以前的银行改革中为坏账剥离和充实资本耗费了大量财力，已不可能继续为经营绩效不佳的银行承担损失了（即使有财力继续补充资本，由于会加重

道德风险，政治上也没有这样做的可能）。因此在绩效和金融稳定的双重压力之下，政府不得不向外资出让银行控股权，以改善治理结构，提升经营绩效，实现金融稳定的目标。战略投资者由此最终取得银行控股权。

在东欧转型国家中，并非不存在“外资控股影响国家金融安全”、“银行贱卖”等争议，事实上这些争议严重影响了波兰原定于1996年完成9家银行改制的进程，但政府仍选择向战略投资者转让银行控股权。捷克政府也是直到1998年在原银行改革难以为继、银行状况继续恶化的情况下才向外资转移控股权的。由此似乎说明了银行绩效改善与国家保持银行控股权两者不可兼得。Abel and Siklos（2004）甚至说，在转型经济体中，似乎除了让外国银行掌控国内市场外，没有别的选择。

六、建议

对大国而言，保持国内力量的银行控股权具有重要的战略意义，这就是世界上的经济强国和幅员辽阔的大国都是由国内经济势力（无论是国有还是私有）掌握银行控股权的原因，经济强国中包括美国、日本、德国、英国、法国、意大利、加拿大等；经济力量不够强，但幅员辽阔、人口众多的大国包括俄罗斯、印度、巴西等。因此同样作为实行“休克疗法”的转型经济体，在东欧各国将银行控股权向外资转让时，俄罗斯的银行改革没有进一步推进，其决策思路显然是在银行控制权与绩效改善之间必须选择前者，这应该是大国银行改革的政治经济学，与匈牙利等小国的改革方式有所不同。

因此对中国这样的大国而言，保持国内力量对主要银行的控股权应是比改善银行绩效更重要的目标。而按照前文的结论，如果中国要实现银行治理、绩效的双重改善，同时又不想失去对主要银行的控制权的话，中国银行业的改革是否还有别的出路呢？答案应该在于“放弃国有控股，而取国内力量控股”之中。招商银行模式或许就是一种较理想的方式，这就是建立由国内大型企业法人持股的银行治理结构。

招商银行是国内第一家全部由法人持股的股份制银行（1994年），其持股法人包括招商局轮船股份公司、中国远洋运输总公司、中国海运总公司等国有大型骨干企业，招商局集团通过关联公司处于相对控股地位。虽然大股东仍是国有企业，但招商银行多年的快速稳定持续发展表明其治理结构是比较成熟高效的，主要表现在董事会与管理层之间建立起了有效的制衡机制，管理层受到董事会的有力制约，同时又有较强的绩效激励。董事们的外向型管理背景保证了董事会决策更能把握银行业发展的方向，且保持了对管理层的日常经营压力。而管理层长期保持稳定，并追求管理的科学、创新和效率，为招商银行的持续快速发展奠定了制度基础。

因此借鉴招商银行模式，对主要国有银行不再保留国家股，不再强调引进战略投资者，而是对国内大型企业出售股份，建立商业银行法人持股结构，应该成为我国主要银行的改革方向。不再保留国家股就是不再像当前一样由中央汇金公司和财政部持有银行股份，而是全部向法人出售；持股法人应是管理水平较高、绩效好、声望佳的大型企业，但不再局限于国有企业，使民营资本有参与国有银行改革的机会；建立法人治理结构包括了健全董事会与管理层相互制衡的机制，董事主要应由具有声望的管理专家担任，行长等管理者不再由政府委派，而是由董事会从市场选聘；不再强调引进战略投资者，包括了对主要银行不引进同业竞争者，只限于在海外上市时引进投资银行等战略投资者以方便股票发售，而不是像当前模式一样，一厢情愿地寄希望于战略投资者的技术转让以提升银行的技术和管理水平。要打破银行管理水平提高必须依靠战略投资者的迷思，核心技术和管理模式的引进可采用管理咨询和选聘有经验的海外人士等方式进行。

参考文献：

1. Abarbanell. J. S. , Bonin. J. P. Bank privatization in Poland: The case of Bank Slaski [J]. Journal of Comparative Economics, 1997 (25).

2. Abel. I. , Siklos. P. L. Secrets to the successful Hungarian bank privatization: The benefits of foreign ownership through strategic partnerships [J]. Economic Systems, 2004 (28).

3. Bolin. J. P. , Hasan. I. , Wachtel. P. Privatization matters: Bank efficiency in transition countries [J]. Journal of Banking and Finance, 2005 (29).

4. Bolin. J. P. , Hasan. I. , Wachtel. P. Bank performance, efficiency and ownership in transition countries [J]. Journal of Banking and Finance, 2005 (29).

5. Clark, George R. G. , Cull. R. , Shirley. M. M. Bank privatization in developing countries: A summary of lessons and findings [J]. Journal of Banking and Finance, 2005 (29).

6. Grigorian D. , Manole V. Determinants of commercial bank performance in transition: An application of data envelopment analysis [J]. World Bank Policy Research Working Paper, 2002 (6).

7. Hasan I. , Marton K. Development and efficiency of the banking sector in a transitional economy: Hungarian experience [J]. Journal of Banking and Finance, 2003 (27).

8. Jemric I. , Vujcic B. Efficiency of banks in Croatia: A DEA approach [J]. Comparative Economic Studied, 2002 (44).

9. La Porta R. , Lopez - de - Silanes F. , Shleifer A. Government ownership of banks [J]. Journal of Finance, 2002 (57).

10. Meyendorff A. , Snyder E. A. Transactional structures of bank privatizations in central Europe and Russia [J]. Journal of Comparative Economics, 1997 (25).

11. Snyder E. A. , Kormendi R. C. Privatization and performance of the Czech Republic's Komercni bank [J]. Journal of Comparative Economics, 1997 (25).

12. Thorne A. Introduction on banks and capital markets in former planned countries: Their role in establishing a market economy [J]. Journal of Banking and Finance, 1993 (17).

13. Yildirim H. S. , Philippatos G. C. Efficiency of Banks: Recent evidence form the transition economies of Europe 1993 -2000 [J]. Unpublished paper, 2002 (4).

“十五”期间中国信托业改革与发展回顾及展望

孙　飞　孙　立　蒲　实[①]

一、“十五”期间中国信托业发展态势及回顾

以1999年2月7日国务院办公厅转发《中国人民银行整顿信托投资公司方案的通知》为标志，信托业开始历时最长、最彻底的第五次清理整顿。从2001年开始，各信托公司清产核资，清理原有业务，一些问题严重的信托公司被撤销、关闭，另一些信托公司以单独保留或合并方式向中国人民银行申请重新登记。2001年《信托法》颁布，10月1日实行，这是奠定信托业非常重要的法律基础。经过一年的等待之后，在2002年，信托公司终于开始推出了规范的、真正意义上的信托理财业务，我国信托业因此掀开崭新的一页。2005年，信托业的发展正呈现出枝繁叶茂的特征，这其中显著的变化是：

（一）依据中国人民银行《通知》精神，各信托公司正式展开重新登记工作

2001年5月18日，中国人民银行颁布《关于信托投资公司重新登记工作有关问题的通知》（银发［2001］148号），信托公司据此正式开始了重新登记工作。人民银行初期推行“一省保留一家”的原则，后期做了调整，对经济发达地区有所倾斜，截至2004年底，已有59家信托公司获准重新登记。可以说，到2005年底，我国信托业基本完成清理整顿工作。

经过这一次的重新登记，信托公司总体资产质量显著提高，原有业务得到清理，停止了存款业务，放弃了结算业务，剥离了证券经纪与承销资产，完全贯彻了1993年《国务院关于金融体制改革的决定》所规定的“保险业、证券业、信托业和银行业实行分业经营”的政策。

在实施信托分类处置、分业经营的基础上，原有绝大部分信托投资公司都通过关闭、转制等各种方式退出了信托业，只有一部分经营业绩较好、内控比较完善、市场竞争力较强的信托投资公司得到保留，并在核销坏账、补充资本、引进人才的基础上实现了重新登记，初步形成了一支专业化的理财队伍，为我国信托业的重新崛起提供了组织准备。

（二）行业在信托本源业务的归位中，探索新的信托发展模式

在吸取了前四次信托整顿的经验教训后，以信托归位为主旨的第五次信托整顿取得了显著成效。首先，以信托业为立足点，形成了以《信托法》、《信托投资公司管理办法》和《信托投资公司资金信托管理办法》为基础的信托监管法规框架，并相继出台了信托会计制度、信托专用账户制度等关系到信托功能能否正常运转的配套制度。在此基础上，信托投资公司以资金信托、财产信托和房地产信托为核心业务的经营范围基本确立，为归位后的信托业发展打下了坚实的制度基础。

（三）信托市场经营环境的重大变迁

近几年来，信托市场在超常扩张的同时产品结构日益趋于稳定，特别是在信托公司的业务模式

---

① 孙立：哈尔滨师范大学政治经济学硕士；国民信托研究发展部负责人；第一财经日报特邀记者；东中西区域发展和改革研究院金融研究所研究员；《中国房地产报》专栏作家及金融信托评论员；人民大学信托与基金研究所主办刊物《信托与基金研究》特约撰稿人；曾从事证券和信托业多年，主要研究方向为信托与证券、资产购并等业务，特别对信托财产的投资与管理具有较为丰富的理论和实际经验。近期发表的主要著作及论文有《对现阶段我国信托公司治理结构的探索》、《信托市场信息监管与法制建设》、《对信托商综合评定体系的探讨性补充》等多篇文章。

蒲实：四川大学博士生。

逐渐趋于成熟和稳定的基础上，信托产品结构和投资方向更加趋于理性，而这其中显著的特点是政策环境相对宽松，外部约束趋于制度化。

首先，信托产品的审批环节相对简化。从目前信托投资公司的展业流程和监管部门的监管程序看，总体还是较为顺畅和相对宽松的。以集合资金信托业务为例，与2004年出台的《证券公司客户资产管理业务试行办法》相比较，就审批环节而言相对简化，信托产品采用备案制，一般无需监管部门审核批准，信托机构具有较大的自主权和主动权。针对集合资金信托业务发展中出现的风险问题，监管部门又适时调整政策，强化监管措施，将备案制改为审批制，从严审批证券类及房地产类集合资金信托计划。

其次，信托业务的创新空间十分广阔。这三年来各家信托公司推出的信托产品，无论在制度运用、架构设计、运用方式、投资方向、业务范围、推介宣传、销售流通等诸多方面均取得了突破性创新。在展业过程中，通过财产信托与资金信托组合运用、优先收益权转让、提高单位信托合同销售起点以及伞型信托、开放式信托、信托池等方式，在严格遵守“一法两规”有关规定的前提下，较好地解决了信托规模的制约问题；通过发挥制度优势和资金优势，快速介入房地产投资领域、上市公司法人股收购业务、国有企业改制领域以及国有不良资产处置等众多其他金融机构和传统金融手段难以“染指”的创新业务和敏感领域，实现了超常的突破和成果；通过信证合作、信银合作，运用代理销售、资金托管、信托产品质押贷款等一系列方式，在取得合作双赢的同时，也一定程度上解决了信托产品推介、销售和流通等环节上瓶颈的制约。

再次，信托监管部门和地方政府对信托业均采取了以扶持为主的政策导向。2002年后，信托业在资产质量、治理结构、管理水平全面得以提升，自律意识空前强烈的同时，监管机构、监管体系、监管观念也发生了深刻的变化。尤其是2005年初中国信托业协会的成立，令信托行业的外部监管与行业自律有机地结合到一起。

（四）信托规模稳步扩大，并逐渐成为重要的理财品种

自2002年7月18日后，中国信托业进入一个快速发展的抬头区间，不仅信托品种及规模迅速扩大，而且信托产品结构也呈多元化态势。据市场不完全统计，截止到2005年10月份，集合资金信托市场共募集信托资金900亿元，可以说信托所具有的创新的天赋被充分激发并展现出来。

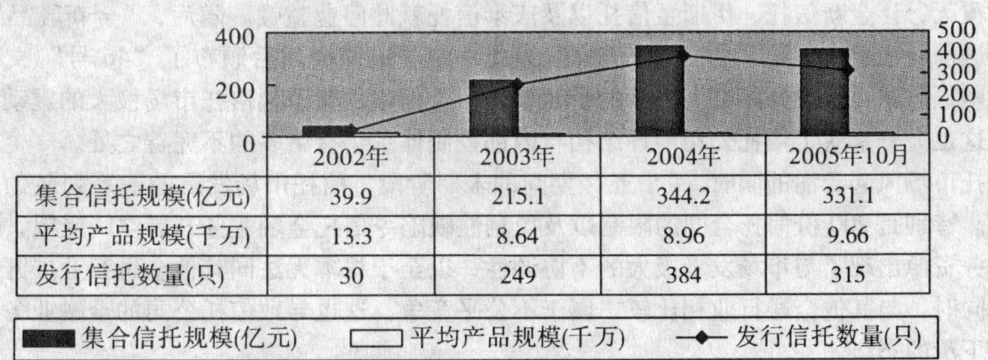

	2002年	2003年	2004年	2005年10月
集合信托规模(亿元)	39.9	215.1	344.2	331.1
平均产品规模(千万)	13.3	8.64	8.96	9.66
发行信托数量(只)	30	249	384	315

图1　2002—2005年信托发行规模

资料来源：东中西部区域发展和改革研究院金融研究所

目前，信托市场已初步形成了证券投资型、股权投资型、资金贷款型、资产准证券化型、资产转让受益权型、信托资金租赁型等多种类型的信托品种，更为重要的是“信托银团”的组建已从市场的探讨阶段步入现实。同时，在不同信托公司间的差异化信托产品规模、期限和收益方面，也出现了募集资金从几百万元到十几亿元不等、期限和收益多样化的品种特点。这不仅方便了委托人根据其投资偏好选择信托类型的空间，而且也加剧了信托行业内不同类型信托产品为争夺市场份额而产生的同业竞争。

（五）行业竞争加剧，强势信托机构涌现

由于信托公司的融资模式属于直接融资范畴，因此在包括货币市场、资本市场、产业市场在内的多个市场上对资金需求的不断升级的环境下，各信托公司不约而同的展开了扩大市场份额的竞争。在这场近三年的比拼当中，一部分强势信托机构的市场集中度正在有所提升，其优势也趋于明显。

表1是2003年、2004年和2005年前三季度信托融资规模排前五名的公司对比，从中我们可以看出信托行业内的强势机构正在显现出来。此外，从2005年前三季度市场融资量排名前五家信托公司在市场中融资的规模来看，其势头依旧呈现小幅上升的态势，如果考虑到第四季度各公司排名不会发生较大变化的情况下，预计2005年全年下表中排名前五家信托机构的市场份额将会占据信托行业融资的35%左右。就此从目前行业发展情况分析，深圳国投、中信信托、北京国投、重庆国投、联华国投、华宝信托、天津信托、中原信托、平安信托等公司在业内已逐渐凝聚了一定的市场影响力，其在市场的融资规模和品牌建设也已经达到了一定的积累。

表1　　行业排名前五名的集合资金信托市场份额集中度

排名	2003年	市场份额	2004年	市场份额	2005年一季度	市场份额	2005年二季度	市场份额	2005年三季度	市场份额
1	重庆国投	9.18%	中信信托	9.68%	百瑞信托	8.01%	外贸信托	8.68%	苏州信托	9.03%
2	爱建信托	8.96%	新华信托	8.53%	西部信托	7.55%	中原信托	7.99%	深圳国投	8.56%
3	工商信托	5.60%	北京国投	5.90%	天津信托	7.40%	平安信托	7.81%	天津信托	8.51%
4	中信信托	5.55%	中诚信托	5.12%	上海国投	6.34%	北京国投	7.01%	北京国投	5.83%
5	江苏信托	4.94%	浙江国投	5.10%	江苏信托	6.04%	深圳国投	5.72%	平安信托	5.58%

资料来源：东中西部区域发展和改革研究院金融研究所

单纯从信托市场的发展特点来看，“十五”期间中国信托市场的发展确实受到了史无前例的制度性推动，但这期间仍旧发生了一系列的市场问题和制度问题令市场间歇性的受到震荡。比如，德隆帝国的覆灭，让金新信托、伊斯兰信托以及庆泰信托就此停业整顿。随后，“金新乳品”事件又是市场遭遇前所未有“寒流”的“导火索”。为此，中国银监会随后颁布了“46号”文件，令信托行业的整顿风暴再次拉开序幕。之后的爱建事件、金信事件又引起信托市场极大的震动、调整和反思。而这也充分暴露了信托公司治理结构与内部控制体系仍有诸多的不完善之处。

在信托市场风起云涌的同时，“十五”期间的末期阶段，信托市场发展的一系列瓶颈问题仍旧十分突出。特别是200份信托合同的限制以及盈利性缺陷令信托金融业务开展空间受限，进而令信托本源业务资源出现了与市场发展极大的不协调性，以至于根本无法同其他金融行业展开正面的市场竞争。同时，与其他金融行业相比较，属于不公平竞争，这也导致信托公司的金融业务总量和盈利水平呈下滑的态势。

二、对未来信托市场变迁格局的研判与展望

（一）对中国信托市场未来演变趋势的研判

1. 大宗特定信托业务突破在即，机遇与挑战并存

继2005年后，大宗资产管理业务将会成为信托行业发展壮大的突破口，并会成为各信托公司横跨金融领域与产业领域以及多个市场的核心业务，特别是企业年金业务已经进入到实质性的操作阶段，其市场规模正不断放大。据了解业内已取得年金受托资格，三家信托公司正在马不停蹄的拓展着这类业务。

此外，银行信贷资产证券化业务也正式破题，2005 年 12 月 9 日中国人民银行宣布，批准资产证券化试点单位在银行间债券市场发行资产支持证券。试点单位之一的国家开发银行发布公告称，将在 12 月 12 日到 15 日，发行总计 41.77 亿元的信贷资产支持证券产品；而另一试点单位——建设银行也在酝酿从 15 日起开始，发行总计 29 亿多元的住房抵押证券化产品。其连续滚动发行的特点将会迅速扩大银行信贷资产证券化的市场规模，进而带动信托机构管理信托资产规模的增加。因此，我们认为大宗特定信托业务将会成为信托行业拉大两极分化的标尺。

2. 信托机构间的同业竞争将更趋激烈

未来信托市场的竞争格局正迅速由自由竞争向准垄断竞争业态过渡，占行业总数的前十家信托投资公司所占据的市场份额将会达到 1/2 强。对此，我们认为：2006 年后的我国信托市场的竞争格局将会发生重大变化。首先，“分类监管”政策的实施，将使一些符合条件的、并具有浓厚资源背景的信托公司正式亮相信托市场。其次，多项特定信托业务的推出，也将会拉大信托市场的贫富差距。第三，由于目前信托机构的盈利能力不够突出，所以在未来信托市场的竞争中，只有那些通过差别化战略，注重培养自己的核心竞争力，同时又不断进行业务创新的信托机构才能立于不败之地。为此，从未来信托市场来看，一些规模小、竞争力差的信托机构将有可能面临更为激烈的竞争。

（二）对中国信托市场未来优化发展的展望

未来中国信托市场的多种形式创新将会举不胜举。首先制度优势会促进信托产品创新，特别是从满足资金需求者融资需求的角度来看，未来信托产品的创新会主要表现在信托种类的丰富，除了传统的贷款信托、证券投资信托、股权投资信托和受益权之外，房地产信托基金、资产证券化业务、企业年金业务将会得到了广泛的运用。其次，未来的信托市场将会构建信托产品转让的信息平台，并会逐步构建信托转让的做市商制度。尤其是随着业界对信托机制理解的逐步深入，以及信托业发展所涉及的监管环境和税收、外汇、工商登记等外部环境逐步得到改善，未来信托产品的创新将更多的依赖信托的制度优势，并会在资产证券化，房地产融资等领域大展身手。

此外，信托公司的发展趋向将会向信托控股集团蜕变。目前，我国信托市场正沿着市场化、规范化的道路前进，其根本目的在于激活信托市场本身的发展规律，消除阻碍市场机制发挥作用的一切带有计划经济色彩的制度和措施，确立市场机制在资源配置中的基础地位，提高资源配置效率。但是市场化和规范化必然引致市场结构的变化，进而令集团化发展成为我国信托业发展的必然趋势。

最后，信托市场将会在下一个“十一五”规划中完成自身的新使命。特别是随着信托市场后续大量信托法系中规章制度的跟进，各信托公司将会快速展开业务转型，并会努力成为具有竞争力的现代金融企业。而随后银监会将要实施“分类监管”将会使信托市场产生根本性变革，从而进一步推动信托行业的市场化发展。

信托公司的信托业务模式要实现两个提升和转变。第一，信托公司要从被动融资型向主动理财型转变。比如原来是房地产项目到信托公司来融资，信托公司帮地产公司融资，未来是信托公司已经有几百亿的资金放在信托资金池里了，然后现成的来给项目投资。由于信托制度的优势，未来信托投资公司将优先建立起一个有效的资金平台与资金池，受人之托，代人理财，有了大量资金储备，然后优选项目，从被动转为主动，组合投资，有利于规避风险。第二，信托公司要从佣金收入型转向投资收益型。以后信托公司的业务不是简单地给某个项目贷款一个亿，然后收取一定的信托管理费。未来的发展是信托公司看中这项目以后，会与这个项目公司合作，以股权的方式投资这个项目，共担风险，共享收益。在这种模式中，信托公司设立的风险防火墙的要求不会对抵押担保的条件要求过于苛刻。这两个模式，就是未来必定出现的信托基金。总之，面对未来日益激烈的市场竞争，对信托公司而言，最迫切的任务是：尽快通过业务转型，培育专业化的销售能力和投资能力；建立完善的治理结构，成为有竞争力的现代金融企业。

“数声风笛离亭晚，君向潇湘我向秦”。信托行业毫无疑问地已经进入一个崭新的历史性阶段，信托市场也将在发展中进行自我的结构性调整。在此调整当中，加强信托公司本身的发展建设将昭示着信托业未来的美好前景，但同时也告诉我们，当前市场的竞争不仅来自信托业内部，更激烈的竞争来自于商业银行、证券公司和保险公司以及拥有混业优势的金融控股公司。所以，对信托行业来说，如果不能尽快形成核心竞争力与国际竞争力，其未来生存环境将受到越来越大的挤压。

参考文献：

[1] 孙飞. 信托治理优化论 [M]. 北京：中国经济出版社，2005.

[2] 刘鸿儒. 中国信托业的发展：过去、现在与未来 [N]. 证券时报，2005-05-16.

[3] 任志强. 信托感悟：使命、危机、科学发展 [DR]. 中国金融网，2005-03-18.

全能型模式不是金融混业的必然选择
——论国内大型金融企业在金融混业趋势中的战略定位

邱兆祥　秦泓波①

内容提要：本文主要研究后 WTO 时代中国金融混业经营趋势下国内大型金融企业的战略定位问题。本文主要包括三个部分：一是全能银行看上去很美；二是金融混业产生“多元化折扣”现象；三是主业特强是战略定位的根本。本文建议国内大型金融企业的战略定位不要过分强调建设全能型金融集团，而应当从理顺母子公司关系、向矩阵式管理转变和加紧建设内控信息化平台三个角度，建设主业特强的金融集团。

关键词：金融混业　战略定位　全能银行　主业特强

2006 年底，我国金融业将结束加入 WTO 的过渡期，全面融入国际体系。由于受国际化浪潮的深刻影响，我国金融业改革实际上早已悄然开始了。银行、证券、保险等行业间相互渗透的综合经营试点，外资金融机构所呈现的全方位的服务提供能力，更推动国内金融企业加速拓展经营范围，塑造全能型的金融集团。在国内金融混业经营已成趋势的背景下，国内大的金融企业是否都应该发展成为全能型的金融集团，这一发展模式是否潜伏着巨大的系统性风险？对于这一热点问题，本文将紧扣进入后 WTO 时代金融混业经营的阶段性特点，以境内外金融改革创新的实践经验为参照，探讨金融企业如何找准战略定位，真正实现又快又好地发展。

一、“全能银行”看上去很美

众所周知，在目前中国金融资产的构成中，银行资产（主要是银行存款）的比重在 80% 以上，这一点让银行界忧心忡忡。因为根据发达国家金融业发展的经验，随着一国经济实力和居民收入的增长，居民的金融消费结构必然发生大的变化，理财型、保险类金融产品的需求上升，传统的银行存款类产品的需求下降。受此影响，银行资产的比重将逐步下降，证券、保险类资产的占比会快速上升。图 1 展示了从 1970—2000 年美国金融资产结构变动的趋势。

截至目前，美国银行只占有个人金融资产的 27%，而 38% 在股票市场，35% 的在保险市场。为应对这一发展趋势，我国商业银行界提出了建设全能型银行的目标，即加速拓展证券、保险类业务，争取发展成为能够提供全能型金融服务的综合性集团。全能银行是发达国家金融集团比较常见的一种模式，其中以德国的全能银行最为典型。德意志银行作为德国资产规模最大的全能银行，其业务范围全面覆盖了商业银行业务、投资银行业务、资产管理及私人理财等诸多领域，可以为全球客户提供全方位的金融服务。

一般来讲，全能型银行相比单一的商业银行具有三方面的竞争优势：一是拓展经营范围有效分散风险。全能银行的产品服务线拓展后，可以通过收入来源之间的不相关性来降低收益波动幅度，分散单一产品和单一盈利地区的系统性风险。二是形成业务协同效应增加收益。全能银行可以充分利用不同业务单元掌握的客户资源，向客户提供涵盖投资、储蓄、信贷、保险等各个方面的金融服

① 邱兆祥（1941—），男，对外经济贸易大学教授、博士生导师；秦泓波（1975—），男，对外经济贸易大学博士生。

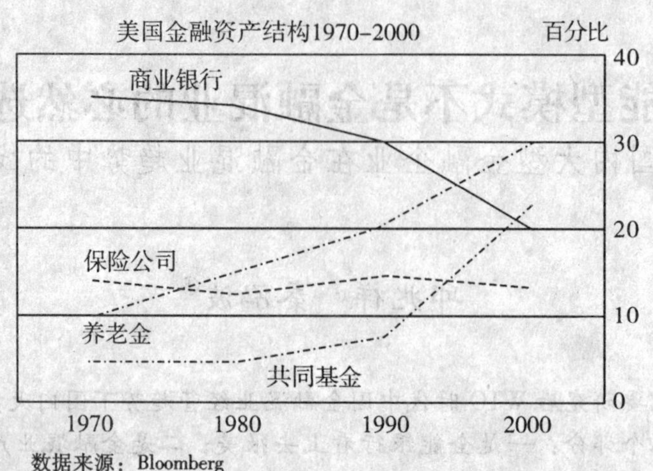

图 1　1970—2000 年美国金融资产结构变动趋势

务，最大限度地通过交叉销售增加收益。三是建设统一业务平台节约成本。全能银行通过建设统一的信息、研发、管理、财务、销售等平台，降低开发、销售和维护单一金融服务的成本，可以产生规模经济和范围经济，有效节约成本。从经营效率看，国外一些金融集团确实通过向全能银行发展提高了盈利水平，比如德意志银行从单一商业银行扩展到投资银行等其他业务领域后，整个集团的资本回报率显著上升，已由过去 7% ~8% 的水平提升到目前超过 20% 的水平。

国内金融业建设全能型银行或称全能型金融控股公司的进程正在明显加速。目前，中信、光大、平安等金融控股集团下属子公司已分别覆盖了银行、证券和保险三大领域，工行、建行、中行等国有商业银行已直接设立了基金管理公司，并正在积极筹划进军保险业。保险公司也在加紧向银行、证券业渗透，平安保险在成为深圳商业银行的控股股东后，还在积极谋求收购广东发展银行；中国人寿保险公司也分别购买了中信证券和兴业银行的部分股权等。这一切似乎表明：全能型金融集团已成为当前国内大型金融企业实现跨越式发展的必然选择。

二、金融混业产生“多元化折扣”现象

“多元化折扣”现象是指多元化经营的企业集团的股票交易价格通常要低于专业化经营企业，这一规律不但适用于从事实体经营的企业，同样适用于金融企业。资本市场评判上市公司投资价值出现多元化折扣的原因主要有：一是主业突出才能真正形成企业的核心竞争力，保证企业的长期健康发展；二是多元化发展一般导致集团低效使用资本，降低了股东回报率；三是多元化导致集团的内部架构和运作复杂于单一企业，企业透明度降低，投资者难以及时跟踪和评估企业的风险状况。

以前，市场在评判金融企业的多元化经营时主要关注其是否涉足非金融领域，担心由于实体经济的经营行为会给金融企业带来大的风险。在国内大型金融机构纷纷向全能型模式发展的今天，金融企业全面涉足银行、证券、保险三大领域是否也会出现多元化折扣现象，影响其投资价值呢？笔者的回答是肯定的。先说一个典型的案例。2004 年平安保险公司到香港上市时，尽管其财产保险、人寿保险业务在国内均排在前三甲之列，证券、信托业务在国内也处于中上水平，但投资者在估值时仍主要将其作为一家寿险公司进行考察和同类比较，平安在寿险业务的估值直接决定了上市定价水平，而财产险、证券和信托等其他业务的估值对上市定价影响较小。按照惯例，保险公司上市一般需聘请中介机构对其保险业务价值进行精算评估，平安保险公司考虑到存在多元化折扣现象，只聘请中介机构对其寿险业务进行了精算评估，这充分显示了资本市场对主业的高度关注和对其他业务的“冷落”。

资本市场之所以对金融混业经营也作出多元化折扣的评判，其核心原因有两个：

一是实践表明没有一家金融集团能实现全面的领先，其核心竞争力必然体现在银行、证券和保险的某个分支；同时，即使是全球性金融集团，在不同区域的市场竞争力也是有显著差别的。发达国家的金融混业已运行多年，尽管涌现了许多全能型的金融集团，但某一集团的核心竞争力和市场声誉还是主要体现在某一类金融业务上。比如：商业银行领域的花旗银行、汇丰银行、德意志银行；投资银行领域的美林公司、摩根士丹利公司和高盛公司；保险领域的安联公司、美国国际集团、安盛公司等。因此，希望通过发展成为全能型金融集团实现三大业务的全面领先，至少目前为止还鲜有成功的案例。相反，由于全能型发展不顺利被迫收缩战线的案例却并不少见。1998 年 4 月，美国花旗银行与旅行者保险集团达成合并协议，组成全球最大的金融服务企业。然而，银保合并未给花旗集团带来辉煌业绩，由于内部整合困难重重，保险业务业绩平平，花旗集团被迫于 2002 年和 2005 年两次出售其保险业务，基本放弃了在全球的保险业务而集中经营银行业务。与之相仿的还有德国安联保险公司收购德累斯顿银行的案例。德国安联保险公司是全球最大的保险业集团，德累斯顿银行是德国的第三大银行。2001 年安联兼并德累斯顿后，由于缺乏银行管理经验、银保业务合作计划受阻等因素，德累斯顿银行非但没有给安联带来经济利益，反而导致其严重亏损。

二是金融业作为高度资本密集型、技术密集型和人才密集型的服务行业，由于市场环境的多变性，不同业务、不同资源、不同文化之间的整合难度很高，操作不慎极易造成风险传递和爆发。银行、证券、保险三类业务之间存在许多相互支撑、相互补充的环节，可以产生协同效应。在同属一个金融集团的背景下，通过建立高效的协作机制和合理的利益分配机制，从事不同业务的子公司可以实现更高的经营效率。但在实际操作中，由于管理层经验和技能的缺乏，三大业务的市场环境和企业文化的显著差异，在集团内部很容易出现利益冲突、协助不顺、管理混乱等问题，尤其是经常出现的关联交易容易造成风险的内部传递和积累。比如，投资银行子公司为争取上市承销项目，希望商业银行子公司为目标企业提供贷款，如果商业银行提供贷款后目标企业上市失败，贷款无法偿还，就会同时对投资银行和商业银行两家子公司造成冲击。又比如，银行保险的销售，同一集团内保险子公司希望充分利用商业银行子公司的平台，独家销售自己开发的银行保险产品，借此推动保费收入的增长；但由此会造成商业银行子公司难以承接外部保险公司的银行保险业务，业务规模可能下降，利益受损，因此这一愿望会受到商业银行子公司的抵制。在严格分业经营的体制下，关联交易相对较少，内部的利益冲突问题就不太容易出现，但在全能型的混业经营模式下，内部的利益协调和风险防范就会增加很多难度，处理不好，混业经营的组织劣势就会充分显现，混业经营的弊甚至大于利。

三、主业特强是战略定位的根本

从 2001 年底加入 WTO 到今天，在四年多的过渡期内，尽管外资金融机构在不断进入国内市场，但国内金融业的发展和进步也是有目共睹的。2005 年中国 GDP 相比 2001 年增长了 91%，同期国内银行业总资产增长了 1.2 倍，保险业总资产增长了 2.3 倍。汇丰银行 2006 年 6 月底的总资产达到 1.74 万亿美元（约合 13.8 万亿人民币），成为全球资产规模最大的银行，国内最大的金融企业——工行的资产规模已占到汇丰银行的 50%。这充分说明了随着中国经济实力的增长，中国龙头金融企业的成长速度也是惊人的。在规模增长的同时，国内主要金融企业在过渡期内还纷纷通过改制上市全面转换经营机制，建立现代金融企业制度，盈利水平迈上新的台阶，缩小了与国际同行的差距。表 1 列示了 2005 年境内外著名金融企业的资本回报水平的对比情况：

表 1　　2005 年部分中外金融企业资本回报率对比表

类别	境内企业	资本回报率	境外企业	资本回报率
商业银行	建行	18%	花旗集团	22.3%
中行	11.8%	汇丰银行	12%	
保险公司	中国人寿	11.6%	瑞士再保险	6.7%
平安保险	12.7%	慕尼黑再保险	12.3%	
证券公司	中信证券	7%	摩根士丹利	17.2%

资料来源：各公司年报。

以上事实说明：只要中国宏观经济继续保持较快增长，金融企业资产规模的同步增长也是可以预期的。因此，国内大型金融企业以资产规模增长为导向着力拓展全能型业务其实并不可取。相反，笔者认为现阶段国内大型金融企业（尤其是国有商业银行）战略定位的重点不应是盲目地拓展业务领域，建设形式上的全能性金融集团；而是应该认真苦练内功，以具备国际经营素质和水平为目标，适应国内市场全面开放、中国企业加速走向海外的新形势，建设主业特强的现代金融企业。如果说追求全能型金融集团是侧重外延式增长，那么追求自身经营素质的全面提升则是侧重内涵式增长。

由于从 2002 年下半年至今，中国经济在经历 1997 年亚洲金融危机的冲击后重新步入快速增长的轨道，除证券市场受历史问题的困扰出现一段时间的低潮外，银行、保险业伴随宏观经济的景气周期发展很快。借助好的宏观环境，国有商业银行通过大规模剥离不良资产、注入资本金等多种渠道实施了一次彻底的财务重组，卸掉了积压多年的历史包袱，得以真正走上建设现代金融企业的康庄大道，这一转折来之不易，这一好的势头应该保持。

根据国际金融业的发展经验，真正具有国际竞争力的金融企业的强大不仅体现在宏观经济上升周期规模和业绩的增长，更是体现在应对危机的自我调节能力和内部控制能力。国际金融集团的发展成熟一般需要经历经济周期不同阶段的洗礼，才能真正检验企业的战略管理、业务运营和风险控制水平，特别是在中国金融体系已全面融入国际市场的大背景下，国内外金融市场的多变性要求金融企业的资源配置、组织体系和业务流程必须及时做出动态调整，否则企业的经营状况就很容易发生剧变。在遭受强烈外部冲击的背景下，如果企业的经营素质不高，自我调节能力差，甚至铤而走险，就有顷刻之间大厦坍塌的危险。图 2 描述的是瑞士再保险公司、慕尼黑再保险公司这两家全球领先的再保险公司在遭受“9・11”事件冲击前后经营状况的剧烈变动。

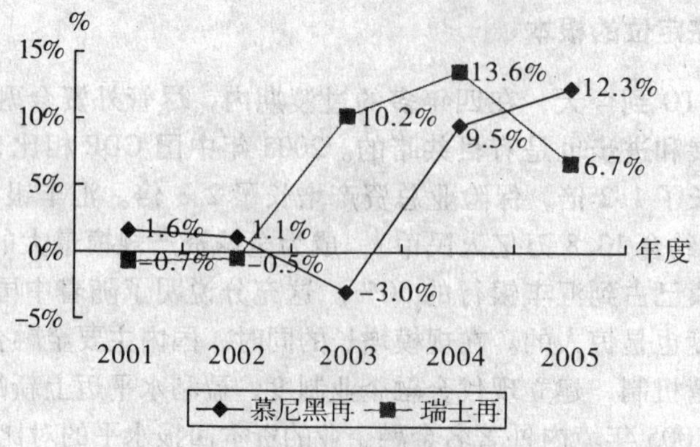

图 2　国际再保险公司资本回报率变动图

数据来源：公司年报

这两家再保险公司都是国际保险业的百年老店，业务覆盖全球，由于再保险的业务性质，极易由于巨灾或恐怖事件的影响对公司的经营造成冲击。2001 年发生的“9·11”恐怖事件使公司业绩出现大幅度的下降，但由于公司的自我调节能力很强，在经历了两年的低潮后，很快重新恢复到正常的盈利水平，经受住了一次严重危机的冲击。此事例说明：在宏观环境大好的背景下，金融企业内部管理不顺、内控不严的深层次问题不太容易显现，企业领导容易出现侧重外延增长、忽视内部建设的倾向，甚至在内部控制薄弱的基础上就盲目地进入更多陌生的业务领域，这种战略定位的后果是严重的。一旦宏观环境变化，遭遇大的外部冲击，就很可能引起风险的集中爆发。

所以，继续巩固主业，发展成为主业特强、具有国际竞争力的金融企业才是国内大型金融企业在金融混业趋势中的正确定位。对于建设主业特强的金融集团，笔者有以下几点具体建议：

一是正确处理好金融集团内部的母子公司关系，真正形成集团的合力。金融集团母公司对下属核心子公司保持绝对控制的地位是国际金融集团发展的一般规律。汇丰银行和花旗集团等国际金融巨头虽然都是上市的公众公司，母公司的股权分散，但母公司对下属核心子公司基本都采取全资控股的模式，如果没有这一体制做保证，集团内部的管理效率就难以提高，特别是不同子公司的利益冲突、相互协作就难以协调。当前有些国内金融企业在发展成为金融控股集团的过程中，过分强调分权提高子公司经营效率，造成母公司对子公司的持股比例较低、控制力不强，实际造成集团内部难以形成合力，与原先成立金融集团的宗旨背道而驰。从操作角度看，母公司对子公司实施控制的职能至少应包括：资本管理、战略管理、风险管理、财务管理、人事管理、信息化管理等，母公司应强化各专业职能部门的建设，真正对子公司发挥指导、调控、监督和协调的作用。没有强有力的母公司居中进行统一管理和调控，随着业务的拓展、经营区域逐步走向海外，金融集团的稳定发展是难以想像的。

二是从传统的以区域管理为中心向区域管理、业务管理、客户管理相结合的矩阵式管理转变。国内金融企业传统的管理模式是以区域管理为中心，每个省市分行或分公司都相当于一个小而全的总公司，造成管理链条过长，难以根据市场变化及时做出反应。目前，国有商业银行组织体系改革的重点是实施扁平化管理和流程再造，目标是逐步实现业务线的垂直管理，以客户为中心集中调配业务资源开展全方位服务。笔者认为，由于以区域管理为主的传统体制根深蒂固，想在短期内转变为以客户为中心或以业务为中心不太现实，因此，应采取局部试点、重点突破、逐步推广的方式实现管理机制的转型。其实，对于全球化经营的国际金融集团而言，区域管理仍然十分重要，过分强调以客户或业务为中心容易造成管理混乱，也不符合行业规律。因此，合理的模式应该是区域、业务和客户三个中心有机结合的矩阵式管理，其实现形式根据不同金融企业的实际情况会有所差异，关键是协调好内部的利益分配机制和工作协作机制。

三是应加紧建设以信息化为基础的完善的内部控制平台。汇丰银行、花旗集团等国际金融集团之所以能实现有序的全球化经营，拥有完善的内部控制信息化平台是一个关键的基础设施，缺少了这一基础性平台，业务运作、风险管理等日常经营行为都将难以有效运行。笔者认为，内部控制信息化平台的缺失或不完善是国内大型金融企业落后于国际同行的最显著的例证，也是影响国内金融企业做大做强、走向国际化的关键瓶颈之一。大家印象深刻的中行广东开平支行重大金融舞弊案之所以被掩盖多年，除了人为因素外，当时中行系统缺少一个完善的内控信息化平台也是客观因素之一。上述谈到的打破区域管理为中心的界限，实现三个中心的矩阵式管理模式也必须以配套的内控信息化平台为基础条件，否则，连信息都难以及时的传递和沟通，更谈不上形成密切协作和提高管理效率了。所以，通过流程再造，金融企业输理出合规高效的内部控制程序，并将其转化为信息化平台，同完善的内控制度相配合，真正实现国内金融企业管理手段和管理效率向跟上国际化水平。

参考文献：

1. 杨明辉，张翔燕，邵正强，洪波. 金融控股公司实务与操作［M］. 北京：中信出版社，2004.

2. 魏建. 金融控股公司的组织管理模式［N］. 证券时报，2003 - 04 - 14.

3. 朱民. 中国银行业还有很长的路要走. 在“第一届中国金融市场分析年会”发言稿，2006年8月12日.

4. 杨宜群，汪翠荣. 台湾地区金融控股公司的实证研究［J］. 武汉金融，2003（11）.

5. 邱兆祥. 股份制商业银行发展中的若干问题［N］. 经济参考报，2005 - 09 - 24.

6. 吴定富. 中国保险业发展蓝皮书（2004—2005）［M］. 北京：中国广播电视出版社，2006.

7. 中国银行、建设银行、花旗银行、汇丰银行、瑞士再保险公司、慕尼黑再保险公司等国内外金融机构公司2005年报。

银行征收账户管理费对存款人行为的影响[①]

张桥云　官学清　吴　静[②]

内容提要：本文运用效用与均衡分析框架和DD（1983）的基本思想，探讨银行向低余额存款人收取账户管理费对存款人存款后行为的影响。从理论上证明了①适当的账户管理费具有抑制提前支取存款的作用，而过高或过低的账户管理费存在激励存款人提前支取的可能。②账户管理费制度将促使存款人合并或撤销同类账户。③提出了银行制定账户管理费时应采取的策略，并在存款人具有特殊效用函数假设下，计算出均衡条件下理论上的账户管理费水平，与实际情况基本一致。

关键词：银行　存款　账户管理费　DD（1983）

一、问题的提出

20世纪80年代初期美国银行业受利率自由化等因素的影响，存款利率不断上升，在这样的背景下，银行开始对低于一定数额的货币市场存款账户（MMDA）和超级可转让支付命令账户（SuperNOW）收取账户管理费，由此揭开了银行对小额存款账户收费的先河。近两年，我国银行业开始对小额存款人收取账户管理费，引起较大争议。

关于银行收取小额存款人账户管理费对存款人行为的影响，在国内外理论界很少有系统深入的研究。笔者查询国外Business Source Premier（BSP）和Academic Search Premier（ASP）以及国内外其他有关检索系统，发现除了有关新闻报道外，从理论上专门研究的几乎没有。账户管理费仅仅是弥补银行经营成本的一种手段吗？银行收取账户管理费对存款人行为有无影响？银行应如何制定账户管理费政策？本文运用效用与均衡分析框架和DD（1983）的基本思想给予证明。

戴蒙德和迪布威格（Douglas W. Diamond和Philip H. Dybvig）于1983年发表《银行挤兑、存款保险和流动性》一文，提出了著名的银行挤兑模型（以下简称DD（1983））。该模型以博弈论和信息经济学为基础，建立“三个时期，两类客户，一种商品”的经典模型，以银行活期存款契约及其优化为切入点，通过分析存款者群体及基于均衡的行为，探讨存款人流动性需求对银行挤兑及其传染性的影响，得出了银行的活期存款契约可以提供优于简单市场的资源配置效率以及存款保险制度是必要的结论。

但与DD（1983）不同的是：①存款契约的收益假设不同，我们规定存款人提前支取按r_1支付收益，而等待到期支取按r_2支付收益；②由于在存款契约中设置账户管理费条款使得存款人在考核时点支取的存款所能交换的商品量取决于存款余额，具有不确定性。③我们分析的重点不是银行挤兑及其传染性，而是银行征收账户管理费对存款人行为的影响（见表1）。

---

① 本文是国家自然科学基金资助项目“开放与竞争条件下我国银行存款产品设计创新研究”（项目批准号70573084）的阶段性研究成果。

② 作者简介：张桥云（1963－），男，四川南溪人，西南财经大学研究生部主任，教授，博士生导师。
官学清（1963－），男，四川人，中国工商银行四川省分行副行长，中国金融研究中心博士生。
吴　静（1969－），女，四川邛崃人，西南交通大学经济管理学院副教授。

表 1　DD（1983）与本研究的区别

项目	DD（1983）	本研究
研究对象	群体及基于均衡的行为	个体及基于均衡的行为
研究目标	挤兑发生机制及防范	存款契约设计机制、存款人取款决策以及账户管理费对取款行为的影响
主要研究方法	效用函数及帕累托均衡	效用函数及均衡
比例 t 或数量 m	基于群体（“1”），即 t 比例的人在 T=1 支取	基于个人财富（“N”或“1”），即个人财富（“1”）中的 t 比例或财富“N”中的数量 m 在 $T=1$ 支取
c_1，c_2	$T=0$ 时投入“1”个单位，比例 t 的人在 $T=1$ 和比例（$1-t$）的人 $T=2$ 时每人得到的消费品数量	$T=0$ 时投入“N”个单位，m 在 $T=1$ 和（$N-m$）在 $T=2$ 时支取，每单位存款可交换的消费品数量
$u(c_1)$，$u(c_2)$	比例 t 的人在 $T=1$ 和比例（$1-t$）的人 $T=2$ 时得到的消费品所实现的效用	m 在 $T=1$ 和（$N-m$）在 $T=2$ 时支取，每单位存款可交换的消费品所实现的效用

在接下来的第二部分中，基于假设条件，提出区别于 DD（1983）的存款契约模型。第三部分以效用函数为主线分析一般情形和具有特殊效用函数下契约均衡条件和存款人基于均衡的行为特征，我们发现①存款人过度流动性需要会导致其效用损失。②银行调整存款契约（r_1，r_2）可以改变 $T=1$ 时和 $T=2$ 均衡交换效率和效用及其关系，从而改变存款人的取款决策。扩大利差可以阻止存款人提前支取；反之，则会刺激存款人提前支取。在第四部分，通过比较引入账户管理费条款前后存款人效用变化和存款人基于非均衡的行为来分析账户管理费对存款后行为的影响。账户管理费条款引入存款契约，既有积极的效果，也有消极的影响。存款后行为将出现三方面变化：一是账户管理费制度可能促使存款人合并或撤销同类账户或放弃存款。二是取款行为更加审慎。三是过高或过低的账户管理费可能激励存款人提前支取。在最后，我们提出银行制定账户管理费的策略，即“低余额要求与低账户管理费匹配，高余额要求与高账户管理费匹配”，并计算出账户管理费的理论值。

二、基本假设与存款契约

1. 假设条件

为了模拟现实经济并将其模型化，我们假设：①存款人是理性的且厌恶风险，且没有消费时间偏好。②经济中存在一种同质商品和一家银行，取款的目的是为了交换商品而实现消费效用，无交易成本。③存款是可分的，即对单个客户而言，有 m 存款在 $T=1$ 时支取或消费，剩余（$N-m$）在 $T=2$ 时支取或消费。

2. 存款契约

存款及其以后的行为分为三个时期，$T=0$ 为存款时点，有 N 单位原始资本；$T=2$ 为存款到期日（同时也是银行考核时点）；$T=1$ 表示由于意外冲击（如流动性需要）而支取存款，但具体取款和数量在事前（$T=0$）具有不确定性，在 $T=1$ 才知道。

银行拥有存款人不能识别的专有投资项目，但没有资金来源，为此，在 $T=0$ 时，银行为融进资金（资源）而向存款人提供存款契约，使得在 $T=0$ 存入 1 个单位的商品存款人，$T=2$ 时可以获得 r_2 单位的存款收益；而 $T=1$ 时提前支取只能获得 r_1（$1 \leq r_1 \leq r_2$）单位的存款收益。在以上条件下，存款契约由下式表达：

$$\begin{array}{ccc} T=0 & T=1 & T=2 \\ -1 & \begin{cases} 0 \\ r_1 \end{cases} & \begin{cases} r_2 \\ 0 \end{cases} \end{array}$$

“-1”表示在时点 $T=0$ 时每一个存款者得到并存入一个单位资本。这种存款契约也可表达为（$(r_1,0)$，$(0,r_2)$）或（r_1,r_2）。存款契约（$(r_1,0)$，$(0,r_2)$）表示在 $T=1$ 时提前支取的 m 存款，每单位存款按 r_1 支付收益，相应地在 $T=2$ 时收益为0；在 $T=1$ 没有支取的（$N-m$）存款，$T=2$ 时按 r_2 支付收益，而在 $T=1$ 收益为0。

在这里，银行提供的存款契约（r_1,r_2）既可能是活期，也可能是定期。当 $r_1=r_2$ 时，（r_1,r_2）存款契约便是通常的活期存款。但与通常的定期存款不同，因为定期存款要么到期支取，按 r_2 计息；要么全部提前支取，按 r_1 计息，而不能部分提前支取定期存款。不过在电子化时代，设计可提前支取的定期存款是可能和必要的，即对定期存款提前支取部分按 r_1 计息，到期部分按 r_2 计息。

因此，我们分析的存款契约是可以提前支取的定期存款。

三、没有账户管理费条件下的存款契约均衡与取款决策

（一）单种账户情形

假设存款人在银行只有一种存款账户，该账户是存款人流动性的唯一来源。存款人在 $T=0$ 时存入 N 单位商品后，$T=1$ 时因为流动性需要支取 m 单位存款，$T=2$ 时取出剩余的（$N-m$）存款，并通过用取出的存款交换商品来消费。

若 c_T 表示存款者每单位初始存款 T 时期交换到的消费品或流动性数量，则 c_1 表示 $T=0$ 时“1”单位投入，$T=1$ 时每取出一单位存款可得到 c_1 单位的商品或流动性，c_2 表示 $T=0$ 时“1”单位投入，$T=2$ 时可得到 c_2 单位的商品或流动性，故 c_1，c_2 实际上是两个时点单位投入的交换效率或单位商品产出率。存款后行为及效用变化如表2。

表2　　存款契约、存取款决策及其效用

时间	T=0	T=1	T=2
存款利率		r_1	r_2
支取比例		m	$N-m$
单位商品投入不同时点所得消费量	-1	c_1	c_2
所得消费效用		$u(c_1)$	$u(c_2)$
所得边际效用		$u'(c_1)$	$u'(c_2)$

1. 一般情形下的存款契约均衡条件

根据假设，存款人在 $T=0$ 时存入 N 单位商品后，$T=1$ 时支取 m 单位存款，每单位存款可交换 c_1 单位的商品，每单位实现效用 $u(c_1)$；$T=2$ 时取出（$N-m$）存款，每单位存款可交换 c_2 单位的商品，实现效用 $u(c_2)$，故存款人效用函数为：

$$U(c,\theta)=\begin{cases} u(c_1) & \text{存款者在状态 } \theta \text{ 下提前支取 } m \text{ 单位存款} \\ u(c_2) & \text{存款者在状态 } \theta \text{ 下有}(N-m)\text{单位存款等待到期} \end{cases}$$

存款人预期效用 $EU(c,\theta)=mu(c_1)+(N-m)u(c_2)$

其中，$U(c,\theta)$ 是二次连续可微、递增、严格凹的，且满足 $u(0)=0$，$u'(0)=\infty$，$u'(\infty)=$

0（如图1下半部分），θ 表示自然（状态），$r_1/r_2<\rho<1$ 表示消费偏好。

在 $T=0$ 时点看来，$T=1$ 时每单位存款的交换效率 c_1 实际只有 c_1/r_1，同样 $T=2$ 时每单位存款的交换效率 c_2 实际只有 c_2/r_2，存款收益 r_1，r_2 相当于贴现率或当时价格，若 m 表示 $T=1$ 时存款者提前支取的存款数量，这样存款者的预算约束和参与激励应满足：

预算约束：$mc_1/r_1+(N-m)c_2/r_2=N$

参与激励：$1<c_1<c_2$ 及 $u(c_1)<u(c_2)$

根据假设，存款人最大化预期效用 $EU(c,\theta)$。

首先，构造拉格朗日函数

$$l=mu(c_1)+(N-m)u(c_2)+\lambda(N-mc_1/r_1-(N-m)c_2/r_2)$$

分别对 c_1，c_2 求导，并令

$$\partial l/\partial c_1=mu'(c_1)-\lambda m/r_1=0$$

$$\partial l/\partial c_2=(N-m)u'(c_2)-\lambda(N-m)/r_2=0$$

得 $u'(c_1^*)=r_2/r_1*u'(c_2^*)$ （3-1）

式（3-1）为存款款契约均衡应满足的条件。当 $T=1$ 和 $T=2$ 支取每单位存款的得到的消费品数量的边际效用之比等于 r_2/r_1 时，不同时点交换效率是均衡的。其中 c_1^*，c_2^*①为均衡解或均衡交换效率。

因 $r_2>r_1$，由（3-1）容易证明 $c_1^*<c_2^*$。由约束条件 $mc_1/r_1+(N-m)c_2/r_2=N$ 可以证明当 $c_1^*\leqslant r_1$ 时，必有 $c_2^*\geqslant r_2$。故由均衡条件（3-1）决定的点（c_1^*，c_2^*）的可行区域在45°线的左方。另外，c_1^* 取值在 $c_1^*=r_1$ 的左方，c_2^* 取值在 $c_2^*=r_2$ 的上方。同时点（c_1^*，c_2^*）在预算线上。由于 $u'(c_1^*)/u'(c_2^*)\equiv r_2/r_1$，这样点（$c_1^*$，$c_2^*$）形成无差异曲线，在无差异曲线上，任何一点均满足 $u'(c_1^*)/u'(c_2^*)\equiv r_2/r_1$。

因此，均衡交换效率组合（c_1^*，c_2^*）的激励区域位于图1的无差异曲线上。

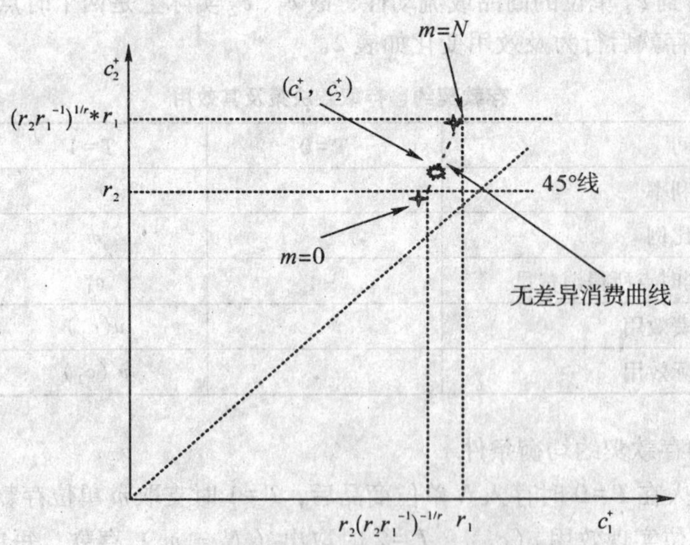

图1 （r_1，r_2）决定的均衡交换效率与无差异消费曲线

当（c_1，c_2）均衡时，均衡交换效率的兑换关系（c_1^*，c_2^*）与 m 无关，这表明就“一单位商品投入”所能得到的产出来讲，（在事前）$T=0$ 时的“1”单位投入，在 $T=1$ 时得到并消费 c_1^*

① 如无特殊说明，文中 c_1^*，c_2^* 表示均衡时的交换效率，而用（c_1^*，c_2^*）表示交换效率的兑换关系。

与在 $T=2$ 时得到并消费 c_2^* 对存款人而言是无差异的，或存款人在 $T=1$ 时消费 mc_1^* 与 $T=2$ 消费 mc_2^* 是等效的。因此，均衡的（c_1^*, c_2^*）可以起到分散消费的作用，该在 $T=1$ 时取款并获得流动性的人不会延迟消费，而该在 $T=2$ 消费的人不会提前消费。相反，非均衡的（c_1, c_2）将使消费集中，当 $c_1 < c_1^*$ 时，人们会选择在 $T=2$ 时消费，当 $c_2 < c_2^*$ 时，人们会选择提前消费，不利于生产的延续。由此得：

结论1：当（c_1, c_2）满足式（3－1）达到均衡时，存款人任何时间和任何数量（$0 \leq m \leq N$）的消费是等效的。

由均衡预期效用 $EU(c^*,m) = mu(c_1^*) + (N-m)u(c_2^*)$，当 $m=0$ 时，$EU(c^*,m) = Nu(c_2^*)$，而当 $m=N$ 时，$EU(c^*,m) = Nu(c_1^*)$。这说明，在 $T=1$ 时得到并消费 Nc_1^* 与在 $T=2$ 时得到并消费 Nc_2^* 对存款人而言是无差异的，或 $Nu(c_1^*)$ 与 $Nu(c_2^*)$ 等效。显然 $EU(c^*,m)$ 的大小与 $T=1$ 时支取存款数量有关，因此，$Nu(c_1^*)$ 与 $Nu(c_2^*)$ 等效但不等值！

结论2：在其他条件不变时，存款人提前支取越多，消费效用损失越大；反之，则小。

证明：$EU(c^*,m) = mu(c_1^*) + (N-m)u(c_2^*)$ 对 m 求导，

并结合参与激励：$1 < c_1 < c_2$ 及 $u(c_1) < u(c_2)$，得：

$\partial EU(c^*,m)/\partial m = u(c_1^*) - u(c_2^*) < 0$（证毕）

虽然 $m=0$ 使存款人所得效用最大，但与存款人流动性需要相矛盾。如果 $\hat{m}$ 是存款人合理的流动性需要量，则（$\hat{m}+k$）代表存款人流动性过度需求。虽然存款人可在 $T=1$ 时消费 $\hat{m}c_1^*$，并将多余的 kc_1^* 保存到 $T=2$ 时消费，但由于 $c_2^* > c_1^*$，即 $T=2$ 时存款的交换效率更高，因此，即便是保存没有成本，存款人仍将遭受损失。另外由参与激励 $u(c_1) < u(c_2)$，有 $EU(c^*,m) - EU(c^*,+k) = k*(u(c_2^*) - u(c_1^*)) > 0$，由此得：

推论：存款人 $T=1$ 时过度流动性需要会导致效用损失。

2. 具有特殊效用函数的存款契约均衡①

(1) 均衡条件

为分析方便并不失一般性，我们假设存款人具有如下的指数效用函数形式：

$u(c) = c^{1-\gamma}/(1-\gamma)$

其中，$0 < \gamma < 1$ 为相对风险厌恶系数②。

显然 $u(c) = c^{1-\gamma}/(1-\gamma)$ 是二次连续可微、递增、严格凹的，且满足 $u(0) = 0$，$u'(0) = \infty$，$u'(\infty) = 0$。

在状态 θ 下，存款者在 $T=1$ 时支取 m 单位存款，$T=2$ 时支取（$N-m$）单位存款，相应的效用函数为：

$$U_\gamma(c,m) = \begin{cases} c_1^{1-\gamma}/(1-\gamma) & \text{存款者在状态 } \theta \text{ 下提前支取 } m \text{ 单位存款} \\ c_2^{1-\gamma}/(1-\gamma) & \text{存款者在状态 } \theta \text{ 下有 } (N-m) \text{ 单位存款等待到期} \end{cases}$$

因此，预期效用函数

$$EU_\gamma(c,m) = mc_1^{1-\gamma}/(1-\gamma) + (N-m)c_2^{1-\gamma}/(1-\gamma) \tag{3-2}$$

在条件 $mc_1/r_1 + (N-m)c_2/r_2 = N$ 约束下，$MaxEU_\gamma(c,m)$

得均衡条件

$$c_2^* = (r_2 r_1^{-1})^{1/\gamma} c_1^* \text{ 或 } c_1^* = (r_1 r_2^{-1})^{1/\gamma} c_2^* \tag{3-3}$$

① 为简化分析，本文只讨论 $0<\gamma<1$。

② 将 $u(c) = c^{1-\gamma}/(1-\gamma)$ 带人相对风险厌恶系数 $-u''(c)c/u'(c)$ 即可。

其中 c_1^*，c_2^* 分别表示 $T=1$ 和 $T=2$ 时的支取的每单位存款的均衡交换（商品）效率。

由式（3－3）可知，无论 c_1^*，c_2^* 是多少，其比值（即 c_2^* 与 c_1^* 的兑换系数）$c_2^*/c_1^* = (r_2r_1^{-1})^{1/\gamma}$ 在给定 r_1, r_2, γ 的情况下是恒定的，而与提前支取存款数量 m 或比例无关。这进一步说明，如果风险厌恶程度 γ 具有稳定性的话，存款收益结构（r_1, r_2）决定均衡时不同时点存款的交换效率的兑换关系（c_1^*, c_2^*）。

满足 $c_2^* = (r_2r_1^{-1})^{1/\gamma} c_1^*$ 的 c_1^*, c_2^* 必然在预算线 $mc_1/r_1 + (N-m)c_2/r_2 = N$ 上，因此，将 $c_2^* = (r_2r_1^{-1})^{1/\gamma} c_1^*$ 代入约束条件解得：

$$c_1^* = N/(mr_1^{-1} + (N-m)r_2^{-1} * (r_2r_1^{-1})^{1/\gamma}) \tag{3-4}$$

$$c_2^* = (r_2r_1^{-1})^{1/\gamma} * N/(mr_1^{-1} + (N-m)r_2^{-1} * (r_2r_1^{-1})^{1/\gamma}) \tag{3-5}$$

显然，对于确定的（r_1, r_2），c_1^*, c_2^* 的值随 m 的变化而变化，也就是说，每一个取款数量 m 对应一个均衡状态（c_1^{m*}, c_2^{m*}）。

因 $r_2 > r_1, 0 < \gamma < 1$，所以，$r_2^{-1} * (r_2r_1^{-1})^{1/\gamma} / r_1^{-1} = (r_2/r_1)^{(1-\gamma)/\gamma} > 1$。

可以证明，对于 $m = i, j\ (j > i)$，必有 $c_1^{i*} < c_1^{j*}$，$c_2^{i*} < c_2^{j*}$。

事实上，由（3－4），

$1/c_1^{i*} - 1/c_1^{j*} = (j-i)(r_2^{-1} * (r_2r_1^{-1})^{1/\gamma} - r_1^{-1})/N > 0$

故 $c_1^{i*} < c_1^{j*}$，并有 $c_2^{i*} < c_2^{j*}$。

因此，随着 m 的增大，c_1^*, c_2^* 的值越来越大。

当 $m = 0$ 时，$Minc_1^* = r_2 \cdot (r_2r_1^{-1})^{-1/\gamma} < r_1$，$Minc_2^* = r_2$。此时，$MaxEU_\gamma(c^*, 0) = Nr_2^{1-\gamma}/(1-\gamma)$ 或 $Nu(r_2)$。

当 $m = N$ 时，$Maxc_1^* = r_1$，$Maxc_2^* = (r_2r_1^{-1})^{1/\gamma} \cdot r_1 > r_2$。此时，$MinEU_\gamma(c^*, N) = Nr_1^{1-\gamma}/(1-\gamma)$ 或 $Nu(r_1)$。

一方面，从均衡时不同时点交换效率的关系来看，$c_2^* = (r_2r_1^{-1})^{1/\gamma} c_1^*$ 决定一条无差异消费曲线（见图2），斜率等于 $(r_2r_1^{-1})^{1/\gamma}$，曲线上的任何一点（c_1^*, c_2^*）表示在 $T=1$ 消费 c_1^* 与 $T=2$ 时消费 c_2^* 是无差异的。从理论上讲，m 可以是任意非负实数，但实际上 m 对应的是“单位商品”，即便是货币，其单位也是“分”。故 m 是非连续实数，即无差异消费曲线是一条虚线，而不是实线（见图2）。

另一方面，从均衡时不同时点消费效用的关系来看。由于 $u(c) = c^{1-\gamma}/(1-\gamma)$，所以，当达到均衡时，由式（3－3）有：

$$\begin{aligned} u(c_1^*) &= u((r_1r_2^{-1})^{1/\gamma} c_2^*) \\ &= c_2^{*\,1-\gamma}/(1-\gamma) * (r_1r_2^{-1})^{(1-\gamma)/\gamma} \\ &= u(c_2^*) * (r_1r_2^{-1})^{(1-\gamma)/\gamma} \end{aligned}$$

即 $u(c_2^*) = (r_2r_1^{-1})^{(1-\gamma)/\gamma} * u(c_1^*)$ 或 $u(c_1^*) = u(c_2^*) * (r_1r_2^{-1})^{(1-\gamma)/\gamma}$ （3－6）

式（3－6）便是消费 c_1^*, c_2^* 所得效用间的关系，$(r_1r_2^{-1})^{(1-\gamma)/\gamma}$ 相当于消费效用折现率。

$u(c_2^*) = (r_2r_1^{-1})^{(1-\gamma)/\gamma} * u(c_1^*)$ 代表一条无差异效用曲线，斜率等于 $(r_2r_1^{-1})^{(1-\gamma)/\gamma}$，曲线上的任何一点（$u(c_1^*), u(c_2^*)$）表示在 $T=1$ 消费 c_1^* 与 $T=2$ 时消费 c_2^* 所得效用是无差异的。因为 $0 < \gamma < 1$，$(r_2r_1^{-1})^{(1-\gamma)/\gamma} < (r_2r_1^{-1})^{1/\gamma}$，即无差异效用曲线比无差异消费曲线更平坦（见图2）。

因为 $r_2 > r_1$，所以，$MaxEU_\gamma(c^*, 0) = Nu(r_2) > MinEU_\gamma(c^*, N) = Nu(r_1)$。因此，对于 $\forall\, m \in (0, N)$，必有 $MinEU_\gamma(c^*, N) < EU_\gamma(c^*, m) < MaxEU_\gamma(c^*, 0)$（见图2）。

下面以 $r_1 = 1.05, r_2 = 1.1, \gamma = 0.5, N = 10$ 为例进一步说明 $T=1$ 取款数量 m 对不同时点交换

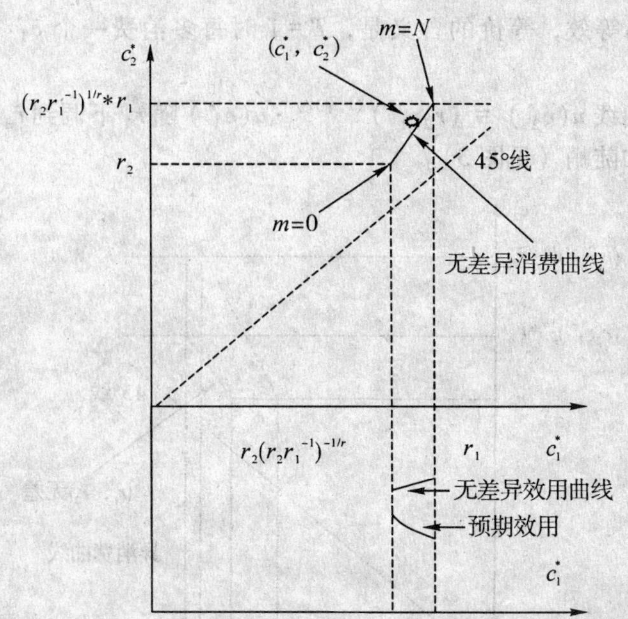

图2 （r_1，r_2）决定的无差异消费曲线与无差异效用曲线

效率关系和效用的影响。

根据以上数据，代入约束条件和均衡条件得

$c_2^* = 1.1 \cdot 10/(10-m) - c_1^* \cdot (1.1/1.05) \cdot m/(10-m)$

$c_2^* = (1.1/1.05)^2 c_1^*$

当$m=0$，1，2，3，…，10时，c_1^*，c_2^*，$EU_\gamma(c^*, m)$的值分别如下（表3）：

表3　　$r_1=1.05$, $r_2=1.1$, $\gamma=0.5$, $N=10$的情形

m	c_1^*	c_2^*	$EU_\gamma(c^*, m)$
0	1.003	1.1	20.976
1	1.007	1.105	20.924
2	1.012	1.110	20.881
3	1.016	1.115	20.831
…	…	…	…
10	1.05	1.152	20.494

从上表可以看出，随着$T=1$取款数量的增加，$T=1$和$T=2$的交换效率增加，但相应的消费效用不断减少。这进一步印证了结论2和其推论。

（2）利率调整与均衡的变动

由式（3-1）或式（3-3）可知，均衡交换效率的兑换关系（c_1^*，c_2^*）与m无关，而由存款契约规定的利率结构（r_1，r_2）完全决定。r_1，r_2的变化将导致均衡时（c_1^*，c_2^*）的变化，从而导致无差异曲线的移动。这便是利率政策的作用机制所在。

如果银行调整（r_1，r_2），使存款契约偏离原来的均衡（但同时会达到新的均衡!）。由$c_2^* = (r_2r_1^{-1})^{1/\gamma} c_1^*$，当$T=1$时的利率从$r_1$下调到$\tilde{r}_1$（$r_2$不变），新的均衡为$\tilde{c}_2^* = (r_2\tilde{r}_1^{-1})^{1/\gamma} \tilde{c}_1^*$。因$r_1 > \tilde{r}_1$，$\tilde{c}_2^* / \tilde{c}_1^* = (r_2\tilde{r}_1^{-1})^{1/\gamma} > (r_2r_1^{-1})^{1/\gamma} = c_2^* / c_1^*$，所以，无差异消费曲线$\tilde{c}_2^* = (r_2\tilde{r}_1^{-1})^{1/\gamma} \tilde{c}_1^*$比无差异消费曲线$c_2^* = (r_2r_1^{-1})^{1/\gamma} c_1^*$更陡峭（图3）。这意味着，$T=1$时的利率下调后一个$\tilde{c}_1^*$

商品可与更多的 $\tilde{c}_2^*$ 商品等效，等价的含义是，$T=1$ 时每多消费一个 $\tilde{c}_1^*$ 商品在 $T=2$ 时将损失更多。

同理，无差异效用曲线 $u(c_2^*)=(r_2r_1^{-1})^{(1-\gamma)/\gamma}\cdot u(c_1^*)$ 随 r_1 下调到 $\tilde{r}_1$（r_2 不变）而变得比之前的无差异效用曲线更加陡峭（见图3）。

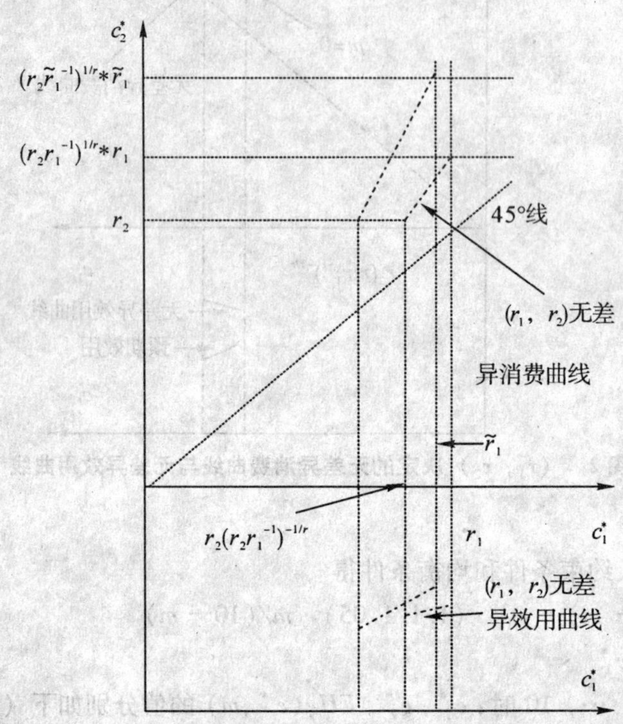

图3　r_1 减小，r_2 不变对无差异消费曲线与无差异效用曲线的影响

根据 $u(c)$ 定义，得 $u(c_2^*)/u(c_1^*)=(c_2^*/c_1^*)^{1-\gamma}$，由式（3-3），式（3-6），有

$$(u(c_2^*)/u(c_1^*))^{1/(1-\gamma)}=c_2^*/c_1^*=(r_2/r_1)^{1/\gamma} \tag{3-7}$$

尽管均衡时的 c_2^* 与 c_1^*，$u(c_2^*)$ 与 $u(c_1^*)$ 等效，但式（3-7）表明存款利差越大，均衡交换效率差越大，均衡效用差越大。由此得：

结论3：银行改变存款契约（r_1，r_2）可以改变 $T=1$ 时和 $T=2$ 均衡交换效率和效用及其关系，从而改变存款人的取款决策。扩大利差可以减少不必要的提前取款数量；反之，则会刺激存款人提前支取。

证明：一方面，当银行降低 $T=1$ 时利率 r_1 到 $\tilde{r}_1$（r_2 不变时或降低 r_1 时提高 r_2），并达到新的均衡 $u(\tilde{c}_2^*)=(r_2\tilde{r}_1^{-1})^{(1-\gamma)/\gamma}\cdot u(\tilde{c}_1^*)$，虽然 $u(\tilde{c}_1^*)$ 与 $u(\tilde{c}_2^*)$ 仍然等效，但相对于 $T=1$ 利率下调前，$(r_2\tilde{r}_1^{-1})^{(1-\gamma)/\gamma}$ 比 $(r_2r_1^{-1})^{(1-\gamma)/\gamma}$ 大，这说明，$T=1$ 利率下调后，$u(\tilde{c}_2^*)/u(\tilde{c}_1^*)>u(c_2^*)/u(c_1^*)$。这样，降低 $T=1$ 时利率 r_1 后，等待（到期）将得到更多的消费和效用，从而 $T=1$ 时超过必要流动性的取款数量越多，流动性浪费越大。因此，降低 $T=1$ 利率或提高 $T=2$ 利率可以减少提前支取或激励更多的存款人等待到期。

另一方面，当银行提高 $T=1$ 利率以至于使得 $r_2\approx r_1$ 时，由（3-3），（3-6）得，$c_2^*\approx c_1^*$，$u(c_2^*)\approx u(c_1^*)$。这表明，支取时间和数量对消费效用几乎没有影响。

极端地，当 $r_1=r_2$ 时，由 $c_2^*=(r_2r_1^{-1})^{1/\gamma}c_1^*$，得 $c_2^*=c_1^*$，故活期存款契约存在鼓励存款人随时提前支取的内在缺陷。（证毕）

结论3的政策含义是，当银行降低 $T=1$ 时利率 r_1（r_2 不变时或降低 r_1 时提高 r_2），$T=2$ 取款时每单位存款的交换效率更高（可与更多的 c_1^* 等效!），从而使得超过必要流动性数量的提前取款不划算，并因此减少不必要的提前取款数量；反之，当银行提高 $T=1$ 时利率 r_1（r_2 不变时或提高 r_1 时下调 r_2），$T=2$ 取款时每单位存款的交换效率更低，只能得到较少的消费品，从而等待到期是没有意义的，并因此增加提前取款的数量和当前的消费。

3. 取款策略分析

由前面分析可知，当（c_1, c_2）满足式（3-1）或式（3-3）而达到均衡时，均衡交换效率 c_1^* 与 c_2^* 之间的兑换关系（c_1^*, c_2^*）与 $T=1$ 时支取存款的比例 m 无关，但这并不意味着存款人在 $T=1$ 时的取款行为可以是随意的。

首先，结论 2 表明，在其他条件不变时，存款人提前支取越高，消费效用损失越大。其次，推论说明，存款人在 $T=1$ 时超过流动性需要支取存款会导致流动性浪费。最后，存款人 $T=1$ 时过度提前支取将导致银行流动性供给压力增大，甚至导致银行经营困难。因此，银行也会采取措施引导或干预存款人的随意取款行为，如对低余额存款人征收账户管理费。

因此，具有理性的存款人在的取款策略是：①$T=1$ 时需要 $\hat{m}c_1^*$ 流动性，不会支取 $(\hat{m}+1)c_1^*$，也不会是（$\hat{m}-1)c_1^*$，后者将出现流动性不足，前者会导致流动性浪费和效用损失。②随着银行利率调整而相应调整流动性需求。

（二）多种同类账户情形

与单种账户情形不同，现在我们假设存款人将总额为 N 的资金存入该银行 l 种同类账户中，其中，存款契约与前面相同，每个账户的金额分别为 $k_1, k_2, \cdots, k_l$。下面将分析存款人的行为是否因此而发生变化。

根据假设，l 种账户是同类的，每个账户不同时点的利率都为（r_1, r_2），从前面分析我们知道，每一组（r_1, r_2）决定一个均衡交换效率组合（c_1^*, c_2^*），由于 l 种账户是同类的（利率是相同的!），故均衡交换效率的兑换关系（c_1^*, c_2^*）不变。因此，多账户对交换效率以及效用间的关系没有本质上的影响。唯一不同的是流动性来源渠道增加了。

表 4　　多账户下的取款行为

资金总额	账户号	每个账户金额	每个账户利率	均衡交换效率	取款金额
N	No: 1	k_1	(r_1, r_2)	(c_1^*, c_2^*)	m_{k1}
	No: 2	k_2			m_{k2}
	No: l	k_l			m_{kl}

假如 $\hat{m}$ 是 $T=1$ 时存款人流动性需要量，与单种账户不同的是，此时，存款人可以从 No:1 到 No: l 账户的任何一个或其组合中支取存款。当 $\hat{m} \leqslant k_i (1 \leqslant i \leqslant l)$，存款人取款决策与单种账户相同。当 $\hat{m} > k_i (1 \leqslant i \leqslant l)$，如 k_1 时，存款人 $T=1$ 时流动性需要既可以由 No: 1 到 No: l 账户组合来实现，$\hat{m} = \sum_{i=1}^{\dot{l}} k_i (\dot{l} \leqslant l)$，也可以在 No: 1 到 No: $\dot{l}$ 中各取 m_{kj}，其中，$\hat{m} = \sum_{j=1}^{\dot{l}} m_{kj} (\dot{l} \leqslant \dot{l} \leqslant l)$，$m_{kj} \leqslant k_j$。同样，无论是从 No: 1 到 No: $\dot{l}$ 支取还是从 No: 1 到 No: $\dot{l}$ 各支取一部分，对交换效率（c_1^*, c_2^*）和效用也没有本质的影响。

因此，在没有账户管理费条件下，除了增加工作量外，多账户情形的取款策略与单账户情形的取款策略是一样的。

四、征收账户管理费对存款人行为的影响

（一）银行为何要收取账户管理费？

众所周知，日均存款量大的客户，意味着银行可用资金量大，从而对银行的利润贡献大。日均存款量小的客户，意味着银行可用资金量小，对银行的利润贡献小。因此，银行给大客户优惠是理所当然的事，如更高的利率或免收账户管理费或更周到的服务等。反过来，银行对那些资金存量小，占用银行资源，又不带来利润的小客户，收取一定的账户管理费也是应该的。对银行而言，账户管理费的作用表现在三个方面：一是弥补成本；二是屏蔽小客户；三是促使客户思考成本与收益，从而“愿意”保留更多的存款在本银行。

值得注意的是，作为一种可能的违约成本，账户管理费的存在并不是限制存款人取款，最主要的作用在于让存款人更审慎的考虑自己的取款行为，特别是提前取款行为，从而有助于增强存款的稳定性。因为如果客户在存入后频繁取款，导致日均余额/联合余额低于银行要求将面临被银行收管理费。为此，客户会考虑取款的频率和数量，否则客户可能得（利息）不偿失（管理费）。同时，以单账户日均余额/多账户联合余额作为考核标准、尤其是联合余额的要求可以“引诱”客户在本银行尽可能多的开立不同功能的存款账户，以便在某种账户日均余额低于银行要求时可由其在该银行的其他账户资金抵补，从而“自愿”保留更多的存款账户种类和余额在本银行，以避免被银行收账户管理费①。

（二）征收账户管理费与存款契约改进

为分析征收账户管理费对存款人行为的影响，我们在银行提供的存款契约（r_1, r_2）基础上，引入日均存款余额（M）条款，并作为存款人是否被征收账户管理费的标准。如果在考核时点存款人的实际日均存款（$\bar{D}$）低于考核标准（M），则将被征收账户管理费 α（$\geqslant 0$），超过考核标准的存款人则免收 α。故存款契约改进为（$r_1, r_2, \alpha \mid M$）。其中，r_1 是提前支取时银行支付的收益，r_2 为考核时点存款人得到的收益，α 为银行对低于要求的存款人征收的账户管理费，是对 $T=2$ 时剩余存款所交换的消费品（$N-m$）c_2 的扣除。

（三）账户管理费条件下的契约均衡与行为分析

1. 单账户

假设存款人在银行只有一种账户，在 $T=0$ 时存款人将 N 单位存款存入银行，T_1 天后于 $T=1$ 时提前支取 m 单位存款，T_2 天后于 $T=2$ 时将剩余的（$N-m$）单位全部取完。故实际日均存款余额 $\bar{D} = (NT_1 + (N-m)T_2)/T_2$。存款人避免被银行征收账户管理费的条件是 $T=1$ 时提前支取的存款数量 $m \leqslant m_0 = (NT_1 + (N-M)T_2)/T_2$，即 $\bar{D} \geqslant M$；而当 $m > m_0$ 时，$\bar{D} < M$，银行将收取数额为 α 的账户管理费。$m_0 = (NT_1 + (N-M)T_2)/T_2$ 为临界点。

（1）一般均衡分析

与式（3-1）类似，在引入账户管理费制度后，得：

$$u'(c^*_{\alpha 1}) = r_2 / r_1 \cdot u'(c^*_{\alpha 2}) \qquad (4-1)$$

其中，$c^*_{\alpha 1}, c^*_{\alpha 2}$ 为均衡解，即设置账户管理费条款后 $T=1$ 支取的存款和 $T=2$ 支取的存款的均衡交换效率。

均衡时的预期效用为 $EU(c^*_{\alpha 1}, c^*_{\alpha 2}, m) = mu(c^*_{\alpha 1}) + (N-m)u(c^*_{\alpha 2})$。

如果 c_1^*，c_2^* 表示没有账户管理费时存款人在 $T=1$ 和 $T=2$ 时所得的均衡交换效率，则引入账户管理费制度后存款人在 $T=2$ 时所得的每单位存款的交换效率可能是 c_2^*，也可能是 $c_2^* - \alpha/M$。

① 从这一点来讲，美国银行业对存款人收取账户管理费的作用和意义与国内银行对银行卡持卡人收取年费是完全不同的。

α/M 为 $T=2$ 时存款人因低于考核标准，每考核单位被扣收的账户管理费。

下面将证明，账户管理费对 $c_{\alpha2}^*$ 和 $c_{\alpha1}^*$ 的影响效果是不同的，进而引导存款人调整行为。(表5)

假设存款人在 $T=1$ 时提前支取存款的数量是随机的，且取款数量 $m > (NT_1+(N-M)T_2)/T_2$，即 $\bar{D} < M$ 的概率为 η，而 $\bar{D} \geq M$ 概率为 $1-\eta$。

则 $c_{\alpha2}^* = (c_2^* - \alpha/M) * \eta + c_2^* * (1-\eta) = c_2^* - \eta\alpha/M$ (4-2)

$$上式中\ \eta = \eta(m,M) = \begin{cases} 0 & m \leq (NT_1+(N-M)T_2)/T_2 \\ 1 & m > (NT_1+(N-M)T_2)/T_2 \end{cases}$$

表5 **账户管理费、存取款行为及其效用**

时间	$T=0$	$T=1$	$T=2$
支取比例	-1	m	$N-m$
收益（利率）		r_1	r_2
所得交换效率		$c_{\alpha1}$	$c_{\alpha2}$
要求的日均余额			M
账户管理费			α，如果 $\bar{D}<M$
所得消费效用		$u(c_{\alpha1})$	$u(c_{\alpha2})$
所得边际效用		$u'(c_{\alpha1})$	$u'(c_{\alpha2})$

显然，$c_{\alpha2}^* = c_2^* - \eta\alpha/M \leq c_2^*$，代入 (4-1)，得

$u'(c_{\alpha1}^*) = r_2/r_1 * u'(c_{\alpha2}^*) \geq r_2/r_1 * u'(c_2^*) = u'(c_1^*)$，即 $c_{\alpha1}^* \leq c_1^*$

由此可知，账户管理费条款的引入尽管没有改变存款利率（r_1, r_2）的大小，但就预期（$T=0$）来讲，不仅改变了 $T=2$ 的均衡交换效率 c_2^* 的大小，同时也改变了 $T=1$ 的均衡交换效率 c_1^* 的大小，进而改变无差异消费曲线的位置。

一方面，由均衡条件 $u'(c_{\alpha1}^*) = r_2/r_1 * u'(c_{\alpha2}^*)$，新的无差异消费曲线的斜率与没有账户管理费时的无差异消费曲线的斜率相同！

另一方面，$c_{\alpha1}^* \leq c_1^*$，$c_{\alpha2}^* \leq c_2^*$ 表明征收账户管理费后的均衡组合 B（$c_{\alpha1}^*, c_{\alpha2}^*$）不会在 A（c_1^*, c_2^*）的上方，无差异消费曲线向下平移（见图4）。

(2) 具有 $u(c) = c^{1-\gamma}/(1-\gamma)$ 形式效用函数的均衡交换效率及效用损失

与第三部分相同，为分析方便并不失一般性，我们假设存款人具有如下的指数效用函数形式：$u(c) = c^{1-\gamma}/(1-\gamma)$，$0<\gamma<1$。

在条件 $mc_1/r_1 + (N-m)c_2/r_2 = N$ 约束下，$Max\ EU_\gamma(c_\alpha^*, m)$，或将 $u(c) = c^{1-\gamma}/(1-\gamma)$ 代入 $u'(c_{\alpha1}^*) = r_2/r_1 * u'(c_{\alpha2}^*)$，得均衡条件

$$c_{\alpha1}^* = (r_1r_2^{-1})^{1/\gamma} c_{\alpha2}^* \tag{4-3}$$

或 $c_{\alpha2}^* = (r_2r_1^{-1})^{1/\gamma} c_{\alpha1}^*$

其中 $c_{\alpha1}^*$，$c_{\alpha2}^*$ 分别表示设置账户管理费后 $T=1$ 和 $T=2$ 时的支取的每单位存款的均衡交换（商品）效率。

将 $c_{\alpha2}^* = c_2^* - \eta\alpha/M$ 带入式 (4-3)

$$\begin{aligned} c_{\alpha1}^* &= (r_1r_2^{-1})^{1/\gamma} c_{\alpha2}^* \\ &= (r_1r_2^{-1})^{1/\gamma}(c_2^* - \eta\alpha/M) \\ &= (r_1r_2^{-1})^{1/\gamma} c_2^* - (r_1r_2^{-1})^{1/\gamma}\eta\alpha/M \end{aligned}$$

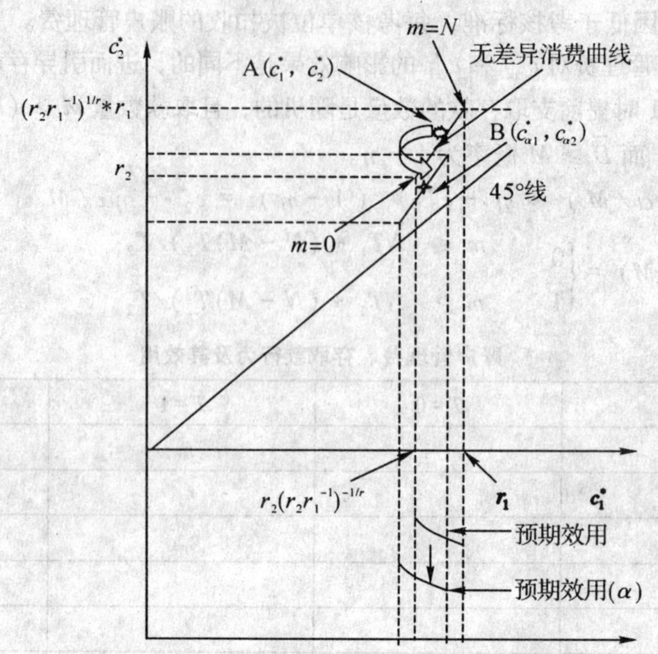

图4　账户管理费对均衡交换效率与预期效用的影响

$= c_1^* - (r_1 r_2^{-1})^{1/\gamma} \eta\alpha/M$

即 $c_{\alpha1}^* = c_1^* - (r_1 r_2^{-1})^{1/\gamma} \eta\alpha / M$　(4-4)

将式（4-2），式（4-4）变形，得 $c_2^* = c_{\alpha2}^* + \eta\alpha / M$, $c_1^* = c_{\alpha1}^* + (r_1 r_2^{-1})^{1/\gamma} \eta\alpha / M$ 代入

$c_1^* = N/(mr_1^{-1} + (N-m) r_2^{-1} * (r_2 r_1^{-1})^{1/\gamma})$　(4-4)

$c_2^* = N/(mr_1^{-1} + (N-m) r_2^{-1} * (r_2 r_1^{-1})^{1/\gamma}) * (r_2 r_1^{-1})^{1/\gamma}$　(4-5)

得 $c_{\alpha1}^* = N/(mr_1^{-1} + (N-m) r_2^{-1} * (r_2 r_1^{-1})^{1/\gamma}) - (r_1 r_2^{-1})^{1/\gamma} \eta\alpha / M$　(4-5)

$c_{\alpha2}^* = (r_2 r_1^{-1})^{1/\gamma} * N/(mr_1^{-1} + (N-m) r_2^{-1} * (r_2 r_1^{-1})^{1/\gamma}) - \eta\alpha / M$　(4-6)

从式（4-5），式（4-6）可知，对于确定的（r_1, r_2），在 η、α、M 不变的条件下，$c_{\alpha1}^*$, $c_{\alpha2}^*$ 的值随 m 的变化而变化，也就是说，每一个取款数量 m，对应一个均衡状态（$c_{\alpha1}^{m*}$, $c_{\alpha2}^{m*}$）。

同理，对于确定的（r_1, r_2），在 η、m、M 不变的条件下，$c_{\alpha1}^*$, $c_{\alpha2}^*$ 的值随 α 的变化而变化，也就是说，每一个不同的账户管理费水平 α，对应一个均衡状态和一条无差异曲线（见图4）。

当 $m = N$ 时，$Maxc_{\alpha1}^* = r_1 - (r_1 r_2^{-1})^{1/\gamma} \eta\alpha / M$, $Maxc_{\alpha2}^* = (r_2 r_1^{-1})^{1/\gamma} \cdot (r_1 - (r_1 r_2^{-1})^{1/\gamma} \eta\alpha / M) = (r_2 r_1^{-1})^{1/\gamma} \cdot r_1 - \eta\alpha / M$。

当 $m = 0$ 时，$Minc_{\alpha1}^* = (r_1 r_2^{-1})^{1/\gamma} (r_2 - \eta\alpha / M)$, $Minc_{\alpha2}^* = r_2 - \eta\alpha / M$。

因此，征收账户管理费后的无差异曲线在原有基础上，向左移动 $-(r_1 r_2^{-1})^{1/\gamma} \eta\alpha / M$ 单位，向下平移 $-\eta\alpha / M$ 单位（见图4）。

同理，预期效用曲线向左下移动。

因为 $c_{\alpha2}^* = c_2^* - \eta\alpha / M$, $c_{\alpha1}^* = c_1^* - (r_1 r_2^{-1})^{1/\gamma} \eta\alpha / M$，在 $r_1 < r_2$ 的假设下有 $(r_1 r_2^{-1})^{1/\gamma} < 1$。由此可以看出，账户管理费对 $T=2$ 时的交换效率 c_2^* 的影响比对 $T=1$ 时的交换效率 c_1^* 的影响更大。由此得：

结论4：征收账户管理费使得存款人均衡交换效率（可能）下降，并且对 $T=2$ 时的交换效率 c_2^* 的影响比对 $T=1$ 时的交换效率 c_1^* 的影响更大。

结论5：账户管理费将导致存款人预期效用损失；账户管理费越高，存款人预期效用损失（可能）越大。

证明：一方面，与没有账户管理费情形相比，引入账户管理费条款后，存款人可能损失的效用为

$$\begin{aligned}\Delta EU &= EU(c_{\alpha1}^*, c_{\alpha2}^*, m) - EU(c_1^*, c_2^*, m) \\ &= m(u(c_{\alpha1}^*) - u(c_1^*)) + (N-m)(u(c_{\alpha2}^*) - u(c_2^*))\end{aligned}$$

因为，$c_{\alpha1}^* \leqslant c_1^*$，$c_{\alpha2}^* \leqslant c_2^*$，有 $u(c_{\alpha1}^*) \leqslant u(c_1^*)$，$u(c_{\alpha2}^*) \leqslant u(c_2^*)$

所以，$\Delta EU \leqslant 0$

上式中当 $m \leqslant (NT_1 + (N-M)T_2)/T_2$ 时，$\eta = 0$，图 4 中无差异消费曲线重合，这时，$\Delta EU = 0$；当 $m > (NT_1 + (N-M)T_2)/T_2$ 时，$\eta = 1$，则 $\Delta EU < 0$。

另一方面，$EU_\gamma(c_\alpha^*, m) = mu(c_{\alpha1}^*) + (N-m)u(c_{\alpha2}^*)$

$$= (m(c_1^* - (r_1 r_2^{-1})^{1/\gamma}\eta\alpha/M)^{1-\gamma} + (N-m)(c_2^* - \eta\alpha/M)^{1-\gamma})/(1-\gamma)$$

对 α 求导

$\partial EU_\gamma(c_\alpha^*, m) / \partial\alpha$

$$= -\begin{bmatrix} m(c_1^* - (r_1 r_2^{-1})^{1/\gamma}\eta\alpha/M)^{-\gamma}((r_1 r_2^{-1})^{1/\gamma}\eta/M) \\ + (N-m)(c_2^* - \eta\alpha/M)^{-\gamma}\eta/M \end{bmatrix}$$

$$= -[mc_{\alpha1}^{*\,-\gamma}(r_1 r_2^{-1})^{1/\gamma}\eta/M + (N-m)c_{\alpha2}^{*\,-\gamma}\eta/M]$$

上式中 $[\cdot] > 0$，因此，$\partial EU_\gamma(c_\alpha^*, m) / \partial\alpha < 0$。（证毕）

（3）账户管理费上限及影响因数

在第三部分，当存款人具有 $u(c) = c^{1-\gamma}/(1-\gamma)$ $(0 < \gamma < 1)$ 效用函数时，均衡条件为 $c_2^* = (r_2 r_1^{-1})^{1/\gamma} c_1^*$ 或 $u(c_2^*) = (r_2 r_1^{-1})^{(1-\gamma)/\gamma} \cdot u(c_1^*)$。账户管理费引入后，均衡条件为 $c_{\alpha2}^* = (r_2 r_1^{-1})^{1/\gamma} c_{\alpha1}^*$ 或 $u(c_{\alpha2}^*) = (r_2 r_1^{-1})^{(1-\gamma)/\gamma} \cdot u(c_{\alpha1}^*)$。从参与激励来讲，当 $\eta = 1$ 时，均衡的 $(c_{\alpha1}^*, c_{\alpha2}^*)$ 应该满足 $c_{\alpha1}^* \leqslant c_1^* < c_{\alpha2}^* \leqslant c_2^*$。由 $c_1^* < c_{\alpha2}^*$，得：

$$\alpha < M(c_2^* - c_1^*) = M((r_2 r_1^{-1})^{1/\gamma} - 1) \cdot c_1^* \qquad (4-7)$$

由此得

结论 6－1：利差越大，α 的上限越大。其政策含义为：$T=2$ 时银行承诺支付的利率越高，银行可对低余额存款人施以更严厉的惩罚。

结论 6－2：存款人越厌恶风险（γ 越大），α 的上限越小。其政策含义为：当存款人风险承受力下降时，如银行危机期间，银行应降低或取消账户管理费条款，以免激励存款人提前支取。

结论 6－3：考核标准 M 越高，α 的上限越大。

事实上，将 $c_{\alpha2}^* = c_2^* - \alpha / M$ 变形，得

$$\Delta c_2^* = c_2^* - c_{\alpha2}^* = \alpha / M \qquad (4-8)$$

式（4－8）说明，α 越大，c_2^*（以及 c_1^*）的损失 Δc_2^* 越大。要保证 Δc_2^* 不变，则需要提高日均余额 M，使得 α / M 不变。这表明，当其他变量不变时，银行在制定账户管理费时应该执行“低余额要求与低账户管理费匹配，高余额要求与高账户管理费匹配”的策略。这与实践是一致的。

下面利用 $\alpha < M(c_2^* - c_1^*)$ 测算我国账户管理费的水平是否合理。

案例：具有特殊效用函数情况下的账户管理费水平

假设 1：某存款人拟将 500 元存一年期，银行支付存款利率 $r_2 = 2.25$（即到期收益 1.0225），在存款 90 天后，由于急需用钱，存款人支取 200 元，支取部分银行按活期存款利率 $r_1 = 0.72$（即到期收益 1.0072）计息，其余存款到期支取。

假设2：存款人具有 $u(c) = c^{1-\gamma}/(1-\gamma)$ 形式的效用函数，其风险厌恶水平 $\gamma = 0.5$。

假设3：银行日均余额考核标准 M 为300元，并对低于300元的存款人征收金额为 α 的账户管理费。按假设1计算的日均余额为275元，因此，存款人将被银行收取账户管理费。

与表3计算方法一样，在以上假设及数据基础上，求得均衡条件下的 $c_1^* = 0.9981$，$c_2^* = 1.0290$。$\alpha < 300\ (1.0290 - 0.9981) = 9.3$ 元。

案例中计算出的理论上的账户管理费不超过9.3元与中国建设银行四川省分行对日均存款低于300元人民币的个人活期存款账户按照每年收取10元的账户管理费基本一致。如果银行按日均500元存款作为考核标准，其他数据不变，则账户管理费 α 将不超过15.5元，这与交通银行北京分行对日均余额低于500元个人活期存款账户按照每季收取3元（全年12元）的账户管理费也基本吻合。

（4）账户管理费与存款人取款行为变化

如果说在没有账户管理费条款时的均衡（c_1^*, c_2^*）意味着存款人任意大的既定的流动性 mc_1^*（$m \leqslant N!$）都可满足并不影响交换效率间的兑换关系的话。那么，账户管理费条款引入存款契约后，存款人取款行为将出现三方面变化：

第一，账户管理费制度可能使存款人的取款行为更加审慎。$m_0 = (NT_1 + (N - M)T_2)/T_2$ 成为存款人流动性需要的上限，如果 $T = 1$ 时的实际取款数量 $m > m_0$，银行将征收账户管理费 α。如果 $m \leqslant m_0$，则免收 α。

第二，过高的账户管理费可能激励存款人提前支取或放弃存款。一方面，α 越大，$c_{\alpha 2}^*$，$c_{\alpha 1}^*$ 越小，但 $T = 2$ 时的交换效率比 $T = 1$ 时的交换效率下降得更多，这使得等待变得不经济，并可能因此激励存款人提前支取。另一方面，对小额存款人（如存款金额 $N < M$）来讲，即便是不提前支取，也注定要被征收账户管理费。从而小额存款人放弃存款，这在客观上起到了屏蔽小客户的作用。

第三，过低的账户管理费可能激励存款人提前支取。典型地，当 $\alpha = 0$ 时，$c_{\alpha 2}^* = c_2^*$，$c_{\alpha 1}^* = c_1^*$。此时，存款人可以实现任意数量的流动性需要。

2. 多账户

假设存款人在银行拥有多种相同账户，$T = 0$ 时存款人将总额为 N 的资金分开存入银行 l 种同类账户中，每个账户不同时点的利率都为（r_1, r_2），其中，每个账户的金额分别为 k_1，k_2，…，k_l。$T = 1$ 时存款人通过从 l 种存款账户或其中部分账户中取款来获得流动性。与没有账户管理费情形的多账户情形不同，银行将对低余额账户收取账户管理费。下面将分析多账户情形下存款人的行为特征。

我们知道，每一组（r_1, r_2）决定一个均衡交换效率组合（c_2^*, c_1^*），账户管理费条款的引入并没有改变存款利率（r_1, r_2）的大小。故均衡交换效率组合仍为（c_2^*, c_1^*）。但账户管理费使 $c^{\alpha 2}$ 可能不等于 c_2^*，因此，（$c_{\alpha 2}^*, c_1^*$）可能是均衡的，也可能是非均衡的。

与单账户情形相同，如果用 c_1^*，c_2^* 表示没有账户管理费时存款人在 $T = 1$ 和 $T = 2$ 时所得的均衡交换效率，则引入账户管理费制度后存款人在 $T = 2$ 时所得的每单位存款的交换效率可能是 c_2^*，也可能是 $c_2^* - \alpha / M$，α / M 为 $T = 2$ 时存款人因低于考核标准，每考核单位被扣收的账户管理费。

假如 $\hat{m}$ 是 $T = 1$ 时存款人流动性需要量，与没有账户管理费下的多账户情形相同，存款人可以从 No：1 到 No：l 账户的任何一个或其组合中支取存款。当 $\hat{m} \leqslant k_i\ (1 \leqslant i \leqslant l)$，存款人取款决策与单种账户相同。当 $\hat{m} > k_i\ (1 \leqslant i \leqslant l)$，如 k_1 时，存款人 $T = 1$ 时流动性需要由 No：1 到 No：l 账户组合来实现，$\hat{m} = \sum_{i=1}^{l} k_i\ (\dot{l} \leqslant l)$；也可以在 No：1 到 No：$\dot{l}$ 中各取 m_{kj}，其中，$\hat{m} = \sum_{j=1}^{l} m_{kj}\ (\dot{l} \leqslant$

$\check{l} \leqslant l$），$m_{kj} \leqslant k_j$（表6）。

表6　　账户管理费下的多账户与取款行为

资金总额	账号	每个账户金额	每个账户利率	均衡交换效率	取款金额	账户管理费	日均余额要求
N	No：1	k_1	(r_1, r_2)	(c_1^*, c_2^*)	m_{k1}	α	M
	No：2	k_2			m_{k2}	α	M
	No：l	k_l			m_{kl}	α	M

由于银行对低余额账户收取账户管理费，因此，取款组合对存款人是否被收取管理费有直接影响。

以 $\hat{m} = \sum_{i=1}^{l} k_i (1 < l \leqslant l)$ 为例，当 $T=1$ 流动性需要量 $\hat{m}$ 来自于 $k_1, k_2, \cdots, k_l (1 < l \leqslant l)$ 账户时，尽管 $\hat{m}$ 可能小于 m_0（即 $\bar{D} \geqslant M$），但很可能的情况是每个单账户的日均余额 $\bar{D}_{ki} < M (1 \leqslant i \leqslant l)$，这样，$No$：1，$No$：2，…，$No$：$l$ 都将被银行征收账户管理费 α，共 $l\alpha$。因此，存款人在满足 $\hat{m}$ 流动性需要时，在 $T=2$ 时将损失 $l\alpha$。k_i 越小，l 越大，从而 $\hat{l}\alpha$ 越大，损失也就越多。

如果取款策略为 $\hat{m} = \sum_{j=1}^{l} m_{kj} (\hat{l} \leqslant \check{l} \leqslant l)$，$m_{kj} \leqslant k_j$，即 $\hat{m}$ 涉及更多的账户，因为，$\hat{l} \leqslant \check{l}$，所以，$\hat{l}\alpha \leqslant \check{l}\alpha$，即损失更大。

由此，我们得到：

结论7：存款金额越分散，账户越多，存款人被收取账户管理费的可能性越大，损失也越大。

结论7表明，在账户管理费引入存款契约后，对存款人而言将一定金额存款分开存入多个同类账户是不经济的，明智的做法是将同类账户合并。

综上所述，账户管理费不仅可以弥补银行的经营成本，而且是稳定存款的有效手段。账户管理费的高低对存款人行为具有重要影响：①恰当的账户管理费可以阻止存款人因效用损失而放弃提前支取或通过其他途径获取流动性；②过高或过低的账户管理费都可能激励存款人提前支取；③账户管理费制度可以促使存款人合并同类账户，从而节约银行的资源。

参考文献：

1. Douglas W. Diamond，Philip H. Dybvig. Bank Runs，Deposit Insurance，and Liquidity [J]. Journal of Political Economy，1983，91 (3).

2. Ping Lin. Banking，incentive constraints，and demand deposit contracts with nonlinear returns [J]. Economic Theory，1996 (8).

3. OLIVER LEFEBRE. Risk Sharing In The Bank Deposit Contract [J]. Journal of Business Finance & Accounting，1986 (4).

4. 张桥云. 论银行产品的家庭消费 [M]. 成都：西南财经大学出版社，2004.

5. 张桥云，官学清，吴静. 存款契约设计相关理论述评 [J]. 经济学动态，2005 (5).

参考文献

1. Douglas W. Diamond, Philip H. Dybvig. Bank Runs, Deposit Insurance, and Liquidity[J]. Journal of Political Economy, 1983, 91(3).

2. Ping Lin. Banking, incentive constraints, and demand deposit contracts with nonlinear returns [J]. Economic Theory, 1996(8).

3. OLIVIER J. [illegible] Risk Sharing In The Bank Deposit Contract [J]. Journal of Business Finance & Accounting, [illegible]

4. [illegible] 2004

5. [illegible]

资本市场及外汇市场改革

我国证券融资融券的实现路径研究

陈建瑜①

内容提要：证券融资融券是境外证券市场普遍实施的一项成熟交易制度。近年来，我国证券市场规模迅速增长、规范化建设取得重大进展，证券融资融券的缺失对证券市场进一步发展的制约作用越来越明显。开展证券融资融券是完善证券市场机能的积极举措，是进一步推进金融产品创新、促进证券业健康发展的重要环节。证券公司为客户提供融资融券服务，有利于拓宽投资者的资金来源，有利于丰富证券公司的服务方式，有利于活跃证券市场。

目前我国开展证券融资融券在市场、技术以及监管方面的条件已经初步具备。2006 年 1 月 1 日实施的新《证券法》删除了证券公司不得为客户融资融券的禁止性规定。明确规定证券公司为客户买卖证券提供融资融券服务，应当按照国务院的规定并经国务院证券监督管理机构批准。证券法的规定为证券公司提供融资融券服务、开展信用交易业务和服务方式创新提供了法律依据。在股权分置改革取得实质性进展后，我国开展证券融资融券的要求更为迫切。现在重要的是选择切合实际的融资融券运行模式、探讨具有可操作性的融资融券的实现路径。

在比较分析境外主要市场融资融券实践的基础上，本文建议，我国开展证券融资融券交易，应该与市场参与者的自律能力、风险控制能力和监管体系的完善程度紧密结合起来，初期宜选择集中授信的专业化模式，设立证券金融公司，对券商从事融资融券业务实行许可证制度；建立健全的运作机制与监管体系、适时的信用风险监测系统和配套的证券存管结算系统；采取分步实施战略，率先选择 G 板块的股票实施融资、融券业务，实现交易机制的创新。

关键词：证券融资融券　证券金融公司　模式选择　实现路径

证券融资融券交易是指为证券买卖而进行的融资或融券。证券融资融券是境外证券市场普遍实施的一项成熟交易制度。开展证券融资融券是完善证券市场机能的积极举措，是进一步推进金融产品创新、促进证券业健康发展的重要环节。目前我国开展证券融资融券在市场、技术以及监管方面的条件已经初步具备，新证券法的实施已经清除了证券融资融券的法律障碍，在股权分置改革取得实质性进展后，我国开展证券融资融券的要求更为迫切。② 现在重要的是选择融资融券的具有可操作性的运行模式、探讨融资融券的实现路径。

1. 境外证券融资融券交易模式比较

1.1　境外证券融资融券交易的基本做法

证券融资融券交易是指为证券买卖而进行的融资或融券，其特点是借钱买证券、借证券和卖证券。证券融资融券交易虽然有其特殊的买卖方式，但是从交割方式来讲与现货交易基本一致。

融资和融券两者之间是有区别的，操作流程也有差异。证券融资交易（margin trading），又称

---

① 作者声明，文中观点仅代表作者个人看法，并不反映作者所在单位的意见。

② 关于我国开展证券融资融券交易的必要性和可行性的详细分析，请参见深圳证券交易所综合研究所 2003 年第 88 期报告我国开展证券融资融券交易问题研究．适时开展证券融资融券交易．中国金融［J］，2004（13）．

为买空交易、保证金交易，指投资者出于对股票价格将上涨的预期，支付一定比例的保证金，同时由证券公司垫付其余款项而购入股票的一种信用交易方式。买空者所购入的股票必须存入证券公司或相关机构，作为垫头贷款（也称融资）的抵押。证券融券交易（short selling，又称卖空交易），指投资者出于对股票价格将下跌的预期，支付一定比例的保证金，同时向经纪人借入股票后按现行价格卖出的一种信用交易方式。卖空者卖出股票所得的款项必须存入证券公司或相关机构，作为股票贷款（也称融券）的抵押。

境外证券融资融券交易基本做法有三大类型：分散化的券商授信模式，证券金融公司集中授信模式和证券借贷集中市场模式等。

1.1.1 分散化的券商授信模式

分散化券商授信模式运作流程，投资者向证券公司申请融资融券，由证券公司直接对其提供信用，当证券公司的资金或股票不足时，向金融市场融通资金或通过证券借贷市场（场外）标借取得相应的股票。在这种模式下，信用交易的风险表现为市场主体的业务风险，监管机构只是对运行的规则做出统一的制度安排并监督执行。美国、英国和欧洲大陆等采用这一模式，加拿大、墨西哥以及中国香港地区也采用美国类似的模式（见图1）。

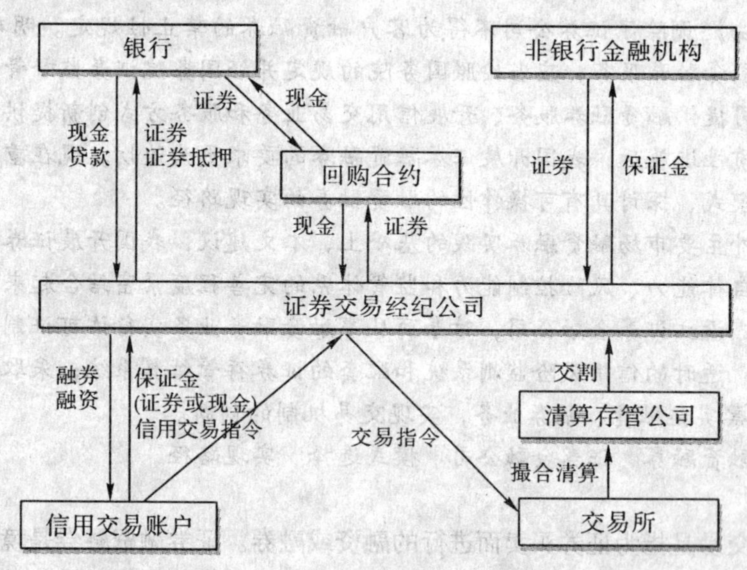

图1 美国证券融资融券交易图

1.1.2 证券金融公司集中授信模式

证券金融公司成为整个信用交易体系中证券和资金的中转枢纽，承担相关的融资和融券业务。证券金融公司的核心业务是针对证券商资、券的转融通，一般投资者的融资需求和融券需求仍主要由券商来满足。如日本、韩国和中国台湾地区采用这种模式。日本的融资融券在操作上形成“客户—证券公司—证券金融公司—金融厅”层的机构联系（见图2）。这种职能分工明确的结构形式，便于监管，也与金融市场的欠发达相适应。韩国扩大了证券金融公司的业务范围，建立了证券借贷制度，为韩国金融衍生产品市场的迅速发展奠定了坚实基础。

1.1.3 证券借贷集中市场模式

交易所或者结算公司（或功能类似的机构）集中办理证券的借贷业务。有两种做法：①股票逆回购模式。交易所以标准化的证券借贷合约或者股票逆回购合约进行集中竞价买卖，投资者之间相互竞价借券，交易所为投资者提供交易撮合系统，登记公司负责股票的结算，交易所或登记公司或券商对卖空账户的保证金和卖空证券所得进行监控。例如，赫尔辛基证券交易所和雅典证券交易所。②登记结算公司证券借贷市场模式。登记结算公司开设股票借贷市场，选取可供借贷的证券，

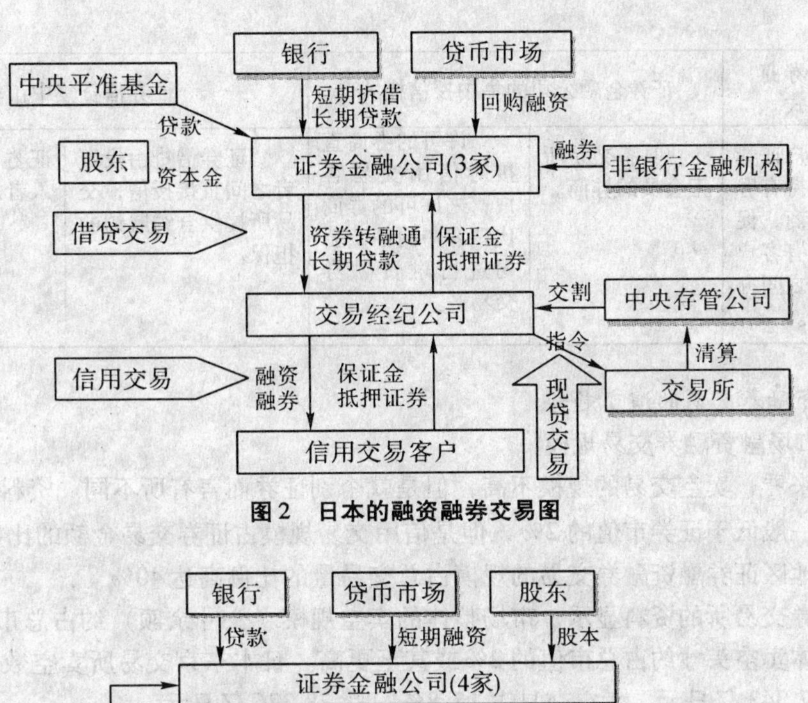

图2 日本的融资融券交易图

图3 中国台湾地区证券融资融券交易图

建立可借贷的股票组合，符合条件的投资者可以通过该市场借入或借出证券。例如，瑞士和新加坡以及刚引进的韩国证券借贷系统、中国台湾地区证券交易所的证券借贷系统等（见图3）。这种集中证券借贷市场模式，仍然是以券商对客户的融券进行直接授信为基础。

表1 **证券融资融券模式比较**

	分散化的券商授信模式	证券金融公司的集中授信模式		证券借贷集中市场模式	
	集中监管和自律性监管	单轨制	双轨制	股票逆回购证券借贷合约	证券登记结算机构
案例	美国、英国等	日本、韩国	中国台湾地区	芬兰、希腊	新加坡、瑞士、香港等
组织框架	证券商主导保证金交易：由券商向客户授信；如果资金不足，向银行借；如果证券不足，向同业借。	券商对委托者提供融资融券，证金公司转融通；证金公司独占（特许）为政策工具；	券商对委托者提供融资融券；证金公司除办理对券商的转融通外，还通过代理券商办理融资融券业务	由证券交易所设计股票逆回购合约（赫尔辛基）或证券借贷合约（雅典），投资者经券商下单直接参与卖空交易。	结算登记公司建立证券借贷交易平台，证券出借与借入双方通过交易平台进行证券借贷，券商只是证券借贷的经纪中介商。

表1（续）

	分散化的券商授信模式	证券金融公司的集中授信模式		证券借贷集中市场模式	
授信机构及资格	持有客户证券的券商；未持有客户证券的券商，促成客户与持有客户证券的券商之间办理融资融券。	具备交易所正会员的券商。	许可的券商直接对信用交易客户；未许可的券商代理客户向证金公司进行融资融券交易。	证券借贷由投资者之间直接授信，交易所提供合约履约的担保。	证券持有者与证券借入者之间的授信。

1.2 证券融资融券交易的演变趋势

1.2.1 境外市场融资融券交易规模

从市场总体来看，卖空交易的规模不高，但是就个别证券而言有所不同。资料显示，美国的证券信用贷款规模一般低于证券市值的2%，但是信用交易规模占证券交易金额的比重却达到16%～20%。中国台湾地区证券融资融券交易的规模占总交易量的比例高达40%。

美国纽约证券交易所的资料显示，市场整体的卖空规模（头寸余额）约占总市值的2.3%。在英国，其市场整体卖空头寸约占总市值的2%或甚至更高。日本东京交易所卖空数据2005年10月总交易金额达497 343亿日元，卖空交易占15.8%，达78 376亿日元。

表2　　美国纽约、中国香港地区证券交易所卖空交易规模　　单位：%

年份	香港交易所		纽约交易所
	卖空交易所占比例	卖空交易所占比例	卖空头寸占总市值的比例
1997	9.6	1.77	1.2
1998	10.5	1.65	4.3
1999	10.1	1.43	3.3
2000	10.9	1.55	2.5
2001	12.3	1.89	3.4
2002	13.2	2.30	4.4

资料来源于证券交易所 fact book。

1.2.2 强化集中控制与发挥券商的基础作用是目前的趋势

三种模式的共同特征表明：在融资融券交易中，既不能够完全依赖券商，又不能够离开券商的直接授信；既不能够实行完全集中化的授信模式，又必须有必要的宏观控制手段。

（1）集中控制必不可少

证券金融公司授信模式体现了明显的专控性，强调集中管理、甚至集中授信；证券借贷集中市场模式不体现专控意图，但具有一定的中央调控特征，主要体现的还是市场专业化的安排；分散化券商授信模式虽然是完全市场化的，但在美国，包括美洲其他市场，一般强调监管并规定相关法规，以防止卖空对市场下跌的推波助澜的负面影响。

（2）券商对客户的授信是融资融券交易的基础

与此同时，券商承担融资融券的具体监管职责。分散化授信模式下券商的职责不言自明，在证券金融公司集中授信下券商是具体承办者，肩负对信用交易客户的日常监控；在证券借贷集中市场下，仍然以券商的分散授信为基础，券商等经纪商对于客户的证券出借和借入负有必不可少的责任。

1.2.3 集中化授信模式是境外市场的发展趋势

分散化的券商授信模式目前的趋势之一是国际性的金融机构自发的建立证券借贷系统平台，券商进入平台代为客户或者自己借取证券。证券借贷中介机构为主体的场外证券借贷市场在20世纪90年代以后发展很快①。

证券金融公司集中授信模式近年来的变化趋势在于，建立由交易所组织的集中证券借贷市场，以作为原有融资融券机制的有益补充。韩国证券集保公司于1996年推出证券借贷市场，中国台湾地区证券交易所于2003年6月推出了有价证券借贷制度。

与此同时，近几年来，境外证券借贷市场出现了另一种发展趋势，由交易所或结算登记机构组织的集中化的股票借贷市场。20世纪末，芬兰赫尔辛基交易所推出了股票借贷合约，投资者可通过交易所实现相互间的股票借贷；雅典衍生品交易所推出股票回购和逆回购合约交易；新加坡交易所于2002年1月推出证券借贷安排；德国交易所集团也推出了集中的自动证券借贷服务和战略证券借贷服务。

2. 我国开展证券融资融券的条件分析

我国证券市场在十多年的时间里已经实现了跨越式发展，证券融资融券交易的缺失对我国证券市场进一步发展的制约作用越来越明显，建立和完善证券融资融券交易制度已成为构筑现代证券市场体系不可或缺的重要一环。目前我国开展证券融资融券交易在市场、技术以及监管方面是可行的。股改基本完成，我国开展证券融资融券的条件基本具备。

2.1 证券法的修改为开展证券融资融券交易提供了法规依据

修改后的证券法，取消了原有对于证券融资融券禁止性条款（1998年证券法第三十六条、第一百四十一条）。新证券法第一百四十二条，“证券公司为客户买卖证券提供融资融券服务，应当按照国务院的规定并经国务院证券监督管理机构批准”。新修订的《证券法》的颁布实施，为融资融券业务提供了法律保障；现行《担保法》等法规虽然没有对融资融券业务所涉及担保品登记、质押、转质押、平仓、对抗第三方以及各方当事人的权利义务等作出明确规定，但相应立法精神和规定可以提供法律支持，对融资融券业务所涉环节不构成法律障碍。

2.2 市场基础具备与投资者风险意识增强

经过十五年的迅速发展，我国证券市场上市公司数量、市场规模以及投资者人数增长很快，市场容量较大，为开展证券融资融券交易提供了现实条件。我国投资者在证券市场上得到了充分的洗礼，风险意识大大增强。证券市场存在的券商的“透支”行为、“三方监管业务”、信贷资金入市，这说明证券融资交易拥有市场基础。同时，券商“三方监管业务”的实践还为证券融资融券交易制定试点方案提供了重要参考。

2.3 作为融资融券交易中介的券商已经具备

作为证券融资融券交易的中介机构和主要参与者，券商承担对客户信用交易活动的直接监管，面临各种风险。券商实力的强弱、自律能力的高低是开展证券融资融券交易的重要条件之一。我国券商经过十五年发展，规范化程度日益提高、内部控制日趋完善，初步具备了从事融资融券交易的资质。同时，在券商自发的创新业务——“三方监管”暗地运转的背景下，为了对各方风险进行控制，券商及其营业部建立了相应的操作规程，为融资融券的推行提供了技术上的实践经验或教训。

2.4 技术条件具备但需要整合与改进

我国证券市场始建于十五年前，在交易、登记、结算与客户账户管理领域的技术系统设计能够

① IOSCO and CPSS, SECURITIES LENDING TRANSACTIONS: MARKET DEVELOPMENT AND IMPLICATIONS, July 1999.

充分参考世界其他资本市场的经验和发展趋势，在较高的起点上进行了系统开发。证券市场的无纸化、电子化、人工智能化，为及时调查客户资信及资券情况、券商自身风险的评估、交易所融资融券交易的信息处理提供了前提条件。银行间债券市场实行买断式回购，一定程度上看就是融资融券交易，可以为证券市场的融资融券交易的技术提供了经验。与信用交易基本相同的券商股票质押贷款已经实行了一段时间，技术问题基本得到了解决，这说明证券融资在技术上具备可行性。当然，实施证券融资融券交易，需要对以上提到的几方面技术进行配套与整合以适应证券融资融券交易对技术上的要求，同时还要改进现行的证券登记结算制度。证券融资融券交易，要求建立完全净额结算模式，即结算公司与证券公司进行股份与资金的净额清算交收，证券公司与投资人完成股份与资金的最终结算；建立二级托管制度。

2.5 监管体系健全但还需完善协调机制

我国证券市场已经形成了包括证监会集中监管、交易所一线监管、证券业协会及券商自律管理较为完善的“四级”监管体系，提高了监管协调性和整体效率。这是证券融资融券交易顺利进行的重要保证。

证券融资融券交易涉及证券业、银行业与保险业，包括证券市场、货币市场与保险市场三个市场的互动，这就对监管提出了更高的要求。开展证券融资融券交易，现有的监管方式、监管技术手段尚需配套，监管水平有待进一步提高。同时，在分业经营、分业监管模式下，银行、证券与保险的监管协调机制还有待建立和完善。

3. 证券金融公司的集中授信模式是我国的现实选择

海外市场发展经验表明，融资融券模式的选择，与一国或地区的证券市场基础和金融体系监管模式密切相关，包括交易技术性条件、信用体系完善性、法律体系、市场主体的自律机制、监管条件等。这些条件无疑制约着证券市场融资融券模式的选择，融资融券制度模式的制度安排不可否定地体现金融体系的监管模式特征。

3.1 分散化的证券公司授信模式在我国不可行

我国现阶段的证券市场环境还不适应完全分散化的证券公司授信模式。分散化的证券公司授信模式的确能够发挥市场参与者的积极性，降低交易成本，提高效率，但是这要建立在各参与者严格自律的基础上，尤其是证券公司、银行等金融机构的内部控制制度和机制要健全、有效。我国证券市场的发展仍处于新兴和转轨的阶段，市场运行机制尚不健全，法律监管体系还不完善，各市场参与主体尚未成熟，风险控制能力还比较低，很难准确把握各自在市场中的合理定位。证券市场存在较大的系统性风险，我国的信用机制也还没有真正建立。

与集中授信方案相比，分散化证券公司授信模式存在如下缺陷：

首先，实际可操作性差。现行股票托管体制限制了证券公司直接融券模式的实际可操作性。由于我国证券交易采取集中托管模式，所有投资者的证券均集中存管于中国证券登记结算有限公司，证券公司不得挪用客户证券。在目前一级托管体制下，证券公司只能通过登记公司才能把客户的证券借出给他人，股票借贷市场的效率受到影响。即使法律允许采取市场化的证券公司融券模式，但证券公司也只能把其自有证券借给客户，必然会存在券源不足方面的问题；虽然证券公司在经客户同意后，可将客户的证券间接融出给其他沽空交易者，但仍需要重新界定融券者、作为融券者代理的证券公司与登记公司关系。

其次，借贷信息不对称。分散化的证券公司融券模式容易产生借入和贷方的信息不对称问题，单个证券公司不可能掌握整个市场的股票借出、借入需求信息。

再次，不利于高质量的信息披露。分散的证券公司融券模式不利于股票借贷信息的完整、准确和及时披露，信息披露质量相对较差。

最后，不利于监管。由于缺乏高效的借券信息传送途径，分散的证券公司融券模式不利于交易所和监管机构对投资者股票借贷交易行为的监管。

第五，风险较大。在证券公司诚信情况欠佳的情况下，分散的证券公司融券模式使得证券公司的经营风险放大，比如证券公司有可能挪用客户保证金，或对客户保证金未能严格监控，逐日盯市管理不力，从而有可能导致清算、交收等一系列风险。

3.2 证券登记结算公司组织股票借贷市场也存在诸多障碍和不足

首先，由于登记公司没有一个有效的价格确定机制（如新加坡，借券按照固定价格进行），市场定价效率受到影响。

其次，中央登记结算公司客观上不可能直接面对投资者。中央登记结算公司一般只对证券公司授信，而必须由证券公司直接面对投资者，这对证券公司要求很高，与证券公司的自律水平、风险控制能力现状有较大差距。另外，由中央登记结算公司集中授信，如同证券金融公司授信模式，也有风险集中化特征。

再次，由结算公司组织的证券借贷模式，是为证券公司从事证券信用交易服务，是证券公司向客户提供融券业务的补充。同时，在证券公司分散授信的市场，其交易份额较少（新加坡、中国香港地区），证券公司在向客户提供融券业务发生证券不足的时候往往还是通过场外的证券借贷市场进行，而不是通过由交易所或者结算登记公司的证券借贷市场来调剂证券的不足。

3.3 股票逆回购作为交易产品，不能够替代证券融资融券交易

股票逆回购合约，实际上只是交易所开发的一种交易产品，类似于股票远期合约和股票期货合约的交易，归于股票衍生品的范畴。这种模式，部分实现了融券卖空的功能，而没有解决融资买空的职能。推出股票逆回购交易，是证券市场的创新产品，可以弥补产品结构单一、缺乏风险管理工具的缺陷。

3.4 结论——证券金融公司集中授信是我国的现实选择

证券金融公司集中授信模式与我国目前金融体系的监管模式是相适应的；虽然有风险集中化特征，但总体还是便于风险监控。监管者控制借券规模、借券价格、借券渠道，有利于风险控制，在开展证券信用交易的初期是更为可行的选择。这是券商分散授信与证金公司的集中授信的结合，可以发挥券商的积极性，这也是我国券商目前走出困境、增加盈利渠道的重要选择。

4. 证券金融公司集中授信方案的实现路径

4.1 证券金融公司授信的交易流程

证券融资融券交易运行包括：投资者和券商之间进行的融资融券交易；券商和证券金融公司之间进行的融资融券交易，即资券转融通。券商融资交易的资金来源有券商自有资金、融券保证金和融资交易担保金，以及向证券金融公司融资获得的资金。融券交易的证券来源有融资交易中作为抵押品的证券以及向证券金融公司融券获得的证券。证券金融公司的资金来源于自有资金和货币市场上的短期拆借和回购融资等，证券则来源于券商办理转融通的担保证券和其他来源。具体框架构想见图4。

4.2 证券金融公司集中授信模式的风险控制及监管措施

4.2.1. 各参与市场主体的职责分工

交易所应当对信用交易对市场造成的风险进行监控，规定能够进行融资交易和融券交易的证券标准，对信用交易的指令加以特别标识和交易价格限制。对投资者交易行为进行实时监控，如监控交易者的申报情况、持仓情况、成交异常情况等，避免因市场操纵导致“逼空”现象；对借出订单进行卖空检查（即股份前端监控）。

证券金融公司主要业务是为券商提供证券融资和融券。对券商客户的信用交易账户上的保证金要求统一由证券金融公司来保管，以解决券商挪用客户结算资金问题。

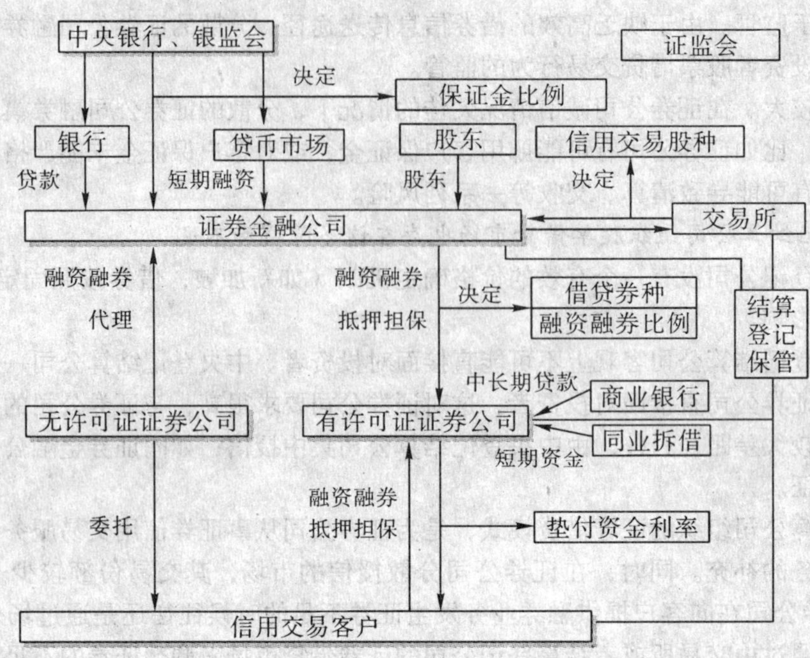

图4　证券金融公司集中授信方案框架构想

证券公司必须依据相关要求制定卖空交易的具体操作流程。确认客户资格，对客户的资信进行严格审查，负责对客户账户的监管，采取逐日实时盯市方法对客户的信用交易担保品进行严格的风险控制。

结算登记公司除了应当严格执行结算风险管理外，在信用交易条件下，为防止无法交付证券引起的交收违约，还应当建立强制借券机制。

4.2.2 证券金融公司集中授信模式存在的问题及对策

（1）主要问题

一是该模式需要新设机构，需要各方协调。由于证券金融公司专业性过强、业务过于单一，难以胜任日渐增多的市场职能，无法适应市场进一步发展的需要。

二是风险控制较多依赖券商，从而存在较大风险。一旦券商挪用客户保证金或未能对客户保证金账户进行严格监控（如未能及时要求客户追加保证金，未能及时强制平仓），必然带来较大风险。

三是该模式面临券商、登记公司与投资者之间的股票借贷关系等法律障碍和技术障碍（最初券源问题等）。

四是融券不足，证券金融公司的券源不足。该模式也是与券商授信模式或交易所证券借贷集中市场模式并存的，如日本、韩国、中国台湾地区等均是如此。

（2）对策

①协调各方力量组建证券金融公司。证券金融公司股东应包括：证券交易所、证券结算登记公司、中央汇金公司以及主要券商等，这样可以协调各相关的利益，共同推动制度的建设。在组织模式上，采用公司制，按照市场化的原则进行运作，减少行政干预，防止权力和责任过于集中。

②拓展证券金融公司的资金来源。证券金融公司除了股本金以外，资金主要来源有：投资者保护基金、通过银行间融资市场（拆借、债券回购）获得的资金以及商业银行的信贷资金。建立专门的顾问咨询机构来协调对信用交易客户保证金的运作。用于转融券的证券来源主要是：基金、社保基金、银行、保险公司的股票或者债券以及上市公司的大股东。

③建立交易所为主体的证券借贷系统，类似三板系统，为融券交易拓展更有效率的券源。借鉴韩国证券金融公司的做法，拓展证券金融公司业务，扩大融资的范围，发展证券借贷市场。

4.3 证券融资融券的实现路径

我国证券融资融券交易制度的建立，应该与监管体系的完善、市场参与主体的自律能力和风险控制能力紧密结合起来。在证券融资融券模式的选择上，建议采用证券金融公司集中授信模式，开发股票逆回购产品。同时充分利用交易所的资源，建立集中式证券借贷平台，解决融券券源问题，采取分步实施战略。

第一步，以证券融资为主，证券金融公司融资试点，具有创新资格证券公司代理客户办理融资或者融券业务。开展国债与股票的融资交易，实施券商对客户的证券融资。目的在于，一是规范目前券商三方监管协议等向投资者融资的行为，规范地下融资交易，以解决券商挪用客户证券结算资金（客户保证金）的问题；二是培养市场参与者的风险意思、风险自律能力，为更为完整的融资融券创造条件。

第二步，拓展证券融资融券交易的范围，允许进行股票融券交易，证券金融公司融券试点，实现交易机制的重大创新，建立完整的证券融资融券交易制度。期间，交易所为证券借贷市场提供交易平台，建立证券借贷市场和强制借券机制。

第三步，发展股票衍生品——股票期货产品，这是股票回购的标准化形式，为投资者包括融资融券交易参与主体提供避险工具。

5. 配套措施——建立证券融资融券交易的相关机制

5.1 明确监管主体及其分工，建立监管协调机制

为了与我国目前的证券监管体系保持一致，我们建议证监会应在证券融资融券交易监管体系的建立中发挥主导作用。央行、银监会、证券交易所、证券登记结算公司是证券融资融券交易中的重要监管主体，证券业协会、证券金融公司以及有许可证的券商也是证券融资融券交易监管体系中的重要环节（表3）。同时，制定和实施相关的法规和细致的业务规则，包括法律条文、证券监管部门与货币管理部门围绕信用交易过程所颁布的强制性规章和条例以及证券交易所和证券金融公司的实时控制规则和业务操作规范文件。

表3　**我国证券融资融券交易监管主体及其分工协作体系**

监管主体	主要职责描述
证监会	● 负责有关法规和规章的制定。 ● 负责监管证券交易所、证券登记结算公司、证券金融公司和证券公司融资融券交易的业务运作。 ● 负责制定证券金融公司向券商提供资券转融通的管理办法。 ● 负责制定券商向投资者提供融资融券的规范意见。 ● 协助银监会对银行的有关执业行为进行监管；调查与处理有关违法、违规行为。
央行	● 对证券融资融券交易的信用扩张情况进行监控。 ● 确定与管理初始保证金与维持保证金比例以及融资融券利率（或基准利率）。
银监会	● 负责制定商业银行向证券金融公司及券商提供资金的渠道、方式和管理办法。 ● 会同证监会监管证券金融公司、银行的有关执业行为。
证券交易所	● 负责融资融券交易规则制定与实施。 ● 决定融资融券交易证券的资格，定期公布允许从事融资交易或者融券交易的证券，临时决定取消该证券的交易资格；融券交易的证券比融券交易的证券要求更加严格。 ● 披露证券融资融券交易信息。 ● 对异常交易的监控，必要时与证监会密切配合展开深入调查。

表3（续）

监管主体	主要职责描述
证券登记结算公司	● 制定证券存管、资金结算等的管理规则。 ● 确认券商对抵押股票的处理权，并帮助其实现有关权益的划转。 ● 在融券机制中，审查并确认融券交易的合法性和有效性。
证券业协会	● 负责拟订融资融券交易有关协议与合同的规范文本，促进融资融券交易的标准化。
证券金融公司和有许可证的券商	● 依据上述相关要求制定融资融券交易的具体操作流程和规范。 ● 对信用交易客户的信用水平、保证金、证券、抵押品进行一线监管。

5.2 组建证券金融公司

证券金融公司可由商业银行、证券交易所及其他有实力的机构共同投资建立，并独立运作。在组织模式上，采用公司制，按照市场化的原则进行运作。这样可以形成相对竞争的格局，以提高运作效率。作为非银行类金融机构，证券金融公司的业务归入整个金融体系，统一由中央银行指导，减少行政干预，防止权力和责任过于集中。券商是证券融资融券的主体，直接面对广大的客户，包括个人投资者和机构投资者。

证券金融公司股东应包括：证券交易所、证券结算登记公司、中央汇金公司以及主要券商、主要商业银行、大型投资公司等，这样可以协调各相关的利益，共同推动制度的建设。建立专门的顾问咨询机构来协调对信用交易客户保证金的运作。证券金融公司除了股本金以外，资金主要来源有：中央银行的平准资金、通过银行间融资市场（拆借、债券回购）获得的资金以及商业银行的信贷资金。用于转融券的证券来源主要是：基金、社保基金、银行、保险公司的股票或者债券以及上市公司的大股东。其中由于银行在法律上不允许从事直接的股权投资，银行出借的主要是作为风险管理工具的债券。

证券金融公司主要业务是为券商提供证券融资，即转融资业务。对券商客户的信用交易账户上的保证金要求统一由证券金融公司来保管，以解决券商挪用客户结算资金问题。根据市场发展的状况，渐渐拓展证券金融公司的业务范围、提高市场化的程度。

5.3 建立健全的证券信用交易管理机制

控制信用交易风险的核心是控制证券公司在交易业务中的规模与比例，包括：可用于融资融券交易的证券的资格认定制度、市场信用额度的管理制度和单只股票的信用额度管理制度（表4）。

表4　证券融资融券风险管理措施

风险种类	控制措施	经控制后的风险程度
市场风险Ⅰ：价格过度波动导致违约	保证金制度、投资者资格、交易实时监控	可控制
市场风险Ⅱ：造成市场下跌	短期可能造成市场下跌，长期将有助于价格确定机制的完善，有助于价格稳定和市场活跃	较难控制
信用（履约）风险	投资者资格、保证金制度、强制定平仓	可控制
信用风险/市场风险	避险工具（衍生产品）的运用	可控制
流动性风险（价格操纵/逼空风险）	品种限制、申报和持仓限制、信息披露、交易实时监控（价格操纵监管）	一般
经营主体风险（券商挪用保证金等）	券商资格管理规范券商融资融券业务操作流程	较高

(1) 证券的资格认定制度

证券资格管理是信用交易中非常重要的一环，是防止恶性炒作、形成良性投资理念的必要手段。它的主要标准是：股价波动幅度不能太大、主营业务稳定、流通股本较大，并考虑法人治理结构的完善程度、大股东和管理层的诚信度等因素的影响。证券的资格认定工作在证监会的授权下由交易所来完成。在实际操作上，可以对上证180指数和深圳成指或深圳100指数的成分股以及以此为衍生产品的股票作必要调整来确定信用交易股票。交易所可根据上市股票基本面和交易情况的变化，对融资融券资格的股票清单进行修订。

(2) 建立完善的市场信用额度管理制度

这包括两个方面，一是对融资保证金比例和融券保证金比例的动态管理。同时还应设定两项指标：现金比率；担保证券的折扣率；二是对融资融券的限额管理，包括对证券金融公司和券商的管理，限制市场信用交易总体规模。证券金融公司根据主管部门的要求，确定季度和月度的融资和融券规模，然后根据各证券公司的申请，审核的融资或融券规模。券商对投资者的融资融券限额管理同样实行比例管理：一是规定每家券商在单个证券上的融资和融券额度与其资本净值的比率；二是规定券商对投资者融资融券的总额与其资本净值的最高倍率。如台湾就规定，单个证券公司对单个证券的融资不应该超过10%，融券不应该超过5%，对客户的融资融券总额不能超过其资本金的250%。

(3) 单只证券的信用额度管理制度

单只证券的信用额度管理制度可以限制单个证券的信用交易量占公司所有流通证券的比例，这样就防止了股票被过度融资融券而导致风险增加。参照海外市场的经验，当一只股票的融资融券额达到其流通股本25%时，交易所应停止其进行融资买进或融券卖出，当比率下降到18%以下时再恢复交易；当融券额超过融资额时，应停止融券交易，直到恢复平衡后再重新开始交易。

5.4 证券融资融券交易的市场监管

市场监管，主要是监管部门围绕信用交易的市场活动所进行的实时控制。市场实时监管的责任主要由交易所来承担，交易所一线监管活动主要有：①对维持保证金比例的适时调整；②对信用交易活动异常、股权结构异常变化的上市公司实行监管，可以随时提出暂停或取消交易资格；③信用交易相关信息的披露。证交所要求证券公司每周提交一次信用交易余额报告，并由此计算出全部股票合计数值、投资客户和证券公司的融资融券余额等信息进行公开披露供投资者参考。此外，每周揭示其信用交易量的变动状况，并对可能产生问题的股票视具体情况采取每日信用交易利用度的揭示性措施。

5.5 建立与融资融券交易相配套的证券存管体系

证券融资融券交易要求建立净额结算模式，即结算公司与证券公司进行股份与资金的净额清算交收，证券公司与投资人完成证券与资金的最终结算。对证券与资金结算分别建立“结算公司—证券公司—投资人”的组织体系，结算公司对证券与资金均实行净额结算，实质上是证券净额与资金净额同时对付的DVP交收模式。实行“中央存管，二级托管”，即证券登记结算公司控制券商的证券余额和证券金融公司融资融券账户的证券余额，券商控制投资者的证券余额，证券金融公司控制券商融资融券账户中的证券余额。客户融资买进的证券登记于客户的信用交易账户，融券卖出股票得到的价款也划入投资者的信用交易账户，与现金交易账户分开，信用账户由券商管理使用。这就要求确立证券公司、证券金融公司托管人的法律地位与责任，建立二级托管制度；建立风险共担机制、抵押担保制度等。

5.6 制定证券融券的除权处理规则

融资购券，证券数量并没有因此而发生变化。与现有的证券买卖一样，没有相应的除权事宜。而融券卖空交易，因卖空而增加了市场上流通的证券，对于与证券相联系的权益变化，必须要有技术上的处理和法律上的相关规定来管理。

融券卖空的证券虽然在信用账户中，通过负资产的形式、以借贷关系来处理，但在实际上证券的出借方依然在法律上拥有证券的一切权利，而卖空证券的买入方也拥有证券的一切权利。在法律上，证券借出者不应该损失任何与证券相关联的权利，因此，对于因为贷出证券而受到的影响必须进行补足。在证券存借期间，出借方和贷出方的权益在法规上和技术处理方面要作明确的规定。

参考文献：

1. 陈建瑜．我国开展证券融资融券交易问题研究．深圳证券交易所综合研究所，2003（88）.

2. 陈建瑜．适时开展证券融资融券交易［J］．中国金融，2004（13）.

3. 上海证券交易所课题组．证券借贷与卖空机制研究：国际经验与中国的选择．上海证券交易所研究报告，2005 .

4. IOSCO and CPSS，SECURITIES LENDING TRANSACTIONS：MARKET DEVELOPMENT AND IMPLICATIONS，July 1999.

大股东制衡、违规行为与监管的有效性[①]

——来自2004—2005年上市公司的证据

唐跃军　李维安　谢仍明[②]

内容提要：被查处的违规行为并不等同于公司的实际违规行为，为此本文从公司治理角度，构建Logistic回归模型，具体探讨前五大股东持股比例以及在此基础上大股东之间的监督与制衡影响上市公司违规行为被监管部门查处的可能性。研究表明，在内部治理机制亟待完善、外部市场监管乏力的情况下，具有绝对信息优势的第一大股东集中持股（基本为非流通股）并非有利于约束，而是有利于掩盖上市公司日趋频繁的违法违规行为。而此时，其他大股东很有可能不选择通过内部治理机制实施对第一大股东的制衡，更多地求助于外部治理机制，利用自身的信息优势与外部监管者合作，降低信息不对称性带来的影响，配合监管部门查处控股股东的违规行为，提高外部监管约束的有效性。

关键词：大股东制衡　大股东制衡度　信息不对称　违规行为　外部监管约束

一、引言

正如我们所注意到的，包括美国[③]在内的世界各国证券市场中存在种类繁多的欺诈违规行为[④]。中国股票市场也是如此，甚至可能因为特殊的监管与治理环境表现得更为严重。中国上市公司的内部人，尤其是控股股东和在其控制之下的公司董事会以及管理层，不断卷入违法违规的公司丑闻中。这不仅侵蚀外部投资者对市场的信心，同时也是我国股经背离[⑤]现象的重要原因之一。

目前，虽然投资者对中国上市公司违规行为越来越关注，但是相关的研究工作却才刚刚展开。主要的研究文献可以分为三类：其一是早期研究者对上市公司违规行为的一般性分析和试探性研究，比如何基报（2002）分析了证券交易过程中违法违规行为的类型和特征，并尝试给出了如何发现各种涉嫌违法违规行为的监控方案。陈作华（2004）认为会计违规行为是外部环境和会计人员主观心理相互作用的结果。其二是以伍利娜、高强（2002）等为代表的对违规行为的市场反映所做的研究。伍利娜、高强（2002）采用超额收益法研究了我国股票市场对1999—2000年中国证

① 本文受到李维安教授主持的国家自然科学基金重点项目（70532001）、教育部人文社科重点研究基地重大项目（04JJD630003）和教育部哲学社会科学研究重大课题攻关项目（03JZD0018）等资助；同时感谢郭瑞、胡彦如、吴征等提供的重要帮助。本文文责自负。

② 唐跃军（1978—　），男，湖南武冈人，管理学博士，复旦大学管理学院助理教授，研究方向公司治理、战略管理和财务会计。

李维安（1957—　），男，山东青岛人，南开大学公司治理研究中心长江学者特聘教授，博士生导师，主要研究方向为公司治理和网络组织。

谢仍明（1983—　），男，福建福州人，南开大学公司治理研究中心硕士研究生，研究方向公司治理。

③ 作为美国爆发信任危机的导火线，安然事件被视为为华尔街20世纪90年代最具爆炸性的公司丑闻。接着是美国环球电讯（Global Crossing）公司涉嫌和其审计师安达信串谋进行财务欺诈误导投资者，美国世界通信公司（WorldCom）爆出美国历史上最大的公司财务欺诈案，施乐公司（Xerox）在1997—2001年间虚报的营收金额“误导并欺骗投资者”而其高级管理人员则从中牟取暴利……

④ 《中华人民共和国证券法》（1999）将违规行为主要分为内幕交易、市场操纵、虚假陈述和欺诈客户几种类型。

⑤ 我国股票市场的发展和经济快速增长严重背离，近几年一直萎靡不振，难以起到经济“晴雨表”的作用。

监会以及深交所和上交所处罚公告的反应。研究显示，市场对处罚公告在公告日后具有明显的正反应。但是针对不同的受处罚原因，市场反应也不同①。陈国进等（2005a）基于2001—2003年被处罚的上市公司的事件研究基本支持这一结论。祝红梅（2003）还发现，资产重组引起上市公司的股价和交易量出现大幅异常波动，存在比较严重的内幕交易和股价操纵行为。史永东、蒋贤锋（2004）的研究结果则显示内幕交易使股票的平均价格上升，同时也增加了价格的波动性②。第三类研究主要是在第一类的基础上引入博弈分析或依据经验证据探讨上市公司违规行为的动因或影响因素。如史永东、蒋贤锋（2005）发现，除了日均换手率之外的日均收益率、日均收益平方项、日均收益率与日均换手率的乘积项能提高对内幕交易、市场操纵的发生以及非内幕交易、非市场操纵事件的正确判别率。陈国进等（2005b）以我国上市公司在2001—2002年间受处罚事件为样本，发现公司第一大股东集中持股有利于约束违法违规行为，公司业绩与上市公司违法违规概率显著负相关。Zhang and Mang（2005）对于中国上市违规行为的实证分析也证实，最大股东的持股比例影响到企业的发生丑闻的概率。此外，李小奕（2005）针对上市公司信息披露违规行为所作的博弈分析认为，信息披露违规数量是会计监管严厉程度的减函数，信息披露违规行为发生的必要条件是违规收益大于预期的会计监管的严厉水平③。

在上述的第三类研究中，部分学者（如陈国进等，2005b；Zhang and Mang，2005等）已经注意到了中国股市特殊的监管与治理环境，特别是股权结构对上市公司违规行为的影响，但他们的研究是初步的，仅仅局限于考察上市公司前两大股东持股比例，未能较为全面和深入考虑其他大股东持股比例以及在此基础上所形成的监督制衡机制对上市公司违规行为的影响。而且，最为重要的是，史永东、蒋贤锋（2005），陈国进等（2005b），Zhang and Mang（2005）都把监管部门查处的违规行为等同于上市公司实际的违规行为，这意味着他们直接或间接地假定：市场监管部门有能力发现并处罚上市公司所有的违规行为。然而，这显然是没有现实基础的④。可以说，上述研究者似乎误入歧途，混淆了研究对象，从而导致结论和现实的冲突。

实际上，国外研究者一直致力于研究公司舞弊违规行为的相关方面，特别是如何准确预测舞弊违规行为。不过，大部分研究者主要倚重于财务状况分析，把公司治理因素纳入到研究中或者从公司治理角度进行研究，只是近几年才出现的趋势。Albrecht，Wernz and Williams（1995）较早的指出，报告有利收益的迫切需要、巨额诉讼、经常更换审计师、管理层频繁变动和关联交易等是舞弊征兆。Beasley（1996，1998）则发现，舞弊违规的公司董事会在构成、任期、持股水平、审计委员会的作用方面与一般的公司有着明显的差异，他认为减小董事会规模，增加外部董事比例、增加董事任期和持股比例，减少董事兼职有利于降低会计舞弊发生的可能性。Bell and Carcello（2000）研究认为，薄弱的控制环境、管理层对盈利预期的过度偏好、管理层欺骗或逃避审计师、不合理的所有权结构都是公司可能发生舞弊违规行为的风险特征。在此，为了加深对中国上市公司违规行为的了解和认识，强化上市公司的监管，保证证券市场繁荣和发展，有必要充分考虑中国市场特殊的监管与治理环境，在Albrecht，Wernz and Williams（1995），Beasley（1996，1998），Bell and Carcello（2000），陈国进等（2005b），Zhang and Mang（2005）等研究的基础上，进一步研究大股东⑤持股

---

① 因信息披露问题受到处罚的公司，公告日后市场有显著正反应；而借助资金违规受处罚的公司，公告日后市场为显著负反应。

② 内幕交易从总体上加剧了交易过程中的信息不对称，破坏了市场的公平性，而信息披露则有利于减少这种不对称的程度。

③ 李小奕（2005）认为目前我国上市公司信息披露的违规收益大于预期监管水平，会计监管对信息披露违规的处罚没有起到应有的威慑作用。

④ 游士兵、吴圣涛（2001）发现市场操纵和内幕交易在证券违法犯罪中的比重分别只有5.5%和2.6%（分列第6位和第8位），这和市场操纵、内幕交易在中国证券市场普遍存在的现实有着显然的差异，证明目前监管部门尚未找到有效治理市场操纵、内幕交易等违规行为的途径。李广众、王美今（2003）、李小奕（2005）也同样指出，监管部门在发现市场操纵行为中存在困难。

⑤ 关于大股东，研究者有多种界定，本文将上市公司的第一至第五大股东统称为大股东。

比例以及以此为基础的大股东制衡机制对上市公司违规行为的影响。

二、理论分析与研究假设

(一) 大股东制衡与外部监管约束

当存在一个强有力的外部监管约束机制时，其他大股东（第二至第五大股东）往往依赖于外部监管，而不选择通过内部治理机制进行制衡，以此来降低参与制衡的成本。注意到这一点，我们假设：

基本假定1：其他大股东进行制衡的收益恒定，设为 Y

基本假定2：其他大股东通过内部治理机制进行制衡的成本设为 C_I，制衡成功的概率设为 P_I

基本假定3：其他大股东依赖于外部监管进行制衡的成本设为 C_E，制衡成功的概率设为 P_E

于是有，其他大股东通过内部治理机制进行制衡的收益：$Y_I = YP_I - C_I$

其他大股东通过外部治理机制进行制衡的收益：$Y_E = YP_E - C_E$

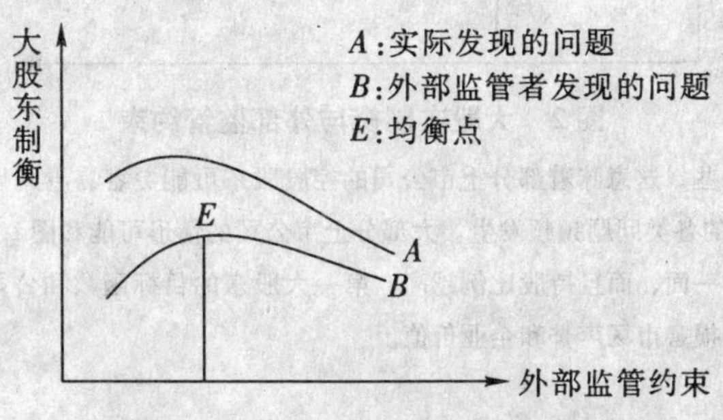

图1　大股东制衡与外部监管约束

注意到，一方面，转轨经济国家公司的内部治理机制亟待完善，通过内部治理机制进行制衡往往难以奏效且制衡成本较高；另一方面，虽然目前中国股市场外部监管约束机制的效力有限，但是相对强势、具备一定权威的外部监管者的介入，将有望威慑并抑制控股股东对中小股东的侵害与剥夺。这意味着：$C_I > C_E$，而且 $P_I < P_E$，也就是说，其他大股东通过内部治理机制进行制衡时需要面对成本更高且成功的概率更小的局面。因此，制衡能力相对较弱的其他大股东很有可能选择不通过内部治理机制实施对第一大股东的制衡，而是更多地求助于外部治理机制，利用自身的信息优势与外部监管者合作，降低信息的不对称带来的影响，配合监管部门约束控股股东的行为，这在一定程度上提高了外部监管约束的有效性。如图1和图2所示，在 E 点之前，由于 $YP_I - C_I < YP_E - C_E$，其他大股东对控股股东的制衡能力越强，上市公司被外部监管者发现并查处的问题越多①。

相对与其他大股东对外部监管有效性的促进作用，在处于转轨中的中国市场，具有绝对信息优势的控制性股东集中持股往往并非有利于减少问题，而是有利于掩盖上市公司实际存在的各种问题。如图1和图2所示，在控股股东的操控下，虽然上市公司实际发生和存在的问题较多（曲线 A），但是被外部监管者发现和查处的问题却很少（曲线 B）。

实际上，关注大股东制衡与监督的学者们可能忽略了其研究样本及其所处的治理环境的特点。比如，在类似中国的转轨经济中，公司的内部治理机制尚待建立与完善。也就是说，对于转轨经济国家中的多数公司而言，$C_I > C_E$，而且 $P_I < P_E$，因而存在制衡与监督意愿的其他大股东往往更乐于通过外部治理机制（比如外部监管约束）制衡第一大股东，在 E 点之前，大股东制衡机制越强，

① 其他大股东对控股股东的制衡能力较强的情况下，可能也有助于减少上市公司实际发生的问题，但是在E点之前，这并不足以使外部监管者发现并查处的问题看起来有所减少。

公司被外部监管者所发现并查处的问题越多，如此一来，大股东制衡机制似乎对公司产生了“负面影响”。与此相对，在成熟的资本市场中，大多数公司的内部治理机制较为完善有效，即在 E 点之后，$C_I < C_E$，而 $P_I > P_E$，如此，公司大股东可能更倾向于通过内部治理机制在公司内部解决各种冲突和问题，因而我们可以更多地在公司外部观测到大股东制衡机制的积极作用。

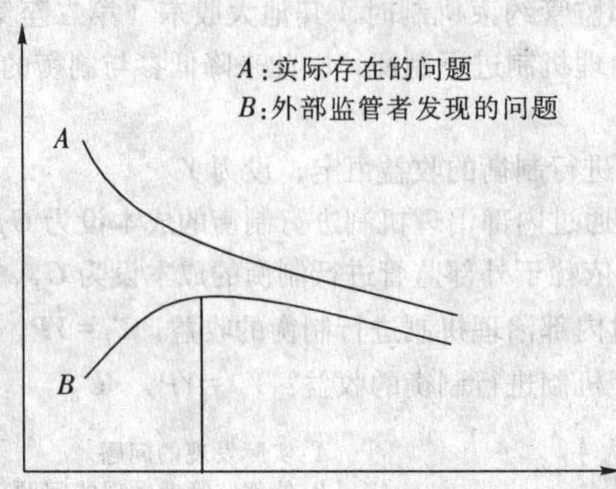

图 2　大股东制衡与外部监管约束

注：曲线 A 所示的情形更极端一些，这意味着部分上市公司的控股股东可能更容易卷入以攫取私人收益。侵害中小股东为目的的“隧道效应”，会导致上市公司的各类问题频频发生。大部分上市公司的情形可能和图 1 所示的情况更为接近，因为第一大股东既存在魔鬼的一面，也存在天使的一面，而且持股比例越高，第一大股东的目标函数和公司价值最大化越趋向一致，因而越不倾向于让上市公司为各种问题所累，损害市场声誉和企业价值。

（二）研究假设

陈国进等（2005b），Zhang and Mang（2005）等研究之所以认为公司第一大股东集中持股有利于约束违法违规行为，原因在于：①忽略了中国市场和治理环境的特殊性。实际上，在内、外部治理机制薄弱、信息严重不对称和外部市场监管能力有限的情况下，中国市场监管者不可能发现并处罚上市公司所有的违规行为，也就是说，被查处的违规行为只是实际违规行为的一部分。②只看到第一大股东天使的一面[①]，而忽视了其魔鬼的一面[②]。中国上市公司第一大股东（多为控股股东）往往具有绝对的信息优势并使得信息严重不对称，不仅有动机也有能力掩盖实际上已经发生的违规行为，堂而皇之地牟取私利，卷入所谓的“隧道效应”[③]。可见，在内部治理机制亟待完善、外部市场监管乏力的情况下，上市公司第一大股东集中持股并不有利于约束，而是有利于掩盖日趋频繁的违法违规行为。因此，和陈国进等（2005b）、Zhang and Mang（2005）等的研究不同，我们假设：

假设 1：同等条件下，第一大股东持股比例和上市公司违规行为被查处的可能性负相关。

和第一大股东不同的是，由于目标函数的差异，其他大股东（本文指第二至第五大股东）可能并不热衷于违规行为的“隧道效应”，而是扮演监督和制衡的角色。正如 Shleifer and Vinshny（1986）通过理论建模所证明的那样，公司其他大股东（以第二大股东为代表）对第一大股东的制衡是保护外部投资者利益的一种重要机制。实际上，在 Shleifer and Vinshny（1986）之后，Zwiebel

① Jensen and Meckling（1976），Shleifer and Vishny（1986，1997）等人为代表的学者认为大股东有足够的动力和信息去监督管理层，从而可以很好地解决的委托代理问题。

② Zingales（1995）等人认为，如果大股东可以对公司进行强有力的控制，解决委托代理问题，那么他们同样可以利用这种优势“掏空”上市公司。在一个保护小股东的法律软弱无力的资本市场上，控股股东将会滥用其拥有的控制权优势损害外部股东的利益进而获取私利（La Porta et al. 1998a，1998b，1999）。

③ Johnson（2000）给出了“隧道效应”的经典定义，认为控股性股东出于其成本收益的分析，具有强烈的动机来掠夺上市公司的资源以增加自己的财富，这种财富的转移过程被称为“Tunneling”，即“隧道效应”。

(1995) 较早对公司同时存在多个大股东时的情形进行了分析，Pagano and Roel (1998)，Bennedsen and Wolfenzon (2000)，Cronqvist and Nilsson (2001)，Gomes and Novaes (2001) 更是进一步研究了多个大股东的存在对于抑制资产掏空等侵害行为的作用，认为多个大股东的存在可以起到互相监督、制衡的作用。对中国上市公司而言，其他大股东作为和公司利益紧密关联的内部人，同样具有与其持股比例和控制权相应的信息优势，这有助于减少上市公司实际发生的违规行为；但另一方面，在自身监督制衡能力相对较弱，公司内部治理机制又相当不完善的情况下，其他大股东很有可能求助于外部治理机制，利用自身的信息优势与外部监管者合作，通过显性或者隐性的渠道传递信息，降低信息不对称带来的影响，配合监管部门制衡、查处控股股东的违规行为，从而保护自身以及其他股东的正当权益①。基于此：

假设2：在同等条件下，第二至第五大股东的持股比例越高，上市公司违规行为被查处的可能性越大。

假设3：在同等条件下，第二至第五大股东的制衡度（或联合制衡度）② 越高，上市公司违规行为被查处的可能性越大。

在此，需要注意的是，第一大股东通过违规行为获得私利的同时还需要付出相应的代价③。因此，控股股东在实施违规行为的决策中需要对成本收益进行衡量。和第一大股东类似，其他大股东也需要基于其监督制衡能力的大小，对成本收益进行权衡，然后决定是否配合监管部门查处第一大股东的违规行为。具体的，在表1所区分的第一阶段，第一大股东持股比例相对较低，此时违规成本更高，第一大股东卷入的违规行为相对较少；不过此时其他大股东监督制衡（或联合监督制衡）能力较强，监督制衡的成本小于收益，第二至第五大股东将期望并倾向于实际发挥监督制衡作用，降低信息的不对称性，使得外部监管约束的有效性较高，以至于被监管部门查处的违规行为显得相对较多。在第二阶段，随着第一大股东持股比例的上升，违规所带来的私人收益逐渐增大而且逐步易于控制信息进行掩盖和操控。如此，第一大股东将逐步倾向于卷入更多的违规行为，不过在第一大股东完全操控公司之前，违规成本在整体上可能依然大于违规收益，因此公司实际发生的违规行为增加幅度可能较小，同时由于其他大股东的监督制衡能力逐步减弱，在日渐缺乏内部人配合的情况下，监管部门所查处的违规行为反而可能相对有所降低。在第三阶段，随着持股比例的继续上升，第一大股东将完全操控上市公司④，违规成本变得小于违规收益，促使公司实际发生的违规行为持续增加，此时虽然其他大股东监督制衡的能力较弱，第二至第五大股东（特别是持股较少的第四、第五大股东）可能认为：①附和或容忍第一大股东带来的好处（比如关联交易等）大于监督制衡第一大股东带来的收益⑤；②较高的制衡成本使得配合监管部门查处第一大股东的违规行为带来的损失更大，那么他们中的一部分甚至全部可能只能被迫忍受或者附和控股股东一起卷入违规

---

① 上市公司的违规行为被查处对市场而言是一个坏消息，可能会促使股价下跌。但是统计显示，中国上市公司前五大股东（特别是前三大股东）所持股票以非流通股为主，股价波动造成的直接影响较小，因而不会显著的增加其他大股东的制衡成本。

② 唐跃军、谢仍明（2006）提出的大股东制衡度被定义为前五大股东持股比例之间的比值。比值越高，大股东制衡度越高，监督制衡的能力越强。而联合制衡度是指第二至第五大股东也有可能结成联盟，对第一大股东（控股股东）实施监督和制衡，因为联合制衡的能力和收益可能要高于个体行为。

③ 第一大股东所面临的违规成本主要包括：①为掩盖违规行为、应对日趋严格的市场监管所付出的成本和费用，其中包括给予其他大股东等相关人员的"好处"；②为被市场监管部门查处的违规行为支付代价，比如诉讼整改带来的成本、被没收违规所得、缴纳大额罚金等；③违规行为可能会严重危及公司声誉和公司业绩。这一方面会促使股价下跌，虽然第一大股东所持股票基本上是非流通股，所受影响较小，但是这无疑会降低第一大股东所持股票的价值；另一方面可能严重破坏和其他大股东的关系，降低下一次违规行为的收益预期并增大其掩盖违规的难度。

④ Shleifer and Vishny (1997) 指出，当大股东持股超过一定比例后，就可以几乎完全控制公司，以至于控制性股东能够通过一定的方式产生私利，而这些利益无法被小股东所分享，这项研究为 La Porta et al. (1999) 所支持。

⑤ 有时，第二至第五大股东和控股股东之间还有可能存在更为密切的关联，比如行政上的或资本上的，因此它们实际上同属一个利益集团或关联网络。如此，他们之间的勾结则是必然的。

行为。但是，由于实际发生的违规行为的基数较大，监管部门将有望发现并处罚较多的违规行为。在第四阶段，由于第一大股东拥有很高的持股比例，其目标函数与上市公司的价值最大化趋于一致，在越过违规行为边际收益将小于边际成本的拐点之后，上市公司实际发生的违规行为将只是小幅增长并日趋平缓①。

表1　　大股东持股比例与公司违规行为

	第1阶段	第2阶段	第3阶段	第4阶段
第一大股东持股比例	较低	较高	高	很高
第一大股东操控能力	较弱	较强	强	很强
第二至第五大股东持股比例	较高	较低	低	很低
第二至第五大股东制衡能力	较强	较弱	弱	很弱
实际发生的违规行为	较少	较多	多	多
被查处的违规行为	较多	较少	较多	较多

注：假设在其中所有阶段，外部监管者的监管约束能力恒定。

基于上述分析，我们假设：

假设4：在同等条件下，第一大股东持股比例和上市公司违规行为被查处的可能性存在正U形关系。

假设5：在同等条件下，第二至第五大股东的持股比例、第二至第五大股东的制衡度（或联合制衡度）和上市公司违规行为被查处的可能性存在正U形关系。

假设6：在同等条件下，第二至第五大股东的持股相对较少的个体（如第四、第五大股东②）倾向于附和或者被迫容忍控股股东，在一定程度内，其持股比例越高，上市公司违规行为被查处的可能性越小。

三、研究数据、研究变量与模型设计

（一）研究样本选择与数据来源

本文选用2004—2005年违规行为被查处的上市公司（一部分上市公司在一年中多次被查处违规行为）作为研究样本，作滞后一期处理，即2003—2004年之间在深交所和上交所上市的可以找到数据的所有上市公司。总计有484家违规行为被查处的上市公司进入实证研究样本，其中，2004年为223家，2005年为261家。本文的研究数据来源于：①CCER™中国资本市场数据库；②财华金融数据库（FC－CSIDR）。我们对数据进行了抽样核对，以保证数据的可靠性。

① 第一大股东持股比例和违规行为实际发生的可能性之间呈“S”形关系，而与违规行为被查处的可能性之间呈正“U”形关系。

② 统计显示，部分上市公司的第四、五大股东为流通股股东，股价下跌的影响往往直接而且显著，从导致较高的制衡成本，因而更易于选择沉默和妥协。

表 2　　前五大股东持股比例和大股东制衡度

	N	Mean	Median	Mode	Std. Deviation	Range	Minimum	Maximum
SH_1	2528	42.3187	40.6890	29.00	16.999 69	89.73	2.25	91.98
SH_2	2528	9.5259	7.0332	15.00	8.700 08	43.02	0.05	43.07
SH_3	2528	3.8099	2.2529	0.16	4.144 83	24.71	0.04	24.75
SH_4	2528	2.0387	1.1865	0.15	2.344 83	17.53	0.04	17.57
SH_5	2527	1.2827	0.7400	0.10	1.498 21	12.52	0.03	12.55
$SH_{2/1}$	2528	0.3123	0.1940	1.00	0.307 89	1.00	0.00	1.00
$SH_{23/1}$	2528	0.4518	0.2970	0.00	0.455 22	2.00	0.00	2.00
$SH_{3/12}$	2528	0.0908	0.0464	0.00	0.105 30	0.50	0.00	0.50
$SH_{2t5/1}$	2528	0.5778	0.3808	0.04	0.600 46	3.88	0.00	3.89
$SH_{345/12}$	2528	0.1750	0.0927	0.00	0.204 91	1.48	0.00	1.48

注：有关变量代码的含义参见表 4。

表 2 是关于前五大股东持股比例和大股东制衡度的描述性统计。我国上市公司前五大股东持股比例依次为 42.32%、9.53%、3.81%、2.04% 和 1.28%。可见第一大股东处于绝对优势地位，第二至第五大股东的持股比例均不超过 10%，对第一大股东的监督制衡能力有限。同时，第二大股东对第一大股东、第二和第三大股东对第一大股东、第三大股东对第一和第二大股东、第二至第五大股东对第一大股东、第三至第五大股东对第一和第二大股东的制衡度平均依次为 0.3123、0.4518、0.0908、0.5778、0.1750，可见前五大股东中排名在后的股东对排名在前的大股东的制衡能力不强。

表 3　　上市公司违规类型

	样本总体		2004		2005	
	数目	比例	数目	比例	数目	比例
处罚决定	66	9.30%	42	12.54%	24	6.40%
公开谴责	92	12.96%	39	11.64%	53	14.13%
稽查	7	0.99%	1	0.30%	6	1.60%
监管关注	1	0.14%	0	0.00%	1	0.27%
立案调查	78	10.99%	29	8.66%	49	13.07%
涉讼	1	0.14%	0	0.00%	1	0.27%
通报批评	1	0.14%	1	0.30%	0	0.00%
违法	44	6.20%	11	3.28%	33	8.80%
整改通知	420	59.15%	212	63.28%	208	55.47%
总计	710	100%	335	100%	375	100%

注：此处为我们所获得的上市公司全部被查处的违规行为的统计，而进入实证研究样本的数量有所减少。

表 3 是有关 2004—2005 年上市公司被查处的违规行为类型的统计。2004—2005 年上市公司被查处的违规行为总计 710 次，其中以整改通知（59.15%）、公开谴责（12.96%）、立案调查（10.99%）、处罚决定（9.30%）、违法（6.20%）为主。2004 年、2005 年上市公司被查处的违规行为分别总计 335 次和 375 次，2004 年以整改通知（63.28%）、处罚决定（12.54%）、公开谴责

（11.64%）为主，2005年以整改通知（55.47%）、公开谴责（14.13%）、立案调查（13.07%）为主。

（二）研究模型设计

相对于一般多元回归分析，Logistic 回归分析在一定程度上克服了线性假设的缺点，并且不要求变量服从正态分布。在被解释变量为两分类或多分类变量时，Logistic 回归分析方法往往是较好的选择（吴世农，卢贤义；2001）。因此，我们构建如下 Logistic 回归模型验证六个研究假设，深入探讨前五大股东持股比例以及以此为基础的大股东制衡机制①对于上市公司违规行为被监管部门查处的可能性的影响②。

$P(DIB)=e^z/(1+e^z)$，其中：

$$I:\quad Z=B_0+B_1SH_1+B_2SH_2+B_3SH_3+B_4SH_4+B_5SH_5+B_6Year+B_7ST+B_8AO+B_9\sum Indus_i+B_{10}DTA+B_{11}EPS+B_{12}ARD+B_{13}LNTA+\varepsilon$$

$$II:\quad Z=B_0+B_1(SH_1)^2+B_2(SH_2)^2+B_3(SH_3)^2+B_4(SH_4)^2+B_5(SH_5)^2+B_6Year+B_7ST+B_8AO+B_9\sum Indus_i+B_{10}DTA+B_{11}EPS+B_{12}ARD+B_{13}LNTA+\varepsilon$$

$$II:\quad Z=B_0+B_1SH_{2/1}+B_2SH_{23/1}+B_3SH_{3/12}+B_4SH_{2t5/1}+B_5SH_{345/12}+B_6Year+B_7ST+B_8AO+B_9\sum Indus_i+B_{10}DTA+B_{11}EPS+B_{12}ARD+B_{13}LNTA+\varepsilon$$

$$IV:\quad Z=B_0+B_1(SH_{2/1})^2+B_2(SH_{23/1})^2+B_3(SH_{3/12})^2+B_4(SH_{2t5/1})^2+B_5(SH_{345/12})^2+B_6Year+B_7ST+B_8AO+B_9\sum Indus_i+B_{10}DTA+B_{11}EPS+B_{12}ARD+B_{13}LNTA+\varepsilon$$

（三）研究变量及其说明

1. 实验变量

第一部分的实验变量主要考察单个大股东持股比例与上市公司违规行为被查处的可能性之间的关系，主要意在验证假设1、假设2以及假设6。实验变量的第二部称为大股东制衡度，主要针对假设3，重点考察第二至第五大股东的制衡度（或联合制衡度）③ 对于上市公司违规行为被查处的可能性的作用。此外，我们还选择实验变量的二次项用以验证假设4和假设5，考察前五大股东的持股比例、大股东制衡度与上市公司违规行为被查处的可能性之间是否存在正U形关系。

---

① 本文没有具体区分上市公司大股东的性质类型，是本文研究的不足之一。不过，宋敏等（2004）指出，对于股权的刻画，应该将重点放在股东的大小上，因为各个股东对上市公司不同的影响，归根到底，首先在于他们持股比例不同和由此产生的投票权差异。按照不同的股份性质分类，把本不相关的个体归为一类，把股份性质作为股东行为依据的股权结构化分方法，未免有舍本逐末之嫌。同时，我们在预分析中曾尝试引入哑变量 $Type_j$（j=0，1，2，3，4，5），分别表示国家控股、国有法人控股、集体控股、民营控股、外资控股、其他控股类型等六种不同控股股东类型对上市公司违规行为被监管部门查处的可能性的影响，但是其间的作用甚微，而且哑变量 $Type_j$ 和其他解释变量之间存在较为严重的多重共线性问题，故此，我们没有在模型中列入哑变量 $Type_j$，留待后续的研究进一步考察。

② 应当说明，本文旨在研究大股东制衡机制与外部监管有效性之间的关系，而并非追求准确预测上市公司违规行为被监管部门查处的可能性，毕竟其中的影响因素相当繁多而且复杂，大股东制衡机制和被包括在模型中的控制变量的影响是有限的。

③ 大股东制衡度主要是指第二至第五大股东中的部分或全部持股比例之和相对于第一大股东持股比例的比值，不过其中也有相对于前两大股东的情形。前两大股东之所以存在勾结的可能性，是因为他们的利益关联可能更加紧密，结盟所获得的收益也可能更为显著。

表4　　研究变量一览表

变量类型		变量名称	变量代码	变量含义及说明
解释变量	实验变量	大股东持股比例	SH_1	第 $t-1$ 年第一大股东持股比例
			SH_2	第 $t-1$ 年第二大股东持股比例
			SH_3	第 $t-1$ 年第三大股东持股比例
			SH_4	第 $t-1$ 年第四大股东持股比例
			SH_5	第 $t-1$ 年第五大股东持股比例
		大股东制衡度	$SH_{2/1}$	第 $t-1$ 年第二大股东持股比例 / 第一大股东持股比例
			$SH_{23/1}$	第 $t-1$ 年第二和第三大股东持股比例 / 第一大股东持股比例
			$SH_{3/12}$	第 $t-1$ 年第三大股东持股比例 / 第一和第二大股东持股比例
			$SH_{2t5/1}$	第 $t-1$ 年第二至第五大股东持股比例 / 第一大股东持股比例
			$SH_{345/12}$	第 $t-1$ 年第三至第五大股东持股比例 / 第一和第二大股东持股比例
	控制变量	上市时间	Year	第 $t-1$ 年上市公司上市时间，以年为单位
		ST 制度	ST	哑变量，1 表示第 $t-1$ 年被 ST 的上市公司，0 表示一般上市公司
		审计意见	AO	哑变量，1 表示第 $t-1$ 年被出具非标准审计意见的上市公司，0 表示其他
		所属行业	$Indus_i$	哑变量，1 表示第 $t-1$ 年隶属该行业的上市公司，0 表示其他
		财务杠杆	DTA	上市公司第 $t-1$ 年财务杠杆，即资产负债率
		盈利能力	EPS	上市公司第 $t-1$ 年每股收益
		年报披露时间	ARD	上市公司第 $t-1$ 年年报披露时间，以上市公司年报的披露时间距离上一会计年度结束（公历每年的 12 月 31 日）的天数来度量
		公司规模	LNTA	上市公司第 $t-1$ 年总资产的自然对数
被解释变量			DIB	哑变量，1 表示第 t 年违规行为被监管部门查处的上市公司，0 表示其他

注：其中 $i=1, 2, 12$；考虑到市场监管部门对违规行为的查处存在显著的滞后性，因此我们选择违规行为被查处的前一年（第 $t-1$ 年）的相关变量作为解释变量。

2. 控制变量

对控制变量的选择基于现有的相关研究并考虑了中国股市的实际情况。第一，设置变量 Year 衡量上市公司的上市时间，因为我国很多上市公司随着上市年限的增长，可能越来越多的人卷入违法违规行为[①]。第二，注意到 1998 年 4 月 22 日，我国股市开始实行 ST 制度，意即特别处理。ST 针对的对象是出现财务状况[②]或其他状况异常[③]的上市公司，为此我们设置哑变量 ST 加以衡量。第三，上市公司现有的违法违规行为往往关联到以年度财务报告为主的定期财务报告，审计意见代表注册会计师对年度财务报告的专业判断，可以推断，被出具非标准审计意见的上市公司更有可能违规，也更受监管者的关注。第四，行业差异有时是需要给予关注的，因此我们以 $Indus_i$ 表示行业归属（按证监会的行业分类标准，分为 13 个行业，包括 12 个哑变量）。第五，DTA 是上市公司财务杠杆，即资产负债率。我们以此考察公司的资本结构对上市公司违规行为被查处的可能性的影响。第六，EPS 代表上市公司的盈利能力，盈利能力较低的公司往往更有可能卷入违法和违规活

① Chen et al.（2001）研究表明在中国股市上市公司的上市年限和它被出具非标准审计意见的频率正相关，因为一个公司上市时间越久，可能越难以达到规定所要求的盈利目标，所以更易于卷入盈余管理甚至利润操作，从而导致被出具非标准审计意见。

② 所谓"财务状况异常"包括六种情况（http://www.szse.cn/main/Catalog＿1443.aspx，2006 年 1 月 30 日）。

③ 其他状况异常是指自然灾害、重大事故等导致生产经营活动基本中止，公司涉及可能赔偿金额超过公司净资产的诉讼等情况。

动，也更可能引起外部监管者的注意。第七，ARD 表示上市公司年报的披露时间，上市公司在信息披露方面的违规占有相当比例。同时根据好消息早披露，坏消息晚披露的一般规律，披露越晚的年报可能存在更多的问题，也更容易引起关注。此外，我们以上市公司总资产的自然对数（LNTA）控制公司的规模差异。

四、实证研究结果

在实证分析的过程中，我们严格控制了变量之间多重共线性的不良影响①，主要实证分析结果②如表 5 和表 6。在 10% 的显著性水平上，对单个大股东持股比例及其二次项的回归结果支持假设 1、假设 2、假设 4、假设 5。据此可以认为：在同等条件下，第 $t-1$ 年第一大股东持股比例越低，第二、三大股东持股比例越高，第 t 年上市公司违规行为被查处的可能性越大；同时，第 $t-1$ 年第一、三大股东持股比例和第 t 年上市公司违规行为被查处的可能性存在正 U 形关系。此外，第 $t-1$ 年第四、五大股东持股比例对第 t 年上市公司违规行为被查处的可能性没有显著影响，不支持假设 2；第 $t-1$ 年第二、第四、五大股东持股比例和第 t 年上市公司违规行为被查处的可能性不存在正 U 形关系，不支持假设 5。

表 6 显示，在 10% 的显著性水平上，对大股东制衡度及其二次项的回归结果支持假设 3 和假设 5。据此可以认为，在同等条件下，第 $t-1$ 年第二大股东对第一大股东、第二第三大股东对第一大股东、第三大股东对前两大股东、第二至第五大股东对第一大股东的制衡度越高，第 t 年上市公司违规行为被查处的可能性越大；同时，第 $t-1$ 年第二大股东对第一大股东、第二第三大股东对第一大股东的制衡度和第 t 年上市公司违规行为被查处的可能性存在正 U 形关系。此外，第 $t-1$ 年第三至第五大股东对前两大股东的制衡度对第 t 年上市公司违规行为被查处的可能性不存在显著影响，不支持假设 3；第 $t-1$ 年第三大股东对前两大股东、第二至第五大股东对第一大股东、第三至第五大股东对前两大股东的制衡度和第 t 年上市公司违规行为被查处的可能性不存在显著的正 U 形关系，不支持假设 5。

表 5　　Logistic 回归模型分析结果

Variable	Expected Sign	ModelI	ModelII	ModelII	ModelIV	ModelV	Variable	Expected Sign	ModelI	ModelII	ModelII	ModelIV	ModelV
SH_1	−	−.011 *** (10.274)					$SH_1{}^2$	+	.000 *** (10.538)				
SH_2	+		.014 ** (5.514)				$SH_2{}^2$	+		.000 (2.278)			
SH_3	+			.033 *** (7.736)			$SH_3{}^2$	+			.002 ** (4.306)		
SH_4	?				.029 (1.798)		$SH_4{}^2$	?				.002 (.652)	
SH_5	?					.007 (.045)	$SH_5{}^2$	?					−.003 (.261)

① 考虑到代表大股东持股比例、大股东制衡度的解释变量之间存在较为严重的多重共线性问题，我们分别建立了四个 Logistic 回归模型，同时在实际的回归分析中让实验变量逐一进入模型。这样，模型中各解释变量之间的多重共线性问题可望基本得到控制，计量结果的可信度较高。

② 为了对实证分析结果提供一个稳健性测试，我们按照公司规模相近，隶属同一行业的原则为进入研究样本的 484 家违规行为被查处的上市公司选择了 484 家未被查处违规行为的公司作为配对样本，基于这一研究样本 Logistic 回归模型的分析结果同样支持文中的主要研究结论。除此之外，我们还尝试对解释变量在原来基础上再作滞后一期（第 $t-2$ 年）的处理，回归结果依然较为显著，这进一步显示市场监管部门对违规行为的查处存在显著的滞后性。

表5（续）

Variable	Expected Sign	ModelI	ModelII	ModelIII	ModelIV	ModelV
Year	?	-.041 ** (5.292)	-.033 * (3.394)	-.031 * (2.961)	-.032 * (3.153)	-.035 * (3.740)
ST	+	.271 (2.012)	.271 (2.025)	.279 (2.151)	.292 (2.359)	.298 (2.461)
AO	+	.399 *** (6.428)	.401 *** (6.554)	.416 *** (7.052)	.408 *** (6.778)	.411 *** (6.873)
$Indus_i$	?	Yes	Yes	Yes	Yes	Yes
DTA	-	-.003 * (3.471)	-.003 * (3.240)	-.003 * (3.420)	-.003 * (3.482)	-.003 * (3.405)
EPS	-	-.762 *** (30.900)	-.789 *** (33.186)	-.790 *** (33.101)	-.792 *** (33.437)	-.789 *** (33.176)
ARD	+	.007 *** (8.071)	.007 *** (8.838)	.007 *** (8.513)	.007 *** (8.945)	.008 *** (9.289)
LNTA	?	-.003 (.061)	-.004 (.117)	-.004 (.118)	-.003 (.090)	-.004 (.094)
Constant	?	-1.165 *** (10.952)	-1.831 *** (33.594)	-1.813 *** (33.317)	-1.760 *** (31.387)	-1.711 ** (29.643)
-2 Log likelihood		2327.436	2332.411	2330.358	2336.082	2337.511
Cox & Snell R^2		.054	.053	.053	.051	.051
Nagelkerke R^2		.087	.084	.086	.082	.081
N		2528	2528	2528	2528	2528
Percent Correct (P=0.20)	DIB=0	63.0	63.9	64.6	64.0	62.5
	DIB=1	56.2	54.5	55.8	54.8	54.1
	Total	61.7	62.1	62.9	62.2	60.9

Variable	Expected Sign	ModelI	ModelII	ModelIII	ModelIV	ModelV
Year	?	-.041 ** (5.258)	-.034 * (3.678)	-.033 * (3.476)	-.034 * (3.487)	-.037 ** (4.169)
ST	+	.271 (2.017)	.282 (2.198)	.291 (2.346)	.299 (2.481)	.304 (2.557)
AO	+	.400 ** (6.475)	.405 *** (6.674)	.417 *** (7.088)	.411 *** (6.911)	.415 *** (7.043)
$Indus_i$	?	Yes	Yes	Yes	Yes	Yes
DTA	-	-.003 * (3.405)	-.003 * (3.232)	-.003 * (3.320)	-.003 * (3.411)	-.003 * (3.394)
EPS	-	-.757 *** (30.482)	-.790 *** (33.335)	-.788 *** (33.057)	-.789 *** (33.243)	-.785 *** (32.916)
ARD	+	.007 *** (8.048)	.008 *** (9.049)	.007 *** (8.852)	.008 *** (9.081)	.008 *** (9.502)
LNTA	?	-.003 (.061)	-.004 (.107)	-.004 (.110)	-.003 (.085)	-.003 (.083)
Constant	?	-1.364 *** (17.377)	-1.752 *** (31.443)	-1.740 *** (31.167)	-1.721 *** (30.465)	-1.695 *** (29.506)
-2 Log likelihood		2326.932	2335.624	2333.764	2337.211	2337.569
Cox & Snell R^2		.055	.051	.052	.051	.051
Nagelkerke R^2		.088	.082	.084	.081	.081
N		2528	2528	2528	2528	2528
Percent Correct (P=0.20)	DIB=0	62.7	63.4	64.9	62.9	63.0
	DIB=1	57.2	54.3	54.3	53.3	55.0
	Total	61.7	61.7	62.9	61.1	61.4

注：*，**，***分别表示在0.10，0.05和0.01的水平上显著（2-tailed），之所以选择P=0.2，是因为平均而言，样本中违规行为被查处的上市公司约占20%。

对控制变量的回归显示，除运输仓储业上市公司违规行为被查处的可能性较低之外，行业差异对其他行业的上市公司违规行为被查处的可能性没有显著影响。而上市时间越短①，被出具非标准审计意见②、财务杠杆越低③、每股收益越低④、年报披露时间越晚⑤的上市公司违规行为被查处的可能性越大；是否被ST以及公司规模和上市公司违规行为被查处的可能性之间关系不显著。

---

① 回归结果出乎意料可能是因为：①虽然我国上市公司随着上市年限的增长，可能越来越多的卷入违法违规行为，但是它们应对外部监管约束的经验也越来越丰富，增加了市场监管者发现并查处其违法违规行为的难度；②上市年限较长的上市公司，公司基本的内部控制和公司治理机制较为完善，不像新上市公司那样易于卷入低级、常规的违规行为。

② 正如我们所预期的那样，被出具非标准审计意见的上市公司更有可能违规，也更受监管者关注。非标准审计意见实际上可以被视作来自专业注册会计师的信号显示，有助于外部监管者对上市公司的违规行为的监管。

③ 上市公司违规行为监管者被查处，将导致公司市场声誉受损、价值下跌，这可能使得第一大股东面临一定程度的融资困难，这是公司现有债权人所不愿意看到的，因而基于成本收益的衡量，一般情况下债权人将不倾向于选择通过配合外部市场监管者制衡控股股东；同时，财务杠杆低意味着公司资本结构以股权为主，因此股东，特别是第一大股东的操控能力较强（DTA和SH_1显著负相关），易于掩盖实际存在的违规行为。

④ 盈利能力较低的公司往往更有可能卷入诸如盈余管理甚至利润操纵等违法和违规行为，同时也更可能引起外部监管者的注意。

⑤ 这可能是因为上市公司在信息披露及时性方面的违规占有一定比例，同时根据“好消息早披露，坏消息晚披露”的规律，披露越晚的年报可能存在更多的问题，也更容易引起关注。

表 6 Logistic 回归模型分析结果

Variable	Expected Sign	ModelI	ModelII	ModelIII	ModelIV	ModelV	Variable	Expected Sign	ModelI	ModelII	ModelIII	ModelIV	ModelV
$SH_{2/1}$	+	.531 *** (10.156)					$SH_{2/1}^2$	+	.481 *** (6.960)				
$SH_{23/1}$	+		.352 *** (9.882)				$SH_{23/1}^2$	+		.173 ** (5.321)			
$SH_{3/12}$	+			1.171 ** (5.988)			$SH_{3/12}^2$	+			1.955 (2.339)		
$SH_{2t5/1}$	+				.217 *** (6.598)		$SH_{2t5/1}^2$	+				.045 (1.380)	
$SH_{345/12}$	+					.383 (2.380)	$SH_{345/12}^2$	+					.061 (.039)
Year	?	−.034 * (3.584)	−.033 * (3.362)	−.032 * (3.319)	−.032 * (3.230)	−.033 * (3.399)	Year	?	−.034 * (3.718)	−.033 * (3.520)	−.034 * (3.563)	−.034 * (3.548)	−.035 ** (3.864)
ST	+	.254 (1.768)	.258 (1.822)	.281 (2.173)	.268 (1.975)	.288 (2.286)	ST	+	.258 (1.832)	.271 (2.023)	.291 (2.333)	.289 (2.306)	.300 (2.482)
AO	+	.399 ** (6.453)	.402 ** (6.558)	.408 *** (6.780)	.401 ** (6.517)	.405 *** (6.685)	AO	+	.404 *** (6.639)	.408 *** (6.803)	.409 *** (6.816)	.408 *** (6.801)	.412 *** (6.918)
Indusi	?	Yes	Yes	Yes	Yes	Yes	Indusi	?	Yes	Yes	Yes	Yes	Yes
DTA	−	−.003 * (3.335)	−.003 * (3.396)	−.003 * (3.497)	−.003 * (3.454)	−.003 * (3.489)	DTA	−	−.003 * (3.283)	−.003 * (3.357)	−.003 * (3.399)	−.003 * (3.413)	−.003 * (3.399)
EPS	−	−.787 *** (32.999)	−.789 *** (33.090)	−.789 *** (33.043)	−.791 *** (33.300)	−.790 *** (33.269)	EPS	−	−.791 *** (33.375)	−.792 *** (33.430)	−.789 *** (33.160)	−.791 *** (33.343)	−.787 *** (33.102)
ARD	+	.007 *** (8.514)	.007 *** (8.392)	.007 *** (8.558)	.007 *** (8.591)	.007 *** (8.914)	ARD	+	.007 *** (8.738)	.007 *** (8.766)	.008 *** (8.975)	.008 *** (9.162)	.008 *** (9.372)
LNTA	?	−.004 (.102)	−.004 (.104)	−.004 (.097)	−.004 (.098)	−.003 (.090)	LNTA	?	−.004 (.096)	−.004 (.100)	−.004 (.095)	−.003 (.090)	−.003 (.087)
Constant	?	−1.844 *** (34.395)	−1.832 *** (34.025)	−1.782 *** (32.397)	−1.808 *** (33.117)	−1.757 *** (31.471)	Constant	?	−1.780 *** (32.492)	−1.758 *** (31.751)	−1.731 *** (30.844)	−1.733 *** (30.843)	−1.710 *** (30.102)
−2 Log likelihood		2327.842	2328.172	2332.016	2331.412	2335.513	−2 Log likelihood		2331.077	2332.722	2335.582	2336.510	2337.801
Cox & Snell R^2		.054	.054	.053	.053	.051	Cox & Snell R^2		.053	.052	.051	.051	.051
Nagelkerke R^2		.087	.087	.085	.085	.082	Nagelkerke R^2		.085	.084	.082	.082	.081
N		2528	2528	2528	2528	2528	N		2528	2528	2528	2528	2528
Percent Correct (P=0.20)	DIB=0	64.5	65.2	64.9	64.6	64.0	Percent Correct (P=0.20)	DIB=0	64.7	64.4	64.1	63.7	62.7
	DIB=1	54.1	55.2	55.8	55.2	55.2		DIB=1	55.0	54.3	54.1	54.8	53.7
	Total	62.5	63.3	63.1	62.8	62.3		Total	62.8	62.5	62.2	62.0	61.0

注：*，**，***分别表示在0.10，0.05和0.01的水平上显著（2-tailed）。

五、研究结论与建议

目前，中国上市公司的内部治理机制尚待完善，公司第一大股东（多为控股股东）往往具有绝对的信息优势并使得信息严重不对称，不仅有动机也有能力掩盖实际上已经发生的违规行为。如此，再加上外部市场监管能力有限，中国市场监管者不可能发现并处罚上市公司所有的违规行为。鉴于此，本文从公司治理的角度，构建 Logistic 回归模型，具体探讨前五大股东持股比例以及在此基础上大股东之间的监督与制衡对于上市公司违规行为被监管部门查处的可能性的影响，主要探索大股东制衡机制对违规行为的内在作用，以及大股东制衡机制如何影响外部监管约束的有效性。具体的，实证研究表明：

（1）在内部治理机制亟待完善、外部市场监管乏力的情况下，具有绝对信息优势的第一大股东集中持股（基本为非流通股）并非有利于约束，而是有利于掩盖上市公司日趋频繁的违法违规行为。而此时，其他大股东很有可能选择不通过内部治理机制实施对第一大股东的制衡，而是更多的求助于外部治理机制，利用自身的信息优势与外部监管者合作，降低信息的不对称，配合监管部门查处控股股东的违规行为。因此，第一大股东持股比例越低，第二、三大股东持股比例越高，第二大股东对第一大股东、第二、三大股东对第一大股东、第三大股东对前两大股东、第二至第五大股东对第一大股东的制衡度越高，上市公司违规行为被查处的可能性越大。

（2）在不同的阶段，第一大股东在实施违规行为的决策中需要对成本收益进行衡量，同时和第一大股东类似，其他大股东也需要基于其监督制衡能力的大小，对成本收益进行权衡，然后决定是否配合监管部门查处第一大股东的违规行为。这使得第一、三大股东持股比例，第二大股东对第一大股东、第二第三大股东对第一大股东的制衡和上市公司违规行为被查处的可能性之间并非简单的线性关系，而是表现为正 U 形关系。而第二大股东持股比例和上市公司违规行为被查处的可能性不存在正 U 形关系，可能是因为相对而言第二大股东拥有较强的制衡能力，因此不会很明显的表现出表 1 所示的第三阶段和第四阶段时的情景。

（3）第四、五大股东的持股比例以及第三至第五大股东对前两大股东的制衡度对上市公司违规行为被查处的可能性没有显著影响；第四、五大股东持股比例、第三大股东对前两大股东、第二至第五大股东对第一大股东、第三至第五大股东对前两大股东的制衡度和上市公司违规行为被查处的可能性不存在正 U 形关系。这可能是因为：第二至第五大股东（特别是持股较少的第四、第五大股东）可能认为，附和或容忍第一大股东带来的好处（比如关联交易等）大于监督制衡第一大股东带来的收益；或者较高的制衡成本使得配合监管部门查处第一大股东的违规行为带来的损失更大，那么他们中的一部分甚至全部可能只能被迫忍受或者附和控股股东。

总之，本文认为大股东制衡机制、违规行为和外部监管约束的有效性之间的关系可能表现为：一方面，具备一定监督制衡能力的其他大股东有助于减少上市公司实际发生的违规行为；但另一方面在自身监督制衡能力相对较弱，公司内部治理机制又相当不完善的情况下，其他大股东很有可能选择不通过内部治理机制实施对第一大股东的制衡，而是更多的求助于外部治理机制，利用自身的信息优势与外部监管者合作，降低信息的不对称，配合监管部门查处控股股东的违规行为。因此，在中国目前的情况下，其他大股东对第一大股东的制衡越强，上市公司被查处的违规行为可能越多，这将提高外部监管约束的有效性①。基于此，为了提高外部监管约束的有效性并减少上市公司实际发生的违规行为，我们建议：①鼓励其他大股东配合监管部门查处控股股东的违规行为，并切实保障其权益。②不断提高外部市场监管者的监管能力和监管水平。③建立健全上市公司内部治理机制，促进其他大股东在公司内部对第一大股东实施有效的监督制衡。

参考文献：

1. 陈国进，林辉，王磊．公司治理、声誉机制和上市公司违法违规行为分析［J］．南开管理评论，2005（6）．

2. 陈国进，赵向琴，林辉．上市公司违法违规处罚和投资者利益保护效果［J］．财经研究，2005（8）．

3. 陈作华．会计人员心理与会计违规行为［J］．财会通讯（综合版），2004（12）．

① 可以预期，随着内部治理机制的相对完善和有效，其他大股东将转而更多的依靠内部治理机制的作用对第一大股东实施监督制衡，减少上市公司实际发生的违规行为，从而使得被查处的违规行为逐渐减少。

4. 何基报. 证券交易中违法违规行为的监控研究［J］. 证券市场导报，2002（10）.

5. 李广众，王美今. 市场操纵与证券市场弱有效性检验［J］. 中山大学学报（社会科学版），2003（5）.

6. 李小奕. 上市公司信息披露违规行为的经济学分析［J］. 经济师，2005（9）.

7. 史永东，蒋贤锋. 内幕交易、股价波动与信息不对称［J］. 世界经济，2004（12）.

8. 史永东，蒋贤锋. 中国证券市场违法违规行为的判别［J］. 预测，2005（3）.

9. 宋敏，张俊喜，李春涛. 股权结构的陷阱［J］. 南开管理评论，2004（1）.

10. 唐跃军，谢仍明. 大股东制衡机制与现金股利的隧道效应［J］. 南开经济研究，2006（1）.

11. 唐跃军，谢仍明. 股份流动性、股权制衡机制与现金股利的隧道效应［J］. 中国工业经济，2006（2）.

12. 吴世农，卢贤义. 我国上市公司财务困境的预测模型研究［J］. 经济研究，2001（6）.

13. 伍利娜，高强. 处罚公告的市场反应研究［J］. 经济科学，2002（3）.

14. 游士兵，吴圣涛. 中国证券违法犯罪的实证研究［J］. 证券市场导报，2001（6）.

15. 祝红梅. 资产重组中的内幕交易和股价操纵行为研究［J］. 南开经济研究，2003（5）.

16. Albrecht W. S., Wernz G. W., T. L. Williams. Fraud: Bring the light to the dark side of business［M］. New York Irwin Inc., 1995.

17. Beasley M. An Empirical Analysis of the Relation between the Board of Director Composition and Financial Statement Fraud［J］. Accounting Review, 1996（71）.

18. Beasley M. Board of Directors and Fraud［J］. CPA Journa, 1998（68）.

19. Bell T. B., J. V. Carcello. A decision aid for assessing the likelihood of fraudulent financial reporting［J］. Auditing: A Journal of Practice and Theory, 2002（19）.

20. Bennedsen, Morten, Daniel Wolfenzon. The Balance of Power in Closely Held Corporations［J］. Journal of Financial Economics, 2000（58）.

21. Chen Charles J. P., Chen Shimin, Su Xijia. Profitability Regulation, Earnings Management and Modified Audit Opinions［J］. Auditing: A Journal of Practice and Theory, 2001, 9（20）.

22. Cronqvist, Henrik, Mattias Nilsson. Agency Costs of Controlling Minority Shareholders［J］. SSE/EFI Working Paper Series in Economics and Finance, 2001（364）.

23. Gomes, Armando, Walter Novaes. Sharing of Control as a Corporate Governance Mechanism［D］. PIER Working Paper 01-029, University of Pennsylvania, 2001.

24. Jensen M., W. Meckling. Theory of Firm: Managerial Behavior, Agency Cost and Ownership Structure［J］. Journal of Financial Economics, 1976（3）.

25. Johnson S., La Porta R., Lopez-de-Silanes F. et al. Tunneling［J］. American Economic Review, 2000（90）.

26. La Porta R., Lopéz-de-Silance, Florencio et al. Law and Finance［J］. Journal of Political Economy, 1998（106）.

27. La Porta R., Lopez-de-Silance, Florencio et al. Agency problems and dividend policies around the world［D］. NBER working paper, 1998.

28. La porta R., Lopez-de-Silanes et al. Corporate ownership around the world［J］. Journal of Finance, 1999（54）.

29. Pagano, Marco, Alisa Roel. The Choice of Stock Ownership Structure: Agency Costs, Monitoring and the Decision to Go Public［J］. Quarterly Journal of Economics, 1998（113）.

30. Shleifer, Andrei, Robert W. Vishny. Large shareholders and corporate control [J]. Journal of Political Economy, 1986, 94 (3).

31. Shleifer, Andrei, Robert W. Vishny. A Survey of Corporate Governance [J]. Journal of Finance, 1997 (52).

32. Zhang Y., G. Mang. Law, economic, corporate governance, and corporate scandal in a transition economy: insight from China [D]. Beijing University Working Paper, 2005.

33. Zingales, Luigi. What Determines the Value of Corporate Votes? [J]. The Quarterly Journal of Economics, 1995, 110 (4).

34. Zwiebel, Jeffrey. Block Investment and Partial Benefits of Corporate Control [J]. Review of Economic Studies, 1995 (62).

我国金融资产转移会计准则对住房抵押贷款证券化影响初探

潘席龙

内容提要：本文在简要分析当我国商业银行住房抵押贷款证券化现状的情况下，以确认金融资产转移的三种基本分析方法为基础，对《企业会计准则第23号——金融资产转移》做了分析和评价；在此基础上，对住房抵押贷款证券化时，商业银行在资产转移、信用增级等方面的所面临的不同选择以及这些选择的利弊做了初步探讨，希望在商业银行下一步对住房抵押贷款证券化时有一定的参考作用。

关键词：会计准则　金融资产转移　住房抵押贷款　证券化　商业银行

财政部于2006年2月正式颁布了新的《企业会计准则》，其中第23号，即金融资产转移的会计准则，直接与银行信贷资产证券化相关。长期以来，我国的房地产业的融资，70%左右是靠商业银行贷款，而且近年来个人住房贷款存量不断增加且每年按约30%的速度在增长。虽然近年商业银行普遍觉得资金充裕，没有流动性压力，但随着《巴塞尔协议》风险管理措施的部分或全面实施，如何转移、分散资产风险，将是我国商业银行必须面对的重要问题。而资产证券化，又是处理这些问题非常重要的手段。

信贷资产的证券化，一方面要有利于商业银行达到国际银行监管标准；另一方面，也需要按我国新的会计准则进行会计处理。在证券化时，如何选择金融资产转移方式、信用增级方式，不仅会影响到证券化过程的实施，也会影响商业银行资产负债表相关项目和内容，包括资产头寸及风险资产的结构和总量。因此，这些处理的不同，也必然会影响到对商业银行监管资本的要求以及银行的会计利润。

本文拟从新颁发的《企业会计准则第23号——金融资产转移》的相关规定出发，对商业银行在信贷资产、重点是住房抵押贷款资产证券化过程中，应注意的问题、方案选择及不同方案选择的利弊方面作一些探讨，希望对商业银行在信贷资产证券化时有所借鉴和帮助。

一、资产证券化过程中金融资产转移会计确认问题的探讨

资产证券化，表面上看只是把非证券的资产，转换为证券资产的过程。但通常的资产证券化过程，都会涉及资产的转移。例如，拥有信贷资产的银行，将其信贷资产“出售”给特殊目的实体（SPE），再以SPE的名义完成证券化过程的相关程序。这时，银行转移给SPE的信贷资产，究竟是出售、还是担保融资呢？区分这一点不仅直接影响到商业银行资产负债表各项目的数量，而且影响风险加权资产的问题、从而影响到监管当局对商业银行监管资本的要求。

如果转让被看作销售，则证券化业务发起人就被视为卖方，对交易的核算方法就是以所获得的对价替代原来的证券化资产，担保资产将在资产负债表中终止确认，所得对价与证券化资产的账面价值以及交易费用的差额计入当期损益。如果转让被看作是融资，则发起人被看作借款人，资产证券化交易被确认为一项以抵押贷款为担保的现金借入，证券化资产仍保留在资产负债表内，借入的款项在资产负债表中作为负债反映，交易费用在借入款项的使用项目中予以资本化。

从理论上讲，判断一项资产转移属于销售还是融资有三种基本的分析方法，分别为风险与报酬

分析法、金融成分分析法和继续涉入法。对这三种基本方法的讨论，有助于更好地理解第23号会计准则的相关规定，这里先简要地加以讨论。

（一）风险与报酬分析法

1991年，国际会计准则委员会在其发布的第40号征求意见文件（ED），首次提出了风险与报酬分析法（Risk and Rewards Approach）。其核心理念是：金融资产和负债只有在假定全部风险和收益转让给他人时才可以进行终止确认。如果发起人仍然保留已转让资产组合的所有风险和收益，则证券化交易应当视为有担保的融资，抵押贷款资产仍保留在发起人的资产负债表中，通过证券化所募集的资金确认为发起人的一项负债。1995年6月，国际会计准则委员会在其颁布的国际会计准则第32号中，对这一方法做了一定的修订，要求实质上所有的风险与报酬都转让后才能进行终止确认。这一修订中，值得注意的是"实质上"三个字，其含义是，不强调形式的、甚至法律的转移，而强调的是"实质的、真实的"风险和报酬转让。这与我国新会计准则中所用的"几乎所有"这个概念，本质上是一致的。因为，"全部"一词过严，在使用时有诸多不便。

但用这一方法分析证券化时，存在一定的矛盾。原因是，在证券化过程中，多项复杂的合约安排常常使资产的控制权与其风险和收益相互分离，转让方可能保留了部分风险和收益，但却放弃了该资产的控制权。例如，前例中，银行作为抵押贷款资产最初的所有人，可能将其转让给SPE进行证券化，银行不再拥有对信贷资产的控制权。但从法律上讲，这种转让，可能是银行将抵押贷款收回本金和利息的权利及可能承担的风险一起转让了；也可能只是转让了一定时间、一定数量、一定种类贷款的某些权利。有时为了便于发行债券，商业银行还可能需要承担一部分借款人违约的责任等。如果以风险和收益的"完全"转移为标准，则这种转移都不能算出售，只能算融资。显然，使用"完全"这一标准，不利于促进我国当前资产证券化市场的发展。而新准则中使用的"几乎所有"这一标准，为这一领域的发展留下了较多的空间，提供了相当的灵活性。

（二）金融成分分析法

金融成分分析法（Financial Component Approach），是由美国财务会计准则委员（FASB）1996年在其颁发的125号财务会计准则中提出的，其核心思想是，在涉及金融资产转让时"新老分开"。这里的"老"，是指已经确认过的金融资产在转让中的再确认和终止确认问题；而"新"则指的是在"老"金融资产转让过程中，产生的新的金融工具的确认问题。在这种分析方法中，判断资产转移属于销售还是融资的标准是：资产的控制权是否由转让方转移给受让方。无论采取何种转移形式，控制权的转让，是确认销售的基础。没有控制权转让的交易，不能被视为销售。

以是否放弃"控制权"作为资产转让的终止标准，在实施时有一个难处："控制"这一概念很难明确界定，有时不得不使用"相对控制"的概念。实际应用时，取决于相关人员的专业判断。这种专业判断的差异，可能会直接影响到会计信息的可比性。

金融成本分析法和风险与报酬分析法是有区别的，因为控制权的转让，未必一定意味着风险和报酬的同等转让。例如，银行将信贷资产出售给了SPE，却同时承诺对可能的信用风险损失进行补偿，控制权是转让了，但风险却留在了银行里。在2000年9月，颁布的第140号财务会计准则（简称FAS140）中，FASB对金融成分分析法做了进一步的补充和完善，对控制权放弃的条件和SPE进行详细规定，并认为会计师在进行会计核算时，必须依赖法律意见来确定某一资产是否可以算作销售。不过，要注意的是，由于各国法律常常存在较大差异，这种依赖于法律判断的做法可能不利于国与国之间的协调，也可能会影响到会计信息的可比性。

（三）IASB的最新观点：继续涉入法

2002年国际会计准则理事会在其发布的关于IAS39修改意见的征求意见稿中提出了"继续涉入法"（Continuing Involvement Approach），提出以"没有继续涉入"作为金融资产终止确认的判断标准。所谓继续涉入，指在资产转让后，转让者在权利和义务等事项上，并未完全转让给受让方，还需要进一步牵涉其中的情况。这一方法采用了"部分销售"的概念，以是否有继续涉入为标准，将没有继续涉入的部分作终止确认、销售处理；而对后期涉入的部分，则作为担保融资处理。涉入的标准相对简单，只要资产转让后，转让者对被转让资产存在着任何的控制、权利和义务的事项均可认为是继续涉入。在记账时，将根据金融资产转移前和转移后导致的资产和负债变化，以及继续涉入时引起的资产和负债变化分别处理。

前两种方法运用起来较难的地方，是需要确定"有多少"资产被转让，而继续涉入法，则侧重于从有没有继续涉入分析问题，因此应用时相对简单。但 IASB 关于继续涉入的规定非常严格，对证券化业务的影响并不确定。因为在信贷证券化业务中，信贷资产的转让银行或多或少都会承担一定的责任。使用这种方法需要注意的是，掌握继续涉入的"度"，如果过严，则可能所有的证券化业务都不可能被看成出售，而需要继续保留在商业银行的资产负债表中，这将不利于我国证券市场的发展和证券化业务的开展；如果过宽，又可能影响到债券投资人的积极性和对债券投资人的保护。

二、对新会计准则中金融资产转移确认内容的分析

（一）对新会计准则中金融资产转移确认内容的分析

《企业会计准则第 23 号——金融资产转移》（下称《第 23 号准则》）中的第四条，是按权利和义务来定义确认标准的。在规定的两种金融资产转移情形中，第一种是关于取得金融资产现金流量权利的转移。在第二种情形中，规定了在保留收取金融资产现金流量权利的时候，只有在承担将收取的现金流量、及这些现金流量的再投资收入支付给最终收款方，不能出售相应的金融资产，即使垫款也必须在连本带息收回的情况下，才能被认为是出售，并终止确认。

而《第 23 号准则》中的第五、第六条则对部分转移的三种形式做了规定，即对所产生的现金流量中特定、可辨认的部分或一定比例转移、将所产生的全部现金流量的一定比例转移。显然，这是以金融成分分析法为基础定义资产转移的。

《第 23 号准则》中的第七、第八条，则是以风险和报酬分析为基础定义了金融资产转移的确认问题，并对终止确认的准确含义做了说明。在这两条中，特别对风险和报酬的转移标准，即转让人的收益或风险发生实质性改变为标准，而所谓实质性改变，则是以金融资产未来现金流的净现值显著改变为依据。要注意的是，由于净现值的计算，非常重要的参数之一是贴现率。选择恰当的、有可比性的、可靠的贴现率，将成为判断是否属于资产真实转移、能否终止确认的重要基础。

《第 23 号准则》中的第九、第十条则是按金融成分分析法中"控制权"的转移为标准来规定的，使用这一条的前提是，当企业既没有转移也没有保留信贷资产所有权上几乎所有的风险和报酬，即可能保留有相当一部分风险和报酬的情形下，才适用本条的规定。如果发生控制权的转移，将终止确认金融资产；否则，将按继续涉入法，按所转移的程度予以确认。而转移程度，则指金融资产价值变动使企业面临的风险水平。对控制权转移确认的另一个标准是，金融资产的转入方，是否有权独立地将金融资产出售给不相关的第三方，如果是，则表明已经发生实质性转移，可以终止确认。

《第 23 号准则》中的第十一条则特别强调并明确了"实质"转移的概念，要求在终止确认时，应注意转移的实质，而不要停留在形式上。特别说明了买断式回购、质押式回购中，如果确认需要购回或实质相同的资产时，不应终止确认。但对只保留了优先按照公允价值回购金融资产的权利，即没有购回义务，在不购回资产时不需要承担责任的，将终止确认。

其中，在采用保留次级权益工具提供信用担保等进行信用增级的金融资产转移中，如果转出方只保留了所转移金融资产所有权上的部分（非几乎所有）风险和报酬、且能控制所转移金融资产的，应按其继续涉入所转移金融资产的程度确认相关资产和负债。这一点与银行信贷资产的证券化

关系密切。所以，只要商业银行对其信贷资产不是控制了几乎所有的风险和报酬，即使还掌握着所转移的金融资产，也可按继续涉入法进行终止确认。这就为多种多样的证券化方式留下了足够的创新空间。

可见在《第 23 号准则》中，对金融资产转移终止确认的标准，既存在按风险与收益、按金融资产成分、也存在按继续涉入进行规定。要注意的是，表面上看这几种不同的标准各不相同，似乎存在一定的矛盾，但由于几个条款之间在适用的顺序上的差异，例如，先确认是不是几乎所有的风险和收益已经发行了转移，如果是（包括部分是），就终止确认或对转让部分终止确认；如果不属于几乎所有风险和收益发生了转移，则看控制权是否转移，而控制权的转移标准是转出方的风险或收益发生了实质性的、重大改变。从这里可以看到，控制权转移的规定、与前面风险和收益的规定，其实本质是相同的，因为对控制权转移的标准，也是按风险和收益的变化来约定的。而继续涉入方面的规定，是既没有发生几乎所有的风险和收益转移、也没有控制权的实质转移的情况下，却存在部分风险和收益转移时才适用。这几项规定之间的关系如图 1 所示：

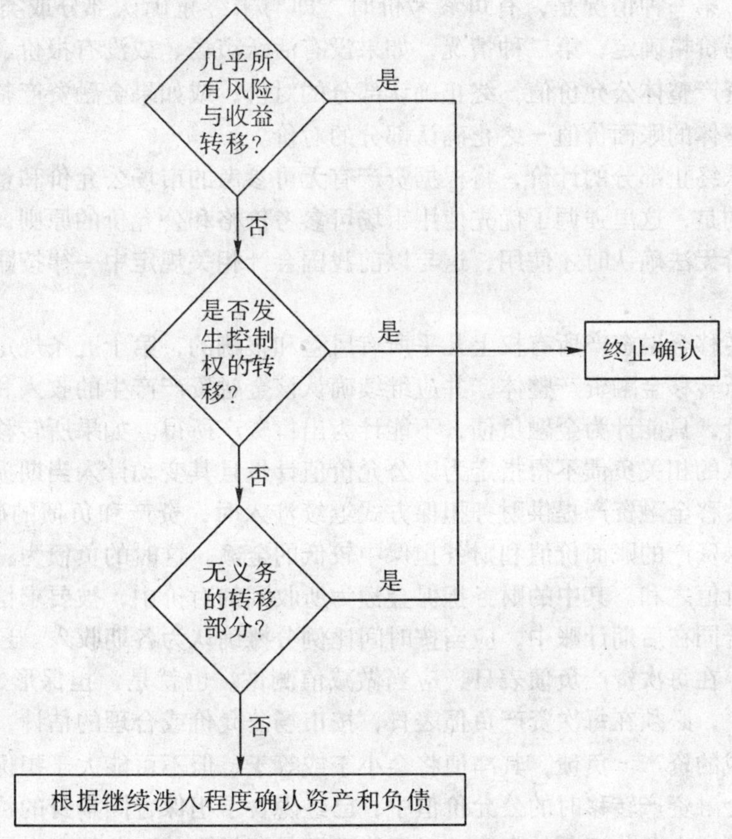

图 1　金融资产转移确认标准及其间的关系

从图 1 中可以清楚地看到，商业银行在对信贷资产证券化时，可以根据不同的需求选择资产转移的方式，其中包括几乎所有风险与收益的转让、实质控制权的转让或在保留控制权的条件下的无义务转让等，这几项选择，商业银行都可以在其资产负债表中终止确认所转移的资产。另一方面，商业银行也可根据自己的需要，选择不同的继续涉入程度，对信贷资产进行部分风险和收益的转让。可见第 23 号标准，对商业银行信贷资产证券化过程中资产的终止确认问题，做了系统和而明确的规定，既较好地掌握了基本原则，也留下了足够的创新空间，为支持商业银行资产证券化业务的发展奠定了基础。

（二）23号会计准则中金融资产转移的计价规定

《第23号准则》第三章，对金融资产转移的计价方法做了系统的规定。

第十二、第十三条规定了金融资产满足终止确认时损益的计算方法。其中第十二条涉及的是金融资产整体转移的情况，这时的损益，应按所转移资产的账面价值与转移时收到的对价及原计公允价值变动累计额之和的差额计算损益，其中的对价，包括按获得日按公允价计算的、新获得金融资产和服务公允价值的净额。用公式表示，即：

整体转移满足终止确认时的损益 = 收到的对价 + 累计变动额 - 原计公允价值

在第十三条中，对金融资产部分转移满足终止确认条件时的损益计算做了规定。基本原则与前面整体转移一致，区别是，收到的对价、累计变动额和原计公允价值，都要按终止确认部分和未终止确认部分进行分摊。但规定在这里没具体说明分摊的办法，是按后期估值的比例、还是按原计价时的比例，或其他比例进行分摊。

第十四条中，对金融资产部分转移时，未终止确认部分损失的计算做了规定，根据不同情况，计价方法各不相同：第一种情况是，有可参考价时，即与未终止确认部分或类似金融资产的价格时，按最近实际交易价格确定；第二种情况，如果没有活跃市场、或没有报价、也没有相关的实际交易时，等于金融资产整体公允价值 - 终止确认部分的对价；或如果金融资产整体公允价难以确定时，等于金融资产整体的账面价值 - 终止确认部分的对价。

可见，对未确认终止部分的计价，将根据资产有无可参考的市场公允价和整体金融资产公允价来确定。值得注意的是，这里强调了优先使用市场可参考价格和公允价的原则，账面价只有在金融市场资产整体公允价无法确认时才使用，这与以前我国会计相关规定中一律按账面价计算有很大的不同。

对于保留与所转移金融资产所有权上几乎所有风险和报酬的，第十五条规定不能终止确认。相反，应当继续确认所转移金融资产整体，并应继续确认该金融资产产生的收入和该金融负债产生的费用。对收到的对价，只能计为金融负债，不能计为出售资产所得。如果所转移的金融资产是以摊余成本计量的，确认的相关负债不得指定为以公允价值计量且其变动计入当期损益的金融负债。

第十七条对向转移金融资产提供财务担保方式继续涉入时，资产和负债的确认方式做了规定。这时的资产为：金融资产的账面价值和财务担保中较低的金额。这时的负债为：财务担保金额和财务担保合同的公允价值之和。其中的财务担保金额为所收到的对价中，被要求偿还的最高金额。同时，规定了对担保合同在后期计账中，应当按时间比例分摊确认为各期收入。还规定了，担保形成的资产的账面价值，在每次资产负债表日，应当做减值测试。也就是，担保形成资产的账面价值，不能一次记账就算了，必须在每次资产负债表日，按市场公允价或合理的估计，进行需要的减值调整。如果以这时形成的资产 - 负债，其净值将会小于或等于、但不可能大于担保合同的公允价值的负债。这意味着，金融资产转移时的公允价值中，已经隐含了担保合同本身的价值。

从第十八条至第二十条共三条的内容，对可能涉及的期权及其账务处理做了较详细的规定。但是，第十八条规定，将卖出一项看跌期权或持有一项看涨期权放在一起处理，显得比较混乱。因为，这两者在权利和义务上，差异非常大。卖出一项看跌期权，一方面可以收入一定的期权费，但必须承担当标的资产价格降到执行价格以下时可能的损失。而持有一项看涨期权的含义是，通过支付一定的期权费，拥有了将来标的资产价格升到执行价格以上时赚取差价的权利。综合这一条前后的内容，可以将其理解为，对于因为有期权交易致使所转移的金融资产不符合终止确认条件、且转移资产本身是按摊余成本计量时，应当在转移日按照收到的对价确认继续涉入形成的负债。而期权在到期日的摊余成本和继续涉入形成的负债初始确认额间的差额，应以实际利率法分期摊销，并计入当期损益，并同时调整继续涉入所形成负债的账面价值。期权在行权时，应将继续涉入形成的负债账面价值与行权价格间的差额，计入当期损益。显然，这里对转移的金融资产、不同种类的期权、因为期权导致的继续涉入既做了区分，又根据其间的联系和对不同资产在账面价值、市场价值的处理差异，规定了具体做法。

第二条专门针对期权交易的是第十九条，但这一条是专门针对持有看涨期权致使所转移金融资产不符合终止确认的。这时，所转移的金融资产按转移时的公允价值确认为资产，对继续涉入所造成的负债，按期权状态处理有所不同：当期权为平价或价实值期权时，以执行价格－期权时间价值确认继续涉入的负债；当期权为虚值期权时，则以转移资产的公允价值－期权时间价值确认负债。显然，按这一规定，金融资产的转移，加上与此相关的看涨期权在账务处理后的净值，在期权处理实值时为：行权价－公允价＋时间价值的资产；如果期权处于虚值时，净值就是期权的时间价值。用金融学的术语讲，无论期权处于平价、实值（价内）或虚值（价外），其净值都应是期权的内在价值加上期权的时间价值。

在第二十条中，对卖出看跌期权时的账务处理做了规定。其中，对继续涉入形成的资产，计算方法是取转移金融资产的市场公允价与期权行权价格之间的低者；而对继续涉入形成的负债，则是行权价格与时间价值之和确定。显然，经过这样的继续涉入账务处理后，企业资产负债表上的净资产将为：MIN（转移资产的市场公允价，期权行权价）－期权行权价－期权的时间价值。由于前面的资产部分不可能比期权行权价高，因此，这时的净值显然是负的，也就是，卖出看跌期权将导致企业负债的增加。这是合理的，因为卖出看跌期权，意味着期权的卖方在继续涉入时，将承担标的资产价格跌破行权价的损失。当然，这里的净负债，也出售期权时获得的期权费，是相互匹配的，只是期权费，不是继续涉入的部分。

对于同时卖出一项看跌期权和购入一项看涨期权（即上下期权）导致所转移的金融资产不满足终止确认条件的情况，第二十一条做了规定。其中，所转移金融资产，按转移日的公允价值计算。而对继续涉入形成的负债，当看涨期权处于平价或实值时，计算方法是：看涨期权的行权价格＋看跌期权的公允价值－看涨期权的时间价值。这样记账的结果，账面净资产的变化是：转移资产的公允价－看涨期权的行权价－看跌期权的公允价值＋看涨期权的时间价值。其中，前两项之差，可以看成同一时刻看涨期权的内在价值，也就是说，这时的净资产为看涨期权的内在价值与时间价值之和，即看同一时点上看涨期权的价值，与看跌期权公允价值之差。说得更简单一些，也就是买来的看涨期权的价值与卖出的看跌期权价值（负债）的差额。

信贷资产证券化时形成的各种证券，通常都或多或少地带嵌有某种期权，如赎回权、回售权、转股权、剩余收益权等。发起证券化的金融机构，在出售债券的同时，也出售或获得了某种期权。如果对这部分期权及债券进行账务处理，与这条的规定直接相关。

在第二十二条中，除了说明后续计量适用于企业会计准则第22号以外，特别说明了，继续涉入形成的资产和负债不应相互抵消。从前面对期权的分析中，可以看到由于继续涉入时，形成资产和负债的原因以及可能涉及的风险因素、特别是或有性因素差异很大，当然是不能抵消的。从理论上讲，除非形成资产和负债的相关因素完全相同，否则都不能抵消，因为，这些表面上相同的数字，背后的风险性和收益性本就不等。

第二十四条专门就非现金担保物的转移做了规定，基本的思想是，除非转出方违约，丧失了赎回担保物权利的情况，都不能终止确认，而应计为转出方的资产；对于转入方，如果有权出售或以转入资产为再担保资产的，需要在资产负债表中重新归类，且需要单独列示；如果转入方已经担保物出售的，转入方应当就归还担保物义务，按照公允价值确认一项负债；如果卖出方丧失了赎回权时，转入方可按公允价值将担保物确认为资产；如果此前已经出售了担保物的，可核销归还担保物的义务。

这一条，对银行以信贷资产作担保发行债券以及对典当行以非货币性金融资产为抵押融资，具有相当重要的意义。从本条可以看出，影响转移资产计量的、非常重要的条款之一，就是资产转移时约定的赎回条款。如果赎回条款约定中，转入方很容易丧失赎回权，比如，赎回有效期过短、或担保资产市场价格降到某个很容易出现的幅度等，都可能导致转出方失去赎回权，从而不得不从其资产负债表中，将担保资产终止确认；而同时，转入方要么可以将其计为自己的资产、要么可以核销偿还担保资产的义务。不过，本规定也有不尽如人意的地方，那就可能出现同一笔金融资产，既表现为转出方的资产，也表现为转入方的资产。例如，这一条规定了，除非丧失赎回权，转出方都必须继续确认转移资产；而同时，转入方有权出售资产、或以该资产出再担保时，也应确认资产，且要在资产负债表中重新归类，只是在列示的时候，规定了必须单独列示。可以看到，这时同一笔资产，将同时出现在转入和转出方的资产负债表上，整体上“多”了一倍的资产出来。当然，如果我们能将单独列示的担保资产区别对待，即不仅要看到其表现为资产的一面，还应看到其背后有偿还的义务（债务），这个“多”出来的部分就不存在了。

三、新会计准则与担保资产提供银行的证券化策略选择

（一）商业银行抵押贷款资产证券化的必然性

当前我国的抵押担保资产，主要是由商业银行持有。当前，各大商业银行似乎并不热衷于将这些资产证券化，其原因主要有几个方面：一是各商业银行当前并不缺乏流动性，相反，许多商业银行存在资金过多、找不到好的项目或没有足够的优质客户的情况；二是我国商业银行开展抵押担保业务的时间还不长，加上当前我国的房地产业整体上仍处于上升期，房价一直在持续上涨，使抵押担保贷款成了当前我国商业银行“最放心”的优质资产，“舍不得肥水流入外人田”；三是当前的证券化业务试点，局限于建设银行和国家开发银行，且相应的证券只在商业银行体系内部循环，并没有在真正的市场上进行，各大银行对这类业务的利弊认识还不足；四是对商业银行风险控制和管理的约束，还不是很严，特别是我国还没有开始真正执行巴塞尔协议Ⅱ 的相关规定，许多商业银行还没有意识到按风险调整资本的风险调整收益（RARORAC）进行管理的巨大影响。

但从发展趋势来分析，我国商业银行超过1.8万亿的抵押担保贷款资产，通过证券化增强流动性和转移风险，将是大势所趋，这主要表现为：一是巨额的抵押担保贷款资产集中在商业银行，使房地产业的风险在商业银行过分集中，这既包括行业集中度风险、也包括流动性不足的风险和资本要求过高的风险。二是我国房地产业本身并不是很成熟，到目前为止，还没有经历过向下的经济周期，但有理由相信，任何一个产业，不会永远处于上升期。1997年东南亚金融危机时期，香港许多炒房者的房屋变成了负资产就是典型的例子。房屋价格的市场风险，过分集中在商业银行，是非常危险的。一旦房屋价格下滑到一定范围，房地产行业的市场风险，就可能演变为全面的金融风险。三是作为一个发展中的人口大国，房地产业将在一个较长时期内持续发展（但并不代表房地产价格一定持续上涨），这一行业的资金需求，将持续偏高，要求商业银行持续提供资金。如果大量的资金转换成了按揭贷款，势必影响商业银行的流动性；四是商业银行必须将过分集中的风险转移、分散给其他投资者；五是随着中国经济的国际化，我国的商业银行也必然逐步按巴塞尔协议Ⅱ的要求进行管理，过分集中于一个行业以及考虑到我国房地产业的不成熟和不完善等，过多的抵押贷款，必然影响商业银行的资本收益率。六是我国金融市场发展中，长期以来不重视债券市场、尤其是企业债券市场的发展，缺乏足够的债务性投资工具，这对整个市场结构是非常不利的。因此，从长远看，我国商业银行抵押贷款证券化，将是大势所趋。

（二）担保资产转移确认的可能选择分析

从前面的分析中以看到，商业银行以抵押资产进行证券化时，会涉及担保资产的转移问题，具体的转移方法，有以下几种情况：一是设立特殊目的实体（Special Purpose Entity，SPE），将抵押资产转移给SPE；二是将资产转移给信托机构，由这些机构控制和管理这些资产，并向证券投资者提

供服务；三是仍然由自己保留并控制资产，只将这些资产收入的现金流的一部分或全部转移。

要讨论商业银行抵押资产证券化时，在资产转移上的策略选择，前提是弄清商业银行参与证券化的目的。总体上看，商业银行以住房抵押贷款证券化的目的，主要有以下几种：一是通过与 SPE 之间的防火墙，实现风险隔离。二是想通过证券化，分散风险。三是希望通过资产的转移、减少银行资产负债表上的资产总量，并通过信用强化等多种措施，改变商业银行资产负债表上资产的结构，以尽可能减少最低资本要求。四是通过将非流动的资产转换为流动资产，增强银行的流动性，从而增强自身的抗风险能力。五是希望证券化后，在向市场提供风险和收益差异较大的多种投资选择的同时，能增加银行的盈利。

然而，任何一种选择都不可能同时满足上面全部的要求，因为上面有些目标之间是相互矛盾的，例如，增强流动性与盈利性之间，常常就存在一定的矛盾。同样，以超额担保增强信用和改善资产结构、提高平均资产质量之间也存在一定的矛盾；分散风险与增强盈利能力之间，也有一定的矛盾。虽然这些矛盾确实存在，但如果商业银行完全按照巴塞尔协议Ⅱ的要求进行管理，则这些矛盾在一定义务上，也是可以统一的。其原因是，在新的巴塞尔协议中，管理资本要求额，可以根据银行自身的风险管理水平按高级内部法评定，银行在某些方面得的好处，必须要同时承担相应的风险，而风险的增设，必然要求提高管理资本数量。在市场有效的情况下，风险和收益之间能达到某种平衡，这时，看似不同的风险和收益，最后可达到某种均衡。

在我国银行业还没有完全按新巴塞尔协议进行管理以及我国金融市场的有效性还比较有限的情况下，选择不同的方式转移抵押担保资产，对上述各方面的利益或风险还是存在一定差异的，这里简单总结如表 1 所示：

表 1　　资产转移的不同选择及其影响

资产转移模式 \ 影响		风险隔离	风险分散	流动性	资产结构	盈利性	资本要求
几乎所有风险与收益的转移	整体转移	+	+	+	+	/	+
	优质部分	−	−	+	−	/	−
	劣质部分	+	+	+	+	/	+
	部分收益	/	+	+	/	/	/
非几乎所有转移	控制权转移	+	+	+	+	/	/
	保留控制权	−	−	+	/	/	/
转移后，有继续涉入	涉入较多	−	−	/	/	/	/
	涉入较少	+	+	+	+	/	/

注：表中 + 表示有助于该项目，− 表示无助或有损于，/表示不明确。

从表 1 中可以看到，最不能确定的是对盈利性的影响，这是因为资产转移或证券化本身，很难讲一定盈利或亏损，这取决于市场情况和相关各方的约定的相关条件，当然从根本上讲，更多地取决于资产的质量。要说明的是，表 1 只是一种整体的、粗略的分析，具体到某个案例或实际情况，需要实际分析。总的来讲，我国商业银行进行资产证券化的主要目的可能在于增强流动性、加强风险隔离和调整资产结构、提高资产负债表中的资产质量。从表中与这些项目相关的选择来看，出售质量较差的资产虽然在短期内，可能会影响银行资本金和效益，但从长远来看，不失为最佳的选择。另外，整体出售、转移几乎所有的风险和收益也相对可能更适合一些。另外，继续涉入型的资产转移，由于可能与多种期权相关，具有相当大的灵活性，银行也可根据实际选择。

四、新会计准则与资产证券化时信用增级方式的选择

信用增级，或称信用增强，是资产证券化过程中常用的一种强化发行方信用、降低发行成本的方法。具体的做法主要有：超额担保、保险、第三方担保和证券分组等。

在这几种担保中，超额担保需要银行将较多的抵押资产作为发行债券的保证，这种方法发行的债券数量较少。这时，如果用于担保的全部抵押资产整体出售给 SPE，则银行不用再承担除信息误导或故意欺瞒等原因外的义务；但如果按出售时的对价计账，则可能会在短期内影响银行效益、甚至降低银行的资本金。不过，由于超额担保的资产是银行自有的，银行不用支付额外的信用增级费用，也不失为一种较好的选择。

保险的信用增级方式，可以由银行自身投保，比如为自己所拥有的抵押贷款的信用风险投保；也可由 SPE 在买了银行的资产以后投保。如果是前一种形式，将涉及银行是否将投保后的相应权利一并出售。通常情况下，这些权利会随着信贷资产的转移而转移，因为投保的目的就是为了提高信贷资产的信用评级、降低债券发行的费用。这种方式以支付一定保费的为代价，可以不再需要超额担保或第三方担保。但具体保费的高低，则取决于被保险资产的质量、借款人的违约率和违约损失率等。如果银行信贷资产质量本身不是很高，则保费可能会很高，并成为银行的负担。当然，相对于前面的超额担保，由于保费通常是分期支付、而且会随着贷款的清偿而逐渐减少，所以在短期内对银行效益的影响相对较小。另一项信用增级方式第三方担保，与保险很相似，只是不一定有标准的保单。在商业化运作当中，除非是互相联保或连环担保，否则担保人都要收取一定的费用，费用的高低当然取决于担保人将要承担的风险。

证券分组，是在设计证券时，将证券设计为风险和收益各不相同的多个组，例如优先组、次级组、仅本组、仅息组、权益组等，每一个组中，又可能由多只不尽相同的债券组成。将债券设计为风险和收益不同的形式，一方面可以满足市场上不同投资的需要；另一方面，也是为了尽可能地与担保资产本身的风险相匹配。由于不同组的债券，在清偿秩序上不尽相同，例如，通常是优先组先清偿、次级组后于优先组、但先于权益组。这样，所有后于优先组的债券，都相当于是优先组的超额担保品，因此优先组就几乎没有什么风险，优先组债券自然也就容易获得较高的评级。当然，这时的次级组、特别是权益组的评级可能就不会太高。但商业银行可以通过自己持有一部分权益组债券、或次级债券的方式，增强信用。这种安排，一方面可以避免超额担保对银行短期利润的过分冲击；另一方面，也可避免过高的保费成本。只要相关组的设计得当，不失为当前我国商业银行在资产证券化时的较佳选择。

总之，我国商业银行所持有的大量住房抵押贷款，通过证券化增强其流动性、分散其风险和避免行业集中度风险，将是未来发展的基本趋势。第 23 号企业会计准则分层次，分别使用了风险与收益原则、金融成分分析和继续涉入分析法等方法，对金融资产转移的确认和计价的规定，既有很强的原则性，又有很强的适用性。关于金融资产转移确认和计量的规定，既会影响商业银行资产证券化过程中金融资产的转移方式，也会影响到证券化过程中的信用增级方式和债券设计。各商业银行需要根据自身的实际、具体分析、具体选择。限于篇幅，本文没有对不同组分债券的计账方式、组分结构与比例的选择等更加技术性的内容进行讨论，这将有待于进一步的研究。

参考文献：

1. 何自云．西方商业银行资本管理的创新与借鉴［J］．新金融，2000（1）．
2. 李勇．关于我国不良资产证券化的初步探讨［J］．北京：中国财政经济出版社，2005．
3. 王胜邦．国际会计准则 39 号与银行监管：关系与影响［J］．国际金融研究，2005（5）．
4. 朱海林，等．公允价值会计对欧洲银行业的影响：金融稳定性视角［J］．会计研究，2004（6）．

人民币汇率制度改革回顾、评价与反思：1994—2005

马正兵　倪克勤[①]

内容提要：1994 年以来的人民币汇率制度改革经历了如下几个历程：汇率并轨实行单一汇率、经常项目下的自由兑换、盯住美元的固定汇率和参考一篮子货币。人民币汇率制度改革获得了巨大的收益，突出表现为保持了经济稳定和增长、提升了中国的国际公信力，但同时也产生了诸如游资冲击、货币错配和货币政策独立性受损等成本。今后一段时期人民币汇率制度改革必须注意这样几个关键问题：汇率制度安排已经成为国际利益博弈的砝码，必须有助于本国的经济结构调整；汇率制度改革必须考虑国家在全球经济中的位势；自由浮动汇率制度并不必然是市场经济的汇率制度选择目标；汇率制度改革还必须注意国际货币与非国际货币的非对称性；稳定的宏观经济背景是汇率制度改革的前提，潜在的、持续稳定的宏观经济收益是改革的着眼点。

关键词：汇率制度　人民币　绩效　改革

人民币汇率制度改革作为中国经济体制改革的一项重要内容近年来受到了海内外的特别关注。人民币汇率问题每年都成为记者追问的话题，一次也没有落下。国家领导人的相互会谈也少不了谈论人民币汇率问题。为什么人民币汇率制度改革会如此受到关注？本文拟对 1994 年以来人民币汇率制度改革进行一些分析。

一、1994 年以来的人民币汇率制度改革：简单梳理与总体评价

笔者以为，1994 年以来的人民币汇率体制改革中可以按照以下四个重大事件将其分成四个阶段：1994 年 1 月 1 日起的汇率并轨、1996 年 12 月起经常项目下自由兑换、1997 年东南亚金融危机爆发后人民币钉住美元以及 2005 年 7 月人民币实行钉住篮子货币的汇率制度。

（一）汇率并轨与单一汇率

人民币汇率制度改革随着中国经济体制改革不断地推进和深入。其中，学术界和实际部门大都认为始于 1994 年 1 月 1 日的外汇体制改革是人民币汇率制度改革进程中一次具有里程碑意义的事件。

1993 年 12 月 28 日，国务院发出了加快外汇体制改革的通知，中国人民银行公布了《关于进一步改革外汇管理体制的公告》，宣布从 1994 年起，对我国的外汇管理体制进行重大改革。改革的主要内容是：第一，从 1994 年 1 月 1 日起，实现人民币国家汇率与外汇调剂市场汇率并轨，并轨后的人民币汇率实行以市场供求为基础的、单一的、有管理的浮动汇率制度。第二，实行银行结售汇制，允许人民币在经常项目下有条件地兑换。第三，建立银行间外汇市场，改进汇率形成机制。第四，从 1994 年 1 月 1 日起，取消任何形式的境内外币计价结算，境内禁止外币流通和指定金融

① 马正兵（1974. 01—），男，重庆市巫山县人，西南财经大学金融学博士，重庆文理学院经济与管理系副主任，主要研究方向：国际金融理论与政策。作者近年出版专著《金融发展与资本部门分配：理论及中国经验》等一部，在《经济评论》等国内核心刊物发表学术论文 20 余篇。

倪克勤（1952. 01—），男，上海市人，西南财经大学金融学院副院长，博士生导师，教授。主要研究方向：国际金融理论与政策、跨国公司财务等。

机构以外的外汇买卖；停止发行外汇券，已发现流通的外汇券，可继续使用，逐步兑回。第五，外商投资企业的外汇管理仍维持原有办法不变。

毋庸讳言，人民币汇率并轨实行单一汇率是人民币汇率制度改革的重要成果。但现在看来，这次汇率制度改革并没有真正建立汇率的市场形成机制，在一定意义上，汇率并轨是这次汇率制度改革的唯一成果。

（二）经常项目下的自由兑换

1994 年以来，我国外汇体制改革不断推进。这具体表现为：第一，1996 年 7 月 1 日，进一步完善结售汇体制，将外商投资企业纳入银行结售汇体系；在外汇管理方面，取消非贸易非经常性支付的汇兑限制。第二，1996 年 12 月，我国政府宣布提前实行人民币在经常项目下的自由兑换。第三，1997 年 10 月 15 日，允许部分出口和外贸企业保留 15% 的外汇账户。

人民币在经常项目下的自由兑换，一方面是推进人民币汇率制度改革的重要环节，也是中国作为 IMF 的会员国对全球汇率体系安排的积极响应；另一方面又是中国为加入 WTO 而做出的战略行动。

（三）亚洲金融危机后人民币事实钉住美元

亚洲金融危机爆发后，中国政府综合分析国内外情况，做出并坚定地执行了人民币不贬值的汇率政策。这一段时期人民币汇率变化幅度很小，学界将其称为"盯住美元"的固定汇率制度。笔者认为，在当时情况下选择这样的汇率制度是实际情况下的必然选择。一方面，我们承诺了人民币不贬值，但由于东南亚金融危机的冲击，为了保持外需，我们肯定不能选择升值，这就决定了人民币必然保持超稳定状态。另一方面，为什么选择盯住美元，而不参考篮子货币呢？分析一下这一时期国际经济形势便发现这样做也是必然的。由于日本经济萎靡、欧洲国家正进行欧元试运行，因此参考日元、欧元风险非常大。因此，笔者认为当时执行的汇率政策是必然的也是明智的选择。

（四）人民币钉住一篮子货币

2005 年 7 月 21 日，为建立和完善我国社会主义市场经济体制，充分发挥市场在资源配置中的基础性作用，建立健全以市场供求为基础的、有管理的浮动汇率制度，中国人民银行发布关于完善人民币汇率形成机制改革的公告。其主要内容如下：第一，自 2005 年 7 月 21 日起，我国开始实行以市场供求为基础、参考一篮子货币进行调节、有管理的浮动汇率制度。人民币汇率不再钉住单一美元，形成更富弹性的人民币汇率机制。第二，中国人民银行于每个工作日闭市后公布当日银行间外汇市场美元等交易货币对人民币汇率的收盘价，作为下一个工作日该货币对人民币交易的中间价格。第三，美元对人民币交易价格调整为 1 美元兑 8.11 元人民币，作为次日银行间外汇市场上外汇指定银行之间交易的中间价。第四，现阶段，每日银行间外汇市场美元对人民币的交易价仍在人民银行公布的美元交易中间价上下 3‰的幅度内浮动，非美元货币对人民币的交易价在人民银行公布的该货币交易中间价上下一定幅度内浮动。第五，中国人民银行将根据市场发育状况和经济金融形势，适时调整汇率浮动区间。同时，中国人民银行负责根据国内外经济金融形势，以市场供求为基础，参考一篮子货币汇率变动，对人民币汇率进行管理和调节，维护人民币汇率的正常浮动，保持人民币汇率在合理、均衡水平上的基本稳定，促进国际收支基本平衡，维护宏观经济和金融市场的稳定。

人民币汇率选择篮子货币，有助于增强人民币汇率的弹性。实际上，这时的人民币汇率制度又回归到 1994 年的有管理的浮动汇率制度。

二、人民币汇率制度改革绩效分析：成本收益角度

前面我们回顾了近年来人民币汇率制度改革的进程并对每一关键步骤作了总体评价。那么，究竟如何看待人民币汇率制度改革的绩效呢？下面将从成本收益角度分析。

（一）人民币汇率制度改革的收益

（1）人民币汇率制度改革没有影响我国经济的稳定，相反保持了经济稳定增长的势头（见表1），这是汇率制度改革的重大收益。从表1可以看出，近年来我国国内生产总值一直保持了持续、快速的增长速度，1994至2005年国内生产总值平均增长速度为9.31%。

（2）人民币汇率保持相对稳定，我国政府获得了较高的“政策一致性”声誉，提高了我国在亚洲和国际上的良好形象。这对于增进投资者的信心、参与国际经济合作以及进一步推动汇率制度改革都提升了国际公信力。从表1可以看出以年均汇率为基准的话，年末汇率的偏离度在1994年为1.6%，1995至1997年缩小为不足1%；1998至2004年进一步缩小到不足0.01%。人民币汇率处于一种超稳定的状态，保持高度的“静态稳定”。

表1　　1994—2005年经济增长率（%）

年份	GDP	第一产业	第二产业	工业	建筑业	第三产业	人均GDP
1994	12.6	4	18.4	18.9	13.7	9.6	11.4
1995	10.5	5	13.9	11.4	12.4	8.4	9.3
1996	9.6	5.1	12.1	12.5	8.5	7.9	8.4
1997	8.8	3.5	10.5	11.3	2.6	9.1	7.7
1998	7.8	3.5	8.9	8.9	9	8.3	6.8
1999	7.1	2.8	8.1	8.5	4.3	7.7	6.2
2000	10.8	2.4	9.4	9.8	5.7	8.1	7.7
2001	7.5	2.8	8.4	8.7	6.8	8.4	6.7
2002	8.3	2.9	9.8	10	8.8	8.7	7.6
2003	9.3	2.5	12.7	12.8	12.1	7.3	8.7
2004	9.5	6.3	11.1	11.5	8.1	8.3	–
2005	9.9	5.2	11.4	11.4	11.9	9.6	–

资料来源：各年的《中国统计年鉴》，2004、2005年的有关数据来源于国家统计局《2004年国民经济和社会发展统计公报》和《2005年国民经济和社会发展统计公报》。

表2　　1994年以来人民币与美元间的平均汇率　　（单位：人民币/美元）

年份	1994	1995	1996	1997	1998	1999
平均汇率	8.6212	8.3490	8.3143	8.2897	8.2791	8.2783
年末汇率	8.4822	8.3156	8.2991	8.2796	8.2779	8.2793
年末/年均	0.9839	0.9960	0.9982	0.9988	0.9999	1.0001
年份	2000	2001	2002	2003	2004	2005
平均汇率	8.2784	8.2770	8.2770	8.2770	8.2768	8.1949
年末汇率	8.2772	8.2768	8.2772	8.2770	8.2765	8.0702
年末/年均	0.9999	1.0000	1.0000	1.0000	1.0000	0.9848

资料来源：各年的《中国统计年鉴》。

（3）人民币汇率制度有利于企业的国际贸易结算，提高了货币效率。较为固定的人民币汇率制度，有利于简化经济活动中的计算步骤，方便交易的顺利实现，并给企业提供一个较浮动汇率下更容易进行的决策基础。

（二）现行汇率制度改革的成本

（1）近年来我国实行的人民币汇率制度缺乏汇率形成的内生动力，因而人民币汇率的稳定主要是依靠国家的外汇干预才得以保证。但外汇干预占用了大量的资金，表现为外汇占款逐年增加（见图1）。

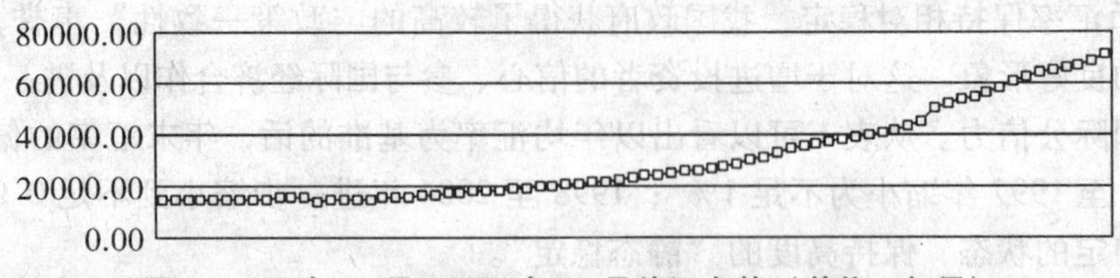

图1　1999年12月—2005年12月外汇占款（单位：亿元）

（2）汇率制度的不适应加剧了我国资本外逃，货币政策效用弱化。资本外逃是指未经批准的违法违规的资本外流，是超出政府实际控制范围的资本流出（王雅范等，2002）。由于人民币的不完全自由兑换，居民和企业希望获得不受本国当局控制的金融资产和收益的愿望，所以我国资本外逃明显地表现为逃避外汇管制。夸克（Quirk，1989）将外汇管制引致的资本外逃称为“老鼠夹子效应”（Mouse Trap Effect），即居民不愿将外汇留在国内以避免丧失今后用汇的灵活性。因为资本流动本身是逐利的，管制越严逃避的动机越强。国际经验也表明，资本管制只能起到短暂的隔离作用，而不能长期有效地保护一国经济与金融的发展。

（3）盯住美元的汇率制度造成游资对经济的冲击。游资对我国经济的冲击不是以汇率波动体现出来的，而是以汇率的贬值或者升值压力形式体现出来的。在短短几年时间内，对人民币的贬值压力迅速转换为升值压力，说明人民币汇率并不稳定。

（4）一些经济学家认为，东南亚金融危机后一些国家外汇储备的超常规增长是该国执行错误汇率政策的副产品。如果这一观点成立，那么近年我国外汇储备的超常规增长就变成了现行人民币汇率制度的成本。应当指出，笔者最近的一次计量经济分析发现，我国外汇储备规模增长当前依然是一种“发展性增进”，还看不出这种外汇储备增长是否是汇率政策失误的结果。但是巨额的外汇储备确实给微观经济主体产生了政府在为其提供担保的预期，从而可能弱化微观经济主体的风险规避意愿。

（5）人民币汇率缺乏弹性，弱化了经济主体规避汇率风险的动机，而现在突然改革汇率制度，从单一盯住美元变为实行篮子货币，汇率浮动幅度增大，有可能加大货币错配和期限错配风险。货币错配，简言之，就是一个经济行为主体在其进入国际经济交往时，由于其资产和负债、收入和支出使用了不同的货币来计值，因而在货币汇率变化时，会受到影响。

三、我们应注意什么：人民币汇率制度改革之反思

（一）必须重新认识汇率

汇率并不仅是两个国家货币之间的比价。我们在学习货币银行学时，在讨论货币的价值尺度、流通手段、贮藏手段和支付手段等职能之后，提出了世界货币的概念。但并不是任何一种货币都能发挥世界货币的职能。由此说明，既然只能是一部分货币充当世界货币的职能，就不能任意地认为汇率就是两个国家货币之间的比价。对于美元、日元等国际货币而言，它们之间的汇率可以理解为货币之间的比价，对于非国际货币而言，需要通过与国际货币发生联系才能“套算”汇率。认识这一点非常重要，因为汇率是双边的比价，不能简单认为所谓汇率失衡就一定是哪种货币高估或低估了，何况强势货币与弱势货币之间更复杂！因此，在汇率制度选择时，不能简单通过“套算”确定汇率，我们必须考虑上述的非对称性。简单概括一下上述观点即是：今天的汇率，不仅仅是不同国家货币之间的兑换或汇兑比率，它首先是国际储备货币与非储备货币之间的兑换比率，是储备

货币、非储备货币与国际轴心货币之间的兑换比率，而且，非储备货币和储备货币基本是围绕国际轴心货币兑换或确定汇率。

（二）人民币汇率难以承受之重：汇率制度安排已演变成国际经济利益博弈的砝码

当今，一国的汇率制度安排已经演变成国际利益分配的砝码，这从人民币的贬值压力急转而成升值压力便可窥见一斑。仔细分析一下，人民币升值并没有真实的经济背景。比如，日本对人民币汇率发难，要求人民币升值，但中日贸易在这些年基本上是收支平衡的，并不存在国际收支的贸易压力。中美贸易顺差，是由于美国的低开放度和经济结构决定的，而且中国对亚洲其他国家进口设备和零部件的贸易逆差基本上正好可以抵消中美贸易顺差。从美国经济的结构看，对外贸易只是美国经济的一小部分，中美贸易是更小的一部分，中美贸易差额变动对美国经济的影响力很小，并不会构成美国经济长期的发展障碍。所以，人民币汇率调整对美国经济没多大实际影响，来自美国的压力其实更可能是某些利益集团的活动结果。因为虽然人民币升值对整体美国经济没有什么影响力，但对于少数利益集团是有利可图的。我们说汇率安排现在日益反映了国际利益的博弈，举例来说，日本虽然没有中日贸易不平衡的贸易压力，但日本可以通过要求人民币升值降低中国产品的竞争力，进而增强日本产品的对外竞争力。另外，也不排除政治上的因素。中日近年在政治上接近了冰点，而此时美国要求人民币升值，日本借此鼓噪人民币汇率升值有助于日美同盟的“协调一致”，压制中国。

（三）人民币汇率制度改革必须考虑中国在全球经济中的“位势”

就经济总量而言，中国虽然居世界经济大国之列，但就人均产值而言，中国在相当长一段时期还是发展中国家。更为重要的是，中国在国际经济分工舞台上还是价格的接受者，而非价格的制定者。从这个意义上讲，中国在世界经济格局中还是一个开放经济的小国。这就是中国在全球经济中的“位势”。因此，人民币汇率制度改革应当选择与这种位势相对称的汇率制度。既然我们是价格的接受者，那么保持汇率调整的自主性和灵活性在一定程度上有利于维护我们的国际经济竞争力。这就决定了中国不适宜选择完全浮动汇率制，相反，必须保持政府对汇率的调节功能。

（四）汇率自调节弹性与政府管理弹性不可或缺

尽管中国在短时期内不适宜将完全浮动汇率制作为人民币汇率制度改革的目标。但在现有汇率制度基础上增强汇率的适度弹性是必要的。增强汇率的弹性可以获得更多的国内货币政策独立性，便于调节国内经济。汇率弹性应当包括形成机制弹性和政府干预弹性两个方面。显然，汇率形成机制的弹性是指汇率通过市场供求自我形成均衡汇率的弹性，而汇率干预弹性则指政府对外汇市场的适度干预和灵活干预，因此我把它称为“干预灵活性”。考察现今所有国家的外汇汇率制度，我们发现根本不存在所谓“纯粹浮动”，没有不受政府调节和干预的汇率制度，只不过政府的外汇干预本身也存在着一个灵活性问题：相机抉择与适时调整始终是必要的。

（五）观念转变：没有最好的汇率制度，完全浮动的汇率制度是不存在的

理论上一直认为浮动汇率、自由浮动汇率是符合市场经济的，是成功的。其实，这是极其片面的看法，缺乏足够的事实和理论根据，这是从市场经济的自由竞争原则出发而提出的要求，而不是从是否有利于经济、金融稳定、发展和国家经济、竞争力提高来判断的看法。20世纪90年代和21世纪初期的新经验表明，由于过去环境与现在环境的不同，汇率是否自由浮动不是决定汇率政策是否成功的主要因素，也不能说明该制度存在什么漏洞。由于人民币是非国际货币，我们必须考虑非国际货币的特征。一般而言，对于非国际货币来说，国家的政治稳定和政权、政党的稳定程度及其对经济、金融调控和稳定的能力和水平决定着汇率稳定和信誉。因此，我们的意见是：市场经济不等于浮动汇率制度，而且就浮动汇率制度而言，也必须是国际货币国家才有可能真正实施。但目前来看，所谓法规意义上的自由浮动汇率制度（即政策当局宣布的汇率制度）往往都不是真正的自由浮动汇率制度，而是有管理的浮动汇率制度。人民币汇率制度设计必须注意到国际货币制度演变

的这一趋势。

（六）注意权衡改革与稳定的关系：既要推进改革又要支持经济稳定增长

人民币汇率制度改革是建立和完善社会主义市场经济体制的基本内容之一，因此必须坚定不移地推进改革。但改革必须保持渐进性、稳定性、可控性。简言之，人民币汇率制度改革必须有稳定的宏观经济背景，又具有潜在的、持续的经济发展收益，这应当成为人民币汇率制度改革的重要原则。

参考文献：

1. 朱淑珍，孙新宇．国际金融：理论应用创新［M］．上海：中国纺织大学出版社，2002.

2. 姜波克．国际金融［M］．北京：高等教育出版社，1999.

3. 许少强，朱珍丽．1949—2000 年的人民币汇率史［M］．上海：上海财经大学出版社，2002.

4. 杨海珍，陈金贤．中国资本外逃：估计与国际比较［J］．北京：世界经济，2000（1）.

外汇储备、外汇交易量与CHIBOR利率的VAR模型（2000—2004）

——兼论“三元悖论”下冲销干预与货币政策的独立性

张 荔 田 岗 侯利英[①]

内容提要：本文以“三元悖论”作为切入点，从总量与结构两方面考察当前结售汇制度对商业银行外汇头寸及外汇交易量的影响，进而考察在货币政策时滞影响下央行冲销干预的效果以及货币政策的独立性。结论认为：我国外汇储备成因中政策性制度安排（结售汇）作用突出，现行结售汇业务导致外汇交易量受到外汇储备的冲击，冲销干预的有效性十分有限且不确定性很强。在CHIBOR利率的波动中，外汇储备和外汇交易量的作用不可忽视，同时外汇交易量的波动中，外汇储备与CHIBOR利率的冲击作用贡献明显，货币政策独立性受到侵蚀。

关键词：外汇储备 外汇市场交易量 CHIBOR 三元悖论 货币政策独立性

一、研究背景

开放经济条件下，有关固定汇率与浮动汇率制度安排的优劣的争论在理论界由来已久。1950年，米尔顿·弗里德曼在《浮动汇率论》中倡导浮动汇率制度，认为固定汇率制会导致通货膨胀的传染，浮动汇率制有利于国际收支平衡的调节。1951年，英国经济学家詹姆斯米德在《国际经济政策理论》中提出了固定汇率制与资本流动的冲突，就是著名的“米德冲突”。20世纪60年代，蒙代尔—弗莱明模型（Mundell－Fleming Model）针对开放状态下货币政策与财政政策分析得出一个重要结论是：在开放经济体中，当资本完全自由流动的时候，固定汇率制下的长期货币政策是无效的。Krugman（2000）进一步提出了“三元悖论”：认为一个国家最多能够同步实现三个宏观经济目标中的两个。这三个目标是指：独立的货币政策、固定汇率制以及资本自由流动。在固定汇率制下，为了控制货币供应量，中央银行通过各种措施（包括再贷款、调整准备金率和公开市场操作等）来冲销由国际收支顺差带来的基础货币的被动投放，冲销干预的目的就是为了保持基础货币供应量，坚持本国货币供给量、货币政策的目标，保证其国内货币政策的独立性（Obstfeld，1982a）。

Billmeier & Bonato（2002）比较了捷克斯洛伐克、匈牙利、斯洛文尼亚、罗马尼亚和克罗地亚等“管理浮动”或者“盯住”汇率制度的国家后发现，对于小型开放的转型经济体而言，如果外币占款占广义货币供应量的比重较高，那么实行独立的货币政策既面临着金融稳定局面的较大风险，而且在实现货币政策目标——控制通货膨胀中的作用也很有限。国际上关于冲销干预有效性的实证研究主要围绕两个大方向进行，一是逆经济风向（lean－against－wind operation），细分为干预

① 张荔（1964—），女，辽宁大学经济学院金融系教授、博士生导师，
田岗（1981—），男，辽宁沈阳人，南开大学经济学院金融系硕士研究生，
侯利英（1980—），女，河北邯郸人，南开大学经济学院金融系研究生

成功阻止汇率剧烈波动和平滑（smoothing）汇率的剧烈波动；二是顺经济风向操作（lean - in - wind operation），细分为在“顺风向”操作中，冲销操作是加速实现了正常目标还是维持了市场趋势。按照这样一种国际研究框架，本文整理文献如下：

第一，在浮动汇率制度下研究冲销干预对汇率水平和多变性的影响。例如：Rogers & Siklos（2003）考察了加拿大和澳大利亚两国央行的反应函数，认为这两国的冲销效果不明显，仅仅是略微平滑（smoothing）了汇率的多变性。Dominguez & Frankel（1993）、Kaminsky & Lewis（1996）、Fatum（2000）、Ito（2002）和 Hillebrand & Schnabl（2003）。他们通过不同的计量经济学工具（如线性回归、事件研究、广义自回归条件异方差模型等）发现央行的冲销干预对汇率水平、变动趋势具有明显的影响效果，这方面的研究模型侧重冲销系数的研究，主要是 KA 账户对国内信贷扩张的敏感性，如果这一系数为 1，那么冲销完全有效（Obstfeld ，1982a）。而 Rogoff（1984）采用两阶段回归方法发现冲销干预并不能在统计上显著改变货币形式定价的相对资本供给从而影响汇率水平。

第二，在固定汇率制度下研究冲销干预对货币供应量和货币政策独立性的影响。如 Kouri & Porter（1974）、Obstfeld（1982a、b）、Pasula（1996）、Rogers & Siklos（2000）、Brissimis、Gibson 等（2002）以及 Clavijo & Varela（2003），从国际收支的账户结构出发，运用了国际收支货币分析法，根据央行反应函数来测度冲销干预对于货币供应的影响和有效性。这方面的研究主要侧重的是冲销系数的实证测量，基本的模型方程结构为：$CAP_t = \alpha_0 + \alpha_1 \Delta DC + \alpha_2 \Delta R_t^* + \alpha_3 \Delta Y_t + \alpha_4 CURR_t + X_t'\beta + \mu_t$（Obstfeld ，1982a），这被称为“简化法”（reduced form approach），其中 $-\alpha_1$ 即为冲销系数。

实践中，我国自 1994 年汇率并轨以来，官方的基调是实行有管理的浮动汇率制度，而学术界的观点基本认同它是一种盯住美元的固定汇率制度。我国货币政策中介指标的选择以及有效性问题也是经济学者关注与争论的焦点（夏斌、廖强，2001；谢平，2004）。按照谢平（2004）的观点，目前我国采用的货币政策是以货币供应量为目标的货币政策操作框架：公开市场业务作为主要的操作工具，以基础货币作为操作目标，以货币供应量为中介指标，最终目标为经济增长率与通货膨胀率。

汇率并轨以来我国的国际收支状况从 2000 年以前的“双顺差”——经常项目顺差与资本项目顺差，发展到了 2002 年第四季度以来的“三顺差”——经常项目顺差、资本项目顺差以及错误与遗漏项目顺差。谢平（2004）研究指出我国中央银行总资产中外汇占款的比重从 1994 年第一季度开始连续攀升，从 15.8% 增长到 2002 年第四季度的 43.26%。

在这样的内外经济形势下，我国的货币政策执行过程中是否受制于外汇占款的冲击，受到冲击的程度如何？郑超愚，陈景耀（2000）认为在可调整的盯住（美元）的准固定汇率制度下，我国的货币供应已经部分地外生化，即受到外汇占款的冲击与干扰。Xieping & Zhang Xiaopu（2003）从宏观经济运行的协调性角度专门研究了 1994 至 2000 年度我国货币政策与汇率政策的协调性问题，深刻剖析了三次冲突：1994 至 1996 年，外汇储备与高通货膨胀之间的冲突；1998 年以来外汇储备增长速度的快速下降与国内通货紧缩的压力之间的冲突；1998 年以来汇率稳定性与国内外货币利率的差异之间的冲突。这六七年的特征事实是对“三元悖论”的形象刻画。赵蓓文（2004）根据转轨国家与新兴市场国家的经验，阐释了“蒙代尔三角”① 对我国人民币汇率制度选择的指导意义，指出了货币政策、汇率稳定与资本自由流动中存在一种“钟摆效应”，这种“钟摆效应”意思就是固定三个目标中的一个，另外两个可以实现一定程度的摆动，同样意味着牺牲了某个目标。这

① 有关“三元悖论”在我国的存在性，也可见刘锦红. 从“三元悖论”看当前货币政策与汇率政策的矛盾［J］. 经济评论，2004（5）.

些都充分说明，在我国现行汇率制度下，为了维持名义汇率的稳定，外汇占款的增长作为基础货币投放的渠道之一，不可避免地影响了我国货币政策为追求内部均衡的实施效果，甚至出现了货币政策独立性丧失的可能①（见表 1）。但是也有学者认为央行的冲销政策是有效的。

在开放的外部经济环境下，我国以货币供应量为中介目标的货币政策执行过程中是否受制于外汇占款的冲击，程度如何？本文尝试从冲销的作用机制中挖掘新的分析视角并加以重点考察：其一，现行结售汇下，企业创汇收入必然影响各商业银行的外汇头寸，进而影响商业银行在外汇市场的外汇交易；其二，在货币市场与外汇市场上，外汇储备、商业银行外汇交易量以及 CHIBOR 利率之间是否存在关系。本文的创新之处在于基于"三元悖论"的理论基础，以统一的框架研究外汇储备、外汇交易量与 CHIBOR 利率之间的冲击响应问题，从而研究我国货币政策的独立性问题。本文第二部分将详细介绍理论基础与研究框架，构建以外汇储备、CHIBOR 利率以及外汇交易量为变量的 VAR 模型；第三部分是针对我国 2000 年 1 月至 2004 年 8 月的数据进行的实证分析；第四部分是结论。

表 1　　我国的货币供应量是否受到外汇占款的影响及原因

观点	理由
存在影响	1. 三顺差的存在外汇储备增多为了平衡国际收支，稳定名义汇率外汇占款导致货币供给增加。 2. 资本流入对货币供给的影响除了货币供给渠道之外，还会扩大消费投资规模，不少外汇资金流入后不结汇，以外汇抵押贷款方式获得人民币贷款等都会增加国内货币供给。 3. 中央银行的冲销政策及冲销手段不充分、不完善、缺乏弹性与灵活性，虽然能够缓和国际收支对基础货币的影响，但是不能解决国际收支对货币乘数的影响。 4. 以保持名义汇率为目标的中央银行，面对随机的外汇占款冲击，不能对货币供应量的调控实现同时点、同力度的调控。
影响可以被消除	1. 中央银行可以通过再贷款、回购以及央行票据发行等对由于外汇占款增长投放的货币供应量进行冲销。 2. 外汇占款对货币供应量的相关系数与再贷款、国债回购与货币供应量的相关系数比较，前者小。

二、研究框架与模型

本文的研究框架是基于外汇占款是影响货币供应量的重要渠道来进行分析的。在我国，货币投放的主要渠道有：中央银行的再贷款、再贴现、公开市场操作（回购）、央行票据发行、中央政府的财政投资与借款以及金银和外汇占款等。笔者认为，为了维持汇率的稳定形成的外汇占款对我国货币供应量存在不可消除的影响，特别是最近两年来，外汇占款占比逐渐上升的情况下，即使从量的角度可以有效冲销，但从货币供应量的流向结构角度却难以保证货币政策调控的有效施行。Xieping & Zhang Xiaopu（2003）研究也基本支持本文的观点。该文提及的三次冲突反映了 1998 年在应对亚洲金融危机中，我国内部平衡目标——扩大内需与外部平衡目标——人民币名义汇率的稳定相冲突，最终中央银行牺牲了国内目标，从而形成和加深了中国通货紧缩。下面，我们给出国内学者的研究成果中的有关货币供应的方程式及其衍生公式（见表 2）。在这些研究中，无论是从国际收支平衡表的角度还是货币政策的传导渠道角度，都无一例外地承认了外汇占款是货币投放重要

① 有关冲销无效的论证也可参阅：谢多．国际收支盈余与中央银行对冲操作［J］．国际金融研究，1998（3）．管华雨，张晓田．论发展中国家的货币冲销政策［J］．金融研究，2000（7）．

渠道。

表 2　　国内学者有关货币供给模型的对比

方程式	含义	评价
$g_R = \frac{\eta_y \cdot g_y}{r} - \frac{(1-r)\cdot g_D}{r}$	g_R 是外汇资产（私人外汇资产与政府外汇储备之和）的增长率；g_y 是国民收入增长率；g_D 是国内信贷增长率；η_y 货币需求的收入弹性；r 是期初的国际储备率。	这一公式的建立是基于国际收支调节的货币理论，按照经常项目、资本项目以及国外增加对我国货币需求的单纯的货币交换（汇兑）三个组成部分，从国际收支平衡表的角度考察外汇储备对我国外债偿还以及外国直接投资（FDI）冲击的缓冲作用。
$\Delta M = \Delta R + \Delta D$	ΔM 是基础货币的变化；ΔR 是外汇储备的变化；ΔD 是国内信贷的变化	从货币供给投放渠道的角度出发，分析了外汇占款渠道和国内信贷渠道对货币供应量的影响。
$M_2 = DC + NFA + NOI$	M_2 是广义货币供应量；DC 是国内信贷；NFA 是国外净资产；NOI 其他项净值（平衡项）	按照货币当局的资产负债表中的银行概览，构造了开放状态下广义货币供应量的构成成分，其中的国外净资产中包含有国际储备。
$M = m \times B$	M 是货币供应量；m 代表货币乘数；B 代表基础货币	从货币供给在货币中介之间传导的乘数作用角度，分析强制结售汇制度下，外汇占款导致货币投放引起的货币供应量变化。

首先，从总量的角度考察，中央银行面对随机的外汇占款，在判断和操作上存在时滞，对由于外汇占款导致的货币投放进行冲销难以实现同时点、同力度的同步调控。当冲销措施作用到货币市场上的时候，国内货币市场资金头寸的总量状况以及结构状况已经发生变动。

其次，在现行结售汇制度安排下，从微观结构的角度考察：一方面企业创汇能力差异导致不同企业在现行结售汇安排下的地位不平等，那些创汇能力强的企业势必具有较强的获取贷款能力，反之则具有较弱的获取贷款能力。可见，需求方向上的结构差异影响货币市场资金紧张与盈余状况，这是中央银行不能调控的。另一方面，不同的商业银行在现行结售汇中所面临的外汇供给与需求强度不同，这很大程度上取决于商业银行客户的结构与业务开放程度。那些较强创汇能力企业作为客户的商业银行其资产负债结构中的外汇业务比重较大，结售汇业务势必影响其资产负债结构状况，进而对其准备金头寸状况和货币乘数产生影响较大，显然会影响货币市场拆借主体之间的头寸（CHIBOR 利率会随之变动），同时商业银行在外汇市场的交易量必然受到这一结售汇过程外汇供给与需求强度的影响。

再次，中央银行在货币市场的冲销政策，直接与国有商业银行等交易主体的交易，如回购交易、发行央行票据等都会直接影响国债回购市场和同业拆借市场资金的流动状况格局，势必从结构角度影响商业银行的头寸状况。

通过上述分析可以看出，尽管冲销的目的具有必要性，但是外汇储备在总量和结构上对货币市场资金的盈余与紧张状况的影响是客观的。也就是说，双顺差下的巨额外汇储备增长的同时，现行结售汇影响商业银行的资产负债结构和外汇头寸，进而影响商业银行在外汇市场外汇交易量，而中央银行的冲销行为作用到货币市场时，总量调整上的滞后以及结构状况的变动影响商业银行资产负债结构变动，进一步势必影响到货币市场货币供应量和 CHIBOR 利率的变动。

对此，我们采用向量自回归模型（Vector Autoregressive Model）进行分析。在模型的每一个方程中，内生变量对模型的全部内生变量的滞后值进行回归，从而估计全部内生变量的动态关系。

本文采用外汇储备（*FR*）、同业拆借市场 7 天期利率（*CHIBOR*）以及外汇交易量（*FREX*）之间的影响进行分析，在理论上和实践中具有必要性和可行性。

我们定义向量 $X_t = (FR_t, M_t^2, FREX_t)'$，那么向量自回归（VAR）的形式为：

$$X_t = \eta + \Pi_1 X_{t-1} + \Pi_2 X_{t-2} + \cdots + \Pi_k X_{t-k} + \varepsilon_t \qquad ①$$

①式中每个变量都对应着 VAR 中的一个方程，ε_t 是随机误差修正向量。这一模型需要：(1) $X_t = (FR_t, M_t^2, FREX_t)'$ 各个变量是平稳的变量，即不存在单位根。(2) 这一系统的稳定性要求模型残差不存在自相关。

三、实证检验

（一）变量的平稳性检验

本文使用 2000 年 1 月至 2004 年 8 月的月度数据（样本数为 56 个，数据来自新华在线），外汇交易量统计的是各币种总成交量，全部外币数据使用当月累计平均汇率折算成相应人民币数额，使用 X11 法对数据的季节性趋势剔出。我们定义如下的数据变量（已经经过季节调整）：

$$RFR_t = \frac{FR_t}{FR_{t-1}},\ RCHIBOR_t = \frac{CHIBOR_t}{CHIBOR_{t-1}} \text{ 和 } RFREX_t = \frac{FREX_t}{FREX_{t-1}}$$

上述变量的定义采用的是环比方式，分别反映了外汇储备、CHIBOR 利率和外汇交易量的月度环比倍率，可以反映变量的纵向增减变动趋势和程度。进一步对上述环比变量取对数，以便消除异方差，这一处理实际上是对原有变量对数化处理后再取一阶差分（先构造环比倍率再取对数，可以避免先取差分得到负值，无法对数化），以小写字母形式表示：rfr_t、$rchibor_t$ 和 $rfrex_t$。本文使用 P－P 法来检验 rfr_t、$rchibor_t$ 以及 $rfrex_t$ 的平稳性检验，检验结果见表 3，可见三个变量均通过了 1% 检验水平的平稳性检验，即都是平稳变量，可以进行 VAR 模型检验。

表 3　rfr_t、rm_t 和 $rfrex_t$ 的单位根检验结果

检验变量	常数项	趋势项	P－P 值	临界值			滞后阶数	P 统计量
				10%	5%	1%		
rfr_t	有	无	－5.72	－2.60	－2.91	－3.55	3	0.0000
$rchibor_t$	无	无	－11.13	－1.62	－1.95	－2.61	3	0.0000
$rfrex_t$	无	无	－15.62	－1.62	－1.95	－2.61	3	0.0000

（二）向量自回归模型（VAR）实证检验、脉冲响应与方差分解

本文采用没有约束、外生变量为常数项的 Unrestricted VAR 模型，估计的方法采用极大似然法，按照 *AIC* 和 *SC* 信息准则选择滞后期。在模型的构造过程中发现 *AIC* 和 *SC* 信息准则表现出反向变动关系（见附录）。为此我们使用 *LR* 检验来确定滞后期，$LR = -2 \times (248.14 - 259.87) = 23.46$，在零假设下，该统计量服从 χ^2 分布，其自由度等于从 *VAR*(4) 到 *VAR*(3) 对模型参数施加的约束条件个数即 9。使用 Eviews 5.0 件检验得到的伴随概率为 0.005，这表明拒绝原假设，*VAR*(4) 是恰当的①，模型的残差没有单位根，没有表现出明显的自相关，在 1% 的水平上拒绝了异方差，检验结果见附录图 1。我们更加关心的是本文模型的脉冲响应与方差分解状况，这样才可以直接地考察本文的研究目的：外汇储备、CHIBOR 利率、外汇交易量之间基于"不可能三角"的冲击与响应，脉冲响应图见附录图 2。

我们采用 Eviews 5.0 默认的参数设置，追踪期数选择 18 个月，按照 rfr_t、$rchibor_t$、$rfrex_t$ 的顺序考察每个变量的随机扰动项对内生变量当前和未来期取值的影响状况——脉冲响应。同时我们采用方差分解的方法考察模型的动态特征，主要思想是把系统中的每个内生变量（按 rfr_t、$rchibor_t$、

---

① 实证检验的结果部分笔者没有给出，如有必要请电子邮件索取。

$rfrex_t$ 的顺序）的波动（4 步滞后预测均方误差）根据成因分解为与 3 个方程的新息相关的 3 个组成部分，从而了解每个新息对模型内生变量的重要程度——方差分解。

1. 外汇储备的脉冲响应与方差分解

附录图 2 显示：当外汇储备的走势（环比倍率）受到自身一个标准差大小的冲击的时候，反应迅速，上升了约 0.012 后迅速下降，在第四个月的时候接近零点，之后的小幅震荡都在正向，反映出一种自身正向冲击的逐渐衰减效应；外汇储备针对 CHIBOR 利率和外汇交易量的反应在出现一次或两次（针对外汇交易量）正向响应后基本上一直处在接近于零的负向，但是近乎没有波动响应。结合表 4 种的方差分解，可以发现，外汇储备走势的波动中，其自身的方差贡献始终处于绝对的主导地位，在 6 个月之后一直占 78% 强，而 CHIBOR 利率与外汇交易量的贡献很低，前者略强于后者，但两者之和尚不足 20%，同时方差分解在 6 个月之后开始趋于稳定。

表 4　rfr_t、$rchibor_t$、$rfrex_t$ 的方差分解

追踪期	rfr_t 的方差分解			$rchibor_t$ 的方差分解			$rfrex_t$ 的方差分解		
	rfr_t	$rchibor_t$	$rfrex_t$	rfr_t	$rchibor_t$	$rfrex_t$	rfr_t	$rchibor_t$	$rfrex_t$
1	100.00	0.00	0.00	24.80	75.20	0.00	9.23	10.49	80.28
2	91.70	6.45	1.86	30.15	66.01	3.84	10.13	22.24	67.63
3	85.79	7.05	7.17	26.86	64.34	8.80	10.39	23.69	65.92
4	83.46	9.00	7.54	29.99	62.34	7.67	10.80	23.76	65.44
5	80.11	12.61	7.28	35.78	56.82	7.40	10.86	24.20	64.94
6	78.92	12.64	8.44	35.78	56.27	7.95	11.07	23.91	65.02
7	78.78	12.60	8.63	38.04	54.26	7.70	10.90	23.83	65.27
8	78.73	12.63	8.63	38.52	53.45	8.03	10.86	23.94	65.21
9	79.28	12.15	8.57	38.47	53.28	8.25	11.10	24.04	64.86
10	78.98	12.31	8.71	38.52	53.32	8.16	11.25	23.99	64.76
11	78.60	12.55	8.85	38.50	53.38	8.12	11.24	24.07	64.70
12	78.50	12.66	8.84	38.49	53.37	8.13	11.24	24.09	64.67
13	78.56	12.63	8.80	38.44	53.43	8.13	11.25	24.08	64.67
14	78.50	12.62	8.89	38.60	53.31	8.08	11.35	24.06	64.59
15	78.39	12.66	8.95	38.66	53.24	8.10	11.37	24.05	64.58
16	78.38	12.66	8.96	38.60	53.27	8.13	11.37	24.05	64.58
17	78.39	12.65	8.96	38.67	53.21	8.12	11.38	24.05	64.58
18	78.37	12.65	8.98	38.67	53.20	8.12	11.38	24.05	64.57

上述实证检验我们得出如下结论：

第一，我国的外汇储备成因及走势中，政策性制度因素（结售汇）明显，外汇储备的走势表现出一种逐渐累积的趋势，同时国际收支平衡表（根据国家外汇管理局官方网站上历年国际收支平衡表计算得到）的结构分析显示：1994 年至今，我国经常账户项下，贸易账户一直存在顺差，收益账户一直存在逆差（主要是外商直接投资利润汇回），两者合计的比重占国际收支顺差的 47%；资本账户与金融账户顺差主要来自外商直接投资，资本与金融账户的顺差占 53%，而全部顺差中约有 71% 自从汇率并轨以来形成了储备资产。

第二，在存在资本管制和利率市场程度不充分的前提下，短期利率对资本流动的引导作用不明显，作用于国际收支内部收入与支出的作用不明显。由于我们的模型中无法准确衡量资本流动的问题，所以不能确切评价有关利率评价的问题。

2. CHIBOR 利率的脉冲响应与方差分解

附录图 2 显示：CHIBOR 利率针对自身一个标准差的冲击后，响应十分激烈，这一定程度验证了我国 2004 年以来同业拆借市场的交易活跃、市场化程度不断提高，经过 8 个月左右的正、负向调整后，CHIBOR 利率趋于稳定。我们发现 CHIBOR 利率针对外汇储备的冲击响应程度在幅度上强烈更加强烈，如前文讨论，结售汇制影响商业银行资产负债结构和头寸、货币乘数，进而影响货币供应量；同时冲销干预的时滞和结构影响同样导致拆借主体头寸的变动，也要影响到 CHIBOR 利率。外汇交易量也更加直接地影响商业银行头寸，CHIBOR 利率针对它的波动周期和形状上刚好反映了数量型指标与价格指标的互补形状。

同时，我们观察方差分解发现如下结论：第一，CHIBOR 利率走势波动中自身的贡献尽管在不断下降，但仍然占主要地位，反映了在 2000 年至今，短期利率的走势具有规则型和内在性，这也反映了货币政策操作的规则性在增强。第二，非常值得注意的是，CHIBOR 利率走势波动中，外汇储备的贡献度在开始的时点就十分突出（一跃达到 20% 强），这从实证角度验证了前文的分析，外汇占款走势与冲销干预会影响到货币市场的资金头寸状况，影响到货币供应量和 CHIBOR 利率走势。与此同时，我们还注意到外汇交易量方差的贡献度比较小，在第 3 个月出现一次跃升后基本稳定，这与外汇头寸在外汇市场的收售有关，对 CHIBOR 利率的影响较小也反映了外汇市场与货币市场的协调性不够完善。

3. 外汇交易量的脉冲响应与方差分解

附录图 2 显示：外汇交易量在受到自身一个标准差的冲击后反映同样非常迅速，上升接近 0.2 后，开始迅速下降并迅速回归到零点（第 3 个月），这反映出外汇交易量的变动反映出商业银行试图维持一定量的外汇头寸（有结售汇的原因、有避免敞口头寸的原因等）。外汇交易量针对外汇储备冲击的相应迅速，在 3 个月内出现了正负向调整后趋于零值，而数量型指标——外汇交易量针对价格型指标——CHIBOR 利率的冲击响应再次表现出互补的变动趋势比较明显，说明资金头寸的变动趋势中价格型指标的信号作用在 2000 年以来表现明显。

表 4 方差分解显示：外汇储备走势的方差贡献度达到 10% 强，从一开始就比较稳定，外汇储备自身的走势具有正向累积趋势，因而外汇储备走势的贡献度在此处虽然不高，但是却是一种长期稳定的正向效应。对应 1 ~2 个月里外汇交易量自身方差贡献度迅速下降，CHIBOR 利率走势方差的贡献度迅速上升后就一直维持在 20% 强，可见，国内货币市场短期利率的信号作用比较明显地发挥作用，假若两市场沟通状况和市场化程度良好，那么数量型指标与价格型指标的互动关系必然更加明显。

四、本文结论

（一）基于不可能三角的结论

本文认为在第二部分的研究框架中，存在如下的机制来刻画“三元悖论”、冲销干预与货币政策的独立性：

外汇储备累积增长：

（1）结售汇业务→商业银行资产负债结构和外汇头寸变动外汇市场交易量变动人民币投放变动流通中人民币数量变动；

（2）中央银行在国内货币市场冲销（逆回购、发行央行票据等公开市场操作）→影响基础货币供应的总量与结构，影响货币市场资金盈余与短缺→影响短期利率（CHIBOR 利率）。

这个传导途径抽象到了国际资本流动，特别是可能存在的投机资本炒作，忽略了企业的反应和资本市场的问题。理由在于：我国存在政策性的资本管制，即使 QFII 机制运行了，仍然在投资年限（1 年以上）方面限制了资本的投机性炒作；企业虽然逐渐被授予留成且日趋加大比例，但是结售汇制度的作用仍然明显；我国货币市场与资本市场的协调性与互动性很不完善。

本文间接论述了“三元悖论”下的冲销干预与货币政策独立性的问题（图 1）。总体而言，我们认为冲销干预的作用十分有限且不能被认为有效，货币政策时滞以及冲销无法解决的结构问题，影响了货币政策投放量，不能单纯地从存量的稳定就认为货币政策独立性良好，我们根据各个指标的走势构建的 VAR 模型已经刻画了“三元悖论”框架下，结售汇业务中，外汇交易量和 CHIBOR 利率遭受的冲击。

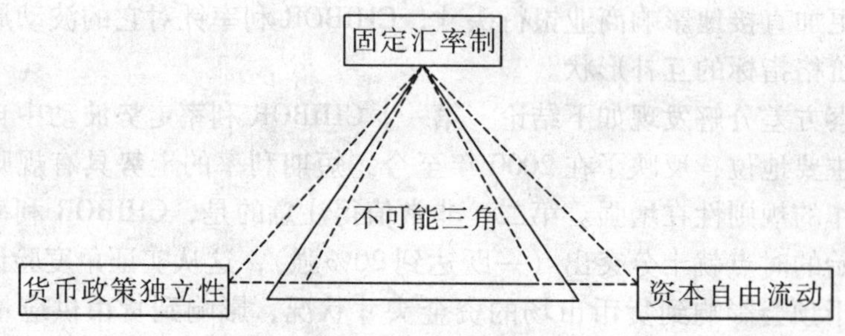

图 1　不可能三角的“钟摆效应”

由此可见，在经济开放程度日益增加，且流动趋势不断加强的情况下，为了维持名义上的管理浮动汇率制度，势必要或多或少地牺牲国内均衡目标，牺牲货币政策的独立性，鉴于本文实证分析的数据期间所限制，本文不能在统一的框架内渐进地演示汇率并轨以来结售汇业务与冲销干预对外汇交易量与 CHIBOR 利率，进而货币供应量产生影响的全过程。尽管如此，笔者赞同孙华好（2004）有关我国存在不可能三角的“钟摆效应”问题，认为中央银行在维持实质上的固定汇率制下，可以在货币政策独立性与资本自由流动之间审时度势地调整。

（二）针对冲销干预、货币市场发育的建议

从我国外汇冲销干预的实践来看，如果单从稳定汇率的效果角度，基本上中央银行的冲销是成功的，但是我国实行这一冲销还没有经过大量系统的论证，缺乏对我国货币政策工具的研究，外汇冲销干预中还存在着一系列的问题，随着外汇占款的逐步增加，在资本自由流动限制越来越少的情况下，我国货币政策独立性以及对内部均衡目标调控的有效程度让人担忧。为此，本文提出如下结论与建议：

第一，从我国货币市场的发育来看，20 世纪 90 年代以来我国的金融市场建设与发展过程中，存在“重资本市场，轻货币市场”的倾向。然而，汇率并轨以来，冲销干预与商业银行调剂本外币资金头寸都需要有一个交易活跃，主体众多，有广度、深度和弹性的货币市场和外汇市场来配合国家维持名义汇率稳定的外部均衡，调控货币供应量的内部均衡目标。

第二，从我国的冲销工具上看，工具单一，可操作空间狭小。我国货币政策的工具与货币市场（包括外汇市场）、资本市场的发育不够健全，操作工具单一现象制约了货币政策当局冲销外汇占款货币投放的力度和有效性，因此，应该鼓励外汇市场的发展，丰富货币市场的操作工具。

第三，我国外汇冲销存在影响货币政策调整结构问题，由于出口量和外汇流入量在不同的生产企业、不同的产业、不同的地区间分布不均匀，因而企业结汇所得的人民币资金在其运用的时候，很难保证符合我国产业结构调整的政策导向，这意味着外汇操作投放资金的投放难以保证实现合理的预定目标，出现外贸企业资金宽松，国内工业和交通运输行业资金紧张，这不利于国家产业结构调整。

综上所述，本文认为，在现行制度安排下，冲销干预有效性取决于：完善的货币市场与资本市场，以及在此前提下央行操作的前瞻性（缩短时滞）和敏锐地分析力与判断力（缓解结构影响）。但是终究不能摆脱“三元悖论”，货币政策独立性必然受损。

附录表 1：　　向量自回归模型的滞后期数判断的统计量比较

模型形式	*VAR*(1)	*VAR*(2)	*VAR*(3)	*VAR*(4)	*VAR*(5)	*VAR*(6)	*VAR*(7)
极大似然值	243..73	242.61	248.14	259.87	265.47	271.88	272.49
AIC 准则	−8.25	−8.36	−8.39	−8.66	−8.70	−8.77	−8.60
SC 准则	−7.81	−7.58	−7.26	−7.18	−6.86	−6.60	−6.03
LR 统计量 P 值				0.005	0.262	0.171	

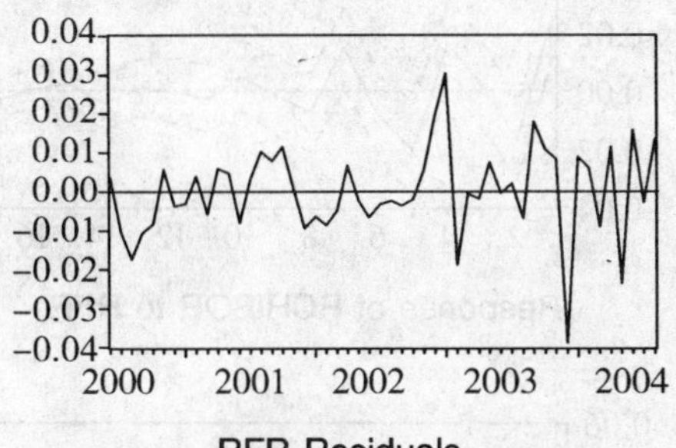

RFR Residuals

RCHIBOR Residuals

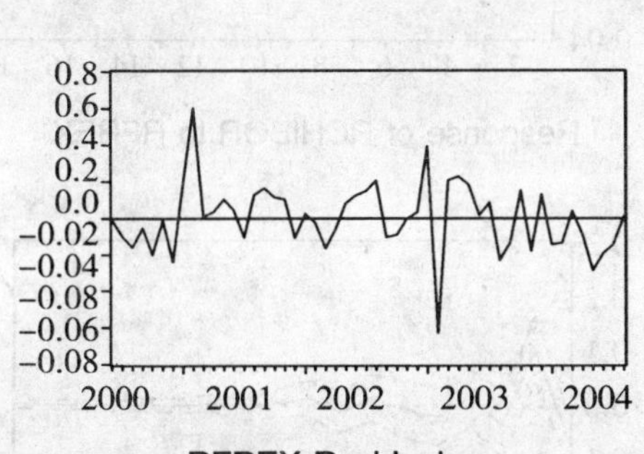

RFREX Residuals

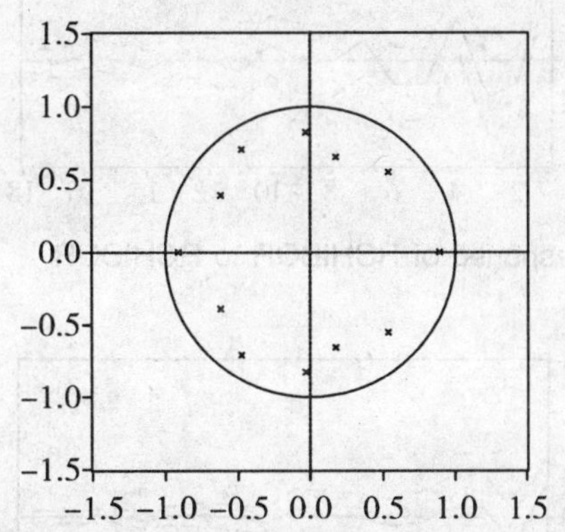

Inverse Roots of AR Characteristic Polynomial

VAR Residual Heteroskedasticity Tests: No Cross Terms

(only levels and squares)

Joint test:

Chi − sq	Df	Prob.
181.7726	144	0.0181

附录图 1　rfr_t、$rchibor_t$ 和 $rfrex_t$ 的 *VAR*(4) 模型的残差图（下图）、残差单位根检验（左下图）以及异方差检验（上表）

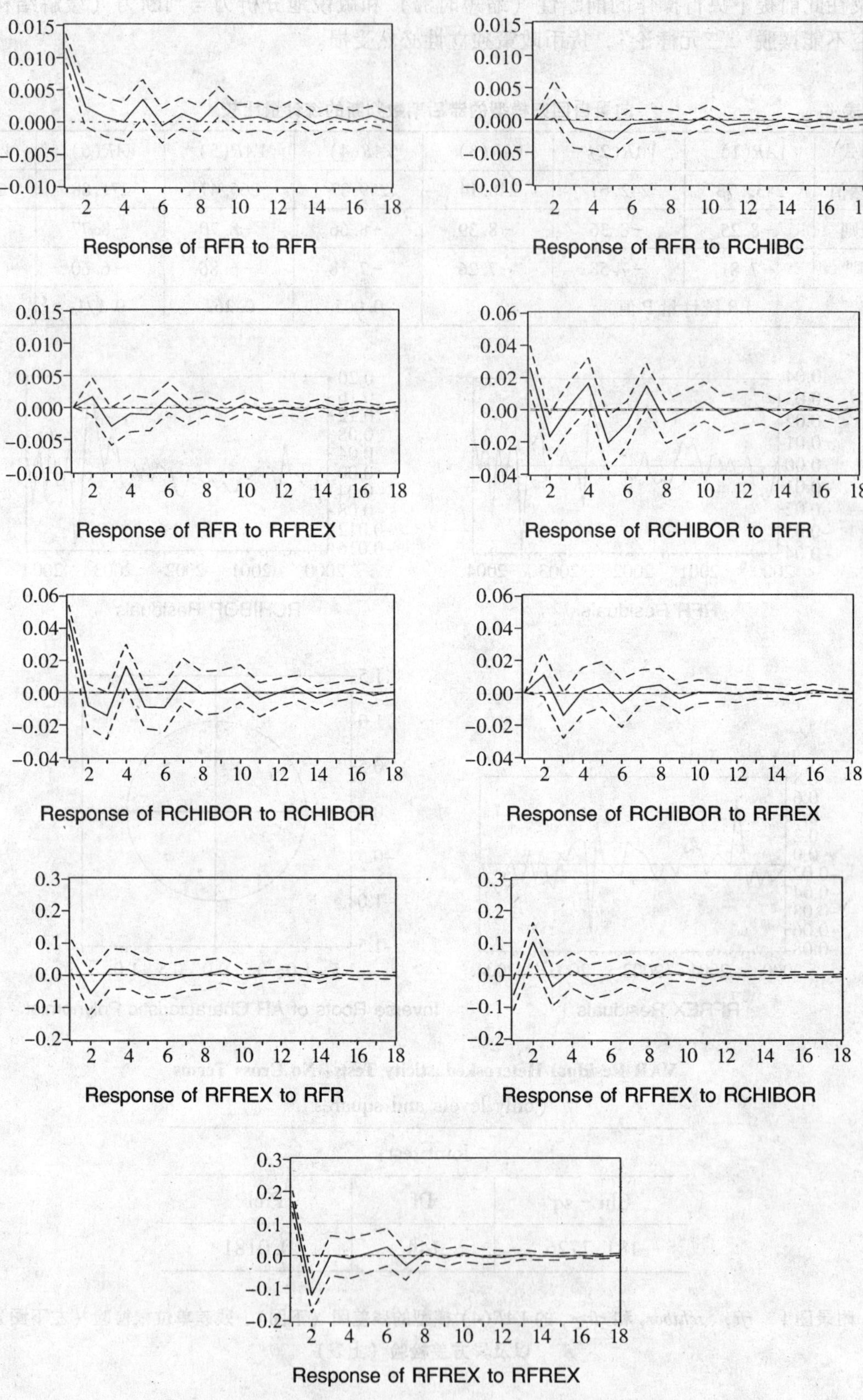

附录图 2　rfr_t、$rchibor_t$ 和 $rfrex_t$ 的 $VAR(4)$ 模型的脉冲响应图

参考文献：

1. 孙华妤．“三元悖论”不能作为中国汇率制度选择的依据［J］．国际金融研究，2004（8）．

2. 汪红驹．中国货币政策有效性研究［M］．北京：中国人民大学出版社，2003．

3. 夏斌，廖强．货币供应量已不宜作为当前我国货币政策的中介目标［J］．经济研究，2001（8）．

4. 谢平．中国货币政策分析：1998—2002［J］．金融研究，2004（8）．

5. 赵蓓文．从“蒙代尔三角”看人民币汇率制度的选择［J］．世界经济研究，2004（7）．

6. 郑超愚，陈景耀．政策规则、政策效应、政策协调：现阶段中国货币政策取向研究［J］．金融研究，2000（6）．

7. Billmeier, A. and Bonato, L., 2002. Exchange Rate Pass - though and Monetary Policy in Croatia, IMF Working Paper WP/01/09, Washington, D. C.: IMF.

8. Brissimis, S. N. Gibson, H. D., & Tsakalotos, E., 2002, A Unifying Framework for Analysing Offsetting Capital Flows and Sterilization: Germany and the Erm, International Journal of Finance & Economics, Jan 2002, 1; ABI/INFORM Global.

9. Clavijo S., Varela C. Floating Exchange and Monetary Sterilization［J］. the Experience of Colombia, 2003.

10. Dominguez K. M., Frankel J. A. Does Foreign - Exchange Intervention Matter? The Portfolio Effect［J］. The American Economic Review, 1993, 85（5）.

11. Fatum. R. On the Effectiveness of Sterilized Foreign Exchange Intervention［J］. SCCIE Working Paper, 2000.

12. Hillebrand E., Schnabl G. The Effects of Japanese Foreign Exchange Intervention GARCH Estimation and Change Point Detection［D］. Working Paper 2003 of Louisiana State University, 2003（8）.

13. Kaminsky G. L. and Lewis K. K. Does Foreign Exchange Intervention Signal Future Monetary Policy?［J］. Journal of Monetary Economics, 1996（4）.

14. Kouri P. J. K., Porter M. G. International Capital Flows and Portfolio Equilibrium［J］. The Journal of Political Economy, 1974（5）.

15. Krugman, P. 2000, International economics: Theory and policy（5th Ed.）. Reading, MA: Addison - Wesley.

16. Obstfeld M. Can we sterilize? Theory and evidence［J］. The American Economic Review, 1982, 72（2）.

17. Obstfeld M. Exchange Rates, Inflation and the Sterilization Problem: Germany 1975 - 1981［D］. NBER Working Paper #963, 1982（8）.

18. Pasula K. P. M. Monetary Independence Under Bretton Woods: Perspectives from a Stochastic, Maximizing Model［J］. The Canadian Journal of Economics, 1996, 29（3）.

19. Rogers J. M., Siklos P. L. Foreign Exchange Market Intervention in Two Small Open Economies: the Canadian and Australian Experience［J］. Journal of International Money and Finance, 2003（22）.

20. Rogoff K. On the Effects of Sterilized Intervention: An Analysis of Weekly Data［J］. Journal of Monetary Economics, 1984（14）.

21. Xie Ping, Zhang Xiaopu. The coordination between monetary policy and exchange rate policy in an open economy in trasition: A case study on China from 1994 to 2000［J］. Journal of Asian Economics, 2003（14）.

中国外汇市场做市商行为空间的研究

丁剑平　俞君钛　曾芳琴[①]

内容提要：在人民币汇率机制形成的微观层面上，汇市的做市商将发挥重要作用。他们在不断向市场提供流动性的同时也为市场提供了稳定性。目前中国汇市要给做市商行为让出一定的空间，央行在汇市既不可不作为，也不可过多作为。经验证明中国的做市商的成交量在放大，并且成交量开始影响汇市。中国汇市的成熟需要规模（成交量），而做市商迅速发展能迎合成交量放大的需要。然而，中国的做市商地位需要进一步提升，这有利于他们发出准确信号并且持续报出有竞争性的价格。

关键词：做市商　外汇市场微观结构　汇市成交量　指令流 央行干预

一、汇市做市商作用的综述

顺应一国的经济发展，同时协调对外对内平衡的汇率才是最佳的汇率。汇率弹性也是如此，在给定汇率长期走势的情况下，短期内的汇率波动区间（弹性）也应该符合一国宏观结构的调整节拍以及微观市场的成熟程度。从形式上看人民币汇率形成机制已经市场化了。再从微观角度看，2006年1月4日中国银行间外汇市场做市商（Market Maker）制度正式实施，在价格形成上两种方式（订单驱动（order - driven）和报价驱动（quote - driven））同时存在。报价驱动市场也称为做市商市场，即做市商（交易商）在交易时间内连续提供买卖双向报价（bid and ask price），投资者可按做市商报价与做市商进行交易，投资者之间不直接撮合。竞价制与做市商制同时存在可以达到人民币汇率既有波动又相对稳定，因为竞价制的特点是信息传递速度快；而做市商制的特点是市场稳定性好。本文先总结国外对做市商的评价，然后就中国现阶段在引入做市商制后的发展予以描述，并在此基础上提出一些思考。

外汇市场的一个重要特征是提供双向买卖价格的做市商主导了商业银行和投资银行的银行间外汇交易。国际清算银行作过估算，在该市场上做市商的交易占了全部交易量的90%（其中通过做市商之间的直接交易占即期交易的50%以上，或通过外汇经纪人占大约40%）。国际外汇市场上的成交量远远超过贸易和投资的“真实背景”的原因很大部分就是因为做市商操作行为所致。就其制度来说，做市商是具备一定实力和信誉的机构，他们不断向投资者报出买卖价格，并按其主动报出的价格接受投资者的买卖要求，以其自由资金和证券与投资者进行交易，从而为市场提供流动性，并通过买卖价差实现一定的利润。因此做市商的最基本功能是持续双向报价，提供市场流动性。现在这种制度广泛普及，例如美国的NASDAQ、伦敦、欧洲的EASDAQ、日本的JASDAQ、芝加哥、新加坡、欧洲新市场、马来西亚的MESDAQ等。姚秦（2006）在对债券市场上做市商制度的分析时，概括了该制度的优缺点（见表1）。

① 丁剑平：男，（1957.8— ）上海财经大学现代金融研究中心主任，博士生导师。电话：021 - 65914571 电子邮箱：dingjp@mail2. online. sh. cn。

俞君钛，曾芳琴：上海财经大学硕士研究生。本文由国家自然科学基金（项目编号：70341023和70373075）资助。

表 1　　做市商制与竞价制比较

做市商制	竞价制	
优点	流动性（成交即时性）好	交易成本低（债券市场），然而在汇市，因需在统一的清算所，还要加上佣金
	避免价格大幅波动，市场稳定性好	透明度高，信息传递迅速
	处理大宗交易的能力强	便于自动化交易，减少人为干预
缺点	交易成本较高	处理大宗交易的能力不强
	缺乏透明度	不利于买卖清淡的证券的交易
	可能产生市场操纵，监管成本高	价格波动可能较大

资料来源：根据姚秦（2006）第 24 页，略做修改。

对于表 1 中的做市商的缺点，曹勇（2006）则有另外的诠释。他认为做市商制度不仅可以提高市场流动性和交易量，还可以提高市场竞争程度和价格透明度。为了避免做市商对市场的垄断，需要在做市商制度中引入竞争机制，竞争的结果是做市商报价价差缩小。由于做市商数量与价差存在反比关系，多家做市商就可以降低单个做市商的风险。国际外汇市场发展趋势是报价驱动制与指令驱动制并存，其目的就是通过交易者在自己满意的价位上提交限价报单与做市商报价竞争，中国目前就是做市商制度和竞价制度兼容的体系。此外，他还提出做市商的存货管理是形成外汇远期市场的基础。做市义务要求做市商保留一定数量的非自愿存货，银行对敞开头寸的风险管理非常迫切。中国银行间同业拆借利率已经实现了市场化，这是远期外汇市场形成的基础。存货管理与利率市场化的深入是外汇远期市场形成的最主要的两个因素。有了远期市场，才可能发展各种回避外汇风险的金融衍生品。

一个有规模的外汇市场，做市商的作用尤为突出。他们是规模效应推动所致，通过各自的专业化的效率，将外汇交易市场的空间扩大。丁剑平，曾芳琴（2006）将外汇市场做市商的空间用图表述出来，他们是场内和场外的"桥梁"；他们是信息的集合，通过指令流有着"春江水暖鸭先知"的先觉；他们的效率增强了市场流动性和交易量（见图 1）。

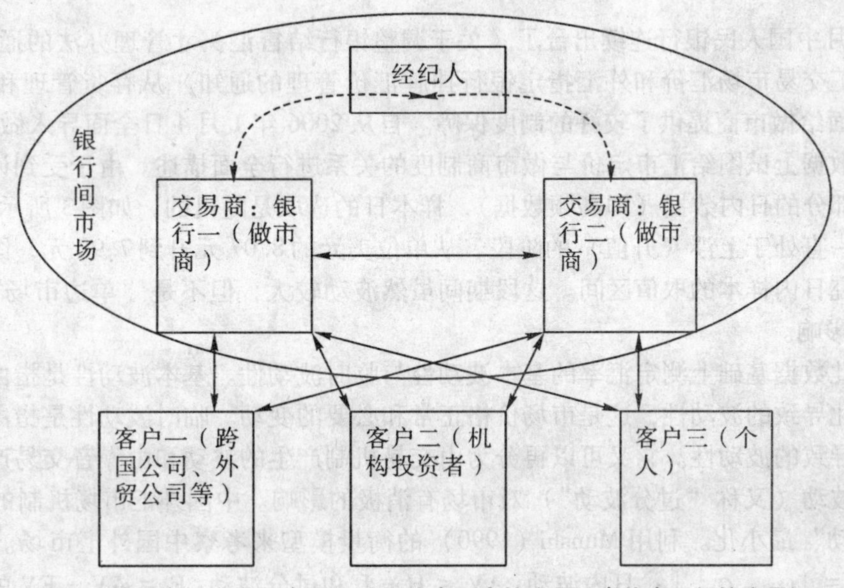

图 1　外汇市场交易层次图示（实线表示直接交易，虚线表示间接交易）

资料来源：丁剑平、曾芳琴（2006）。

国外学者对做市商作的研究大多数与做市商在外汇市场上的价格发现功能结合在一起。在这方面 Lyons（2001）等为代表的学者有大量的综述，这里就不再赘述。本文第二部分将介绍中国外汇市场自从引入做市商制后的数据描述，同时建立做市商行为与汇价变动的模型。第三部分就模型的检验结果予以讨论。第四部分是全文的总结，并且提出了今后扩大中国汇市做市商行为空间的思考。

二、中国汇市引入做市商制后的统计描述和模型建立

早在 2002 年 4 月 1 日，中国外汇交易中心在推出欧元/人民币交易时引进做市商试点，并从 2002 年 7 月 18 日起将试点扩大到港元/人民币交易。2005 年 5 月 18 日上线的银行间外币买卖系统采用了做市商报价驱动的竞价交易模式，这是我国金融市场建设中在交易制度安排上的全新尝试。这些试点取得了较好的结果，但其毕竟是在国内交易量不大的币种上的试验，做市商数量有限，并且只有外资银行参与，其影响也十分有限。而在银行间外币买卖业务中，做市商制度是关键，它完全符合了国际惯例，从系统自动选取做市商的最优报价，到全球化的培训网络，无一不体现出交易中心设计中与国际接轨的细致周密的考虑。可以说，银行间外币买卖业务是我国外汇市场迈向国际化的第一步。外资做市商可以把国际市场的做市经验用在这个平台上，中资做市商也可以在这个平台上锻炼自己做市操作的能力，为将来走向国际大市场做准备。通过上述一系列的改革，做市商在外汇买卖交易子系统中位置确认。（见图 2）

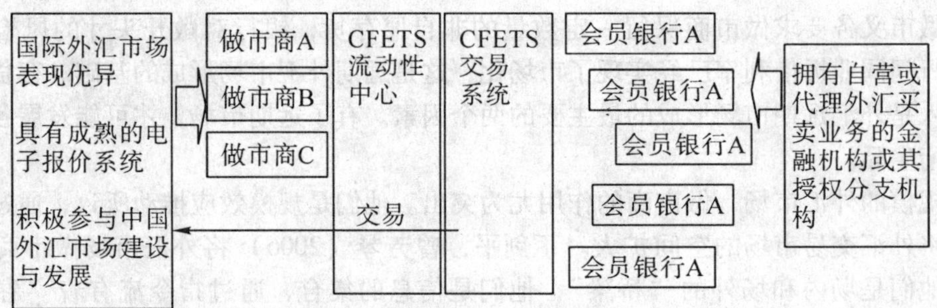

图 2　中国外汇交易交易子系统

2005 年 9 月中国人民银行连续出台了《关于调整银行结售汇头寸管理办法的通知》、《进一步改善银行间外汇交易市场汇价和外汇指定银行挂牌汇价管理的通知》从存货管理和浮动幅度（一日多价）两方面给做市商提供了较好的制度保障。自从 2006 年 1 月 4 日全面导入做市商制度以来，本研究在统计数据上试图给汇市定价与做市商制度的关系进行全面描述。由于受到许多限制，本研究只获得 4 月部分的日内数据（即高频数据），样本日的选取是随机的，如图 3 所示。进入 2006 年以来人民币就一直处于上浮（升值）的阶段，从单位美元的 8.07 元升到 7.98 元，图中的灰色阴影部分就是本研究日内样本的取值区间。这段期间虽然波动较大，但不是“单边市场”，这有利于去除“趋势”的影响。

本研究在此数据基础上测定汇率的基本波动性与临时波动性。基本波动性是指由于非预期的货币内在价值变化导致的波动性，这是市场价格正常和必要的变动。临时波动性是指由于无信息含量的交易行为而导致的波动性。它又可以再分为由交易机制产生的波动和由噪音交易产生的波动。交易机制产生的波动（又称“过分波动”）对市场有消极的影响。中国外汇市场机制的设定就是要使那些“过分波动”最小化。利用 Munshi（1990）的衡量模型来考察中国外汇市场。该模型设计了日间波动：$EV = |C_t - C_{t-1}|$；日内波动：$AV = H - L$ 和过分波动：$E = AV - EV$ 的统计方法来看市场波动（其中：H 表示日内最高价；L 表示日内最低价。C_t 表示 t 日收盘价；C_{t-1} 表示前一天的收盘价。“过分波动”是与交易机制相关的）。本研究取值的 4 月份的日内数据检验结果表明中国

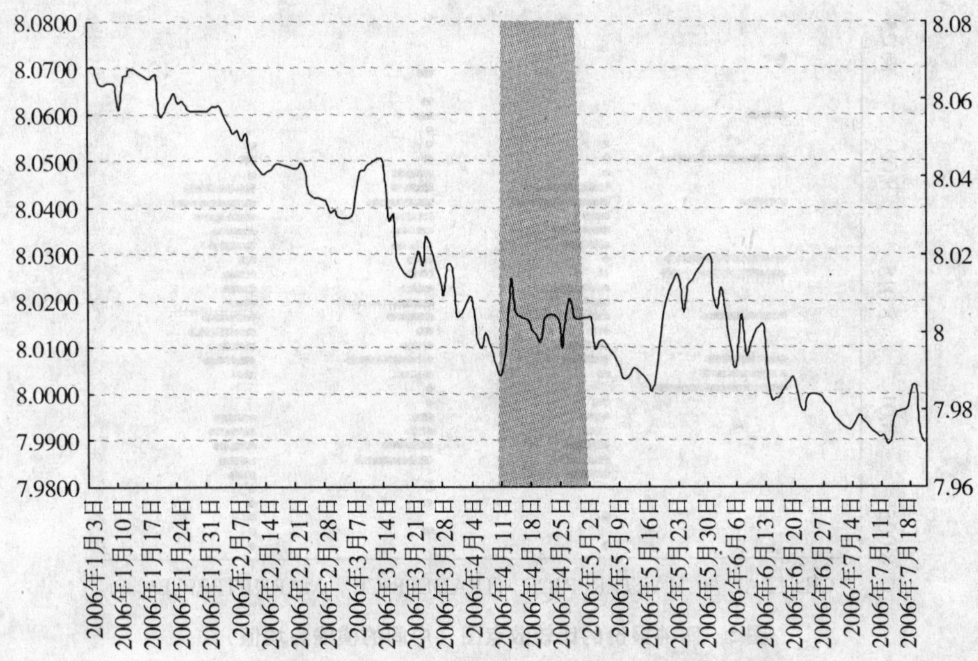

图3　2006 年 1 月 -7 月期间的人民币兑美元的日数据

资料来源：人民币兑美元日数据来自美联储网站（http://www.federalreserve.gov/releases/h10/update/）阴影部分是本研究的样本取值区间。

汇市“过分波动”占 50% 以上。也就是说，通过做市商制度的引进中国汇市还有很大的改进空间。

样本来源于 2006 年 1 至 5 月中国银行间外汇市场即期交易前三十强排列中的的前十强。它包括某交易员的报价（假定用 charterprice 表示）、执行价（tradeprice）、做市商均价（marketprice）和人民银行公布日汇率（central）。在去除那些无效（难以匹配）的数据后，剩下共有 171 个观察值（observation）。这些基本统计数据的描述如图 4 和图 5 所示。

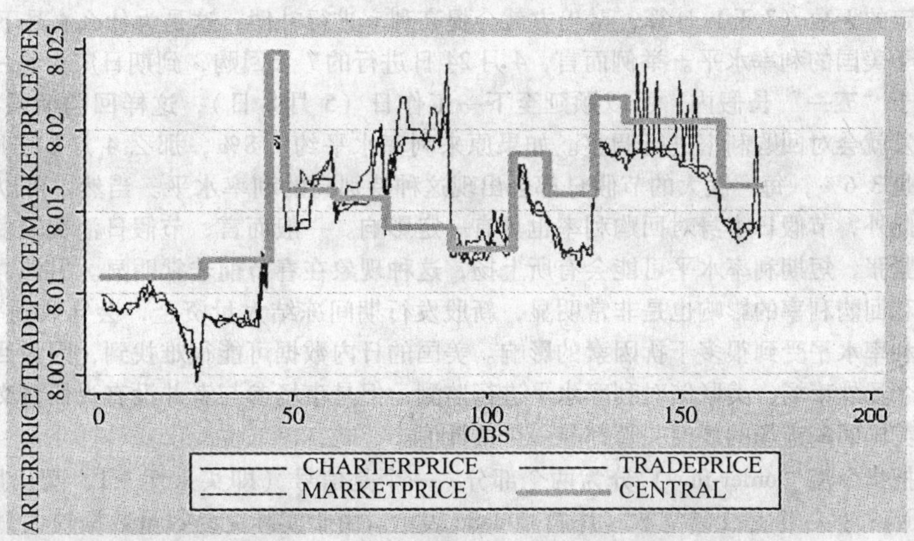

图 4 中国外汇市场的美元兑人民币汇价（日内 + 日间）2006 年 4 月

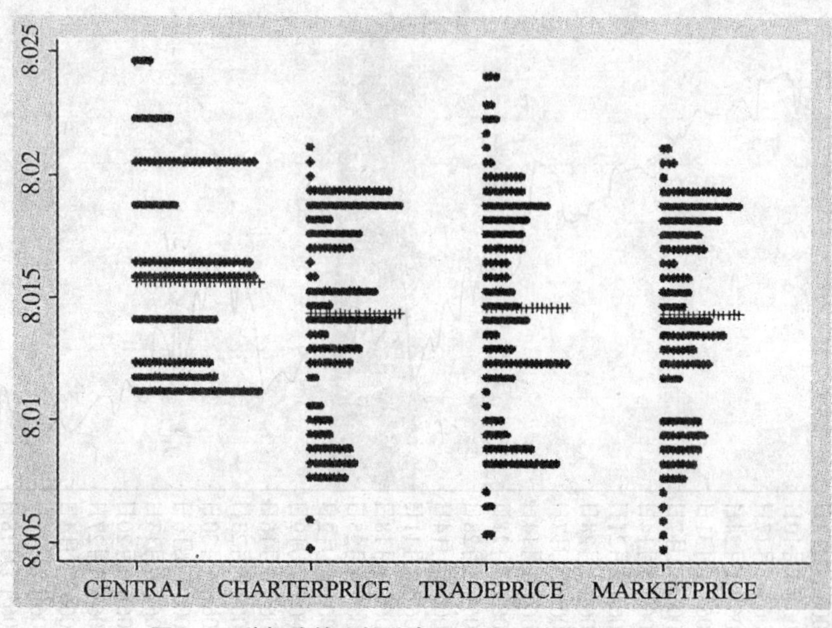

图5　四种报价的比较散点图（中间的横线为均值）

在四种价格中，本研究使用的是做市商均价（marketprice），因为它最有代表性。根据利率平价论的汇率理论，中美两地利率（带有宏观层面信息）对高频汇率的影响就是通过两地的利差（计量分析时用 inparity 符号）来衡量。中国日内利率数据来自于上海证券交易所回购市场利率（7天品种）。由于美国的“瞬时”利率数据难以获得，不得已采用美国联邦基金的有效利率来替代。因为中国对资本项目实行管制，为此，中国的利率瞬间变化对汇率的影响远远大于来自美国的影响。然而，中国“瞬间”利率的偏差是很大的。例如，四月份回购利率后半部分偏高主要是受到“五一”长假的影响。因为，根据交易所规则，结算日遇到节假日顺延至下一工作日，因此，如果回购到期日在五一长假内，那么实际回购期限就会大于7天。但另一方面，回购利息的计算仍然是按照原来规定的天数（7天）计算，融出方就会提高利率进行补偿，这是为什么4月下旬的利率偏高，甚至高于美国的利率水平。举例而言，4月24日进行的7天回购，到期日应为5月1日，但是由于正好处于“五一”长假内，所以顺延至下一工作日（5月8日），这样回购期限实际上是14天，市场自发就会对回购利率进行调整。如果原来利率水平约1.8%，那么4月24日当然的回购利率大约就是3.6%，每一次大的节假日都会出现这种特别高的利率水平。当然，可以对此进行修正和调整。此外，节假日本身对回购利率也具有一定影响。一般而言，节假日消费较多，银行的流动性都相对紧张，短期利率水平可能会有所上扬，这种现象在春节前非常明显。另外，目前的新股发行对拆借和回购利率的影响也是非常明显，新股发行期间冻结大量资金，会导致利率明显上升。因此，中国利率水平受到很多干扰因素的影响。美国的日内数据可能很难找到，因为回购市场在美国完全是一个场外市场，美联储对利率水平进行监测，但是市场参与者并没有责任将交易记录向其报告，所以美国回购市场的规模一直都是一个估计值。

本研究把指令流（order flow）分为两个部分，一个是信号（即买入用+1，卖出用-1，用符号 signal 表示）；另一个是交易笔数（用符号 done 表示。由于实际交易数量数据缺失，本研究假定每笔交易金额相同，这种假设基本符合实际情况）。购买指令的数量超过了卖出指令的数量。同时意味着如果日内有很大一部分交易者购买某种外汇就表明他们认为该种外汇被低估了。这种不平衡反映了所有的信息，包括宏观告示，数据泄露等等。这些信息到达外汇市场并促使交易者去修正他们对外汇收益率的估计并进一步修正他们的资产组合。必须认识到指令流与需求是不同的，它是传递信息的一个媒介，因此当将指令流分解成不同部分时，每一部分指令流所包含的信息强度

(information intensity) 是互不相同的，从而各个部分的指令流对价格形成的影响也是有差异的。

参照 Evans & Lyons (2002) 的模型，他们设计了一个包含信息的指令流汇率决定的简单模型。客户指令流与短期汇率波动是相关的，他们揭示了指令流、宏观基本面信息（以利差来替代）以及汇率三者的关系。为了突出中国的特色，本研究把中央银行公布的日汇率也作为控制变量放在模型中。这样本研究的检验模型就由此建立。

$$\Delta s_t = \beta_1 \Delta(i_{t-1} - i^*_{t-1}) + \beta_2 z_{t-1} \tag{1}$$

(1) 式是最初的模型，这里 Δs_t 指的是在 t 天内外汇价格对数的一阶差分（在本研究中用做市商均价来替代）；$\Delta(i_t - i^*_t)$ 指的是利率微分的一阶差分，$*$ 号表示外国；z_t 指在 t 天内买方和卖方始发的交易量之差（指令流），换句话说，在 t 天内正的 z_t 意味着购买指令的数量超过了卖出指令的数量。同时意味着如果日内有很大一部分交易者购买某种外汇就表明他们认为该种外汇被低估了。这种不平衡反映了所有的信息，包括宏观告示，数据泄露等等。这些信息到达外汇市场并促使交易者去修正他们对外汇收益率的估计并进一步修正他们的资产组合。由于中国外汇市场数据不全，本研究将 z_t 分解为两部分，一个是买入卖出信号（signal）；另一个是交易笔数（done）。此外再加上中央银行公布价格（central）的影响。这样（1）式就转变成（2）式。

$$\Delta s_t = \beta_1 \Delta(i_{t-1} - i^*_{t-1}) + \beta_2 \text{signal}_t + \beta_3 \Delta \text{done}_t + \beta_4 \Delta \text{central}_t \tag{2}$$

本研究根据上述模型进行了计量分析，分析结果在下部分展开。将（2）式中的央行价格放入和不放入进行比较，可以看出中国外汇市场上做市商的行为空间。

三、中国汇市做市商行为的经验分析

除了信号变量（signal）之外，所有变量都取对数，并且都是波动率（一阶差分），观察值为171。所有变量在 1% 显著水平上都通过了扩充的迪基—富勒单位根检验，被证明平稳。计量回归结果如表 2 所示。

表 2　　中国汇市做市商均价（Δs）决定的最小两乘法（OLS）回归结果比较

解释变量	符号	无央行价格	有央行价格
中美利率差价	$\Delta(i_{t-4} - i^*_{t-4})$	−0.000148 (−0.907450)	−0.000143 (−1.209766)
做市商买入卖出信号	singal	−2.02E−05* (−1.344351)	−2.29E−05** (−2.110411)
做市商的交易笔数	Δdone_{t-2}	2.98E−05*** (3.322682)	1.77E−05*** (2.696715)
央行公布汇价	Δcentral		0.753827*** (12.22300)
R − squared		0.075358	0.518975
Log likelihood		1185.640	1239.879
Durbin − Watson stat		2.372372	2.572526
Akaike info criterion		−14.24867	−14.81513
F − statistic		6.642188	58.26022

说明：括号内为 t 统计量，*、** 和 *** 分别表示估计出来的参数值在 10%、5%、1% 的显著性水平上通过 t 检验。

总体回归效果都不十分理想。回归等式的两边（解释变量与被解释变量）都是波动率，对于零截距的回归来说，R^2 也不最适合解释模型，在国外学者的回归中也存在类似的状况。从表 2 的检验结果看，有无央行的公布汇价举足轻重。不仅 t 值最显著的是官方汇率，而且有了官方汇率后回归方程式 R^2 的结果显著提升。虽然看不出中央银行在外汇市场的交易量，但每一个做市商都知道每天的波动点数最大到100个基点左右，波幅只有不到0.1%限度。根据规定，每日银行间即期外汇市场美元兑人民币的交易价格在中国外汇交易中心公布的美元交易中间价上下3‰的幅度波动。国际上任何一种货币的日波动幅度都超过千分之五，没有这样的波动幅度就不存在市场博弈，做市商银行也难以盈利。央行的指导价格在某种程度上制约了市场活力，据统计，中国人民银行直接入市交易的天数超过外汇交易中心总交易日数的70%，中央银行对银行间敞开头寸基本全额收购或供应，在某种程度上成为市场出清者和做市商。这不仅降低了外汇市场的竞争程度，也制约了外汇交易品种的发展动力的空间。中国外汇管理体制中还存在最高持汇规模和汇率日波幅上的数量和价格双重约束。虽然在尚未成熟的中国汇市上完全脱离央行的指导还为时太早。在现阶段央行仍然可以继续进行窗口指导，但要注意扶植做市商成为银行间市场的核心力量。随着时间的推移，央行要把做市商义务将逐渐分散到各做市商（商业银行），央行稳定汇率波动的干预也转换为做市商的市场行为。

货币市场利率如何转递两国的宏观信息？在理论上有利率平价论来验证即期汇率与远期汇率的关系，并且说明远期汇率定价的形成。然而对于日内汇率波动来说，两国利差表现得很糟糕（尽管滞后了4期）。Evans & Lyons（2002）在实证发达国家汇市时候也发现两国利率差对即期汇率的解释能力接近于零。这种情况也在本研究中得到了验证。本研究的节假日前的因素没有剔出也影响回归的显著程度。然而，这种现象将随着中国资本项目的逐步开放而有所改变。

做市商行为与指令流的关系应该是最紧密的。国外大量的文献和实证都是分析做市商行为对指令流（本研究将指令流分解为买入卖出符号、成交量）的影响的。央行在《2006年第一季度货币政策报告》中指出，做市商报价主要基于自身对柜台结售汇情况、银行间市场外汇供求、自身头寸情况和国际外汇市场主要货币走势等因素来综合考虑，因此由做市商报价得出的中间价体现了“以市场供求为基础、参考一篮子货币”的人民币汇率制度框架。做市商行为背后有许多理论模型的支持和解释，如存货模型、预期模型、批量交易、序贯交易、时间交易模型等。近年来又细分到做市商的专业背景等对汇价的影响。本研究的数据比较笼统，难以细分，所以就局限于买入卖出符号和成交量（用交易笔数替代）。从验证结果看，做市商的成交量的影响大于买入卖出信号。这种现象可以这样来考虑，做市商信号的发出只是作为试探其他做市商的价格定位，而成交量更体现做市商对某价格水平的默认和信心。做市商为了控制自己存货，在汇市分散风险，尤其是在人民币有升值预期的情况下，手中的美元等“存货”出现犹如“烫山芋”在外汇市场上流转。这就会出现信号与成交量之间错综复杂的关系。

四、结论和思考

中国汇市的做市商正在成熟起来，他们在人民币汇率的形成机制中将发挥越来越大的作用。尤其是他们在提供汇市的稳定性和流动性方面已经初显成效。然而，中国的汇市需要规模。目前的年成交量规模还很小，低于菲律宾和泰国水平，有时还不如日本央行的年干预量。这是由于受过去长期以来贸易和投资“真实背景”的限制。2006年做市商制度全面引入，这将使得汇市成交量摆脱许多束缚，首先在成交量上有大的起色。例如今年1至5月，作为做市商银行之一的招商银行成交同比增长了3倍多。只有在成交量上提升才能反映出人民币真实价格。没有一定的规模（成交量），哪来成熟市场！本研究的实证表明中国做市商的成交量影响虽然弱小，但在统计上显著。

要让更多的“符号”出现，则要增加做市商的数量和做好“升级”工作。中国外汇交易中心将定期对做市商的做市表现进行评估与考核，优胜劣汰，以保证做市商制度能充分发挥作用。在中国银行间外汇市场即期交易前三十强中，原国有银行色彩、外资银行色彩以及上海色彩都有一定的体现，而中国其他地区的影响很弱。本检验中的做市商的“买入卖出符号”统计上显得不够显著，这在今后需予以重视。在“升级”方面，央行发布了《外汇一级交易商准入指引》建立起了外汇市场一级交易商模式。根据该准入指引，凡具备外汇市场做市能力的外汇指定银行，均可向中国人民银行申请外汇一级交易商资格。成为外汇一级交易商的，在享受与央行交易权利的同时，需要履行积极做市、保持市场价格平稳、向央行提供市场最优报价以及与央行保持沟通的义务。“升级”后的做市商的“买入卖出符号”可能对汇价有所影响。

做市商的连续最优报价需要一段时间的培育，在此期间央行的“影子”既不能突然消失，也不能过多出现。本研究的结果表明，没有央行的指导，中国汇市做市商行为容易失去方向，作为指令流变量的回归结果不说明问题。然而出现太多，则汇市被其左右，做市商的行为空间也会丧失。培育中国汇市的做市商，央行需要艺术。

参考文献：

1. Evans, Martin D. , R. K. Lyons. Order flow and exchange rate dynamics [J]. Journal of Political Economy, 2002 (110).

2. Lyons R. K. The Microstructure Approach to Exchange Rates [M]. Boston: The MIT Press, 2001.

3. 曹勇. 做市商制度、人民币汇率形成机制与中国外汇市场的发展 [J]. 国际金融研究, 2006 (4).

4. 丁剑平，曾芳琴. 外汇市场微观结构理论与实证 [M]. 北京：中国金融出版社，2006.

5. 姚秦. 债券市场微观结构与做市商制度：中国银行间市场的理论及实证 [D]. 复旦大学博士学位论文，2006.

后 WTO 时代的金融创新

关于我国融资租赁的反思
及其在后 WTO 金融业中的重构

史燕平

内容提要：作为我国改革开放之初的一种金融创新，融资租赁在我国经历了从巅峰到谷底的发展过程。作为对欧美与我国入世谈判要价的承诺，我国在入世后立即开放融资租赁市场，并承诺在5年保护期满后，允许外资银行开展融资租赁业务。目前，已有许多外国投资人金融中国融资租赁市场。与此相对照的是，我国至今尚不存在具有一定规模的出租人，受我国金融业分业经营的管制，我国的商业银行尚不能从事融资租赁业务。本文的目的，旨在通过对我国融资租赁发展历史的客观分析，找出导致我国融资租赁业现状的根源，并为后 WTO 时代，实现融资租赁在我国金融业中的地位重构，指出方向。

关键词：融资租赁　后 WTO　金融业重构　中国

作为我国改革开放之初的一种金融创新，像信托一样，融资租赁在我国经历了从巅峰到谷底的发展过程。作为对欧、美与我国入世谈判要价的承诺，我国在入世后立即开放融资租赁市场，并承诺在五年保护期满后，允许外资银行开展融资租赁业务。目前，已有如卡特彼勒、GE、西门子等大的跨国公司、澳大利亚的麦吉尔投资银行、荷兰银行等金融机构在中国成立了融资租赁公司，同时，花旗、汇丰等商业银行，也开始关注融资租赁业务。与此相对照的是，我国至今没有达到一定规模的出租人，受我国金融业分业经营的管制，我国的商业银行尚不能从事融资租赁业务。本文的目的，旨在通过对我国融资租赁发展历史的客观分析，找出导致我国融资租赁业现状的根源，并为后 WTO 时代，实现融资租赁在我国金融业中的地位重构，指出方向。

一、我国融资租赁业的产生、组织结构与规模

我国对融资租赁金融工具的认识，直接源于对外开放。我国融资租赁业产生于20世纪末开始实施的改革、开放政策之初。由此也使我国融资租赁市场的结构、规模以及相应的曲折发展历程，都成为这一历史背景的必然结果。

（一）由融资租赁产生背景而决定的我国出租人的组织结构

到加入 WTO 之前，我国出租人组织结构主要包括两种类型。

首先是以经营融资租赁业务为主的中外合资租赁公司。我国实施改革开放后，就利用外资而言，一直以鼓励外国直接投资为主。我国金融领域一直是对外开放程度较低的领域，同时，我国还一直存在着较为严格的资本项目管制。上述政策措施，限制了外国金融资本向我国的输出。但是，一些外国银行还是对中国的经济发展看好，从而希望通过向我国输出资本而获取利益。在这样的动机下，许多外国的著名银行，特别是日本的银行，如富士银行、东京银行、三和银行和兴业银行，德国的第二大银行——德累斯顿银行和法国巴黎巴银行等，以外国直接投资的方式，分别与我国国内投资人合资组建了由我国对外经济贸易合作部批准设立的、作为外商直接投资企业的、以经营融

资租赁业务为主的中外合资租赁公司。到2000年底，我国共批准成立了36家这类中外合资租赁公司[①]。这些中外合资租赁公司在开展融资租赁业务时，主要依托的是外方股东银行的力量来筹措资金。而这一做法也恰好符合外国投资人的愿望，因为，外国银行通过其设立在中国的租赁子公司向中国输出资本时，在我国的外汇管制项目中，属于中外合资租赁公司自身的对外负债，而不需要向外汇管理局申请外债额度。于是，外资银行利用融资租赁，规避了我国金融市场准入和外债管理的双重制约，进入了我国金融市场。

其次是作为非银行金融机构的以经营融资租赁业务为主的金融租赁公司。在这类租赁公司的投资人中，有相当部分是在计划经济体制下拥有获取按计划调配资源的权利的各级政府的不同管理部门或其他主体。他们当初投资的主要目的是通过手中的权力或便利，套取市场价格与计划价格的差价利益。事实上，这类投资人首先希望设立的是信托投资公司，金融租赁公司是其退而求次的选择。到2000年底，我国共批准设立了属于非银行金融机构类的金融租赁公司16家，并且，约有近4000家同属于非银行金融机构类的信托投资公司和财务公司兼营融资租赁业务。

（二）由两种类型出租人投资目的而决定的主要租赁形式

我国出租人对融资租赁形式的选择，事实上均是以服务于投资人投资目标的实现为宗旨。于是，由我国出租人两种类型所决定，所采用的形式也各具特征。

首先，中外合资租赁公司中的外国银行的目的就是向中国输出资本。于是，中外合资租赁公司采用最多的租赁形式是进口直接融资租赁或进口转租赁。其交易模式简示如图1：

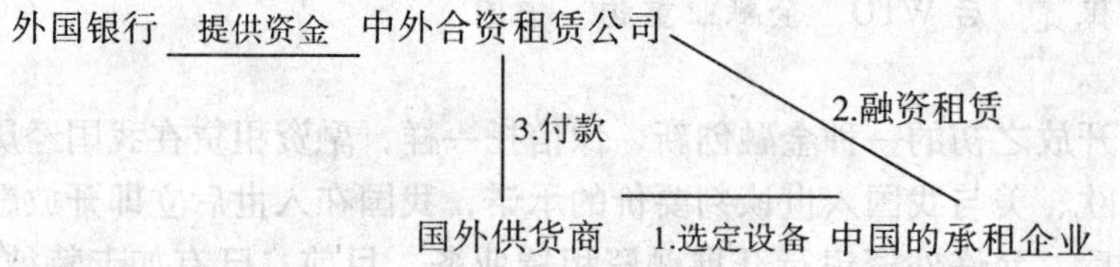

图1　中外合资租赁公司的交易模式

外国银行在为中国的子公司提供资金时，既可以采用直接提供资金的方式，也可通过转租赁的方式来实现。此外，为了适合我国承租企业还汇短缺的需要，中外合资租赁公司通过将租赁与补偿贸易相结合，租赁与来料加工、来件装配相结合和租赁与包销相结合等三种方式，也做了一些业务变通。

其次，金融机构类租赁公司的业务也是与投资人的目的相一致。一些本来就是为了获取金融机构的壳资源的投资人，在成立了金融租赁公司之后，其主营业务根本就没有放在其被批准的经营范围，而是以房地产开发为主，从根本上就背离了其公司的性质。大部分租赁公司是以资金融通为主要目的，所采取的就是简单融资租赁形式。从金融机构类租赁公司的总体考察，几乎没有什么业务创新。但是，若从个别公司考察，其中的浙江金融租赁公司，在开展融资租赁的业务过程中，充分考虑到其所处的浙江省乡镇企业为主的经营环境，与地方财政、银行等管理部门相依托，创造出了一些符合当地经济实际情况的租赁形式，并取得了良好的发展效果。

（三）两种不同类型出租人的租赁交易额

在我国出租人的业务统计上，进一步体现着我国融资租赁产生的环境的烙印。由于两种类型出租人分属中国人民银行和对外经济贸易部管理，由于管理目标的差异，导致管理的不协调并形成了不同的统计惯例。

1. 中外合资租赁公司租赁交易额

中外合资租赁公司的业务统计，是在外经贸部外资司的管理下，由行业协会具体承担，按发生

① 资料由中国外商投资企业协会租赁业委员会提供。

额进行的统计。由于在 2000 年以前，中外合资租赁公司的主要业务都是利用的外国资金，所以，统计以外资的形态出现，这种统计基本上符合中外合资租赁公司的实际情况。

表 1　　中外合资租赁公司历年租赁交易额　　单位：百万美元

Year	外资租赁额[1]	实际利用外资额[2]	租赁占外资%
79 - 82	14.39	1769	0.81
1983	38.05	916	4.15
1984	124.36	1419	8.76
1985	404.72	1956	20.69
1986	386.6	2244	17.23
1987	440.66	2314	19.04
1988	497.85	3194	15.59
1989	347.14	3393	10.23
1990	346.63	3487	9.94
1991	373.83	4366	8.56
1992	654.15	11008	5.94
1993	447.3	27515	1.63
1994	555.4	33767	1.64
1995	443.02	37521	1.18
1996	258.57	41726	0.62
1997	669.43	42557	1.57
1998	708.63	45463	1.56
1999	300.00	40319	0.74
2000	320.00	40717	0.79
2001	1050.00	48840	2.15

注释 1. 数字来源，外资租赁额，为中外合资租赁公司的当年实际发生额，来源于中国外商投资企业协会中外合资租赁业委员会，其中 1999 年数字为不完全统计。

注释 2. 我国实际利用外资额来源于《中国外资统计》2000 年，2001 年，由对外经济贸易合作部内部出版。

从表 1 的数字中可以看出，从我国利用外资的角度讲，中外合资租赁公司对我国引进外资确实发挥了作用，从 1983—1992 年 10 年间，我国外汇资源基本属于稀缺资源，而通过融资租赁引进的外资，最高时占到我国利用外资的 20%，这一比率是相当可观的。

2. 非银行金融机构类出租人

非银行金融机构出租人，由中国人民银行负责监管。在我国非银行金融机构的业务统计中，包括三种类型的非银行金融机构开展的融资租赁业务。同时，为适应金融宏观监管的要求，以控制资产存量为监控目标，所以，非银行金融机构类出租人只有余额统计公布，却无法获得发生额的数字。

表 2　　非银行金融机构历年租赁资产余额　　单位：亿元

	租赁公司 融资租赁余额	信托公司 融资租赁余额	财务公司 融资租赁余额	年度余额
1986	0	20.9[1]	0	20.9
1987	0	33.7	0	33.7

表2（续）

	租赁公司 融资租赁余额	信托公司 融资租赁余额	财务公司 融资租赁余额	年度余额
1988	0	36.0	0	36
1989	0	32.7	0	32.7
1990	0	44.6	0	44.6
1991	0	95.2	0	95.2
1992	0	175.3	0	175.3
1993	0	185.7	0	185.7
1994	0	132.1	2.41	134.51
1995	0	109.18	1.56	110.73
1996	0	84.72	6.80	91.52
1997	132.44	122.22	5.87	260.53
1998	159.19	110.06	5.57	274.82
1999	161.51	95.85	8.72	266.08

资料来源：《中国金融统计》1952—1996 和 1997—1999，由中国财政经济出版社出版。

注释1：1986—1996 年租赁公司的数字与 1986—1993 财务公司年的数字，因在两类出租人的规模较小，其余额数字都合并到了信托投资公司项下。

表2反映了我国属于金融机构类出租人融资租赁资产余额的基本状况。根据余额与发生额之间的相互联系，一般而言，只要余额在增加，说明发生额也在增加。从趋势而言，金融租赁公司的租赁余额大致上属于增长趋势。但在我国金融资产总量中的比重是非常小的。

二、对我国融资租赁前20年发展的反思

到入世以前，我国融资租赁经历了20年的发展。可是，在我国经济社会的各个层面，能够对融资租赁有所了解的人士却仍然非常有限，即使在这有限的群体中，对我国融资租赁市场所存在的负面问题的了解，远远超过其对世界融资租赁市场在各国经济发展中所发挥的作用的了解。那么，我国融资租赁20年的发展，留给社会的这种印象是否属实？我国融资租赁20年对我国经济发展究竟有无贡献？造成我国融资租赁这种局面的原因又是什么？

（一）我国融资租赁20年留给社会的总体印象以负面为主

我国融资租赁经过20年的发展，融资租赁市场上一些已经发生、或者正在发生的事件，都给对融资租赁有所了解的相关人士留下了非常不好、甚至是较坏的印象。这种不良结果不仅给我国，而且还有那些曾经与我国融资租赁密切相关的国家，造成了较坏的影响。

1. 在世界范围产生恶劣影响的欠租问题

欠租问题，也就是严重困扰着我国租赁业发展的租金拖欠问题。作为一种信用工具，由于债务人自身经营或市场环境变化等方面的原因，造成不能正常偿付债权人本息，这本是市场经济条件下一个正常现象，但为什么我国的欠租问题会引起国际社会如此的关注？为什么会成为一个问题呢？

原因有三：一是由于我国承租人租金拖欠问题的范围之广，几乎波及到整个租赁行业，无论是作为中外合资的租赁公司，还是作为非银行金融机构的租赁公司，都深受影响。二是由于欠租的规模之大，已经发展到制约整个行业正常发展的地步。以中外合资租赁公司的数据为例，到1994年

底，我国中外合资租赁公司累计被拖欠租金 8 亿美元，其中由政府和金融机构担保的租金为 6 亿美元①。由于这些被拖欠的租赁公司，都是较早进入我国的中外合资租赁公司，当时的注册资本仅为 300 万～500 万美元。按平均 400 万美元注册资本、36 家租赁公司计算，中外合资租赁公司注册资本总额也就 1.4 亿美元的规模，而欠租规模已达到中外合资租赁公司注册资本总额的 5.7 倍。三是由于我国融资租赁经营的历史原因，早期的租赁公司由于不能用市场的手段对承租人的信用等级进行评估与控制，于是采取了要求承租人提供信用担保，以此来保障其租赁债权。由于体制原因，许多承租人是由所在地地方政府及相关职能部门提供了具有国家信用性质的担保。而最后当这部分承租人因种种原因不能还租，作为担保人的政府却因无力履行担保义务不替被担保的承租人偿还拖欠租金时，引起了国外债权人的强烈不满。

2. 出租人起诉承租人欠租违约时还遭败诉

租金拖欠问题，事实上在 20 世纪 80 年代末就开始出现。当出租人为此而将租赁人诉诸法律时，却遭受了大量败诉的判决（张雅萍，2001）。作为信用融资方式的基本原理是还本付息，而由于我国当时在法律上对融资租赁是否具有信用融资的性质没有明确规定，由此造成法院只能按有关传统租赁的法律来判决融资租赁交易纠纷，形成允许承租人以退还设备为条件而终止合同的判决。

3. 许多租赁公司的破产、清算与业务停滞

截止到 2002 年，在被批准的 16 家金融租赁公司中，已有 4 家宣布破产或被特别清算，36 家中外合资租赁公司中也有 3 家分别进入了破产程序或进行清算。此外，在剩下租赁公司中，除了一些成立较晚、或已完成增资扩股的租赁公司外，大部分租赁公司，由于历史经营的原因，而处在业务停滞的状态。

（二）融资租赁 20 年对我国经济发展的贡献

面对我国融资租赁市场的这样一种现状，融资租赁到底对我国经济发展起过怎样的作用？

1. 我国民航业是融资租赁的最大受益者

在利用飞机租赁融资之前，我国民航业最先进的机型是苏联制造的图－154。而截至 2000 年底，中国民航通过融资租赁引进波音 747－400、777、767、空中客车 A300、A321、A320 等喷气客机 365 架，利用外资总额达 189 亿美元，同时通过经营性租赁引进飞机 117 架。1980 年至 2000 年底，中国民航购租约 738 架，其中，融资租赁飞机 365 架，占 49.5%，经营租赁飞机 117 架，占 15.8%，购买 256 架，占 34.7%。②

从上述数字可以看到，将融资租赁飞机的 49.5% 和经营租赁飞机的 15.8% 相加，我国民航的运力中，65.3% 是依赖租赁融资方式取得的。所以，我国民航业的融资与国际接轨，推动了我国航空运输能力的迅速提升，使我国的民航业成为融资租赁的最典型的受益者。

2. 短缺经济时代下，弥补了当时的外汇短缺

我国融资租赁市场的一个显著特点是，租赁市场构成中外合资租赁公司所占比重最大。这些租赁公司在中国境内不属于金融机构，因而不能在国内金融市场筹资。其进行业务的资金主要来源于国外，主要是股东银行及股东银行的关系行。于是，中外合资租赁公司 20 年累计业务 83.8 亿美元。特别是在改革开放的初期，从 1983 年到 1990 间，融资租赁引进外资额占我国利用外国直接投资额的比重分别是 4.15%、8.76%、20.69%、17.23%、19.04%、15.59%、10.23% 和 9.94%，成为我国引进外汇资源的重要补充渠道。

此外，再从中外合资租赁公司主要的业务对象来分析，其中相当部分是属于中小企业类的乡镇企业。受当时计划经济的制约，中小企业外汇的需求几乎不可能纳入国家的外汇计划。通过融资租

① 数据由中国外商投资企业协会租赁业委员会提供。
② 肖静. 借鉴国外经验，发展我国飞机租赁. 对外经济贸易大学硕士论文，2001.

赁取得外汇资金，成为这些企业现实的来源。今天已经发展起来的云南红塔山集团、小天鹅集团和万象集团等许多企业，在当年起步时，都充分利用了融资租赁来弥补投资资金的不足。

3. 伴随租赁外汇资本流入的是进口国外先进设备的

由融资租赁业务特征所决定，在承租人利用外汇租赁的同时，伴随着的是同等规模的国外先进设备进口，这些设备对增加我国有效供给、调整我国产业结构、实现产品升级换代等，起到根本性推动作用。

根据1995中外合资租赁业委员会年会的资料显示，截止到当时的15年间，中外合资租赁公司共为我国近4100家国有、中外合资及乡镇企业融通外汇资金近50亿美元。支持了几乎遍及全国各个省份，包括纺织、轻工、能源、通信、运输、机械、电子和化工等行业的数千家企业的6000多个技术改造项目。1990年前，中外合资租赁公司的投资项目主要集中在轻工和纺织两行业，分别为27%和24%。① 轻纺产品出口是我国传统外汇收入的主要来源之一。然而，我国很多轻纺企业都面临着建厂时间早、设备陈旧、产品品种单一、不能适应国内外市场需求的困境。通过融资租赁方式，在获得设备的同时伴随着先进技术的引进，使这些老企业在短期内实现了产品的升级换代，提高了其在国际市场上的竞争能力。1990年以后，中外合资租赁公司的投资项目的行业分布又增加了能源和邮电两个主要行业。一些国有大中型企业，如吉林化工公司、辽河油田等利用融资租赁方式挖掘了生产潜力，增加了活力，为国家做出了新贡献（衣锡群，1993）。

4. 少数非银行金融机构类出租人实现了租赁与地方经济的相互促进

尽管大部分金融租赁公司由于受特定历史环境的影响，没能对我国融资租赁市场的发展起到推动作用。但是，其中的少数公司，也有非常成功的租赁实践，浙江金融租赁公司就是其中之一。浙江金融租赁公司在产生之初，就比较充分地认识到了其所面对的地方经济环境和宏观经济环境。从而创造性地构建了“三三制”这种将浙江地方政府、作为浙江地区主要承租人的乡镇和浙江金融租赁公司有机组合的融资租赁形式，通过地方政府的少量出资、对承租人的信用保障，带动租赁公司租赁投资支持地方经济迅速发展起来。

（三）通过融资租赁的国际比较，分析我国融资租赁20年发展未获成功的原因

通过上述两个方面的分析，客观地看，融资租赁在我国20年的发展，尽管确实存在着许多问题，但对解决我国这20年间国民经济发展过程所存在的一些困难，还是发挥了相当积极的作用。那么，既然融资租赁有这样的积极的作用，为什么却又趋于停滞呢？通过下述我国融资租赁的国际比较，我们可以找到一些基本原因。

1. 在完整、准确理解融资租赁内涵上存在着巨大认识差异

总结成熟租赁市场国家的经验，融资租赁具有提供融资、实现投资、促进资本货物销售和资产管理四项基本功能。即使是就融资功能而言，与金融市场上已有的银行贷款等其他金融工具相比，租赁融资还可细分为本币融资、外汇融资、节税融资和表外融资四个特性（史燕平，2000）。可是，我国融资租赁20年的实践，无论是我国融资租赁的实业界、宏观管理部门，还是从事融资租赁理论研究的学者，在对融资租赁的认识上，都只停留在融资租赁仅具有本、外币融资的一般功能，除了在形式上存在着以融物代替融资这种与银行贷款的区别外，在本质上，与银行贷款是完全一样的。这种严重的以偏概全的认识误区，是导致我国融资租赁所面临许多问题的根源所在。

2. 所处经营环境的差异

租赁市场较为成熟的国家，都是市场经济国家。作为一种信用工具，融资租赁交易要按照市场经济的规则来进行。同时，当本国政府利用融资租赁作为实现国家某项宏观经济目标，如促进投资、促进中小企业发展等的调控手段时，也只是通过税收、租赁信用保险、利息贴补等经济杠杆的

① 见中国外商投资企业协会租赁业委员会1995年年会资料。

方式而引导租赁公司的投资。再从保障融资租赁市场正常运营的制度安排角度讲，融资租赁对所有的引入这一工具的国家而言，也都是存在着制度上的认识过程和制度的调整过程。但是，由于市场经济国家已经形成了关于交易环境的制度建设的一种迅速的反映机制，使其能在较短的时间内完成必要的制度建设。

然而，融资租赁在我国的发展，不得不带有非常强的时代的烙印。由于我国融资租赁产生于我国计划经济时代，在市场经济转变的过程中发展，我国的融资租赁业务都带了两个时代的特征：一是计划性强。我国出租人所承做的租赁项目都必须是纳入国家或地方计划的，因为国内企业的一切投资受到各级主管部门的计划管理和控制。租赁公司和承租人在租赁业务中有自行选择的权力，但就项目本身而言，需要得到国家计划管理部门的批准，这是承做租赁项目不容忽视的条件。这与西方国家完全由市场机制左右租赁业务有着本质的差异。二是政策性强。由于我国融资租赁以进口直接融资租赁为主，这就要涉及到我国贸易、关税、保险、外汇管理、资金筹措环节的宏观经济政策的影响。一方面，我国融资租赁业务要受到这些方面政策的制约；另一方面，任何一个环节的政策的变动，都会给融资租赁业务带来不确定的风险，加大经营难度。

由这两个时代的特征所决定，我国租赁公司在开展融资租赁业务时，必然要摇摆于计划经济的要求和市场的约束之间。从而决定我国的融资租赁业务不可能是一种纯市场的交易行为。当市场运作与计划体制的发生冲突时，租赁公司就成为直接的损失承担者。

与此相适应，我国关于融资租赁发展所需制度建设的认识也较缓慢，由此直接导致我国关于融资租赁发展的制度建设严重滞后于融资租赁市场发展的需要。尽管我国在法律和会计方面有了很大改善，但在税收和监管方面仍存在阻碍着融资租赁发展的制度因素，这也是导致我国融资租赁不能发展的重要原因之一。

3. 出租人结构差异以及至今仍然存在的市场准入问题

从融资租赁市场发达国家的实践看，根据出租人交易目的的不同，出租人可分为以银行为主的金融机构类、资本货物制造厂商类、独立出租人类和新近出现的机构投资人类共四种类型。不同类型的出租人，通过参与融资租赁而实现不同的目的，发挥其独有的优势，在丰富融资租赁内涵的同时，促进了融资租赁的全方位发展，从而成为一国宏观经济有机的组成部分。

我国出租人的类型与我国融资租赁产生背景相适应，包括由对外经济贸易合作部批准设立的中外合资租赁公司和由人民银行批准的非银行金融机构金融租赁公司。如果根据我国两类租赁公司的实质，按照租赁市场发达国家的划分标准重新分类，两者事实上都属于金融机构类出租人。因为，经中国人民银行批准的金融租赁公司，毫无疑问地属于非银行金融机构，而中外合资租赁公司，从形式上看，以中外合资的一般工商企业的资格由对外贸易经济合作部审批，不属于金融机构，但却作为中国实施改革开放政策的特殊产物，有从事融资租赁业务的合法资格。再从本质上看，中外合资租赁公司的外方股东构成以银行为主。

我国融资租赁市场以金融机构类出租人为主的状况，决定了我国租赁公司开展业务的形式的选择，决定了其对宏观经济的贡献的具体实现。但是，我国融资租赁市场出租人结构单一的状况，也是造成我国融资租赁市场未能全面发展的又一原因。

而导致我国出租人结构只有银行类出租人的制度原因是，我国对金融监管的不恰当运用。根据我国现行金融监管体制，所有经国务院认定的金融业务都只能由经过中国人民银行批准的金融机构开展。于是，这一规定隐含了双重内容，首先，任何金融业务，都只能由金融机构来经营；其次，金融机构必须经过中国人民银行的审批才能设立。这一规定的不恰当性主要体现在有关金融业务与金融机构的关系上。从市场经济国家的实践看，金融机构需要监管毋庸置疑，但是，并非所有的金融业务，都只能由金融机构来开展。融资租赁就是这样一种业务。

而我国现行的监管制度，在很大程度上阻碍了我国设备制造商类出租人和独立出租人进入市场。加之我国现行的金融业分业经营的监管原则，我国商业银行也不能从事融资租赁业务。其最终的结果是，我国现行融资租赁业的监管制度严重地阻碍了我国投资人的进入。

4. 从总体上看，我国融资租赁游离于国民经济主流之外

考察融资租赁市场较为发达的国家，我们都可发现这样一种事实，那些将融资租赁直接或间接地作为本国宏观经济调控手段的国家，一方面，宏观经济政策通过对融资租赁的利用而实现了效应最大化；另一方面，该国的融资租赁也应与本国宏观经济有机结合而得到迅速发展壮大，从而使两者之间形成了相互促进的发展关系。

而反观我国融资租赁 20 年的实践，即使是中外合资租赁公司开展的进口直接融资租赁，虽然对解决我国企业技术改造所缺外汇资金做出了重大贡献。但我国却没有制定过一条将企业技术改造与融资租赁相结合的政策。而所有飞机租赁的业务，全部由外国出租人承揽，我国政府关于飞机融资的相关优惠政策，却都给予了外国出租人。其实，并非我国在这方面没有成功实践。浙江金融租赁公司与浙江地方经济的有机组合，就是一个范例。只是由于我国在当时从全国的范围看，市场化程度还不高，浙江地方政府运用租赁投资促进本地经济发展的许多政策措施，没有在全国得到广泛的认可和应用。

三、后 WTO 时代融资租赁在我国金融业中的重构

在经济全球化、国际金融市场一体化程度不断深入的背景下，国际金融市场竞争加剧，金融业务向综合化趋势方向发展。而伴随着入世后我国对各国银行及其他金融机构准入的放松，国际金融的发展趋势必将随着外国金融机构的进入而传递到我国的金融市场，所以，我国金融业面临着自身的不断完善和发展紧迫课题。丰富金融工具的种类，增加金融机构的种类，通过各种金融工具的有效综合运用，而提升我国银行及各种金融机构的竞争力将成为必然。

尽管我国当前金融业仍然采取分业经营的模式，但从发达市场经济的国家看，即使是在美国实行分业经营模式期间，在融资租赁产生不久，也对其银行业开放了这一业务，允许美国的银行业从事融资租赁业务。而我国在 1994 年确立我国的金融市场框架时，将融资租赁作为一种完全独立于银行业务的一种金融工具，禁止我国的商业银行从事融资租赁业务。这种极端化的市场细分，对提高我国银行的竞争力极其不利。

所以，我国应尽快取消对银行开展融资租赁业务的限制。从业务角度分析，融资租赁的简单形式与贷款没有本质区别，所以，即使是实行分业经营的监管模式，也不应该禁止银行开展简单融资租赁业务。

退一步分析，即使我国仍然禁止商业银行直接从事融资租赁业务，发展银行以外的出租人机构体系，对于分散我国银行体系所面临的金融风险，也有着积极意义。由于历史发展的原因，我国社会信用主要集中在以银行为主的间接融资方式上，加之我国企业普遍存在的信用观念差、信用等级低的问题，给银行的安全运营带来了极大的压力。于是，随着我国银行商业化改革的深化，银行为了管理信贷风险，出现了“惜贷”或“惧贷”倾向，导致银行与企业间的“恶性资金循环”。发展银行以外的出租人机构体系，使其成为银行与流通环节中的中介之一，为银行及社会资金流动创造了一个新流向。利用租赁公司对承租企业资信程度的判断和通过控制物权来而对信用风险的管理，来缓冲和减少银行体系的风险。同时，在资金安排上，使租赁公司成为银行与承租企业之间的一个批发环节，利用租金偿还分期回流的特征，有利于银行改善资金结构，增加短期贷款，减少长期限贷款，改善资金的安全性、流动性和收益性。银行还可以配合租赁公司开展代收、代扣、推荐、监管等中间业务，拓展客户网络，有利于银行商业化改革，最终有利于顺畅社会资金循环。

无论是从我国产业结构调整，还是从深化金融市场的角度讲，我国都迫切需要发展投资银行。而融资租赁的资产管理功能，对投资银行不良资产的处置，也有积极意义。

融资租赁是一具有独到特征的资本市场上的金融工具，提高我国各类金融机构对这一金融工具独到性的认识，增强运用这一工具的主动性和有效性，对于提高我国金融机构的竞争力，防范金融风险，都有积极的作用。

参考文献：

1. 焦瑾璞. WTO 与中国金融业未来［M］. 北京：中国金融出版社，2000.

2. 商务部. 中华人民共和国外资金融机构管理条例，2001－12－20.

3. 史燕平. 论租赁业的三大分类基础及其对完善我国租赁业监管的现实意义［J］. 经济研究参考，2000（23）.

4. 史燕平. 充分发挥融资租赁的五大功能［N］. 金融时报，2000－03－25.

5. 王建安. 论我国金融监管体系的改革与完善［M］. 金融参考，2001（9）.

6. 衣锡群. 怎样和外国人做生意——如何做融资租赁业务［M］. 北京：北京出版社，1993.

7. 张雅萍. 融资租赁案例选评［M］. 北京：人民法院出版社，2001.

8. Shawn D. Halladay & Sudhir P. Amembal. The Handbook of Equipment Leasing I & II［M］. Institute of America, Inc., 1995.

后 WTO 时代的银行体系改革与资源配置优化

王自力

众所周知，无论什么地方，银行体系最主要的功能都是充当储蓄和投资之间的桥梁与纽带，其存在的根本意义就是把储蓄更好地转化为投资。在中国，银行体系更是居于整个资金配置系统的绝对主导地位，正因为如此，银行体系功能发挥的好坏很大程度上决定着中国的储蓄向投资转化的效率。这里所说的效率，我想至少包含四个层面的意思：其一是储蓄基本能够转化为投资，没有太多的资源闲置；其二是稀缺的资金应当首先流向高收益部门；其三是储蓄与投资在性质上要相对应，“债权”性质的储蓄应当以“债权”形式而不是“股权”形式进行投资；其四是储蓄与投资在期限上应当相匹配。

一、当前中国银行体系功能发挥的现状

综合来看，当前中国银行体系在顺利实现上述主要功能时存在障碍，效率有待进一步提高。突出表现在四个方面：

1. 总量上大额存差反映出资金闲置比较严重

从中国银行体系的资金来源和运用情况看，大量资金在进入银行体系后就沉淀下来，没有得到有效的利用。20 世纪 90 年代中期中国的银行系统首次出现存差，此后存贷比不断降低。2005 年末，整个银行系统人民币存贷比仅为 67.7%，净存差达 9.25 万亿元，相当于当年 GDP 的一半以上。这么多的资金闲置，不是因为中国经济缺乏好的投资机会，而是因为银行体系将储蓄转化为投资的功能没有充分发挥。实际上很多企业的资金需求并没有得到满足。

2. 结构上信贷资金的流向与经济部门的贡献不对称

随着市场经济的深化，中国的非国有经济部门发展迅速。无论是从对 GDP 的贡献、总产值、固定资产投资还是从吸收的就业人口看，非国有经济对整个经济增长的贡献早已超过国有经济。据统计，目前非国有经济部门贡献了 70% 以上工业增加值和 60% 以上的 GDP。按照经济规律，市场应当选择将稀缺的资金首先满足高收益的非国有部门的融资需求。但现实情况是，中国的银行贷款仍然绝大部分投向了国有企业，许多机制灵活、效率高、效益好的民营企业往往被银行拒之门外。有统计显示，银行对非国有部门贷款占各项贷款余额的比例仅为 30% 左右。由此看出，信贷资金流向与各种经济成分在国民经济中所占的比重极不对称。

3. 融资形式上，存在借贷资金资本化的问题

“拨改贷”后，国有企业所需资金基本通过银行借款来解决。这种制度安排的后果是，大量的流动资金贷款长期化，银行贷款很多时候变成了企业的股本金、开办资金。中国银行体系的流动资金贷款余额相当于 GDP 的 80%，而国外多数国家这一比例仅为 10%。据某国有商业银行统计，不少贷款企业通过借新还旧等形式长期占用该行流动资金贷款，这种变相的“股本金”贷款占该行全部流动资金贷款的比例高达 59%，占该行各项贷款余额的 40%。国有企业通过银行借款实际上达到了股权融资的目的，银行贷款资金存在严重的资本化现象。

4. 资金期限上，短期存款与长期贷款之间矛盾突出

资产负债期限基本匹配是银行良性经营的基本原则。但是近年来，在资金来源的期限结构没有

明显改变的情况下，中国银行体系的中长期贷款快速增长，银行资金被大量投入到缺乏流动性的中长期贷款上。从负债业务看，20 世纪 90 年代初至今，银行各项存款的比例结构变化不大，其中居民储蓄存款占总存款的比例一直保持在 50% 左右。而资产业务方面，中长期贷款增速远高于总贷款增速，十年内中长期贷款比例翻了一番，达到总贷款的 40% 以上。银行体系存在严重的“短存长贷”现象，资产负债期限错配的矛盾十分突出。

银行体系功能不健全至少引发了三大问题：一是经济可持续发展能力受损。经济最有活力的部门无法获得足够的金融支持，这对经济的可持续发展显然极为不利。二是金融风险不断累积。国有企业的低效率，导致银行不良贷款大幅增加。中国银行体系的不良贷款比率，无论是跟发达国家比还是跟其他转轨国家比，都是偏高的，银行体系聚集了大量的风险。三是资金体外循环严重。由于无法通过正规金融获取必要的融资支持，许多企业不得已转向地下金融（民间金融）。大量资金在银行体系之外循环，不但会扰乱正常的金融秩序，弱化宏观调控的效力，而且还可能引发各种纠纷，危害社会和谐发展。

二、中国银行体系功能发挥欠佳的主导原因

造成中国银行体系功能发挥欠佳的原因是复杂的、多方面的，但归纳起来，我以为主要有三点：

1. 信贷市场结构严重失衡

国有或国有控股银行是中国银行体系的主体，其在存款、贷款市场上都处于寡头垄断地位，因此国有银行的行为模式很大程度上决定了资金的配置方式和渠道。中国的国有银行有着非常独特的效用函数，比如，它可能并不以利润最大化作为唯一的目标，它的高管人员看重的是行政职务升迁而非经济激励等。基于上述价值取向，从政治风险的角度，国有银行更偏好于给国有企业贷款，而那些民营企业，虽然发展很快，对经济的贡献也很大，却难以从国有银行这个信贷资金配置主体那里获取融资。股份制银行近年发展较快，但受限于存款来源不足，其在资金配置系统中依然处于从属地位。而城商行、农信社等机构由于多年累积的沉重包袱，很多情况下新增存款仅仅够其维持运转，可供配置的新增资金数量很少。信贷市场的这种不对称性导致了资金配置渠道的堵塞，降低了资金配置的效率。

2. 银行自主定价的动力和能力双重不足

长期以来，我们的政府对存贷款利率一直进行非常严格的管制，导致银行没有任何动力去开展定价。随着利率市场化改革的深入，在“存款管上限，贷款管下限”的利率政策下，银行逐渐拥有了部分定价权。不幸的是，由于长期缺乏必要的训练和积累，我们的银行定价能力严重不足。理论上，贷款利率主要由两部分组成，一是资金的成本，二是借款人的信用风险。定价的主要困难在于信用风险的确定，如果银行没有能力去准确评估借款人的信用风险，那么就很难去发放信用贷款。这就是我们今天看到中国银行体系信用贷款数量很少的一个重要原因。企业去银行贷款必须要有足够的抵押，银行在相当程度上变成了当铺。其实，很多有好项目的企业特别是创新型、风险型企业是很难提供足够的有效抵押物的。定价能力的不足导致信用贷款业务发展缓慢，严重影响了资源配置的效率。

3. 金融生态环境欠佳

银行体系要把资金顺利的配置出去，需要一个良好的外部环境。试想，如果银行放款后，企业在地方政府的庇护下明目张胆地逃避银行债务，在重复博弈中，银行只能选择不再放款。更为重要的是，当商业银行普遍实施内部评级法（IRB）之后，部分企业的不良行为往往会殃及该地区的其他企业。这方面例子很多，比如南方某市，金融生态非常糟糕，结果银行机构全体撤出，导致当地所有企业即便是优秀的企业也根本无法通过正规渠道获得融资。全国来说，类似的金融生态欠佳地

区为数不少，这必然影响到整个银行体系配置资源的效率。

三、中国银行体系改革的目标与路径

鉴于金融生态环境的改善是一项长期的系统工程，这里我们撇开金融生态环境不谈。单就银行体系自身的完善而言，对存在重大地区差异和城乡差异的中国，究竟应当建立怎样的银行体系呢？

关于这个问题，我想至少有两种思路：一种是让一类银行同时为所有不同类型的企业服务，我们称之为“混同均衡”型银行体系；另一种是建立不同类型的银行分别为不同类型的企业服务，我们称之为“分离均衡”型银行体系。从各种实践经验看，“分离均衡”型银行体系可能要更加适合中国一些，也更具有可操作性。以当前备受关注的中小企业融资难问题为例，试图通过改革让工、农、中、建等大型商业银行为中小企业提供充足的金融服务非常困难，相对而言，中小金融机构更愿意与中小企业开展合作。可见，中国需要建立一个多层次、多元化、多功能的银行体系。在这个体系中，各家银行可以完全自主地对风险进行充分的市场定价；大银行重点做批发业务，主要为大企业、大项目服务；中小银行主要为中小企业提供贷款（但可以通过银团贷款的方式参加大项目）；而社区银行主要满足社区经济组织及个人小规模、非正规的贷款需求等等。

具体来说，中国银行体系的建设需要从三大方面着手：

1. 存量优化——努力完善现有银行体系

经过二十多年的发展建设，中国的银行体系已经具备相当的规模。但现有体系还存在许多不足，需要加以完善。一是要稳步推进国有银行改革。以股改和上市为契机，优化治理结构，将行政主体改变成市场主体，将行政约束改变成资产约束。与此同时，整合业务流程，以利润最大化为目标，实现业务重点的转变。二是要进一步推动股份制银行改革。中国现有的股份制银行尽管形式上具备现代公司治理结构，但实际运作中存在着许多与国有银行类似的毛病，必须努力改变这种状况，形成科学有效的法人治理结构，其中尤其必须对人事任命进行彻底变革。三是要继续深化农村金融机构改革，特别是农村信用社，改革结果应当努力使之真正成为“谁出资，谁管理，谁受益，谁承担风险”的社区金融组织。

2. 增量创新——积极推动新型银行机构的设立

近年来，浙商银行、渤海银行等相继挂牌，新设股份制银行的步伐在加快。未来条件成熟时还可以考虑设立南华银行、西南银行、西北银行、东北银行、中原银行等，通过增强股份制银行在整个资金配置系统中的作用，一方面有助于打破国有商业银行寡头垄断的局面，促进竞争；另一方面可以为中小企业提供更多优质的金融服务。除此之外，要探索建立社区银行、小额农贷机构、只贷不存机构等，鼓励外资、民资参与这些机构的建立和运营，通过培育多元化的资源配置主体来提高银行体系的效率。

3. 政策配套——逐渐恢复银行的自主定价动力和能力

银行体系要健康高效运营，银行机构必须具备充分的自主定价动力和能力。随着利润最大化目标的强化，在利益驱动下银行自主定价的动力应该是充足的。中央银行应当进一步推动利率市场化改革，简化存贷款利率期限结构，逐步使银行机构拥有完备的定价权力。此外，中央银行应当加强对银行定价的指导力度，及时总结部分银行好的定价经验并向整个银行系统推广，努力增强所有银行的风险定价能力，以此促进信用贷款业务的快速发展。

我们相信，通过稳步推进各项改革措施，中国银行体系优化配置资源的能力一定会逐步得到提高，从而为中国经济又快又好地持续发展提供更为坚实的金融支持。

后 WTO 时代的金融创新与金融企业集群发展研究

张志元　滕春强①

内容提要：创新是金融的精髓，伴随着 WTO 后过渡期的结束，我国金融业的竞争格局正发生着深刻的变化。为拓展生存空间、提高竞争能力，各金融企业都加快了金融创新的步伐。本文在对后 WTO 时代我国金融企业面临的剧烈挑战进行分析的基础上，从金融创新效应角度探讨了金融企业集群这一新兴组织的竞争优势，并以上海为例，提出加快建设上海国际金融集聚区的对策建议，以期加速我国金融创新的步伐，提高我国金融企业的综合竞争能力。

关键词：金融创新　金融企业集群　挑战

金融创新是指金融企业为了适应新的经营环境，通过金融组织结构和要素等方面的重新整合以提高金融资源的配置效率。金融创新包括金融制度创新、产品服务创新、经营方式创新等多方面的内容，而金融组织结构创新是金融制度创新的基本形式，是金融企业创新的根本动力。在加入 WTO 后的金融企业竞争中，能否实现金融组织结构创新，对我国金融企业开拓业务、追求利润、降低成本意义重大。基于此，本文在分析了后 WTO 时代我国金融企业面临挑战的基础上，提出了发展金融企业集群，实现金融组织结构创新是提高我国金融企业运作效率及经济效益的重要动力，能够为我国金融企业开拓业务、增强活力提供广阔的发展平台。

一、后 WTO 时代我国金融企业面临的剧烈挑战

金融是现代经济的核心，对金融的竞争从某种意义上说就是对一国经济发展主导权的竞争。伴随着 2006 年 WTO 过渡期的结束，我国金融企业将面临着更为猛烈的全球化冲击。

（一）混业模式对金融企业分业经营提出挑战

根据 WTO 金融服务协议，我国的金融市场将逐步实现完全开放，我国现有的许多制度和规则将逐步被强行突破，首当其冲的就是目前的分业经营模式。伴随着客户需求的多元化，金融产品日益呈现出复合性的特征和趋势。同时随着外资金融机构的逐步进入，各类金融机构的联系将日益密切，这种联系使得人为的限制已经很难实现，混业经营成为我国金融企业发展的被迫选择。当前，银行业和证券业、保险业的融合及其协调运行已经成为世界性的发展趋势。

加入 WTO 是我国金融混业经营的外部推动力。与国外的金融机构相比，我国目前适应市场经济要求的金融企业协作运行机制还没有完全建立，金融企业的发展尚不成熟，效率有待提高。面临外资金融机构的大量涌入，实行分业经营的国内金融机构在与实行综合经营的外资金融机构的竞争中必然处于劣势。只有扩大国内金融机构的经营范围，才能为未来金融业的竞争创造一个良好的环境。

（二）国外金融整合趋势的快速发展加大了我国金融企业的经营风险

伴随着各国金融体系的不断深化和金融机构的发展壮大，金融业的兼并收购已经成为新一轮全球化浪潮的主导力量。20 世纪 90 年代以来，各发达国家的金融企业兼并家数不断呈加速态势。

---

① 张志元，男，山东经济学院山东区域经济研究院院长、教授，研究方向：区域金融与区域经济、金融工程与资本市场。滕春强，女，山东经济学院山东区域经济研究院，研究方向：区域金融与区域经济、投资银行与资本市场。

面对脆弱的金融体系和外来竞争者的压力，我国已经进行了许多旨在提高国内金融机构竞争力的系统性改革。国内金融机构进行并购的意愿相当强烈，积极寻求与外国银行组建战略联盟或股份制合作的机会。当前进行的以中国建设银行、中国银行等国有商业银行和北京银行、浦东发展银行、兴业银行等非国有金融机构在大量引进战略投资者，这充分说明了金融整合趋势对我国金融业的影响范围之广（见表1）。面临外资的大量入股，国内的金融格局和金融体系有了一定的变化与重组。国内外金融业的这一发展趋势，在推进我国产权制度改革的同时，对我国金融企业的发展带来了前所未有的风险。一方面，它提高了整个金融体系的系统性风险。由于金融整合常涉及不同金融部门、金融产业，伴随着跨国金融机构间的股份相互持有日益频繁，这增加了金融机构从事道德风险行为的动机，增加了系统风险中多米诺骨牌效应的发生，同时对我国的金融安全产生了不容忽视的影响。另一方面，金融机构整合将使市场主要参与者越来越少而市场集中度上升，致使市场机制可能遭受扭曲，降低了对企业和消费者的服务质量①，从长期来看必将对我国金融企业的生存和竞争能力提出严峻的挑战。

表1　　2005年以来外资进入中国金融机构状况

发生时间	中资银行	外资参股机构及参股比例
2005.1	渤海银行	渣打银行入股19.99%
2005.3	北京银行	INC入股19.99%，IFC入股5%
2005.4	杭州商业银行	澳洲联邦银行19.9%
2005.6	建设银行	美国银行9.1%
2005.9	南京商业银行	巴黎银行19.2%
2005.9	华夏银行	新加坡磐石基金6.88%，德意志银行等13.98%
2005.12	天津商业银行	ANZ19.9%
2006.1	工商银行	高盛、安联、运通10%
2006.2	乌鲁木齐商业银行	巴基斯坦哈比卜银行19.9%
2006.3	中国银行	瑞根集团、亚洲开发银行等合计16.85%
……	……	……

（三）金融自由化对我国的金融监管制度提出了挑战

伴随着混业经营趋势的不断增强和世界各国金融机构整合步伐的不断加快，各国的金融自由化程度也在不断提高，表2列出了主要发达国家和新兴市场国家的金融管制程度，从中可以看出伴随着各国金融国际化程度的提高，国外的金融自由化程度都处于较高水平。

表2　　金融自由化程度及企业融资能力的国际比较

	银行自由度	银行活动的总限制程度	政府监管权力	政府监管的独立性	融资障碍
中国	3	14	0.28	1	3.34
世界平均水平	3.26	9.58	-0.08	2.40	2.76
主要发达国家					
美国	4	12	1.14	4	2.33
英国	5	5	0.59	4	2.25
德国	3	5	-0.91	4	2.54
法国	3	6	-1.16	3	2.76

① 冯剑．国际金融整合现象对我国金融体系之挑战［J］．新金融，2005（1）：41-43.

表2（续）

	银行自由度	银行活动的总限制程度	政府监管权力	政府监管的独立性	融资障碍
主要的新兴市场国家					
新加坡	4	8	-3.05	3	1.86
阿根廷	4	7	-0.3	1	3.03
巴西	3	—	1.00	1	2.71
波兰	3	10	0.58	3	2.41

资料来源：Beck、Deminguc - Kunt and Levin（2003），Laeven，Majnoni（2003）。

相对于国际金融自由化不断提高的总体趋势，由于我国政府对金融实行较为严格的管制（见表2），因此抑制了金融创新的发展。这主要体现在以下两个方面：一方面，政府对银行活动的总限制程度高达14，远高于世界平均水平9.58，大大限制了市场主体的金融创新行为，同时金融管制带来金融市场中价格水平的扭曲，这极不利于金融创新产品的定价与设计，从而不利于金融创新的产生和扩散。另一方面，政府的金融监管权力高达0.28，高于世界的平均水平-0.08，同时我国金融监管的独立性也基本上是最低的，这也将抑制金融机构创新的积极性。此外，由于政府对金融的过多管制，使我国企业面临更高的融资障碍（见表2）。因此，在金融自由化的大趋势下产生了我国严格金融管制与金融创新受限的悖论。

（四）金融一体化对金融集团的发展提出了挑战

金融全球化作为世界金融业发展的主流趋势，成为当代世界经济发展中一股自然的、不可逆转的历史潮流。它一方面为世界经济发展带来了活力；另一方面也对各国特别是发展中国家的金融安全形成严峻的挑战。随着我国经济改革不断深入和金融开放程度不断加大，我国银行业也日益面临着来自金融全球一体化的挑战与压力。世界范围内的金融服务一体化浪潮，促使金融企业用更好的企业组织形式来构建新型组织平台，集团化就是这一趋势的反映。金融控股公司就是金融企业集团化的产物，金融控股公司在节约成本、创造收入方面发挥了积极的作用，但金融控股公司的发展，在满足消费者金融产品需求、解决投资不足等问题的同时，虽然获得了与专用性资产相关的所有权，促进了复合性金融产品的产生，但作为一种新型的金融中介，金融集团不仅因为组织形式的复杂而产生一些劣势，更由于它经营金融业务的复杂性而产生了一些专业化经营所没有遇到利益冲突、文化冲突等问题①，这些矛盾构成了金融集团的巨大挑战。因而，就需要通过更加新颖的组织形式来克服金融集团的内在冲突和弊端。

因此，在加入 WTO 后我国不断融入世界经济浪潮的今天，伴随着混业经营、金融整合、金融自由化、金融一体化等趋势的日益明显，找寻具有竞争优势的创新模式，加快实现金融组织结构创新，提高我国金融企业实力已成为我国金融企业发展的必经之路。

二、金融企业集群的竞争优势

金融企业集群是具有地理接近性、行业接近性、社会接近性的金融机构及其相关产业通过相互间的协作和纵横交错的网络关系而组成的介于金融市场组织和金融企业组织之间的中间虚拟网络组织。它是金融全球化形势下的一种新型组织形式，以其较高的资产专用性、灵活适应性，具有传统金融企业和金融市场所无法比拟的创新优势，能够更好地满足 WTO 时代对我国金融业发展的要求，提高我国金融企业的市场竞争能力。

① 魏建．金融集团的优势、劣势及挑战：一个微观视角［N］．证券市场导报，2003（3）：66-70.

1. 实现了传统金融企业的组织结构创新，符合混业经营的发展趋势

金融企业集群本质上是一种中间虚拟网络组织（见图 1）。① 威廉姆森 1975 年在《市场和等级组织》一书中将介于市场和科层组织之间的第三种组织形式称之为“中间网络组织”。认为“在以完全竞争市场和一体化的企业为两端，中间性体制组织介于期间的交易体制组织系列上，分布是两极分化的”。威廉姆森认为这种中间性体制组织不仅大量存在，而且是相当稳定的。金融企业集群，其本质就是复合金融产品生产和交易的中间网络组织。同时，虚拟组织中各金融企业集中精力开发和保持一些核心能力，仅从事与这些核心能力直接相关的活动。与传统金融企业组织模式强调企业组织结构的设计和从个体内部自身寻找和培育竞争能力不同，金融企业集群作为一种虚拟组织强调专业化分工条件下的群体竞争、合作与互补，强调在竞争、合作与互补中提高企业竞争力，通过把国内金融机构与外资银行之间的竞争劣势转化为相互合作的互补优势，从而实现了传统金融机构的组织结构创新，克服了金融机构经营单一业务的经营劣势，符合混业经营的发展需要，能够适应外资进入后剧烈的市场竞争。

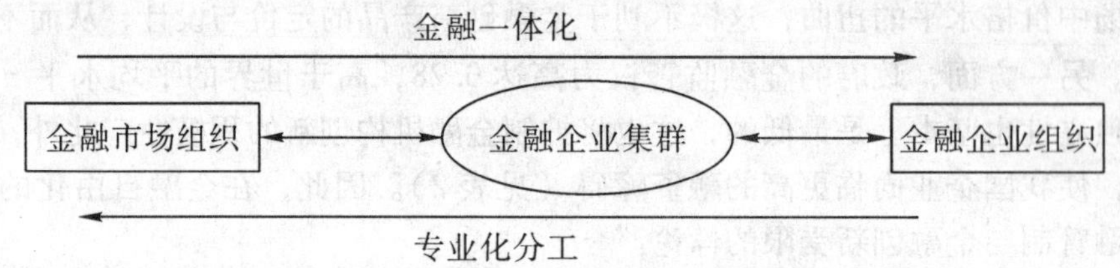

图 1 金融企业集群作为中间虚拟网络组织图

2. 具有隐性知识创造优势，提高了我国金融企业的国际竞争力

同传统的企业集群类似，金融企业集群的隐性知识具有地区根植性，而隐性知识根植于组织路径和流程中，协调区域内企业的共同行为，使沟通和协作更具有效率。金融业集群可以最大限度的发挥区域内创新知识和优势的根植性，通过巨大的隐性知识效应，提高自身的竞争能力：

（1）人力资源优势。随着条件优厚的外资金融机构的涌入，中资金融机构出现了人力资源边缘化的趋势。通过金融企业的集群式发展，产生了网络式的群体发展机制，抑制了区内人才的外流，造成了人才资源的集聚，加强了同行业技术人员的交流，能够形成区域内金融企业发展的强大创新动力和支撑。

（2）客户资源优势。客户资源是伴随着人力资源的产生而产生的。集群中的金融企业创造出更多的金融产品和服务，能够吸引更多的客户。从企业组织关系方面来说，基于相同文化和价值观背景下的企业组织关系，不仅使企业间进行技术创新的合作大大强化，更有利于集群内企业间的相互学习和技术知识扩散的加速。

（3）降低了金融产品的可复制性。金融企业通过集群式的网络创新系统，使根植于企业网络和个人联系中的特定模式不能在地区间容易被复制。如果个体金融企业的可模仿性概率为 0.9。则 10 个独立个体所构成的群体其整体能力的可模仿性概率就是 $0.9^{10}=0.35$，这大大降低了可模仿性，从而提高了集群内金融企业的竞争能力。

（4）获得企业间产品创新的“拉拔效应”。区域内金融企业发展不平衡是目前制约我国各地区资源有效配置的严重桎梏。通过金融企业集群化，使集群内相互支撑的关联企业利用先进相关企业的拉拔而提升相对落后企业的竞争和创新能力，由此获得企业间产品创新的“拉拔效应”，区域内企业之间由此形成了相互推动的关系，既符合混业经营的发展趋势，又能够产生交互作用的良性循环，从而缓解地区内的经济利益冲突，提高金融企业对抗外界的能力。

① 连建辉，孙焕民，等．金融企业集群：经济性质、效率边界与竞争优势［J］．金融研究，2005（6）：72－81．

3. 通过金融创新优势，更好的适应金融全球化趋势

大量的金融企业聚集在一个区域内，彼此竞争和协作关系并存，使集群内的企业很容易获得知识外溢效应，能够促进各种专业化知识、专业技能的传播和扩散，激发新思维、新方法、新技术的应用，提升集群内企业的持续创新能力。而且，企业集群给区域带来了创新资源的共生效应，吸引了各类专业人才。首先，通过金融创新的竞争激励，能够激发大多数金融企业强烈的创新动力，迫使企业加快金融创新步伐。其次，能够为集群内金融企业创新提供系统支持。集群中不同的金融企业之间、金融企业与非金融企业以及科研机构、中介机构之间紧密联系，集聚形成区域创新系统，可以快速提升金融创新中所需要的相关资源及各种支持条件。再次，金融企业集群内特有的金融文化氛围为金融企业间知识尤其是隐性知识的扩散、传播提供了基础和条件，支持了企业间进行创新模仿、消化吸收和迅速扩散；集群内企业间相互信任的存在，使集群内的创新性金融知识的传播、消化、吸收更加迅速、快捷，通过集群内企业的知识整合，实现知识的区域化，形成知识共享的“乘数效应”，进而加快了集群内的金融知识孵化和金融创新，能够更好的适应金融全球化的需要，从而获得了金融创新的区域比较优势。

4. 通过风险化解机制，克服了金融整合过程中的风险劣势

金融企业由于其提供服务和产品的特殊性，比一般企业具有更大的风险。因此，是否具有有效的风险化解机制，对金融企业的生存乃至发展都至关重要。金融企业集群的发展既克服了单个金融企业的经营风险，又对金融控股公司发展中的利益冲突等道德风险进行了有效的制约。

（1）通过金融企业集群可以形成系统的风险预警机制。金融企业集群通过频繁的交易活动和便捷的信息传递，减少了市场交易中的信息不对称，使各市场参与主体能够以最快的速度感知经济运行中的潜在风险，从而有助于金融企业之间建成良好的风险预警系统，有效的防范金融集团模式下的金融风险。

（2）有利于金融市场上信用环境的创建。一方面金融企业集群是建立在良好的文化氛围基础上的；另一方面，金融企业集群的发展又促进了区域内金融信用文化的发展。通过各企业的信息共享和合作机制，有利于降低资金供求过程中资金需求者的道德风险和逆向选择，对资金需求者和供给者的信用状况进行更好的鉴别。

（3）能够提高集群内企业的整体抗风险能力。不同的金融企业在区域内形成紧密地协助关系，并创造了大量的衍生金融产品，这强化了各金融企业的金融功能和风险控制能力，形成了有效的风险规避和分摊机制。

5. 通过对金融生态环境的优化作用，加强了金融业的内部协调程度

通过大量金融机构在同一地区集聚，加强了银行业、证券市场、保险业之间的联系（见图 2）有助于三大行业获得各自发展所需的优良环境。

就银行业来说，商业银行通过与金融咨询服务机构的合作，在证券市场挂牌上市，既筹得了资金，又由于治理结构的优化而提高了自身的免疫力。同时，可以通过信贷资产证券化、购买证券市场上的金融创新产品实现流动性、安全性和收益性的统一。从银行业与保险业的关系来看，保险业的发展和深化减轻了银行储蓄存款的压力，使一部分本来要流向商业银行的储蓄存款转变成了保险公司的保费收入。同时，商业银行储蓄存款保险和资产证券化过程中的保险等又拓展了保险市场，增加了保险公司的业务收入。通过三者的相互结合可以形成金融创新的相应机制，提高金融创新的力度。

因而，金融企业集群结合了传统金融企业与金融市场的综合优势，通过其不可比拟的组织结构优势、创新优势、隐性知识创造优势、风险化解优势、生态环境优化能够更好的适应金融经济全球化背景下对我国金融企业提出的严峻挑战，使金融企业创造更大的竞争优势。

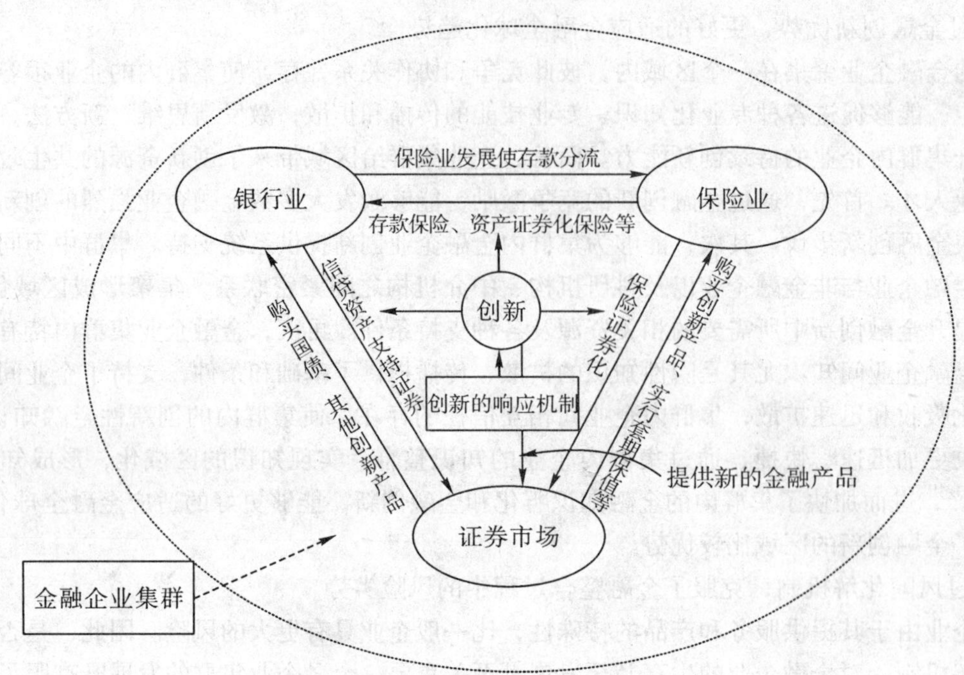

图2　金融企业集群对金融生态圈的优化作用

三、我国金融企业集群的创新路径分析——以上海国际金融中心建设为例

金融企业集群是金融企业高度集聚、并进行各种金融活动和交易的地区，而金融中心是金融机构高度集聚化的产物。目前世界范围内已经形成以纽约、伦敦和东京为代表的国际金融中心、以香港、新加坡为代表的区域金融中心。随着经济、金融全球化和信息化的发展，国内出现了明显的金融机构集群现象。但我国的金融企业集群尚处于一种集聚阶段，由于政策约束、制度欠缺等方面的限制，目前的金融企业集群发展尚不完善。上海作为国内发达的大都市，具有相对完善的金融基础设施、金融监管体系、一定规模的国内外金融机构集聚，因而具备了率先通过集群式发展、加速金融创新、构建国际金融中心的基础条件。因此，目前可以把上海作为我国金融企业集群发展的改革试验区。针对上海目前存在的不足和差距，通过合理的模式选择，使上海获得发展金融企业集群的体制创新优势。就目前上海的发展状况而言，应着重从以下方面进行支持：

1. 以资本市场为突破口，完善资本市场功能①

基于资本市场在全世界现实和潜在的发展空间以及上海资本市场良好的基础，上海国际金融中心应该以资本市场为突破口，着力完善资本市场的功能。可以通过以下方面进行完善（如图3）：加快相关政策和措施的实施，规范产权交易市场，通过优惠政策、硬件设施的制定和建设提升服务功能。同时，积极创造条件，推进金融产品创新，把上海建成人民币产品创新中心。积极开发固定收益类金融产品，稳步开发利率类、汇率类、股指期货类金融衍生产品，逐步推进新的商品期货。同时，借鉴国外的经验进行资本市场制度和监管职能改革，对三大交易所，要从职能、创新和服务等方面来促进它的发展。对于一些国家短期内难以突破的改革，如利率市场化、外汇管制等，上海应加快在这方面的专题研究，为进一步的改革提供思路。

① 黄解宇，杨再斌．金融集聚论［M］．北京：中国科学社会出版社，2006：260.

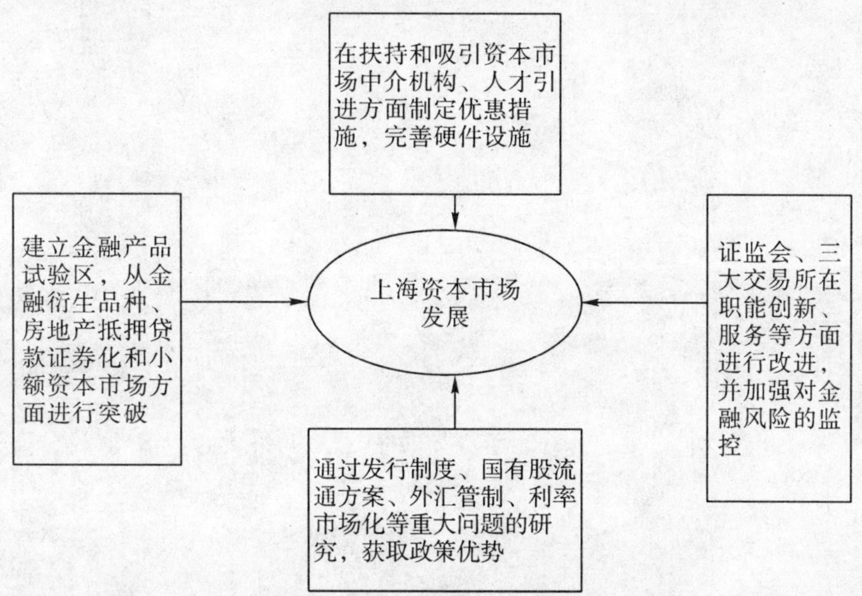

图 3　上海资本市场的发展路径

2. 重视金融生态建设，建立有助于金融企业集群发展的金融环境

金融企业集群所在地一定是市场秩序良好、经济运行效率很高的城市。建设金融企业集聚和发展的良好金融生态环境，是加快上海成为国际金融中心的基础。因此，必须通过加快上海的 E－CBD 建设，构建良好的金融生态环境。在现有金融条件的基础上，通过大力实施人才战略，创新人才引进制度和人才激励制度；优化发展环境，规范金融市场秩序；推进金融信息化，加快社会征信系统建设，建立一个包括核心金融企业、客户、供应商、中介服务体系在内的稳定的生态网络组织，使金融企业达到知识共享、满足市场需求等目的。通过这种创新网络一方面降低整个金融机构运行的成本，同时有助于企业迅速吸收创新知识，提高创新能力。

3. 扩大金融对外开放，把上海作为外资金融机构率先开展业务的实验区

从 20 世纪 90 年代以来，上海在金融对外开放方面一直走在全国的前列，目前已有 24 家外资银行选择上海作为主报告银行，在沪外资金融机构总资产已经超过全国的一半。因此，上海必须进一步扩大金融对外开放，在继续吸引外资金融、跨国公司地区总部集聚上海的同时，鼓励中资银行加强与外资银行的合作，以不断拓展业务，建立中外资金融机构之间和谐互补的发展态势。

4. 完善证监会和交易所的监管职能，扩大上证所的上市资源，促进交易所的发展

高效的政策监管和支持是上海建立国际金融中心的有力保障。首先，要明确交易监管所的地位和职责，平衡政府监管和自律监管之间的关系，避免政府监管的"越俎代庖"。通过适当的制度安排和严格的规则设定明确交易所的定位，并通过证监会和交易所的重新明确规范两者的职能和范围。同时，要充分发挥交易所一线监管的优势，建立起交易所自律管理与政府行政监管并重的格局。改革交易所的运行机制，建立真正的会员制，推进交易所的公司制改革。

参考文献：

1. 冯剑．国际金融整合现象对我国金融体系之挑战［J］．新金融，2005（1）．

2. 魏建．金融集团的优势、劣势及挑战：一个微观视角［N］．证券市场导报，2003（3）．

3. 连建辉，孙焕民，等．金融企业集群：经济性质、效率边界与竞争优势［J］．金融研究，2005（6）．

4. 黄解宇，杨再斌．金融集聚论［M］．北京：中国科学社会出版社，2006.

其他

我国货币政策对收益率曲线效应关系的实证研究[①]

李彪　杨宝臣[②]

内容提要：本文根据预期假说理论通过采用标准差分回归模型、协整检验和主成分分析，以银行同业隔夜拆借利率 IBO001 作为货币政策工具变量，并利用国债回购利率和估计出的国债市场利率数据，对我国货币政策对收益率曲线的效应程度进行了实证研究。研究结果表明我国的货币政策对于国债市场收益率曲线的效应仅在短期内有效，而对于中长期、长期则基本无效或者效应相当低；同时货币政策变化也会使我国的市场收益率曲线发生非平行变动，甚至扭曲。总之，这些都说明我国目前的货币政策传导机制还存在问题，有待完善。

关键词：预期假说　货币政策　收益率曲线　协整　主成分分析

1 引言

货币政策和利率期限结构（收益率曲线）之间的关系一直是货币经济学研究的热点。传统经济理论认为货币政策是通过其对市场利率产生效应而传递给经济活动的，各国的货币政策制定者一般将短期利率作为他们的主要操作工具，通常是采用银行同业之间的隔夜拆借利率作为货币政策运作工具。然而，实际的经济活动诸如投资和消费在很大程度上是取决于长期利率水平的。因此，货币政策的有效性就高度依赖于其是否会对长期利率产生影响。货币政策制定者为了实现影响实际经济活动的目标，就应当使货币政策可以影响不同期限的利率（整个收益率曲线）。

传统的货币政策传导机制假定利率期限结构可以由预期假说来充分地描述，长期利率是当前和未来短期利率的加权平均值。货币政策制定者通过影响当前的短期利率，就可以改变预期的未来短期利率和长期利率。因此，如果预期假说是有效的，则货币政策新息的出现只会引起收益率曲线的平行变动而不会改变它的坡度。鉴于此，Estrella 和 Hardouvelis、Brenanke 和 Blinder 等采用收益率曲线的坡度来作为预测货币政策是否发生变化的一个先行指标。总的来看，研究货币政策对收益率曲线影响的文献可以分为两大分支，前者如 Cuthbertson、Hsu 和 Kugler 等主要研究收益率曲线的动态变化是否与预期假说相一致，结果发现虽然预期假说常被实证结果所拒绝，但它至少可以解释市场利率变动的某些行为；后者如 Thornton、Jondeau 和 Ricart、Haldane 和 Read 等主要采用事件分析和时间序列分析的方法来量化研究货币政策对收益率曲线的直接影响，结果发现货币政策的确可以影响市场利率，但其影响力随着到期期限的延长而变弱，在收益率曲线的远端甚至变得不太显著。

国内在这方面的研究还较少。因此，本文的目的就是通过研究货币政策传导机制来实证检验我国的货币政策是否对国债市场的利率期限结构（收益率曲线）具有显著的影响以及如果有显著影响，这种影响是否是以相同的方式影响收益率曲线的短、中、长期部分，还是存在某些差别。对这两个问题的研究，将有助于评估我国货币政策的有效性与否。

---

① 国家自然科学基金项目（批准号：70471051）。

② 李彪（1979—），男，河北衡水人，博士研究生，研究方向：金融工程与金融管理，E-mail：libiao2002403@163.com。通讯地址：天津大学管理学院 9041 信箱，邮编：300072。

杨宝臣（1966—），男，河北唐山市人，教授，研究方向：数量经济、金融工程与风险管理，E-mail：bchyang@teda.com.cn.

2 样本数据及处理

本文选用的数据为2004年5月20日到2005年11月3日的313个日度数据，其中央行的货币政策工具即隔夜拆借利率（IBO001）取自中国货币网（http：//www. chinamoney. com. cn），国债回购利率数据（R001、R007、R014、R028、R091 和 R182）则由上海证券交易所（http：//www. sse. com. cn）获得。而且，对上述两类数据进行了相应的处理，剔除掉了一些缺失观测。至于从1年期到20年期的国债利率，则是首先由上海证券交易所（http：//www. sse. com. cn）获得对应上述利率数据观测日的39只记账式国债收盘价，接着根据当日的国债收盘报价，根据广义息票剥离法并利用Svensson模型估计出该日的国债市场利率期限结构，最后利用获得的利率期限结构参数模型估计出到期期限分别为1到20年的国债市场利率数据。

本文的研究所使用的数学软件为Matlab7. 0和Eviews5和SPSS11. 5。

3 计量经济分析

3.1 预期假说与货币政策

预期假说认为 t 时刻 n 期资产的收益率 $R_{n,t}$ 是由当前和未来的一组 m 期资产的收益率 $R_{m,t}(n > m)$ 唯一决定的。对于由零息票债券的即期收益率构成的期限结构关系，仅仅表明 n 期投资的收益率应当等于 m 期投资的收益率向前滚动 k（$k = n/m$，且为整数）次并加上一项仅随 m 和 n 变动而不随时间变动的期限溢价 $\theta_{n,t}$，如式（1）所示：

$$(1 + R_{n,t})^n = \theta_{n,t} \prod_{i=0}^{n-1} (1 + E_t R_{m,t+im}) \tag{1}$$

其中，E_t 表示以时刻 t 获得的信息为条件的期望算子。对式（1）进行线性化处理，可以近似得到式（2）：

$$R_{n,t} \approx \theta_{n,t} + (\frac{1}{n}) \sum_{i=0}^{n-1} E_t R_{m,t+im} \tag{2}$$

货币政策传导机制就是通过式（2）进行运作的。央行的货币政策部门可以通过改变隔夜拆借利率 $R_{0,t}$ 来引发当前的短期利率发生变化，同时也改变了对利率未来变动路径的市场预期，即长期利率由于可以看成是当期和预期未来的短期利率的加权平均，也会受到相应的影响。对货币政策效应的大小和显著性可以通过估计多变量进行直接检验，其本质就是假定在货币政策工具和市场利率之间存在一种平稳的同期变动关系，即可以通过由货币政策工具的同期以及滞后和先行（lead）变动构成的仿射函数来对市场利率的变动进行解释，如式（3）所示：

$$\Delta R_{i,t} = a_i + \beta_{0,i}\Delta R_{0,t} + \beta_{1,i}\Delta R_{0,t-1} + \beta_{2,i}\Delta R_{0,t+1} + \gamma_i \Delta R_{i,t-1} + \varepsilon_t \tag{3}$$

其中，Δ 代表差分算子，$R_{i,t}$ 代表 t 时刻的国债回购利率和到期期限为1到20年的国债利率，$R_{0,t}$ 代表 t 时刻的隔夜拆借利率（货币政策工具），ε 是误差项，$\beta_{0,i}$、$\beta_{1,i}$ 和 $\beta_{2,i}$ 是到期期限为 i 的市场利率对货币政策工具变化响应程度的参数。如果 β_i（$= \beta_{0,i} + \beta_{1,i} + \beta_{2,i}$）是统计显著的，则表明货币政策的确会影响不同到期期限的利率；如果 β_i 随着利率到期期限的延长而减少，则表明货币政策对到期期限较长的利率的影响变弱，同时也表明货币政策引发了收益率曲线的非平行变动，使其平坦。在式（3）中，引入 $R_{i,t-1}$ 是为了消除残差的自相关现象，引入 $R_{0,t-1}$ 是为了体现对货币政策变动的预期，而引入 $R_{0,t+1}$ 则是为了体现不能由当期货币政策数据所反映而实际上变化的货币政策已经当期利率所产生的影响。根据样本数据对式（3）的估计结果如图1所示。

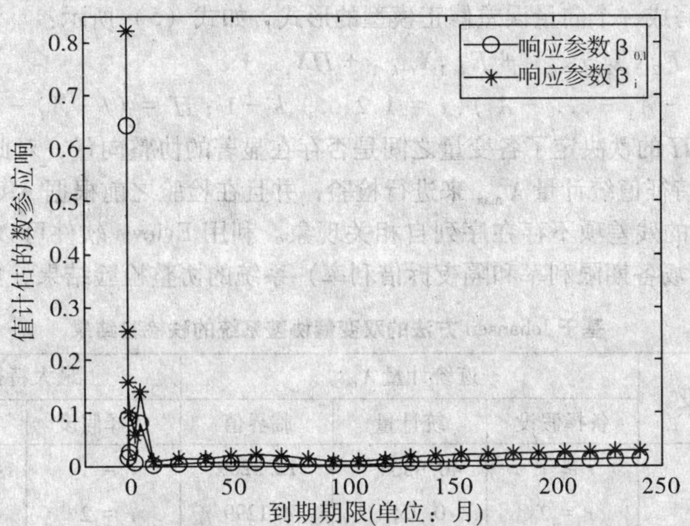

图 1　货币政策对国债市场收益率曲线的响应估计结果

由于篇幅所限，本文对式（3）的估计结果和相关检验统计量没有列表给出，但从其结果来看，货币政策工具对国债市场单个到期期限的利率的影响绝大部分都是显著的，表明市场的确会在一定程度上预期到货币政策的变化。不过从图 1 也可以看到，货币政策工具对国债市场利率的同期影响 $\beta_{0,i}$ 和总影响 β_i 是随着国债市场利率期限的增加呈现先剧烈下降后稍稍上升的走势，引发了收益率曲线的非平行变动。国债回购利率 R001 对货币政策工具（隔夜拆借利率）的响应程度远远高于其他期限利率对隔夜拆借利率的响应，表明两者之间具有相当高的相关性，R001 对货币政策的变化反应是相当敏感的，因此在研究中可以适当地用 R001 来代替隔夜拆借利率，以解决其可能的数据缺失问题。对于除 R001 以外的其他期限利率对隔夜拆借利率的响应估计结果，则表明我国的货币政策对于国债市场收益率曲线的效应仅在短期内有效，而对于中长期、长期则基本无效或者效应相当低。

3.2 协整理论及其实证检验

尽管式（3）的估计结果可以用来分析我国的货币政策传导机制，但如果用于估计（3）的国债市场各期限利率是非平稳的，则得到的估计结果是不可靠的。虽然，式（3）通过对各变量差分消除了非平稳，但同时也会丧失各变量历史数据之间存在的长期均衡关系。不过，如果预期假说成立，则国债市场各期限利率和隔夜拆借利率之间会表现出动态协同变动即具有相同的随机趋势。具体来讲，就是国债市场各期限利率和隔夜拆借利率之间具有协整关系且协整向量的系数具有对称性。鉴于上述两点，本文将应用协整理论来检验国债市场各期限利率和隔夜拆借利率之间是否存在动态协同变动以及如果存在动态协同变动，其具体的协整向量系数是否为（1，-1）形式。这等价于检验预期假说中货币政策工具对收益率曲线不同段的影响程度，如果国债市场各期限利率和隔夜拆借利率之间协整向量系数均为（1，-1）形式，则表明货币政策变化会引起收益率曲线的平行变动，反之则不然。

对于 n 维时间序列向量 $\{X_t\}$，如果 $\{X_t\}$ 的分量序列为 $I(d)$ 序列，且存在一个向量 $a \neq 0$，使得 $a^T X_t \sim I(d-b), b>0$，则称 $\{X_t\}$ 的分量序列存在 (d,b) 阶协整关系，记为 $X_t \sim CI(d-b)$，而 a 称为协整向量。一个带有高斯误差项 ε 的无约束协整系统的向量自回归表述形式如式（4）所示：

$$X_t = A_1 X_{t-1} + A_2 X_{t-2} + \cdots + A_k X_{t-k} + \varepsilon_t \tag{4}$$

其中，$\varepsilon_t \sim N(0,\Sigma)$，$A_i(i=1,2,\cdots,k)$ 是 $n \times n$ 的参数矩阵。

式（4）可以改写成一个向量误差修正模型的形式，如式（5）所示：

$$\Delta X_t = \Gamma_1 X_{t-1} + \Gamma_2 X_{t-2} + \ldots + \Gamma_{k-1} X_{t-k-1} + \Pi X_{t-k} + \varepsilon_t \quad (5)$$

其中，$\Gamma_i = -(I - A_1 - \ldots - A_i)$，$i = 1,2,\ldots,k-1$；$\Pi = (I - A_1 - \ldots - A_k)$。

式（5）中矩阵 Π 的秩决定了各变量之间是否存在显著的协整向量，对此可采用 Johansen 中的迹统计量 λ_{tr} 和最大特征值统计量 λ_{max} 来进行检验，并且在检验之前根据 AIC 信息准则选择合适的滞后长度以确保模型的残差项不存在序列自相关现象。利用 Eviews 软件可以得到基于 Johansen 检验的双变量（国债市场各期限利率和隔夜拆借利率）系统的协整检验结果，如表 1 所示。

表 1　基于 Johansen 方法的双变量协整系统的秩检验结果

不同期限市场利率	原假设	迹统计量 λ_{tr}			最大特征值统计量 λ_{max}		
		备择假设	统计量	临界值	备择假设	统计量	临界值
R001	$r=0$	$r\geq1$	40.9364*	12.3209	$r=1$	40.1813*	11.2248
	$r\leq1$	$r=2$	0.7551	4.1299	$r=2$	0.7551	4.1299
R007	$r=0$	$r\geq1$	69.7140*	12.3209	$r=1$	68.1206*	11.2248
	$r\leq1$	$r=2$	1.5935	4.1299	$r=2$	1.5935	4.1299
R014	$r=0$	$r\geq1$	65.9231*	12.3209	$r=1$	64.8716*	11.2248
	$r\leq1$	$r=2$	1.0515	4.1299	$r=2$	1.0515	4.1299
R028	$r=0$	$r\geq1$	49.0669*	12.3209	$r=1$	42.0099*	11.2248
	$r\leq1$	$r=2$	7.0570	4.1299	$r=2$	7.0570	4.1299
R091	$r=0$	$r\geq1$	18.0763*	12.3209	$r=1$	18.0164*	11.2248
	$r\leq1$	$r=2$	0.0599	4.1299	$r=2$	0.0599	4.1299
R182	$r=0$	$r\geq1$	26.0373*	12.3209	$r=1$	24.3950*	11.2248
	$r\leq1$	$r=2$	1.6423	4.1299	$r=2$	1.6423	4.1299
R1year	$r=0$	$r\geq1$	12.1318	12.3209	$r=1$	11.1083	11.2248
	$r\leq1$	$r=2$	1.0236	4.1299	$r=2$	1.0236	4.1299
R2year	$r=0$	$r\geq1$	11.4025	12.3209	$r=1$	11.3049	11.2248
	$r\leq1$	$r=2$	0.0976	4.1299	$r=2$	0.0976	4.1299
R3year	$r=0$	$r\geq1$	38.1019*	12.3209	$r=1$	36.3847*	11.2248
	$r\leq1$	$r=2$	1.7172	4.1299	$r=2$	1.7172	4.1299
R4year	$r=0$	$r\geq1$	17.0688*	12.3209	$r=1$	15.0144*	11.2248
	$r\leq1$	$r=2$	2.0544	4.1299	$r=2$	2.0544	4.1299
R5year	$r=0$	$r\geq1$	43.0451*	12.3209	$r=1$	37.2870*	11.2248
	$r\leq1$	$r=2$	5.7580	4.1299	$r=2$	5.7580	4.1299
R6year	$r=0$	$r\geq1$	38.3462*	12.3209	$r=1$	37.6569*	11.2248
	$r\leq1$	$r=2$	0.6893	4.1299	$r=2$	0.6893	4.1299
R7year	$r=0$	$r\geq1$	17.9692*	12.3209	$r=1$	14.8950*	11.2248
	$r\leq1$	$r=2$	3.0742	4.1299	$r=2$	3.0742	4.1299
R8year	$r=0$	$r\geq1$	10.4382	12.3209	$r=1$	10.0434	11.2248
	$r\leq1$	$r=2$	0.3948	4.1299	$r=2$	0.3948	4.1299

表 1（续）

不同期限市场利率	原假设	迹统计量 λ_{tr}			最大特征值统计量 λ_{max}		
		备择假设	统计量	临界值	备择假设	统计量	临界值
R9year	$r=0$	$r\geq1$	9.6508	12.3209	$r=1$	9.3517	11.2248
	$r\leq1$	$r=2$	0.2991	4.1299	$r=2$	0.2991	4.1299
R10year	$r=0$	$r\geq1$	11.9469	12.3209	$r=1$	11.7260	11.2248
	$r\leq1$	$r=2$	0.2209	4.1299	$r=2$	0.2209	4.1299
R11year	$r=0$	$r\geq1$	14.9424*	12.3209	$r=1$	12.0575	11.2248
	$r\leq1$	$r=2$	2.8850	4.1299	$r=2$	2.8850	4.1299
R12year	$r=0$	$r\geq1$	21.4350*	12.3209	$r=1$	17.4118*	11.2248
	$r\leq1$	$r=2$	4.0232	4.1299	$r=2$	4.0232	4.1299
R13year	$r=0$	$r\geq1$	13.6143*	12.3209	$r=1$	11.8369*	11.2248
	$r\leq1$	$r=2$	2.7775	4.1299	$r=2$	2.7775	4.1299
R14year	$r=0$	$r\geq1$	19.7984*	12.3209	$r=1$	15.9238*	11.2248
	$r\leq1$	$r=2$	3.8746	4.1299	$r=2$	3.8746	4.1299
R15year	$r=0$	$r\geq1$	19.2704*	12.3209	$r=1$	15.4240*	11.2248
	$r\leq1$	$r=2$	3.8464	4.1299	$r=2$	3.8464	4.1299
R16year	$r=0$	$r\geq1$	18.8872*	12.3209	$r=1$	15.0484*	11.2248
	$r\leq1$	$r=2$	3.8388	4.1299	$r=2$	3.8388	4.1299
R17year	$r=0$	$r\geq1$	18.6136*	12.3209	$r=1$	14.7694*	11.2248
	$r\leq1$	$r=2$	3.8442	4.1299	$r=2$	3.8442	4.1299
R18year	$r=0$	$r\geq1$	18.4216*	12.3209	$r=1$	14.5637*	11.2248
	$r\leq1$	$r=2$	3.8579	4.1299	$r=2$	3.8579	4.1299
R19year	$r=0$	$r\geq1$	18.2887*	12.3209	$r=1$	14.4130*	11.2248
	$r\leq1$	$r=2$	3.8757	4.1299	$r=2$	3.8757	4.1299
R20year	$r=0$	$r\geq1$	18.1884*	12.3209	$r=1$	14.2990*	11.2248
	$r\leq1$	$r=2$	3.8894	4.1299	$r=2$	3.8894	4.1299

注释：1. 表中 r 代表协整向量的个数。

2. * 表示在 5% 的显著性水平上拒绝原假设。

表 1 的双变量的秩检验结果说明，国债市场各期限利率中除 1、2 年期与 8、9、10 年期利率和隔夜拆借利率在 5% 的显著性水平上不存在双变量的协整关系外，其他各期限利率均与隔夜拆借利率存在协整关系。这表明我国的货币政策对国债市场利率具有一定程度上的长期影响，但对于收益率曲线上不同到期期限的市场利率的影响程度有很大差异，这可以从表 2 标准化的协整向量 $(1,\beta)$ 结果中得到进一步的证明。对于短期和超短期的国债回购市场利率，其与隔夜拆借利率（货币政策工具）的长期参数绝对值接近于 1，而对于那些利用国债收盘价估计出的 1 到 20 期的市场利率，则长期参数绝对值远小于 1，且变动情况也十分复杂。除不存在协整关系的 1、2、8、9、10 年期利率之外，3 到 7 年期利率的长期参数估计值呈现反复波动，不过仍小于 0.4，而对于 11 到 20 年期的利率，长期参数估计值则呈现出有规律的上升态势，但上升幅度很小，且均在 0.5 以下。因此，虽然货币政策对我国市场收益率曲线具有效应关系，但其对于中短期、中期和长期利率的影响

很弱，这就说明我国目前的货币政策传导机制是很不健全的，市场利率对货币政策的变化不敏感，货币政策很难影响长期利率走势，同时货币政策变化也会使我国的市场收益率产生非平行变动，甚至扭曲。

表 2　　标准化的协整向量

不同期限市场利率	协整向量（1，β）	不同期限市场利率	协整向量（1，β）	不同期限市场利率	协整向量（1，β）	不同期限市场利率	协整向量（1，β）
R001	(1，－1.2814)	R2year	NaN	R9year	NaN	R16year	(1，－0.4155)
R007	(1，－1.1202)	R3year	(1，－0.2940)	R10year	NaN	R17year	(1，－0.4268)
R014	(1，－1.1033)	R4year	(1，－0.3694)	R11year	(1，－0.3173)	R18year	(1，－0.4349)
R028	(1，－0.8291)	R5year	(1，－0.3769)	R12year	(1，－0.3756)	R19year	(1，－0.4412)
R091	(1，－0.9095)	R6year	(1，－0.3487)	R13year	(1，－0.3823)	R20year	(1，－0.4603)
R182	(1，－0.9256)	R7year	(1，－0.3741)	R14year	(1，－0.4091)		
R1year	NaN	R8year	NaN	R15year	(1，－0.4112)		

注释：1. 表中 NaN 表示对应于该期限的市场利率和隔夜拆借利率之间不存在协整关系。

4 货币政策对收益率曲线效应测度的主成分分析

为进一步说明货币政策对收益率曲线短、中、长端效应程度的不同，可应用统计中的主成分分析方法识别出影响市场收益率变动的公共因子来进行研究。由于主成分分析要求序列是平稳的，因此需要对各期限的国债回购利率和 1 到 20 年期市场利率进行单位根检验，在此基础上再进行相应的差分处理，使各利率序列达到平稳。表 3 给出了应用主成分分析对其进行计算的最终结果。

表 3　　国债市场各期限利率的主成分分析结果

到期期限	旋转后的主成分矩阵及其方差贡献率		
	第一主成分	第二主成分	第三主成分
R001	－0.0016	0.2327	0.7500
R007	0.1321	0.7977	0.2886
R014	0.4137	0.7735	0.1119
R028	0.5907	0.6188	0.1457
R091	0.8171	0.4584	0.1585
R182	0.8190	0.4471	0.0727
R1YEAR	0.4982	0.1142	0.6582
R2YEAR	0.8389	0.1781	0.4399
R3YEAR	0.9257	0.2010	0.2887
R4YEAR	0.9473	0.2140	0.2138
R5YEAR	0.9533	0.2246	0.1778
R6YEAR	0.9545	0.2342	0.1615
R7YEAR	0.9538	0.2430	0.1554
R8YEAR	0.9522	0.2511	0.1547
R9YEAR	0.9503	0.2585	0.1562
R10YEAR	0.9485	0.2652	0.1582

表 3（续）

到期期限	旋转后的主成分矩阵及其方差贡献率		
	第一主成分	第二主成分	第三主成分
R001R11YEAR	0.9470	0.2711	0.1592
R12YEAR	0.9459	0.2763	0.1586
R13YEAR	0.9452	0.2808	0.1559
R14YEAR	0.9448	0.2846	0.1507
R15YEAR	0.9444	0.2875	0.1431
R16YEAR	0.9438	0.2896	0.1333
R17YEAR	0.9426	0.2910	0.1215
R18YEAR	0.9405	0.2914	0.1081
R19YEAR	0.9375	0.2912	0.0935
R20YEAR	0.9333	0.2902	0.0781
各主成分的特征值	18.9048	3.3921	1.7979
各主成分的方差贡献率（%）	72.7107	13.0465	6.9151
累计方差贡献率（%）	72.7107	85.7572	92.6723

注释：1. 表中给出的三个主成分是根据 Kaiser 检验由特征值大于 1 在全部主成分中得到的。

2. 对各主成分是利用 Kaiser 标准化的 Varimax 进行正交旋转的。

从表 3 中显然可见，根据 Kaiser 检验显著的三个主成分对各期限市场利率的解释能力分别为 72.7107%、13.0465% 和 6.9151%。其中，第一主成分主要与国债回购利率中的 R091 和 R182 以及到期期限从 2 年到 20 年的利用国债收盘价估计出的市场利率相关；第二主成分主要与国债回购利率中的 R007、R014 和 R028 相关；而第三主成分则主要对应与国债回购利率中的 R001 和到期期限为 1 年的市场利率。这表明我国的国债回购市场存在明显的短、中、长期分割现象，而对于到期期限更长的国债市场这种现象却不甚明显。对于我国的国债回购市场，传统的预期假说不成立，因为预期假说认为所有的利率均和同样的影响因子具有强相关性，而本文得到的实证结果显然拒绝了这种观点。相反，本文的结果表明在我国的国债回购市场中存在影响利率变动的不同驱动因素，可以认为与国家货币政策相对应的流动效应是对短期市场利率变动起决定性的因素。表 4 中的货币政策工具 IBO001 和三个主成分的样本相关系数更清楚地表明了这一点。虽然货币政策工具变量 IBO001 和三个主成分的样本相关系数都是显著的，但和第三个主成分（主要与 R001 相关）的相关系数高达 0.776，远远大于和前两个主成分的相关系数值。因此，应用主成分分析研究货币政策对收益率曲线效应关系的结果进一步验证了本文前面的两种分析方法的结论：我国的货币政策仅能有效地影响收益率曲线的短端，而对中、长端的效应则很低，且使收益率曲线可能发生非平行变动。

表 4　货币政策工具 IBO001 和三个主成分的双变量样本相关系数

第一主成分	第二主成分	第三主成分	
IBO001	0.162 *	0.426 *	0.776 *

注释：1. 表中 * 表示在 1% 的显著性水平上 Pearson 相关系数显著。

5 结论

本文根据预期假说理论，通过采用标准差分回归模型、协整检验和主成分分析，以银行同业隔夜拆借利率 IBO001 作为货币政策工具变量，并利用国债回购利率和估计出的国债市场利率数据，对我国货币政策对收益率曲线的效应程度进行了实证研究。通过对研究结果进行分析，可以得到以下两点结论：

（1）我国的货币政策对于国债市场收益率曲线的效应仅在短期内有效，而对于中长期、长期则基本无效或者效应相当低；同时货币政策变化也会使我国的市场收益率产生非平行变动，甚至扭曲。总之，这些都说明我国目前的货币政策传导机制还存在问题，有待完善。

（2）根据上述的研究结果，可以按货币政策对收益率曲线影响程度的不同进行相应的阶段划分，将与其对应的国债分为六类：国债回购市场短期利率（R001）、中期利率（R007、R014 和 R028）、长期利率（R091、R182）；国债市场短期利率（1 年期）、中期利率（2 年到 10 年）和长期利率（11 年到 20 年）。

参考文献：

1. Estrella, A., Hardouvelis, G. The term structure as a predictor of economic activity [J]. Journal of Finance, 1991 (46).

2. Bernanke, B., Blinder, A. The federal funds rate and the channels of monetary transmission [J]. The American Economic Review, 1992, 82 (4).

3. Cuthbertson, K. The expectations hypothesis of the term structure: the UK interbank market [J]. Economic Journal, Royal Economic Society, 1996, 106 (436).

4. Hsu, C., Kugler, P. The revival of the expectations hypothesis of the US term structure of interest rates [J]. Economics Letters, 1997, 55 (1).

5. Thornton, D. The information content of the discount rate announcements: what is behind the announcement effect [J]. Banking Finance, 1998, (22).

6. Jondeau, E., Ricart, R. The expectations hypothesis of the term structure: tests on US, German, French and UK Euro - rates [J]. Journal of International Money and Finance, 1999, 8 (5).

7. Haldane, A., Read, V. Monetary policy surprises and the yield curve [J]. Bank of England, 2000, Working Paper No. 106.

8. 马明，向桢．中国利率期限结构分析 [J]．经济学（季刊），2002，1 (3).

9. 纪志宏．货币政策与国债收益率曲线 [J]．中国社会科学院研究生院学报，2003 (3).

10. 谢赤，董华香．论货币政策对利率期限结构的影响 [J]．湖南社会科学，2005 (3).

11. 宋福铁，陈浪南．国债收益率曲线坡度的货币政策含义 [J]．上海金融，2004 (5).

12. 杨宝臣，李彪．基于广义息票剥离法的国债收益率曲线的估计 [J]．中国管理科学，2004，12 (6).

13. Michalis Ioannides. A comparison of yield curve estimation techniques using UK data [J]. Journal of Banking & Finance, 2003 (27).

14. Johansen, S. Estimation and hypothesis testing of co - integration vectors in Gaussian vector autoregressive models [J]. Econometrica, 1991 (59).

中国的储蓄、投资与资本流动[①]

——基于F-H模型的分析

郑长德　周欣　曹梓爔[②]

内容提要：本文采用 Feldstein 和（1980）提出的 Feldstein - Horioka 方法从时间序列和空间序列对我国改革开放以来的资本流动进行了经济计量分析。研究发现改革开放以来，中国是资本净流入地区，在全国范围内资本是近似于自由流动的，资本流动的基本趋势是从中西部地区流入到效率较高的东部地区。

关键词：*FH* 系数　资本流动　储蓄——投资关系

1. 引言

在新古典经济增长模型中，一个国家或地区的产出 Y 是由资本 K 和劳动 L 及技术进步 A 所决定，即 $Y = AF(K,L)$。资本 K 是由初始资本存量和投资 I 决定的，这里投资又是由储蓄 S 所提供的。在一个封闭经济中，投资的增加完全来自于该经济中储蓄的增加；而在一个开放经济中，资本完全流动，一个经济体内投资的增加可以来自于该经济内储蓄的增加，也可以来自于该经济体外资本的流入，因而也可以推断出开放经济中一个经济体储蓄的增加可以带来该经济体投资的增加，也可以使其他经济体投资的增加。因此，一个地区的储蓄、投资与资本流动之间必然存在某种关系，通过对一个地区的储蓄和投资的关系的研究，可以分析区域间资本的流动状况。此种研究最早是由 Feldstein 和 Horioka（1980）进行的。本文就是利用 Feldstein 和 Horioka 方法（简称 F - H 模型）对我国改革开放以来的资本流动进行实证分析。

本文的结构是，首先简要回顾了用 F - H 模型研究资本流动（包括国际资本流动和国内区域间资本流动）的文献，然后给出本文的模型和数据，再就是从时间序列和空间序列两个层面对我国各地区间的资本流动进行实证分析，最后是结论性评论和几点政策建议。

2. 文献综述

分析（国际）资本流动有多种方法，传统的方法是直接比较各国实物资本回报率的大小，除了此种传统方法外，Frankel 等（1992）认为至少还存在三种不同的检验方法：即实际利率平价法、无抛补利率平价法和抛补利率平价法[③]。而最早根据储蓄与投资的相关关系来分析（国际）资本流动的是 Martin Feldstein 和 Charles Horioka（1980）。1980 年 Feldstein 和 Charles Horioka 在《Econom-

① 基金项目：国家民委院校重点科研项目“西部民族地区金融发展问题研究”阶段性成果。

② 作者简介：郑长德，男，四川广元人，经济学博士，西南民族大学经济学院教授。E - mail：zhengrong1962@yahoo.com.cn，联系电话：85523613

周　欣，女，西南民族大学经济学院教师。E - mail：zhouxinjiangxi@yahoo.com.cn，联系电话：85523613

曹梓爔，女，西南民族大学经济学院教师。E - mail：caozixi@yahoo.com.cn，联系电话：85523613

③ 见雅克布·A. 弗兰克尔，阿萨夫·雷兹恩，阮志华. 世界宏观经济学：全球一体化下的财政政策与经济增长［M］. 北京：经济科学出版社，2005.

ic Journal》发表了题为“Domestic Saving and International Capital Flows”的论文[①]，他们采用跨期储蓄—投资模型（Intertemporal Saving - Investment Model），具体分析了 OECD 国家的国内储蓄与国内投资之间的关系，他们所用的统计分析方法，被称之为 F - H 模型。他们认为，对于一个资本完全自由流动的国家或地区，其储蓄可以在世界范围内自由流动，寻找投资机会，以寻求最高效益。因此一个国家的投资并不只来源于本国的国民储蓄，可来源于国际资本，国民储蓄的增加也未必增加其国内投资，即国内储蓄和投资不存在相互关系。如果是一个完全封闭的地区，资本没有流动，储蓄全部由本地的投资机会决定，投资资金也全部由本地储蓄供给，此时，地区储蓄和地区投资之间应该具有很强的相关关系。于是，可以根据地区储蓄和地区投资的相关关系强弱来确定资本流动的情况。

F - H 模型的基本方程是

$$\left(\frac{I}{Y}\right)_i = \alpha + \beta\left(\frac{S}{Y}\right)_i + u_i \tag{1}$$

其中 I/Y 为投资率，I 为总投资，Y 为国内生产总值；S/Y 为储蓄率，S 为国民储蓄；u 为误差项；系数 β 为储蓄保留系数（*saving retention coefficient*），即 *FH* 系数，它表示国内储蓄转化为国内投资的比例，其大小说明了资本流动的强弱程度。系数 β 越大说明资本流动越弱，β 为 1 意味着储蓄全部留在国内转化为投资，资本几乎不流动，而 β 越小说明资本流动越强，β 为 0 则表示资本可完全流动。Feldstein 和 Horioka 以 16 个欧盟成员国在 1960—1974 年的国内投资率和国民储蓄率的平均值组成的横截面数据为样本，用普通最小二乘法估计了方程（1），即 *F - H* 方程，他们的估计结构为：

$$\left(\frac{I}{Y}\right)_i = 0.035 + 0.887\left(\frac{S}{Y}\right) + u_i,\ R^2 = 0.91 \tag{2}$$

他们的研究表明，即使在这些工业化国家当中，资本流动也受到了很大限制，从（2）式可以看出这些国家的国内投资和国民储蓄间存在显著而重要的正相关性（相关系数为 0.954），β 值接近于 1（0.887），说明了国内投资严重依赖其国民储蓄。根据 Feldstein 和 Horioka 的观点，如果工业化国家的资本是高度流动的，则（2）式中的 β 值应大大小于 1。因此 Feldstein 和 Horioka 的回归结果就成了一个需要解答的谜，经济学界把它称之为 Feldstein 和 Horioka 之谜或储蓄投资之谜。对此，Feldstein 和 Horioka 解释说：“官方对资本流动的限制阻碍了资本的出口。此外，由于担心潜在的资本接受国将来可能采取资本出口控制而阻止了投资者。”

Feldstein 和 Horioka 的文章引起了经济学界的极大关注，众多学者对他们的文章中的分析方法提出了批评和质疑。比如储蓄率内生性还有大国家效应等等。这些批评在理论上是充分的，但是就总体的经验证据而言，*F - H* 方法经受住了各种批评。目前学术界提出的各种各样的理论模型来解释 *F - H* 之谜，但没有一种理论能够真正的解释它，因为这些理论解释要么没有得到经验证据的支持，要么与有关的经济现实相矛盾。

通过检验储蓄—投资的长期关系并计算 *FH* 系数来分析资本流动，国外已有了较多的尝试，这些研究多以 OECD、美国、英国等发达国家为研究对象，或者是以韩国、新加坡等新兴工业化国家或东盟国家为研究对象，也有以印度等发展中国家为研究对象的。如 Bayoumi&Klein[②③]（1995，

---

① Feldstein, M. and Horioka. C.. Domestic Saving and International Capital Flows, *Economic Journal*, 1980. 90; 314 - 329.

② Bayoumi. T. and M. W. klein, 1995, A Provincial View of Capital Mobility, *NBER Working Paper No.* 5115.

③ Bayoumi. T. and M. W. klein, 1997, A Provincial View of Economic Intergration, *IMF Staff Paper WP/97/41.*

1997)、Helliwell、John F. & Mckitrick 和 Ross（1998)[①]、Fujiki 和 Kitamura（1995)[②]、MaCallum（1995)[③] 及 Engle&Rogers[④]（1996）等利用 $F-H$ 模型全面研究了加拿大国内省际资本流动，Deckle（1996)、Yamori（1995)、Bayoumi & Rose（1994）等利用 $F-H$ 模型分别对日本、美国、英国和德国进行的经验研究，Muliadi Widjaja（2002）应用 $F-H$ 模型对印度尼西亚各岛间资本流动的研究[⑤]。

利用 $F-H$ 模型研究我国的资本流动的文献不多，胡永平、张宗益和祝接金（2004）是较早用 $F-H$ 模型研究我国区域间资本流动的文献。他们采取普遍的区域经济的分类方法，将全国分为东、中、西部三个地区，使用储蓄率和投资率作为储蓄—投资关系分析的变量，并选择 1979—2002 年年度数据作为实证分析的样本序列，运用分布滞后模型（Auto - Regressive Distributed Lags，ARDL）和误差修正模型（Error Correlation Model，ECM），计算各地区的 *FH* 系数并分析其储蓄与投资的相关性。根据 ARDL - ECM 模型计算的 *FH* 值清楚地显示出区域间的资本流动：东、中、西部的 *FH* 值分别为 1.41、0.96、0.5，表明东、中部地区的绝大部分储蓄转化为本地区的投资，而西部地区的只有大约 50% 的储蓄资本留在本地区转化为投资，还有 50% 的储蓄资本通过各种渠道流出，形成其他地区的投资。由此得出：长期来看，东部地区是资本净流入地区；中部地区基本持平，资本流入流出规模不大；西部地区则是资本净流出地区[⑥]。

胡永平等的研究虽然很有意义，但他们只是把全国划分为东部、中部、西部三个区域进行分析研究这三个区域之间的资本流动，没有进一步考虑各省区间的资本流动。本文与他们的不同在于我们从时间序列和区域序列两个层面来分析我国的资本流动，首先把全国作为一个整体，考察我国 1978—2003 年间资本的跨国流动，其次把全国分为三个地区，研究地区间的资本流动，再次就是研究了省级行政区间的资本流动。

3. 方法与数据

3.1 方法

$F-H$ 模型是一种简单而直观的方法，便于操作。因此本文用这种方法对我国区域内部的资本流动进行分析，用普通最小二乘法对 $F-H$ 方程进行回归分析，并分别从全国层面和省级水平计算 *FH* 系数，分析其储蓄和投资的相关性，探讨区域间的资本流动。

首先建立 $F-H$ 模型：

$$i = \alpha + \beta s + \mu \tag{3}$$

其中 i 为投资率，是支出法中资本形成额与国内生产总值的比值；s 为储蓄率，是国内生产总值与最终消费之差与国内生产总值之比；系数 β 为 *FH* 系数；为误差项。β 为 1 意味着储蓄全部留在国内转化为投资；β 为 0 则表示资本可完全流动。区域内投资超过区域内储蓄的部分表示区域外资本的流入，$\beta-1$ 表示区域外投资流入与区域内 GDP 的比值。

---

① Helliwell，John F. and Ross Mckitrick，1998，Comparing Capital Mobility across provincial and National Boards，*NBER Working Paper No.* 6624..

② Fujiki，Hiroshi and Yukinobu Kitamura，1995，Feldstein - Horioka Paradox Revisited，*Bank of Japan Monetary and Economic Studies*，*Vol.* 13，*No.* 1，*pp.* 1 - 16.

③ MaCallum，1995，National Borders Matter：Canada - U.S. regional Trade Patterns，*American Economic Review* 85（3）：615 - 623.

④ Engel，C. and J. H. Rogers，1996，How Wide is the Border?，*American Economic Review* 86（5）：1112 - 1125..

⑤ Boyreau - Debray and Wei Shangjin，2002，"How Fragmented is the Capital Market in China?"，*Paper of the CES hong Kong Conference on "The integration of the Greater Chinese Economics：Causes，Consequences，and Implications"*.

⑥ 胡永平，张宗益，祝接金. 基于储蓄—投资关系的中国区域渐渐资本流动分析［J］. 中国软科学，2004（5）：130 - 134.

3.2 数据

本文以改革开放后的中国为实证分析对象，以中国 29 个省和直辖市（海南、重庆除外）1978—2003 年的数据为样本，这是因为我国自 1978 年开始改革开放，在 1978 年以前，政府是储蓄和投资的主体，政府负责储蓄和投资的区域配置。1978 年后，由于国民收入分配体制以及投融资机制等改革政策的推进，政府作为储蓄和投资的主体地位迅速下降，为优化资源配置，政府鼓励资本跨区流动，而银行、股票市场等金融系统的完善和发展又为地区间资本流动的实现提供了多种可供选择的渠道。本文的数据来自《新中国五十年统计资料汇编》和《中国统计年鉴》各期。

本文将从三个层面进行分析：一是对 1978—2003 年间全国总的储蓄投资进行时间序列分析，二是对 1978—2003 年各省及直辖市的横截面数据进行分析，三是对各省及直辖市 1978—2003 年的时间序列数据进行分析。

4. 实证分析

4.1 全国储蓄—投资关系：时间序列分析

1978 到 2003 年期间全国的储蓄率和投资率的变动轨迹基本相似（如表 1 和图 1），储蓄和投资几乎呈现出同向的变动关系，意味着储蓄与投资可能存在长期稳定的均衡关系。根据（3）式进行回归分析可以得出以下结论（如表 3）：

（1）FH 值为 0.658 819，标准差为 0.105 054。

（2）R^2 为 0.621 023。

从中可以看出在 1978 到 2003 年中国有大约 66% 的储蓄资本转化为国内投资，还要 34% 的储蓄资本通过各种渠道流出。

表 1　　1978—2003 年中国的储蓄率和投资率

时间	投资率	储蓄率	时间	投资率	储蓄率
1978	0.382	0.379	1991	0.353	0.392
1979	0.362	0.357	1992	0.373	0.393
1980	0.349	0.346	1993	0.435	0.415
1981	0.323	0.325	1994	0.413	0.426
1982	0.321	0.337	1995	0.408	0.425
1983	0.33	0.338	1996	0.393	0.415
1984	0.345	0.345	1997	0.38	0.418
1985	0.385	0.343	1998	0.374	0.413
1986	0.38	0.354	1999	0.371	0.399
1987	0.367	0.368	2000	0.364	0.389
1988	0.374	0.363	2001	0.38	0.402
1989	0.37	0.359	2002	0.392	0.418
1990	0.352	0.38	2003	0.423	0.445

表 2　　描述性统计

N	Minimum	Maximum	Mean	Std. Deviation	
投资率	26	0.32	0.44	0.3730	0.02815
储蓄率	26	0.33	0.45	0.3825	0.03367

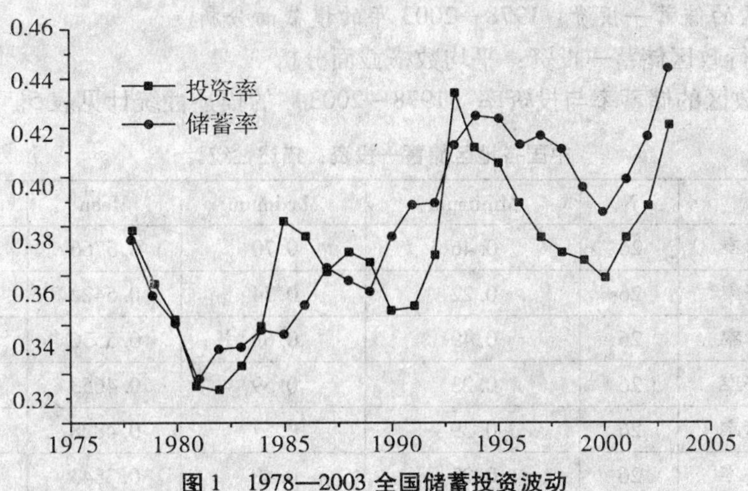

图 1　1978—2003 全国储蓄投资波动

表 3　　**全国（1978—2003）储蓄—投资：*F－H* 检验**

Method：Least Squares				
Sample：1978 2003				
Included observations：26				
Variable	Coefficient	Std. Error	t－Statistic	Prob.
α	0.121066	0.040329	3.001982	0.0062
S	0.658819	0.105054	6.271230	0.0000
R－squared	0.621023	Mean dependent var		0.373038
Adjusted R－squared	0.605232	S. D. dependent var		0.028149
S. E. of regression	0.017686	Akaike info criterion		－5.158273
Sum squared resid	0.007507	Schwarz criterion		－5.061496
Log likelihood	69.05755	F－statistic		39.32833
Durbin－Watson stat	1.077028	Prob（F－statistic）		0.000002

但从图 1 也发现，1990—2003 年，除 1993 年外，我国的储蓄率一直高过投资率。因此为了进行更为精确的分析，现将样本进行分段，以 1990 为分段点，这是因为 1990 年上海证券交易所成立，标志着中国的资本市场正式建立起来了，一个国家资本市场的建立对该国的资本流动起着不可忽视的作用。分析结果如表 4 所示。

表 4　　**全国储蓄—投资：*F－H* 检验**

样 本	β	Std. Error	R－squared
1978—1990 年	0.847290	0.316679	0.394225
1991—2003 年	1.202079	0.278211	0.629240

从表 4 中可以看出，在第一个样本段中，中国的 *FH* 系数为 0.85，即中国有 15% 的储蓄资本流出；在第二个样本段中，中国的 *FH* 系数为 1.20，表明在这段期间中国是资本净流入地区，有相当于储蓄额 20% 的资本流入。

4.2 省级行政区的储蓄—投资：1978—2003 年的横截面分析

1. 中国各省级行政区储蓄—投资：平均数横截面分析

中国各省级行政区的储蓄率与投资率（1978—2003）的描述性统计见表5。

表5　中国各地区储蓄—投资：描述性统计

		N	Minimum	Maximum	Mean	Std. Deviation
北京	储蓄率	26	0.46	0.70	0.5766	0.06297
	投资率	26	0.22	0.74	0.5422	0.15902
天津	储蓄率	26	0.49	0.63	0.5536	0.03984
	投资率	26	0.23	0.59	0.4653	0.10116
河北	储蓄率	26	0.39	0.57	0.4828	0.06048
	投资率	26	0.23	0.48	0.3843	0.06494
山西	储蓄率	26	0.38	0.51	0.4270	0.02974
	投资率	26	0.24	0.51	0.4067	0.07423
内蒙古	储蓄率	26	0.02	0.44	0.2975	0.12903
	投资率	26	0.24	0.60	0.4015	0.08103
辽宁	储蓄率	26	0.39	0.52	0.4609	0.02994
	投资率	26	0.19	0.45	0.3264	0.06526
吉林	储蓄率	26	0.22	0.40	0.3251	0.06080
	投资率	26	0.25	0.45	0.3709	0.05278
黑龙江	储蓄率	26	0.35	0.43	0.3997	0.02319
	投资率	26	0.22	.41	0.3374	0.05222
上海	储蓄率	26	0.55	.78	0.6221	0.07510
	投资率	26	0.15	1.69	0.4668	0.28725
江苏	储蓄率	26	0.41	0.58	0.5063	0.05445
	投资率	26	0.28	0.53	0.4211	0.07142
浙江	储蓄率	26	0.35	0.66	0.4770	0.08559
	投资率	26	0.14	0.50	0.3739	0.10095
安徽	储蓄率	26	0.15	0.41	0.3208	0.07987
	投资率	26	0.15	0.42	0.3231	0.07363
福建	储蓄率	26	0.18	0.48	0.3482	0.10650
	投资率	26	0.27	0.47	0.3727	0.07727
江西	储蓄率	26	0.23	0.47	0.3276	0.06018
	投资率	26	0.28	0.48	0.3609	0.04552
山东	储蓄率	26	0.35	0.54	0.4643	0.05915
	投资率	26	0.29	0.50	0.4164	0.06827
河南	储蓄率	26	0.30	0.50	0.4257	0.05486
	投资率	26	0.27	0.45	0.3831	0.04635

表5（续）

		N	Minimum	Maximum	Mean	Std. Deviation
湖北	储蓄率	26	0.33	0.48	0.4165	0.05033
	投资率	26	0.20	0.48	0.3483	0.07777
湖南	储蓄率	26	0.24	0.38	0.3071	0.04583
	投资率	26	0.20	0.38	0.2936	0.05574
广东	储蓄率	26	0.28	0.47	0.3916	0.05969
	投资率	26	0.25	0.45	0.3531	0.05227
广西	储蓄率	26	0.16	0.35	0.2545	0.06298
	投资率	26	0.20	0.41	0.3184	0.05548
四川	储蓄率	26	0.30	0.42	0.3484	0.03484
	投资率	26	0.29	0.42	0.3468	0.03797
贵州	储蓄率	26	0.12	0.31	0.2186	0.04849
	投资率	26	0.26	0.56	0.3793	0.08967
云南	储蓄率	26	0.23	1.00	0.3482	0.14559
	投资率	26	0.00	0.48	0.3604	0.09233
陕西	储蓄率	26	0.21	0.51	0.3136	0.07917
	投资率	26	0.29	0.60	0.4412	0.07602
甘肃	储蓄率	26	0.19	0.43	0.3106	0.06318
	投资率	26	0.31	0.47	0.4046	0.04336
青海	储蓄率	26	0.18	0.38	0.2821	0.06315
	投资率	26	0.41	0.78	0.5467	0.11227
宁夏	储蓄率	13	0.24	0.38	0.3133	0.04556
	投资率	13	0.49	0.83	0.5984	0.10454
新疆	储蓄率	26	0.14	0.45	0.3027	0.10270
	投资率	26	0.43	0.72	0.5251	0.08421
西藏	储蓄率	12	0.09	0.47	0.3766	0.10007
	投资率	12	0.36	0.57	0.4210	0.06030

根据Feldstein和Horioka以16个欧盟成员国在1960—1974的国内投资率和国民储蓄率的平均值组成的横截面数据为样本的方法，现在对我国29个省、直辖市1978—2003年的储蓄率、投资率的平均值进行回归分析，我们得到以下结果：*FH*系数为0.135 427，趋近于0，这说明我国改革开放以来随着资本流动性和金融一体化的加强，区域内储蓄和投资没有显著关系，各省市趋近于完美的资本流动。

2. 中国各各地区储蓄—投资：1978—2003各年度横截面数据分析

Sinn（1992）对Feldstein和Horioka选用了各国投资储蓄的时间平均值组成的横截面数据提出批评，他认为由于开放经济中的跨时预算约束不允许一个国家不受限制的保持经常账户赤字或盈余，通常总是赤字紧跟着盈余或者相反，因此年度平均数据的国内储蓄和投资的差异很小，从而可能得出错误的结论①。又由于我国地区经济发展不平衡，差异大，出于这两个原因，我们现将1978—2003年各年全国各省直辖市分为东部、中部和西部②，把各地区之间的储蓄投资的数据作为样本进行回归分析，即每一年都以该年的横截面数据为样本得到每个区域的参数估计量——随时间变化的*FH*系数（分析结果如表6）。从表6中可以看出，全国各区域1978—2003年的*FH*系数是不断变化调整的。其中，东部地区在1985年以前*FH*系数基本上为负，但从1985年开始迅速上升，到1994年开始大于1，随后又缓慢下降，在2000年后又回落到1以下；中部地区的*FH*系数变化一直较平稳，在1990年增长到最高点0.84，始终没有大于1，之后时增时减，但波动幅度不大；而西部地区的*FH*系数一直较小，在1990年以前一直围绕0微弱波动，其后的三年有大幅度的提高，但1994年后又大幅下降，一直处于0~0.5之间。

表6　　中国各区域储蓄—投资：*FH*检验

年份	东部地区		中部地区		西部地区	
	β	R - squared	β	R - squared	β	R - squared
1978年	-0.006	0.0003	0.19	0.05	-0.38	0.01
1979年	0.05	0.02	0.14	0.07	-0.60	0.56
1980年	0.10	0.09	-0.03	0.002	0.03	0.0006
1981年	-0.002	0.00007	0.26	0.25	0.07	0.0008
1982年	-0.17	0.22	0.20	0.33	-0.26	0.02
1983年	-0.06	0.04	0.38	0.53	0.19	0.03
1984年	-0.05	0.03	0.45	0.49	0.08	0.004
1985年	0.38	0.40	0.75	0.54	-0.07	0.001
1986年	2.29	0.42	0.57	0.46	0.08	0.005
1987年	0.51	0.36	0.64	0.30	-0.15	0.005
1988年	0.77	0.54	0.58	0.34	-0.02	0.0008
1989年	0.99	0.71	0.70	0.36	-0.52	0.051
1990年	0.82	0.55	0.84	0.61	0.37	0.03
1991年	0.79	0.58	0.63	0.58	0.28	0.04
1992年	0.96	0.72	0.41	0.18	1.33	0.24
1993年	0.79	0.69	0.54	0.41	1.73	0.51
1994年	1.78	0.46	0.51	0.33	1.29	0.47
1995年	1.77	0.54	0.38	0.29	0.24	0.09
1996年	1.24	0.60	0.53	0.37	0.28	0.12
1997年	1.31	0.02	0.47	0.46	0.21	0.04
1998年	1.22	0.59	0.71	0.82	0.40	0.09
1999年	1.04	0.31	0.81	0.67	0.08	0.006

① Boyreau - Debray and Wei Shangjin, 2002, "How Fragmented is the Capital Market in China?", *Paper of the CES hong Kong Conference on "The integration of the Greater Chinese Economics: Causes, Consequences, and Implications"*.

② 东部地区指东部发达地区，包括北京、天津、上海、河北、辽宁、江苏、浙江、山东、福建、广东和海南十一省市；中部地区指中部欠发达地区，包括山西、吉林、黑龙江、江西、安徽、河南、湖北、湖南8省；西部地区包括四川、重庆、陕西、云南、贵州、广西、内蒙古、甘肃、宁夏、青海、新疆和西藏十二省市区。由于重庆、宁夏和西藏的统计数据部完全，不包括在本文的西部数据当中。

表6（续）

年份	东部地区		中部地区		西部地区	
	β	R - squared	β	R - squared	β	R - squared
2000年	0.67	0.18	0.77	0.48	0.18	0.02
2001年	0.55	0.09	0.63	0.42	-0.11	0.005
2002年	0.49	0.07	0.64	0.39	0.06	0.001
2003年	0.19	0.01	0.68	0.24	0.34	0.04

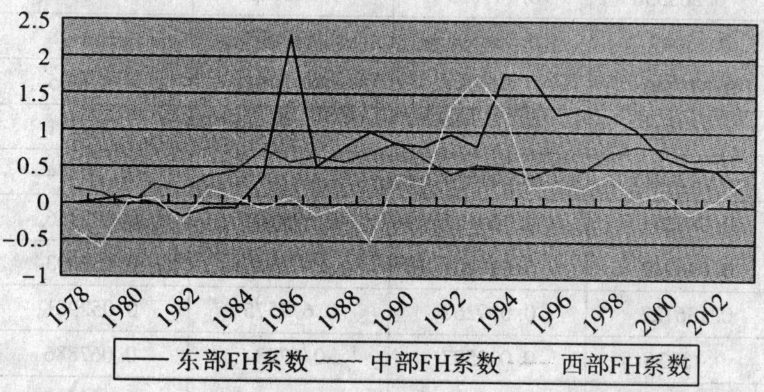

图2　各区域1978—2003年FH系数走势图

从走势图来看（如图2），东部地区的*FH*系数一直围绕1上下波动，中部地区围绕着0.5上下波动，而西部地区围绕0上下波动。可见，从20世纪90年代初开始，由于东部地区的市场化改革开放进程迅速加快，中央政府本着效率优先的原则不仅财政转移力度小，而且中央财政资金和国际信贷资金也向效率较高的东部地区倾斜，其他地区的资本在利益驱动下也流向东部地区，导致大量资本在东部地区聚集。但在2000年以后东部地区的*FH*系数有下降趋势，中部地区依然平稳，而西部地区有上升趋势；这表明随着西部大开发战略的实施，政策逐步向西部倾斜，资金逐渐流入西部。

从经济发展水平来看，东部地区最发达，中部次之，西部最为落后，这与*F-H*之谜正好吻合——经济越发达的地区，*FH*系数越大，反正亦然。

3. 中国各省级行政区的储蓄—投资：时间序列数据分析

在各省直辖市的时间序列分析中（见表7），根据*F-H*系数的大小，我们进行如下的类型划分：*FH*系数大于1的省市有：辽宁、江苏、山东、湖南、四川；*F-H*系数分别为1.50、1.09、1.07、1.01、1.08。这表示这五省储蓄投资相关性非常强，每年储蓄完全用于该省每年的投资，不仅如此，还分别相当于GDP的50%、9%、7%、1%、8%的省外资本流入该省。

*FH*系数趋近于1的省市有：河北、吉林、安徽、福建、江西、河南、广东、陕西。这些省的大部分储蓄都转化为了投资，资本流入流出不大。

*FH*系数趋近于0.5的省市有：北京、内蒙古、浙江、湖北、广西、贵州、甘肃、青海、新疆。这些省是资本流出地区。

*FH*系数为负的省市有：天津、山西、黑龙江、上海、云南、西藏。这表明这些地区资本输出现象严重。比如天津和上海有可能是本地企业用本地的储蓄在外地进行投资。其余四省则可能因为当地的投资回报率低于其他地区，新增储蓄全部转移到高回报率地区。

表 7　　中国各省级行政区的储蓄—投资：*F*－*H* 检验

地区	α	Std. Error	β	Std. Error	R－squared
北京	0. 298106	0. 294677	0. 423323	0. 508194	0. 028099
天津	1. 397911	0. 21526	－1. 684461	0. 387841	0. 440079
河北	－0. 00143	0. 071219	0. 799001	0. 146424	0. 553705
山西	0. 418268	0. 218057	－0. 027154	0. 509466	0. 000118
内蒙古	0. 238706	0. 020314	0. 547335	0. 062838	0. 759683
辽宁	－0. 365356	0. 149055	1. 500745	0. 322738	0. 473948
吉林	0. 15049	0. 036597	0. 677895	0. 110718	0. 609679
黑龙江	0. 345246	0. 184033	－0. 019533	0. 459695	0 000075
上海	1. 468522	0. 443662	－1. 610134	0. 708211	0. 177206
江苏	－0. 128415	0. 076563	1. 085236	0. 150374	0. 684558
浙江	0. 088045	0. 100427	0. 599246	0. 207356	0. 258154
安徽	0. 038912	0. 017201	0. 88586	0. 052093	0. 923366
福建	0. 136722	0. 019262	0. 677575	0. 052981	0. 87204
江西	0. 13836	0. 022597	0. 6793	0. 067886	0. 806653
山东	－0. 08181	0. 040634	1. 073008	0. 086836	0. 864169
河南	0. 036404	0. 019705	0. 814466	0. 045923	0. 92911
湖北	0. 099039	0. 122001	0. 598305	0. 290853	0. 149887
湖南	－0. 017517	0. 042678	1. 012814	0. 13749	0. 693348
广东	0. 086218	0. 044421	0. 68167	0. 112197	0. 606001
广西	0. 203329	0. 040405	0. 452264	0. 154303	0. 263595
四川	－0. 028678	0. 011558	1. 07768	0. 033017	0. 977969
贵州	0. 273176	0. 081484	0. 485457	0. 364246	0. 068912
云南	0. 489726	0. 03949	－0. 371454	0. 104922	0. 343073
西藏	0. 59173	0. 048781	－0. 45336	0. 12553	0. 566038
陕西	0. 228112	0. 044744	0. 67934	0. 1385	0. 500611
甘肃	0. 24763	0. 030008	0. 505431	0. 094753	0. 542453
青海	0. 400355	0. 100262	0. 518801	0. 347113	0. 085153
宁夏	1. 066731	0. 166077	－1. 494622	0. 524923	0. 424301
新疆	0. 346004	0. 036968	0. 591655	0. 115883	0. 520646

注：由于缺乏数据，西藏使用的是 1992—2003 年的数据，宁夏则是 1991—2003 年的数据。

5. 结论性评论与政策建议

5.1 结论性评论

根据储蓄—投资关系，对改革开放以来中国的各区域之间资本流动进行时间序列及横截面分析，发现的中国储蓄—投资相关性强，近期 *FH* 系数大于 1，充分说明了国内储蓄完全转化为投资，而且还不断从外界引入资本，这印证了 1978 年改革开放以来中国对外开放程度的不断增大，入驻中国的外资机构不断增加，国外资本投资力度不断加大的现象。而国内各区域内，储蓄—投资相关性较弱，没有显著关系，*FH* 系数较小，这说明在全国区域内资本是近似于自由流动的。

从区域分析这个层面上看，资本流动的基本趋势是从中西部地区流入到效率较高的东部地区。从各省市之间的时间序列数据分析来看，在资本流入省中大多属于东部地区，资本流出地区主要在西部省份，而资本流动性弱的省份主要在中部地区。这清楚的显示出改革开放以来区域间资本流动的基本趋势——资本向资金效率高的东部地区流动。

对于四川省和辽宁省，他们分别属于西部大开发和振兴东北的重点省份，因此属于资本流入省内也是合情合理的。而作为政治文化中心的北京，经济中心的上海以及毗邻北京的天津这三个直辖市，本身具有较强的资金聚集能力，但由于其自身的土地、能源等方面的限制以及本身支柱产业的特征，决定了其本地经济发展的资金是供大于求，所以向外投资的力度也在逐步加大，对外投资必然呈现快速增长态势。浙江省作为一个经济大省，但其人均资源拥有量居全国倒数第三。相对贫乏的资源与发展空间的狭小，使浙江省的商务成本太高。地价的昂贵和能源紧缺成为制约浙江经济发展的两大瓶颈。并且浙江块状经济行业过度拥挤，无序竞争的矛盾也日益凸现，恶性竞争时有发生。这都造成浙江许多企业外迁，资本外流。

5.2 政策建议

资本的充分供给是地区经济起飞的极为有利的条件之一，而我国目前资源有限并且存在地方利益相矛盾的问题，希望能通过资本流动的自我调节来达到缩减地区差异、实现地区经济协调发展。因此，政府应在协调地区资本流动和地区经济发展方面采取相应的政策措施。

(1) 采取向中西部倾斜的投资政策。完善财政转移支付制度，加大对中西部地区的转移支付，调整财政转移支付目前平均化严重的“基数法”；实行分若干等级的转移制度，并增加财政转移支付的种类。借鉴西方国家和地区的做法，建立区域产业投资基金，支持中西部地区的经济发展。基金的投向应是中西部地区的基础产业、基础设施及东部和中西部地区企业间的经济技术合作与开发项目。

(2) 实现资本利率市场化，在中心城市建立金融中心，并利用其辐射效应带动偏远地区经济的发展。鼓励中西部地区金融工具创新，引导资本的有效配置。

(3) 加大西部地区的开放力度，建设开放型经济，积极吸引外资及东部地区的企业向中西部地区扩展。要缩小日益扩大的区域差距，不仅需要大量的资金支持，也需要国家政策的倾斜，中央政府在中西部地区自身资本积累不足的情况下，将财政资金和国家信贷资金向中西部基础设施建设倾斜，改善其投资环境，给予投资税收优惠政策，为中西部地区产业发展创造较高的资金受益率，增强其对外部资本的吸引力。

中国公开市场业务的发展和挑战

汪 洋[①]

内容提要：本文旨在通过分析我国公开市场操作的原理、发展历程，揭示我国公开市场操作的主要特点，分析双重操作目标对公开市场操作的负面影响，并试图从货币政策框架的角度探讨我国公开市场操作操作效果不佳的深层次原因。

关键词：公开市场操作　货币政策框架　基础货币　货币市场利率　对冲操作

一、导言

我国中央银行的人民币公开市场业务于1996年正式启动，在发展初期曾经一度停顿。伴随着亚洲金融危机期间积极的财政政策和稳健的货币政策的实施，从1998年5月起我国中央银行恢复公开市场业务操作。如果说1998年取消贷款规模限额控制标志着我国中央银行宏观金融行政性直接调控的结束，那么公开市场操作的频繁采用则意味着我国以市场化为导向的间接调控开始占据宏观金融调控的舞台。2004—2005年这一政策工具已经成为我国货币当局不可或缺的政策工具。

公开市场操作的迅速发展主要体现在以下几方面：

一是该市场的成员规模和机构类型迅速扩大，初期只有16家商业银行总行，到2004年末，增加到5354家机构投资者，类型包括商业银行、信用社、证券公司、保险机构、基金和一般企事业机构。

二是该市场的交易规模迅速扩大。市场启动之初，可交易债券存量仅有723亿元，而至2004年末，市场可交易债券存量增加到44 645亿元，比市场启动时增长近60倍。2004年银行间债券市场回购交易达到94 367.55亿元，比1997年增长305倍；现券交易量达到25 041亿元，比1997年增长2500多倍[②]。

从我国公开市场操作的政策导向分析，自1998年以来的通货紧缩时期，其导向性是扩张性的；然而，自2001年以来我国外汇储备迅速增长，公开市场操作的导向开始转变为紧缩性的，其主要目标开始转向对冲由此造成的巨额流动性。

本文旨在通过分析我国公开市场操作的发展历程和其独特性，剖析其在未来可能面临的主要挑战。本文的结构如下：第一部分是导言；第二部分解释我国公开市场操作的主要方式和特征，澄清在回购操作和发行中央银行票据当中的若干被忽略的特征；第三部分详细论述我国公开市场操作的发展历程，分析其与我国货币政策周期的不一致性；第四部分对1998年以来我国公开市场操作的整体评价；第五部分是基于我国货币政策框架下我国公开市场业务的审视；第六部分探讨我国公开市场业务的操作目标；最后是结束语。

---

① 汪洋：经济学博士，江西财经大学金融学院副教授。主要研究方向：货币理论与政策。在《经济学（季刊）》、《管理世界》、《国际经济评论》、《国际金融研究》、《经济学动态》、《外国经济与管理》、《财经科学》和《当代财经》等刊物发表10多篇论文。出版《货币联盟经济学》译著一部。

② 数据引自中国人民银行网站：《银行间债券市场对外开放的新进展——ABF2进入银行间债券市场》。

二、我国公开市场操作的主要方式和特征

一般来说，中央银行实施公开市场操作可以区分为现券交易和回购操作两种模式。现券交易是指中央银行在公开市场业务中单向地买入或卖出债券，大多属于一次性操作（outright operations），其目的是使金融机构的流动性在较长时期内发生改变，同时也反映了货币政策走向的改变。现券交易又可以分为现券买入和现券卖出。

回购操作则是中央银行为了平衡货币市场上临时性或偶然性因素所造成的流动性短缺而采取的以债券为抵押的融资操作，目的是维持金融市场的稳定（谢多，2001）。回购操作又可以分为正回购操作和逆回购操作。其中，正回购为中央银行向一级交易商卖出有价证券，并约定在未来特定日期买回有价证券的交易行为。在中国人民银行的资产负债表上表现为资产方不发生变化，但其拥有的债券被锁定（因为我国目前主要采取的是质押式回购①，2004 年开始试行开放式回购，这里仅以质押式回购为分析对象）；负债方则表现为金融机构的准备金存款下降，正回购科目增加（见表 1）。正回购到期，人民银行负债方的金融机构准备金存款增加，正回购科目下降。因此说，正回购操作的实质为中央银行以债券为抵押的从市场收回流动性的操作，正回购到期则为中央银行向市场投放流动性的操作。

表 1　　　　中央银行资产负债表

资产		负债	
置换		超额准备金	-100 亿（1）
			100 亿（2）
		正回购	100 亿（1）
			-100 亿（2）

注：（1）表示实施正回购

（2）表示正回购到期

逆回购为人民银行向一级交易商购买有价证券，并约定在未来特定日期将有价证券卖给一级交易商的交易行为。在中国人民银行的资产负债表上表现为资产方的逆回购增加（人民银行所拥有的债券并没有增加，但商业银行相应的债券被锁定）；人民银行负债方的金融机构准备金存款增加。逆回购到期，人民银行的资产负债双双下降。逆回购操作的实质为中央银行向市场上投放流动性的操作，逆回购到期则为中央银行从市场收回流动性的操作（见表 2）。

表 2　　　　中央银行资产负债表

资产		负债	
置换逆回购	100 亿（1）	超额准备金	100 亿（1）
	-100 亿（2）		-100 亿（2）

注：（1）表示实施逆回购

（2）表示逆回购到期

从对金融机构流动性的影响来看，逆回购、正回购到期、现券买入都是向金融机构注入流动性的操作，而正回购、逆回购到期和现券卖出则是收回金融机构流动性的操作。

此外，在我国近年来的公开市场操作当中，发行中央银行票据日益成为货币当局所依赖的一个主要政策工具。从中央银行控制银根的角度分析，发行中央银行票据是紧缩性的操作，中央银行票据到期则为扩张性的操作，后面的这一操作往往容易被忽略。

---

① 质押式回购，也称封闭式回购。其特征是在回购期间债券的所有权及处置权不发生转移，但是债券被存入在登记托管和结算机构开设的专用证券账户并冻结，作为履行交易的保证，不能用于其他用途。融出资金的一方对交易的债券也无权动用。相反，如果融出资金的一方可以动用，则称之为买断式回购。

表3　中央银行资产负债表

置换	超额准备金	-100亿（1）
		100亿（2）
	中央银行票据	100亿（1）
		-100亿（2）

注：（1）中央银行票据发行时
（2）中央银行票据到期时

从中央银行主动和被动操作的角度分析，正回购和逆回购、现券买入和现券卖出以及发行中央银行票据是中央银行主动操作的结果；而正回购到期、逆回购到期和中央银行票据到期中央银行则处于被动的状态。

三、我国公开市场操作的发展历程

自1996年启动以来，我国公开市场操作大致可以分为三个阶段：1996年4月到1998年5月之前的起步阶段；1998年5月到1999年以注入基础货币为目标的扩张性阶段；2000年以来以对冲操作为目标的紧缩性阶段，这一阶段的政策导向与我国经济周期和货币政策走势出现了不完全一致的走势。

（一）1996年4月至1998年5月：起步阶段

1996年4月9日中国人民银行以国债回购方式启动公开市场业务操作。由于1994年人民币汇率体制改革取得巨大成功，外汇储备迅速增加，中央银行货币政策操作需要对冲外汇储备大量增加而带来的基础货币，当时中国人民银行手中没有可供卖出的债券，因此无法通过卖出债券或正回购方式来实现对冲操作的目的。相反，中国人民银行只能进行逆回购交易，这恰恰是增加金融机构的流动性，与当时的货币政策目标相反，因此1996年全年公开市场操作的交易额仅为43亿元。

进入1997年之后，国债公开市场操作由于商业银行招标的频率和数量不足而宣告暂停，以致全年没有交易，这一直持续到1998年5月（钱小安，2000）。

（二）1998年5月至1999年：以投放基础货币为目标的扩张性阶段

1997年亚洲金融危机以后，我国中央银行通过外汇占款途径提供基础货币的方式受阻，我们需要通过新的渠道注入基础货币。买入债券注入基础货币方式符合当时的货币政策方向，因此中国人民银行于1998年5月恢复公开市场操作适逢其时。根据当时的经济与金融形势，在1998、1999两年，我国中央银行的公开市场操作以投放基础货币为主要目标，基本操作方式是逆回购。1998年净投放基础货币701亿元，1999年净投放基础货币1920亿元。这两年合计投放基础货币2621亿元，占两年中基础货币投放总额的85%（孙国峰，2003）。中央银行则通过逆回购方式大量注入基础货币，有力地支持了货币供应量的稳步增加，同时也为积极的财政政策发挥作用提供支持（见表4）。

表4　我国中央银行公开市场业务投放回笼基础货币表　（单位：亿元）

	投放基础货币	回笼基础货币	净投放基础货币	交易量
1998年	1761.66	1065.32	696.34	2826.98
1999年	7076.01	5168.73	1907.28	12244.74
2000年	4469.75	5292.41	-822.66	9762.16
2001年	8252.69	8528.73	-276.04	16781.42

表4（续）

	投放基础货币	回笼基础货币	净投放基础货币	交易量
2002 年	1801. 61	2819. 85	－1018. 23	4621. 46
合计	23 361. 72	22 875. 04	486. 69	46236. 76

注："净投放基础货币"栏中正数为净投放基础货币，负数为净回笼基础货币。

资料来源：转引自孙国峰《中国公开市场业务的实践与思考》。

（三）2000 年以来：以对冲操作为主要目标的紧缩性阶段

自 2000 年以来，我国公开市场操作基本上以对冲操作为主要特征，以收回流动性为政策目标。由于紧缩性操作的具体对象还存在差异，因此这中间还可以细分为以下几个子阶段：

第一阶段：2000 年对冲再贷款投放的基础货币。

2000 年全年通过公开市场业务累计投放基础货币 4469 亿元，累计回笼基础货币 5294 亿元，交易总额达到9762 亿元，净回笼基础货币为822 亿元（孙国峰，2003），改变了前两年通过公开市场业务投放基础货币的局面。为什么在当时仍然是通货紧缩的宏观背景下，还通过公开市场业务进行净回笼的货币操作呢？出现这一局面的主要原因笔者以为有以下三点：一是在 1999—2000 年新成立了 4 家金融资产管理公司，它们从国有商业银行剥离了 14 000 亿元不良贷款，除了划转央行对这些商业银行原有的再贷款以外，央行还直接对它们发放了相当数量的再贷款，总数达到 5055 亿元（易纲，2001）。二是由于要关闭一部分严重资不抵债的中小金融机构，央行给予了再贷款支持。三是因外汇占款增加投放了相当部分的基础货币（戴根有，2002a）。为避免基础货币的过快增长，我国中央银行在当时处于通货紧缩的宏观背景下仍然采用紧缩性的公开市场操作手法。当然，从整体上看，中央银行在 2000 年的政策导向仍然是扩张性的。

第二阶段：2001 年为平稳过渡阶段。

2001 年中国人民银行债券公开市场业务累计投放基础货币 8252. 69 亿元，累计回笼基础货币 8528. 73 亿元，净回笼基础货币 276. 04 亿元，比 2000 年有所下降。这背后的主要原因是 2001 年我国中央银行通过外汇占款投放的基础货币迅速回升，达到 4035. 7 亿元，并成为基础货币投放的主要渠道。公开市场操作注入的流动性相对于外汇占款的规模可谓微不足道，目标主要是努力保持货币市场利率的平稳性，因此 2001 年是一个过渡阶段。

第三阶段：2002 年以来全面对冲外汇占款投放的基础货币。

2002 年以来，我国外汇储备增长迅速，成为金融机构流动性增加的主渠道，与此同时，通货膨胀再次成为我国经济运行的主要压力。为此，我国公开市场业务以全面对冲外汇占款的紧缩性操作为主要目标。也是从这一阶段开始，公开市场操作逐渐成为宏观金融调控的最主要的政策工具。接下来将详细分析 2002—2004 年公开市场操作的政策背景和主要特征。

（1）2002 年的公开市场操作：防范债券市场上的系统性风险

2002 年，中国人民银行公开市场业务累计投放基础货币 1801. 61 亿元（其中逆回购 602 亿元，正回购到期和央行融资券到期 753. 31 亿元，买入现券 428. 31 亿元），累计回笼基础货币 2819. 85 亿元（其中正回购和发行央行融资券 2467. 5 亿元，逆回购到期 198. 14 亿元，卖出现券 154. 21 亿元），净回笼基础货币 1018. 23 亿元（水汝庆，孙国峰；2003）。

①政策背景：债券市场上系统性金融风险增加。2002 年，我国中央银行的外汇占款大幅增加，

全年增加 6139.81 亿元①。人民银行一方面在收兑外汇的同时，另一方面采取了正回购操作，以减少外汇占款过多（带来的基础货币投放过多）对货币供应量造成的影响。由于金融机构头寸非常充足，加之通货紧缩仍在继续，企业效益尚未出现根本性好转，各金融机构纷纷将资金投向债券市场，债券投资占其资金运用的比例大幅度上升，使得债券市场上各品种债券的价格一路走高。在中国人民银行连续第八次降息的背景下，金融机构所持国债增加隐含了巨大的风险。这主要体现以下几个方面：

第一，国债价格上升导致的系统性风险显著增加。由于通货紧缩的缘故，货币当局于 2002 年再次降息降低利率以刺激经济，且各金融机构加大了债券的投资规模，这导致债券价格飞速上扬。然而，无法保证这种低利率态势在未来会一直保持下去，如果未来利率向上调整，国债价格的下跌必然会导致系统性的风险。

第二，国债投资的成本与收益不对称，出现了利率倒挂现象。如两年期记账式国债四期的发行利率仅为 1.9%，比银行两年期名义存款利率 2.25% 低 0.35 个百分点；五年期记账式国债二期的发行利率为 2.22%，比银行五年期名义存款利率低 0.57 个百分点。

上述问题已引起有关当局的关注（戴根有，2002），并成为货币当局采用公开市场业务进行回笼操作的主要原因。

②公开市场操作干预后的新特征：货币市场利率回调。为保证货币市场利率的相对稳定，防范金融机构出现系统性风险，为金融体系和货币政策操作提供了稳定的市场环境，2002 年 4 月 9 日，人民银行开始卖断现券，回笼基础货币。从 6 月 25 日至 12 月 10 日，人民银行正回购共操作 24 次，累计回笼基础货币 2467.5 亿元，保证了基础货币的稳定增长。

人民银行的正回购操作、卖断现券以及转发中央银行票据，增加了市场上国债的供给，极大地改变了国债市场上的资金供求状况，货币市场利率出现回升，2002 年 9 月份银行间同业拆借加权平均利率为 2.122%，比 7 月份上升 0.102 个百分点；9 月份债券回购加权平均利率为 2.195%，比 7 月份上升 0.245 个百分点，货币市场利率特征出现一个新的特征，即银行间回购利率水平要高于银行同业拆借利率。

通常，我国银行同业拆借利率要高于银行间回购利率水平，因为前者是信用交易而后者是以债券为抵押的交易。2002 年 9 月份转发中央银行票据之后，前高后低的利率结构发生了逆转。之所以出现这一现象的原因笔者以为在银行间同业拆借利率市场上，外汇占款的上升将增加金融机构的流动性，而在债券回购市场上，我国中央银行主要是通过回购和发行中央银行票据方式收回金融机构的流动性，因此这两种反向操作会使得银行间同业拆借加权平均利率低于债券回购加权平均利率。

③转发中央银行票据成为市场关注的焦点。2002 年 9 月 24 日中国人民银行公开市场操作室发布第 3 次公告，决定 2002 年 6 月 25 日至 9 月 24 日期间公开市场业务正回购操作中所形成的 91 天、182 天、364 天未到期正回购品种，转换为相同期限的中央银行票据，共 1937.5 亿元，相应的公开市场业务正回购合同终止执行，人民银行用于正回购交易的质押债券同时解押。这一操作的实质反映在是其资产负债表上就是其负债方的一增一减（见表 5）。从整体上看，就是我国中央银行用发行中央银行票据的方式对冲外汇占款的增加（汪洋，2005）。

表 5　　中央银行资产负债表

置换	正回购	-1937.5 亿
	中央银行票据	1937.5 亿

① 根据我国中央银行公布的货币当局资产负债表，2002 年国外资产比上年增加 3382.45 亿元人民币；然而，2002 年我国外汇储备增加 742.42 亿美元，按 1 美元等于 8.27 元人民币计算，我国外汇储备应该增加 6140 亿元人民币。两者为何相差如此之大？这一原因待查。

（2）2003 年的公开市场操作：回收市场流动性

2003 年我国人民币公开市场业务全年累计投放基础货币 9684.5 亿元人民币（其中，逆回购 1700 亿，正回购到期 2370 亿、中央银行票据到期 5237.5 亿、买入现券 79.5 亿和赎回票据 197.5 亿），累计回收基础货币 11 800.7 亿元人民币（其中，正回购 2140 亿、逆回购到期 2200 亿和发行中央银行票据 7460.7 亿），净回收基础货币 2216.2 亿元人民币。净回笼基础货币较 2002 年增加一倍多。

从招标方式看，1～10 月公开市场业务基本上采用价格招标的方式，在 11～12 月主要采用数量招标的方式，这一转变表明我国货币当局对货币市场利率的关注程度在提高。

①政策背景：外汇储备增加和国内经济趋向过热。我国中央银行进行公开市场操作的主要背景仍然是我国外汇储备增加迅速，全年累计增加 1168.4 亿美元（不包括向两家国有商业银行注资的 450 亿美元）；与此同时国内通货紧缩的威胁开始消除，经济出现复苏并呈现出高涨的趋势。各大金融机构不再将资金投向债券市场，而是用于信贷投放。其中金融机构在 2003 年上半年的新增贷款达到 1.8 万亿元，超过 2002 年全年的增加额。为了对冲外汇储备增加和抑制金融机构贷款的过快增长，我国中央银行在本币公开市场上进行了大规模收回金融机构流动性的操作。

②回收流动性主要依赖发行中央银行票据。2003 年我国在本币市场上的操作可以大体分为两个阶段：前一个阶段是从 2003 年初到 4 月中旬，在这一阶段内，我国中央银行主要采取回购方式；后一阶段从 2003 年 4 月下旬开始一直到年末，采取的主要方式是发行中央银行票据，间或采用逆回购、买入现券和票据赎回的方法，不过规模很小。

一般来说，债券回购交易实际上是以债券为抵押的融资活动，它受中央银行实际可自由支配债券数量的限制。到 2003 年 4 月中旬，我国中央银行可自由支配的债券数量已经不多，因此无法继续进行大规模的正回购交易，面对外汇占款的不断增加，货币当局只能求助于发行中央银行票据的方式，这构成了 2003 年我国公开市场操作的一大特色。

③公开市场业务的流动性调控呈现“投放—回收—投放”的顺序变化。2003 年的公开市场操作大体可以分为三个阶段：

第一阶段是中央银行投放基础货币，这主要集中在 1 月份。中国人民银行主动采用短期（7 天、14 天）逆回购方式共向市场注入基础货币，且还有被动投放的基础货币（即正回购到期和 2002 年发行的中央银行票据到期）；净投放基础货币 397.5 亿元。

第二阶段从春节过后一直到 8 月末，公开市场操作投放的基础货币一直小于其回收的基础货币。从 4 月下旬开始，我国中央银行主要采用发行中央银行票据的做法，规模不断增长，其中一个重要的原因就是过去的正回购和中央银行票据到期，这使得中央银行必须增加当期中央银行票据的发行。

第三阶段是 9 至 12 月，公开市场业务投放的基础货币又大于其回收的基础货币，累计投放基础货币 1853.7 亿元。就发行中央银行票据而言，这段时间内的通过票据到期方式投放的基础货币达到 3350 亿元，而发行票据的规模只有 2910.7 亿元。就回购方式而言，通过逆回购和正回购到期方式注入的基础货币也大于通过逆回购到期收回的基础货币。因此，在这段时间内中央银行通过回购和中央银行票据两种方式增加了基础货币的投放。

之所以出现公开市场业务的扩张性操作是与 2003 年 9 月提高法定存款准备金率 1 个百分点分不开的（见表6）。提高准备金率收缩的超额准备金大约 1500 亿元，如果考虑这一点，9 至 12 月中央银行累计投放的基础货币为 353.7 亿元。整体来分析，2003 年公开市场操作对金融机构流动性的调控呈现出“扩张—收缩—扩张”的周期性。

表 6　　　　　　　　　　　　　　我国 2003 年公开市场操作

	注入金融机构超额准备金				收回金融机构超额准备金			
逆回购	正回购到期	央行票据到期	买入现券	票据赎回	正回购	逆回购到期	央行票据发行	
1 月	400. 0	110. 0	537. 5				650. 0	
2 月		80. 0				660. 0	250. 0	
3 月		40. 0	500. 0			1060. 0		
4 月						420. 0		150. 0
5 月		250. 0						800. 0
6 月		180. 0						1000. 0
7 月		370. 0	450. 0					1100. 0
8 月	600. 0	410. 0	400. 0					1500. 0
9 月	500. 0	880. 0	600. 0		197. 5	1100. 0		900. 0
10 月		50. 0	650. 0	79. 5				400. 0
11 月	200. 0		1000. 0				200. 0	910. 0
12 月			1100. 0					700. 7*
合计	1700. 0	2370. 0	5237. 5	79. 5	197. 5	2140. 0	2200. 0	7460. 7

注：* 表示第 57 期和 58 期中央银行票据的发行出现流标，但中央银行没有公布最终的招标结果，因此，笔者按其名义招标额计算。第 53—56 期中央银行票据按实际招标额计算。

资料来源：根据我国中央银行公开市场业务公告的数据制作

④平抑货币市场利率成为货币当局隐含的政策目标。2003 年平抑货币市场利率成为货币当局隐含的政策目标，这表现为我国中央银行公开市场的操作在更多地关注货币市场利率的稳定。2003 年引起货币市场利率波动较大的因素主要发生在下半年中央银行收缩金融机构流动性的过程当中。2003 年 8 月 23 日，我国中央银行决定从 9 月 21 日起提高法定存款准备金率 1 个百分点，这在货币市场引起不小的振动，金融机构的流动性不足的问题逐渐显现。此后，2003 年 8 月 25 日华夏银行新股发行和 11 月 4 日长江电力新股发行都导致货币市场利率在短时间内出现上涨，为此我国中央银行先后采取逆回购、赎回中央银行票据等方式注入基础货币，平抑货币市场利率波动。

(3) 2004 年的公开市场操作：继续大幅度回收市场流动性

2004 年我国人民币公开市场业务全年累计投放基础货币 12 609. 1 亿元人民币（其中，逆回购 400 亿，正回购到期 3280 亿，中央银行票据到期 8929. 1 亿①），累计回收基础货币 18 690. 5 亿元人民币（其中，正回购 3330 亿，逆回购到期 400 亿和发行中央银行票据 14960. 5 亿），净回收基础货币 6081. 4 亿元人民币②。2004 年公开市场操作的政策背景依然是国内投资需求高涨，外汇储备增加迅猛。主要的操作目标仍然是对冲外汇储备的急剧增加。

①发行中央银行票据和正回购方式同时成为主要回收流动性的手段。2004 年，我国货币当局基本采用发行中央银行票据和正回购方式主动收回基础货币，相应地中央银行票据到期和正回购到期则构成中央银行被动注入基础货币的方式（见表 7）。

其中，通过正回购收缩的流动性和正回购到期注入的流动性规模大体相当，净回收的流动性只

① 2003 年发行的中央银行票据 2004 年到期为 3410. 7 亿元（这里没有计算 2003 年第 57 期和 58 期中央银行票据实际发行数在 2004 年的到期额），当年发行当年到期的中央银行票据为 5518. 4 亿元，占当年发行总量的三分之一多。

② 以上数据笔者根据中国人民银行公开市场操作室公布的数据计算。

有50亿元。2004年公开市场操作的主要力量是发行中央银行票据，该方式净回收的流动性达到6000亿元。

表7 我国2004年公开市场操作

	注入金融机构超额准备金			收回金融机构超额准备金		
	逆回购	正回购到期	央行票据到期	正回购	逆回购到期	央行票据发行
1月	400		400		400	510
2月			710			1350
3月			538.2			2381
4月			850			611.5
5月			1050	700		1128
6月		650	964.2	300		650
7月		610	657	890		820
8月		830	1200	460		770
9月		570	929.7	380		1400
10月		170	600	150		1980
11月		300	450	250		1010
12月		150	580	200		2350
合计	400	3280	8929.1	3330	400	14960.5

注：1. 2003年第57期和58期中央银行票据分别在2004年3月和6月到期，由于其发行出现流标，中央银行没有公布最终的招标结果，因此这里没有计算其到期注入的超额准备金数额。

2. 笔者的计算和中国人民银行公布的相关材料有不一致的地方。

资料来源：根据我国中央银行公开市场业务公告的数据制作

②公开市场操作的制度建设显著加强。这主要体现在以下几方面：一是扩大公开市场业务一级交易商的机构范围，显然这进一步便利货币政策的传导。二是完善公开市场信息披露制度。在央行票据发行前后中央银行均予以公告，及时发布有关操作信息，说明我国货币政策在具体操作层面的透明度进一步提高。三是我国公开市场业务的清算实现了钱券对付的DVP方式，这实际上减少了债券交易当中的资金清算风险，应该说这是降低系统性金融风险的最为重要的制度举措之一（中国人民银行公开市场业务操作室，2005）。

③业务创新频频推出。2004年我国公开市场操作的业务创新也颇具特色。一是增加操作频率。公开市场业务交易日增加到两日。每周二上午的操作调整为发行央行票据和正回购操作各一场；每周四上午固定增加央行票据发行操作（中国人民银行公开市场操作室，2005）。操作频率的增加反映出我国在外汇储备不断累积条件下公开市场业务对冲操作压力的增加。

二是增加中央银行票据的流通时间。从2004年8月5日起，将央行票据的交易流通时间由发行日后第二日（即T+2）调整为次日（即T+1）；央行票据兑付前的停止交易时间则由兑付日前10日（即T+10）调整为前3日（即T+3），延长了中央银行票据在市场上流通的时间。此举同样意在增加货币当局可以用于回购操作的资产规模。

三是新的业务品种创新。这主要体现在2004年年底发行的三年期央行票据以及发行一年期远期央行票据。此举表明我国中央银行的对冲操作具有长期化的趋势。

从整体上分析，上述业务创新均围绕一个政策目标，如何更有效地对冲外汇占款的增加。

四、对1998年以来我国公开市场操作的整体评价

1998年以来，我国中央银行加强了对公开市场操作的运用。其主要特征包括以下几方面：

从政策周期分析，可以将 1998 年以来的公开市场操作分为两个阶段。第一个阶段从 1998—1999 年以扩张性操作为主；第二个阶段从 2000 年到 2004 年以紧缩性为主。这与我国的通货紧缩周期（1998—2002 年）出现了明显的不一致。在通货紧缩阶段，我国货币政策整体上的导向是扩张性的，但是具体就公开市场操作而言，其扩张性导向只限于 1998 年 5 月到 1999 年的这一短暂时期。即便是 2000 年以来的紧缩操作阶段，其具体政策目标也不尽相同。在这段时间我国宏观经济却先后经历从通货紧缩到通货膨胀的转变。这说明公开市场操作与货币政策周期、经济运行周期不完全一致。

从政策效果分析，2002 年以来我国的公开市场操作基本上以紧缩性的进攻性操作为主，这意味着货币当局注入经济系统中流动性是通过其他渠道实现的，具体来说就是外汇储备的增加。通常在以公开市场操作为主要政策工具的中央银行当中，该政策工具基本上扮演注入基础货币的角色，而非收缩流动性的角色。我国公开市场业务紧缩性的操作导向至少表明：在未来该政策工具要成为主流，其对流动性的影响必须发生根本性的变化。因此，尽管该政策工具的运用在目前举足轻重，但由于在未来我国外汇储备不可能持续高速增长下去，所以从更长的时间跨度来看，这种紧缩性的操作有可能是昙花一现。相反，如果未来公开市场业务成为中央银行注入基础货币的主要渠道，那么其目前的这种核心地位有可能继续维持。

从政策目标分析，我国公开市场业务操作的重要目标就是平抑货币市场利率。由于公开市场操作主要是通过招标方式进行的，因此它体现了货币当局的政策意图。戴根有（2002）总结道：“在逆回购投放基础货币时，主要采取数量招标方式；而在正回购回笼基础货币时主要采取利率招标方式。”笔者以为，中国人民银行之所以在招标方式中呈现出这种特征，是因为逆回购的目标是投放基础货币，降低利率，数量招标恰恰可以达到该目标；而中央银行采取正回购目标是收回基础货币，这会使回购利率上升，采用利率招标方式，可以降低人民银行的成本。此外，我国中央银行长时间采用固定利率数量招标方式，就是旨在向市场表达货币当局的短期目标利率。

五、货币政策框架下我国公开市场业务的审视

1998—2004 年，我国目前的货币政策框架基本上可以概括为以人民币币值稳定为货币政策的首要目标、以货币供应量为中介目标、以商业银行超额准备为操作目标的货币政策体系；以受到管制的存贷款利率和实现市场化的货币市场利率为特征的利率管理制度；以人民币钉住美元为主、（准）全额结售汇为特征的汇率制度和经常项目可自由兑换、资本项目受到管制与存在大量资本外逃和国际资本的跨境流动的国际收支制度（汪洋，2005b）。

自亚洲金融危机爆发到 2005 年 7 月中国人民银行实施人民币汇改制前，人民币汇率长期钉住美元不变，因此可以认为中国在货币政策操作中存在名义汇率锚；同时中国人民银行又将货币供应量 M_2 作为其中介目标，因此又可以认为货币供应量是货币当局的另一个名义锚。这两者实际上是不相容的。从理论上分析，在钉住汇率制度下，一国的货币供应量就成为内生变量，而目前我国中央银行将货币供应量指标视为外生目标，并在年初规定各层次货币供应量年度增长率。因此，我国实际上存在货币政策和汇率政策的内生冲突。

自 1994 年以来，这一矛盾依次体现为“控制通货膨胀和防止人民币汇率升值过快（1994—1996）—遏制通货紧缩和防止人民币汇率贬值（1997—2000）—控制通货膨胀和防止人民币汇率升值（2001—2004）”的轮回（汪洋，2005a）。从具体的操作层面分析，为保持人民币汇率的稳定，中国人民银行必须对外汇储备的增长进行对冲，换言之，中央银行对国内信贷资产的操作相当程度上受制于人民币汇率的走势和我国的国际收支状况，视其变化而予以“对冲”。从一定意义上说，我国的货币政策的具体操作呈现出一种视外汇占款结果而定的（outcome - based）特征。在内外经济均衡目标的价值取向上，我国目前的货币政策框架首先要满足对外经济均衡的需要。

在这一视角下分析我国的公开市场操作，就可以发现一系列彼此矛盾的现象。尽管1998年以来我国公开市场业务的规模越来越大，技巧越来越复杂，但其有效性值得怀疑。西方国家中央银行的公开市场操作以注入流动性为目标，且操作对象主要为国债；我国则是以收回流动性为目标，且中央银行票据为主要的操作对象。西方国家公开市场操作的操作目标以货币市场利率为主，而我国中央银行试图同时实现货币市场利率和基础货币两个目标。基于以上分析，笔者有以下两个判断：第一，从较长的时间跨度分析，在公开市场操作为主要操作工具的中央银行当中，该政策工具的整体效果是向金融系统注入基础货币。因为伴随着经济增长，经济主体对基础货币的需求是不断增加的。所以尽管公开市场操作有时候收回流动性，但在长期内则是注入流动性的（汪洋，2005b）。因此，这决定了回购操作和发行中央银行票据的方法在很大程度上是一种微调性的政策工具，不可能成为逆转货币政策方向所能依赖的政策工具。第二，如果未来我国进一步放宽人民币汇率的浮动范围，公开市场操作的对冲色彩将日益淡化甚至消失，它也必将恢复其注入流动性的本来面目。

六、我国公开市场业务的操作目标分析

我国公开市场操作不仅受制于当前的货币政策框架，而且在具体操作层面也存在争论。关于这一问题，中国人民银行货币政策司前司长戴根有在2002年12月23日的《金融时报》上发表了《央行公开市场业务操作实践和经验》的文章，谈到了我国货币政策的操作目标问题。他写道，根据《中国人民银行法》，我国货币政策的目标是“保持货币币值稳定，并以此促进经济增长”。根据经验，货币政策中间目标包括广义货币（M_2）、狭义货币（M_1）、贷款等一组指标。货币政策操作目标目前主要是金融机构超额准备金水平，同时关注货币市场利率变动。他认为：在我国货币政策的中间目标及其传导机制决定了我国的操作目标必须是数量指标，然而由于中央银行公开市场业务操作必然会同时改变商业银行超额储备和货币市场利率，因此中央银行必须同时关注这两个指标。因为我国对金融机构的存、贷款利率仍然存在管制，所以数量目标就更加实际和有效。换言之，他认为数量型的中介目标（货币供应量）必须有数量型的操作目标（超额准备金）与之相适应，数量型的指标（货币市场利率）只适合作为辅助性的观测指标。

水汝庆和孙国峰（2003）同样认为“在金融机构存贷款利率尚未市场化的制度背景下，由于货币市场利率对金融机构存贷款利率基本没有什么影响，因而人民银行自1996年开始公开市场业务后，操作目标主要是金融机构的超额准备金水平（基础货币）。”然而，他们同样强调“货币市场和债券市场的利率水平是央行调控基础货币的观测指标”。

从一般意义上讲，中央银行不可能同时既控制储备资产的数量，又控制储备资产的价格（银行同业拆借利率）。这里不是说货币当局只关注其中一方面，忽视另一方面，而是说当两者不能同时兼顾时，货币当局首先以实现哪一个目标而放弃另一个目标。国际货币基金组织的马克斯温博恩就指出：中央银行可以直接控制基础货币的价格（利率或汇率），也可以直接控制基础货币的数量，但不能同时控制这两者（戴根有，1999）。当然，我们并不否认有时候中央银行能同时实现这两个目标，但当这两者发生冲突时，中央银行首先应该实现哪一个目标呢？戴根有（2002）并没有给出答案。

笔者（2005）曾经论证，我国2003年53到58期中央银行票据招标发行出现流标，就恰恰证明了我国希望同时实现商业银行超额储备和货币市场利率是不可能的。那么，接下来的另一个问题就是选择何种利率作为货币当局的目标调控利率？是价格型的利率指标还是数量型的基础货币？如果是前者，货币当局是选择中央银行票据利率，还是银行间债券市场回购利率，抑或是国债利率？即便是解决这一问题之后，还存在选择何种期限的利率作为其目标调控利率的问题。此外，还存在价格型的操作目标如何与目前数量型的中介目标相互协调的问题。总之，上述理论问题仍有待于继续讨论。

七、结束语

在宏观金融间接调控的体制下，公开市场操作是货币当局运用最为频繁的一项政策工具。1998年以来，我国货币当局有意识地强化这一政策工具的运用。2003 年以来发行中央银行票据甚至成为货币当局回笼基础货币最为主要的政策工具。然而，在现行货币政策框架下，货币政策与汇率政策存在明显的冲突，这就决定了公开市场操作的效果受到明显制约，中央银行票据的发行甚至还出现了流标现象。从制度层面分析，我国公开市场操作在未来要发挥更大的作用，笔者以为必须在以下两方面继续完善。一是明确货币政策的首要目标是以内部经济均衡为主的稳定物价，这就避免了货币政策和汇率政策的冲突，也就避免了公开市场业务长期沦为对冲操作的尴尬境地。二是明确货币政策操作目标以稳定货币市场利率为主，这可以避免回购业务和发行中央银行票据时出现流标的现象。换言之，我国公开市场业务要在更长的时间跨度内得到充分的发展，其功能定位有待于进一步明确。

参考文献：

1. 戴根有. 走向货币政策间接调控——中国实践与外国经验 [M]. 北京：中国金融出版社，1999.

2. 戴根有. 央行公开市场业务操作实践和经验 [N]. 金融时报，2002-12-23.

3. 戴根有. 货币政策与中国债券市场发展前景 [J]. 中国金融，2002 (6).

4. 戴根有. 中央银行票据：提高政策倾向有效性 [N]. 金融时报，2003-5-14.

5. 水汝庆，孙国峰. 关于 2002 年人民银行公开市场业务情况 [J]. 中国货币市场，2003 (4).

6. 水汝庆，张翠微. 前瞻灵活　适时适度——2003 年中央银行公开市场操作回眸与思考 [N]. 金融时报，2004-03-04.

7. 孙国峰. 我国公开市场业务的实践与思考（上）[J]. 中国货币市场，2003 (2).

8. 孙国峰. 我国公开市场业务的实践与思考（下）[J]. 中国货币市场，2003 (3).

9. 谢多. 公开市场业务实践与货币政策操作方式转变 [J]. 经济研究，2000 (5).

10. 谢多. 中国货币市场发展的分析 [J]. 经济研究，2002 (9).

11. 谢平，张晓朴. 货币政策与汇率政策的三次冲突 [J]. 国际经济评论，2002 (3).

12. 曾秋根. 央行票据对冲外汇占款的成本、经济后果分析——兼评冲销干预的可持续性 [J]. 财经研究，2005 (5).

13. 汪洋. 中国的资本流动：1982—2002 [J]. 管理世界，2004 (7).

14. 汪洋. 我国货币目标制的研究——兼议通胀目标制在我国的运用 [D]. 上海财经大学，2004.

15. 汪洋. 再论我国货币政策与汇率政策的冲突 [J]. 国际经济评论，2005 (1).

16. 汪洋. 中央银行票据：终将消逝的货币政策工具 [J]. 财经科学，2005 (5).

17. 张斌，何帆. 人民币的策略选择 [J]. 国际经济评论，2003 (5).

18. 中国人民银行货币政策司. 货币市场知识读本 [M]. 北京：中国经济出版社，2003.

入世后期我国金融监管的国内外协调问题研究[①]

贺　强[②]　祁敬宇[③]　王翠琳[④]

内容提要：本论文以金融全球化背景下金融监管的国内外协调为主题，从金融开放的次序与渐进性方面提出了金融监管国内外协调的重要性，并指出金融监管的内外协调需要处理好的三个方面的关系，即金融开放与国内宏观经济稳定、金融开放与财政平衡以及与国内金融体系自由化的关系。同时，就我国金融监管中存在的一些问题提出了当前我国金融监管与金融开放的政策选择。

关键词：金融监管　协调　入世

一、引言

我国经济改革开放20多年来，社会、经济运行与金融取得了很大的成绩。究其原因，一方面在一定程度上归因于金融的自由化改革；另一方面，金融业是否能保持稳定发展，又成为未来影响中国经济稳定发展的重要因素。因此，关注中国金融发展的稳定，正确处理好金融稳定与金融开放的关系，就需要处理好金融开放过程中金融监管的国内外协调问题。这在当前入世后保护期，尤其应当予以关注。

金融开放进程中的国内外协调是指一国（或地区）在其金融开放过程中通过内部与外部的相互协调，采取互相配合并同金融发展有关的各种政策措施，保持金融稳定发展的良好态势，保证经济金融运行的正常进行。

自20世纪80年代以来，新兴市场国家开始步入金融开放的道路。在经历开放之初的几年经济繁荣之后，这些国家爆发了金融危机，尤其以1997年7月始肇于泰国的亚洲金融危机为甚。许多经济转轨型国家的实践表明：金融开放虽可能增强该国吸引全球资金的能力，并通过竞争机制提高国内金融市场的配置效率，促进国内金融市场与整个经济的发展；然而，如果金融开放的次序不当或国内条件基础支持不足，金融开放也可能是一场潜在的灾难。因此，中国金融开放成败得失的关键，在于如何选择合理的开放路径，并且有次序、渐进地推行金融开放，在获取开放收益的同时，居安思危，密切关注国内经济金融的运行状况。这就需要我们加强金融监管，密切关注金融开放过程中金融监管的国内外协调问题，以便使金融风险控制在极小的范围内，保证整个国家的金融稳定发展。

二、金融开放的次序与渐进性决定了金融监管的国内外协调的重要性

金融开放是一把双刃剑。金融开放可以克服惯性，通过削弱既有集团的利益和政府对企业经营活动的控制，为更广泛的经济改革提供刺激，推动整体改革的进程，并且可以增加对政府贯彻改革

---

① 本文是教育部哲学社会科学研究重大课题攻关项目“金融体制改革与货币问题研究”（项目编号：04JZD0013）子课题“金融全球化下的金融监管”中的部分文稿。

② 贺强，博士生导师，中央财经大学教授。

③ 祁敬宇，经济学博士，首都经济贸易大学金融学院副教授，财政部财政科学研究所博士后。

④ 王翠琳，兰州理工大学国际经济管理学院副教授，中国注册会计师。

承诺的可信度，有助于外部资源的流动和转移，促进投资、贸易融资和产业发展的资源供给与优化配置。但是，如果条件不完全具备，强行推行金融开放，就会产生与上述目标相悖的结果，即金融开放将隐含着一国经济不得不承受可能发生的经济与金融危机。即使已经具备了一定的条件，实行金融开放，也必须在这一进程中始终密切关注金融监管问题，尤其是金融监管的国内外协调问题。

金融开放与金融稳定、金融危机以及金融监管等方面存在着事实上的逻辑联系，而其中又依赖于金融监管的国内外协调问题。因此，在强调金融开放与金融自由化的同时，更应强调金融开放的次序与渐进性，加强金融监管的国内外协调。换言之，金融开放的次序与渐进性决定了金融监管的国内与国外协调问题的重要性。麦金农指出，“为实现非通货膨胀的金融均衡，财政、货币与外汇政策的排列顺序至关重要。政府不能或许也不应该同时采取全部的自由化措施；相反，经济的自由化有一个最佳的顺序”。根据他的概括，从一个压制国内外贸易的中央集权化经济过渡到一个完全市场化经济的金融政策的最佳顺序应该是：财政调整应出现于金融部门自由化之前，而解除对资本流动的管制应在国内金融体系自由化之后进行。由上述“最佳顺序”引申的金融开放政策导向包括：①宏观经济稳定；②财政问题；③国内金融体系自由化。汉森（1994）也指出，稳定的宏观经济和相当程度的国内金融体制的自由化是国际金融自由化的基础。据此观点，笔者认为上述政策得以保障的前提便是金融监管的“到位”，也就是确保金融监管的国内外协调。换言之，金融开放的次序与渐进性问题决定了金融监管的国内外协调问题的重要性。

我国于2001年12月正式加入WTO，五年的保护期即将来临。入世后期，在金融开放进程中加强金融监管，加强金融监管的国内外协调，必然处理好以下几个方面：

1. 金融监管的内外协调需要处理好金融开放与国内宏观经济稳定的关系

麦金农运用信息经济学理论的分析框架，论证了作为金融开放先决条件的宏观经济稳定的重要性。他认为，首先，如果宏观经济不稳定将扩大企业投资的预期收益的波动，并增强各类风险等级的企业投资预期收益的正相关性。在这种情形下，向企业投资进行融资的银行不能通过“大数定律”来分散风险；此外，作为风险的补偿，实际贷款利率将上升。其次，在投资项目的风险与预期收益方面，企业与银行之间所拥有的信息是不对称的，高贷款利率产生了逆向选择行为和道德风险问题，加大了银行资产的风险。再次，在经济转轨型国家，政府对银行破产的显性或隐性担保，进一步鼓励了银行以非正常的高利率向高风险的投资项目发放贷款。但是，当银行的不良资产积累到一定程度时，银行危机就爆发了。尤其是，在金融开放的背景下，国际资本流入并进入银行系统，会大大缩短不良资产积累过程，而国际资本流出则会加速银行危机的到来。当前，我国宏观经济运行进入了一个重要时期，这就要求我们通过关注人民币汇率、利率等一系列重要宏观经济金融指标的走势中，把握好金融开放与稳定的关系，把握好金融监管的国内外协调问题。

2. 金融监管的内外协调需要处理好金融开放与财政平衡的关系

在金融开放的过程中，经济转轨型国家的财政必须注重开源节流，实现平衡增长。克鲁格曼（1979）认为，在经济转轨型国家，财政赤字势必依赖货币增发来融资，并由此形成本币将会贬值的预期。在固定汇率制度下，基于本币贬值的预期和汇率风险的考虑，赤字融资受到公众资产选择的约束，即赤字融资增发的超货币需求转化为对政府外汇储备的购买。因此，不管外汇储备的初始量如何，只要存在持续的财政赤字融资，外汇储备终将消耗殆尽。随之而至的是，固定汇率制度的崩溃与货币危机。进一步深入分析，在金融开放的背景下，上述财政赤字与货币危机的逻辑联系来得更为迅猛，因为在引发货币危机的过程中，难以遏制的资本外流和国际游资的投机行为将起到推波助澜的作用。因此，金融开放必须依托于稳定的财政。一般情况下，巨额的财政赤字往往通过中央银行对政府的扩张性信贷来弥补。根据其解释，如果当财政与宏观经济环境不稳定时推行金融自由化，由于道德风险的作用，其结果是风险的不断积累。同样，在此环境下的金融国际化，则将产生外汇储备的脆弱性；并可能引发国际收支危机。

3. 金融监管的国内外协调需要处理好金融开放与国内金融体系自由化的关系

在金融开放的过程中，国内银行业和金融调控将受到国际资本流动的巨大冲击。如果国内金融自由化改革不到位，国际资本流动的冲击会诱发金融与经济危机。拉美债务危机和亚洲金融危机都有一个显著的特点：这些转轨型国家在自身宏观经济条件尚未成熟的情况下，过早地进行了金融开放，比较早地进入了全球金融体系。同国际资本的巨量流入和流出相伴随的是，这些金融开放国家出现了“先荣终败”的两阶段恶性循环。国际资本流动的巨幅波动，严重地挫败了这些国家的经济发展。根据麦金农的“金融自由化次序”理论，其中的重要原因是，在国内金融自由化尚未基本完成的情况下，上述国家开始推行金融国际化。金融自由化与金融国际化之间有一个次序问题，金融开放应该立足于国内金融自由化改革。

那么，为什么说金融开放的次序与渐进性决定了金融监管的国内外协调问题的重要性呢？

首先，在国内微观金融自由化改革不到位的情况下，金融开放会导致银行业危机。毕竟，急速的金融开放不可能使金融机构有足够的时间来改进内部监督、信贷审批和风险管理措施，进而建立更加完善的市场化程序。在这种情况下，强烈的资本流入会影响信贷的批准程序，再加上有效分配资源所必需的信息系统——会计、财务披露规则、公司分析、信用体系等尚未开发，以及缺乏相应的贷款分类、准备金和利息资本化规范，导致越来越多的贷款投向高风险的项目以及关联实体，形成了大量的不良贷款。如果存款者对银行的信用风险漠不关心，资不抵债的银行仍然可以通过吸收存款支付利息和红利的方式隐藏其真实的财务状况。这些都有可能会引发银行业的危机，所以需要加强金融监管。而经济转轨型国家在金融开放条件下的特殊性在于，其在金融开放之前面临银行重组、市场化运作与审慎监管的紧迫任务。银行重组涉及公司重组和预算转移，可能需要较大规模的财政改革来予以支持，市场化运作包括分步骤推进利率市场化改革和相关的信息系统的建设。此外，还要求同时进行银行体系的市场化改革，并促进资本市场的发展和规范，降低非金融公司的债务与股本的比例。加强金融监管在其中意义就显得特别重要，尤其是审慎监管涉及分步实施资本充足率、贷款分类、呆账准备标准和设立预警机制，以及建立包括非现场分析、现场检查、外部审计等在内的平衡监管体系。因此，金融监管条例的具体规定和内容是否充分是重要的，监管条例的充分执行能力也同样是重要的。而要保证金融条例和具体规定执行能力，就必须保证金融监管的国内外协调。

其次，在国内宏观金融市场化尚未完成的情况下，金融开放的某些特点也会造成金融危机。这就决定了必须加强金融监管，这一方面是由金融业的特点所决定的；另一方面，也同样是由金融开放后期本国经济金融现实状况与国际状况等因素决定的。这主要表现在：①在国际资本高度流动的背景下，以公开市场业务、再贴现为主体的间接金融调控体系没有完全建立起来的前提下，经济转轨型国家突然实行金融开放，会造成货币政策的低效率，甚至导致金融失控。而要解决好这一问题需要加强金融监管的国内外协调。②金融开放之后，国际资本的自由流动往往给一国带来大量的资本流入或是流出，从而使一国货币面临变动的压力。为处置这些流动资本和稳定汇率，中央银行不得不进行对冲操作，由此在增加货币政策操作难度的同时，严重损害了货币政策的独立性。要处理好这一问题，也需要处理好金融监管的国内外协调。③在金融开放的环境下，国际金融市场的参与者和投机者，可以多渠道、大规模地冲击一国汇率，甚至试图操纵汇率，从而限制一国制定与实施汇率政策的能力。特别是，如果在固定汇率制度的框架下允许国际资本自由流动，同时又持续存在国际收支逆差，根据弗莱明—蒙代尔模型，一国必然会发生货币危机，乃至金融危机。这些因素，都决定了金融监管的国内外协调问题的重要性。

总之，在宏观金融体系脆弱的情况下，经济转轨型国家应当在金融开放之前，着力发展间接货币控制的方法，积极推行利率自由化以及较为灵活的汇率制度安排。通过间接工具实现利率和汇率的灵活调节，可以限制国际资本的短期投机性流动，因为这种流动的前提是存在差别利率和不同的汇率安排。如果条件欠具备就仓促地开放资本项目，经济转轨型国家将不可避免地面临国际资本自由流动、货币政策独立性和固定汇率之间的三难选择问题和潜在的金融风险。因此，一国在实行金融开放的同时，必须处理好金融开放的次序与渐进性问题，与此同时，加强金融监管，尤其是把握好金融监管的国内外协调问题。而这一切其实质就在于解决好国内宏观经济稳定、促进金融自由化与金融业的稳定发展。

三、当前我国金融监管领域存在的一些问题

财政、宏观经济稳定和国内金融自由化是金融开放取得成功的先决条件。尽管中国在过去的20多年里取得了举世瞩目的经济增长，但由于一些深层次问题还没有解决，宏观经济的稳定仍然存在脆弱的因素。因此，在国内金融自由化还不到位，以及存在一定的财政与宏观经济稳定隐患的情况下，迅速的金融国际化不利于我国的金融体系和宏观经济的稳定，甚至会造成金融和经济危机，泰国的金融危机就是前车之鉴。为避免"开放悲剧"和促进经济增长，我国的金融开放必须按照一定的次序，并以渐进的方式逐步推进，与此同时，加强金融监管，以科学发展观为指导，建立正确的政策选择是我国金融开放成功的根本保证。当前，需要注意以下几个方面的情况：

（1）银行资产质量普遍较低，不良贷款比例过高。我国银行业产生大量不良贷款的原因是多方面的。如贷款投向盲目，主要表现在20世纪80年代中后期90年代初期大量的人民币、外币贷款投向房地产业、期货市场、股票市场，追逐泡沫经济所带来的虚假繁荣。又如缺乏资金风险意识——各行在拓展外汇业务特别是中间业务时缺乏足够的风险意识，在开立进口远期信用证时，由于对开证潜在风险普遍认识不足，内部审查流于形式，当国内货币政策从紧、企业流动资金周转困难、国内外利差较大时，"假开证真融资、假开证真诈骗"等行为，使开证行面临着无法逃避的资金垫付风险，并沉淀为不良资产。这些不良资产严重影响着商业银行的正常经常经营，潜伏着金融风险。

（2）部分金融机构经营艰难。金融机构存贷缺口的扩大、经营成本的上升、获利空间的缩小、不良资产的膨胀、同业竞争的加剧，使得金融业对经济的推力渐趋弱化。

（3）非银行金融机构面临严重的支付困难。一些信托投资公司近年来违规经营高息揽存、资本金严重不实、摊子大、呆账多。有的靠大量拆借维持日常支付，资金周转困难；有的因亏损严重资不抵债。一些证券公司、期货公司不同程度地存在着挤占银行资金、挪用客户保证金、开具空头借据、透支、传播假信息等炒作股市、期货市场行为。

（4）一些地方非法设立金融机构，非法或变相从事金融业务，非法进行有偿集资活动，屡禁不止，严重扰乱金融秩序。

（5）一些金融机构为谋求小团体利益违规经营，或擅自扩大业务范围，或以各种名义向社会公众高息揽存和放贷，或违章拆借；或账外经营公款私存；或滥用会计科目编造假账假表等。

（6）外汇违规资本大量流出入，影响国际收支平衡。人民币经常项目实行自由可兑换后，资本项下外汇混入经常项目违规流出入，使国际游资在获利的同时把成本和风险转嫁给国内金融机构和企业，并造成对国内金融市场的冲击和国内有限资源的掠夺。一些不法分子利用金融机构柜面监督上的疏漏和国家外汇政策中的盲点，制造大量的假单证通过银行正常的结算渠道大肆地进行逃汇骗汇、套汇套利活动。资本的趋利性和短期资本所具有的不稳定性，使得大量违规资本的流出入对我国宏观经济的稳定、人民币汇率的稳定和金融体系的稳定产生了消极影响。

（7）金融犯罪和金融腐败现象严重。在金融诈骗、抢劫等犯罪活动猖獗的同时，金融系统内部违法违纪案件时有发生，大案要案数量不断上升。

金融业存在的诸多风险和隐患，其成因是多方面的。从客观环境分析，一是在体制上，金融体制改革滞后于经济发展要求，国有专业银行尚未真正转变成为自主经营、自负盈亏、自我约束、自

求发展的金融企业，其功能和属性仍带有浓厚的行政机关性质。与此同时中央银行缺乏独立性和权威性，对金融监管的目标、原则、内容认识不清，监管的手段相对落后。二是经济转轨时期的遗留问题，即信贷资金直接或间接用于财政性支出。三是企业制度改革中的制度缺陷，使得国有资产严重流失的同时，大量金融债权被悬空。一些企业在承包、转让、兼并，破产过程中想方设法逃债废债。四是国有企业经营困难，效益滑坡。鉴于国有银行和国有企业的特殊关系，国有企业的亏损直接反映到银行的资产质量上。特别是一些重复建设和盲目投资，使许多项目投产之日即为亏损之时，归还贷款更是无从谈起。五是地方政府为显示政债和受到利益驱动，通常会搞一些“短、平、快”的项目，为了解决资金瓶颈制约弥补资金缺口，或为了更灵活更便利地调剂使用资金，就会有意识地放纵辖内金融机构的违规行为或设立非法金融机构。从主观上分析，主要是金融机构缺乏有效的自我约束机制，自身经营管理失误。长期以来，金融机构一直以粗放型经营为目标，一味追求规模扩张和利润指标，缺乏资金风险意识和稳健的经营思想。

我们要充分认识到目前金融业存在的严重问题和风险，在特定的条件下有诱发金融危机的可能性，认识到建立一个严格规范的监管体系对保护存款人利益，维护整个金融体系稳定的必要性；认识到金融安全对一国政治经济安全的重要性。不同国家由于政治经济文化的差异，在监管制度的设计上有各自的侧重和特色。西方发达国家的金融监管制度，在经过了不同时期的经济波动之后，金融监管经历了“监管—放松监管—重新监管”的过程，其监管思想、手段和方式不断趋于成熟与深化。因此我们既要借鉴发达国家和发展中国家的普遍经验，又要充分考虑本国经济实情和发展目标，把金融全球化与金融开放背景下的金融监管的国内外协调问题解决好，建立一个严格规范和科学高效的现代金融监管体系，防范化解金融风险，控制金融风险生成的诱因，提高宏观调控能力，维护整个金融体系的稳定。

四、当前我国金融监管与金融开放的政策选择

首先，要处理好金融监管的国内外协调问题需要建立一个既立足本国国情又符合当代世界经济发展趋势的金融监管组织机构体系。

20 世纪 80 年代以来，新产品、新技术、新交易的广泛运用促进了世界经济的全球化和自由化，90 年代后出现的金融机构大规模的兼并收购浪潮，使得单一的金融机构发展成为全能的金融集团。金融业务从分业经营走向跨业经营和交叉经营，金融监管的难度大大增加。目前我国金融监管实行严格的分业经营和分业管理，第一层次由中央银行和证券监督委员会分别行使对银行业（目前还包括保险业、信托业）和证券业的监管。这种看似相关又互为独立的关系极易出现管理真空和摩擦，加大管理成本。从管理思想的前瞻性来看，在严格实行分业管理的同时，我国的金融监管组织机构，统领各业监管，以减少管理弊端，协调各业关系，提高管理效率，并适应金融多元化发展趋势。这个机构可以由目前的中央银行承担，也可以另行设置。第二层次设立对银行业、证券业、保险业的分业管理机构实行对口监管。第三层次根据各地经济发展状况，按需下设分支机构。需要强调的是各监管机构的职责、权限和监管目标必须以立法的形式加以明确，确保统一监管机构在行使金融监管最高权威时的独立性和自主性。

其次，要建立一个严格规范的有效金融监管体系。有效金融监管体系是一国金融稳定的关键因素，巴塞尔协议及补充协议和《有效银行监管的核心原则》，对银行业制定了全面的指导性原则。我国参与了《有效银行监管的核心原则》的拟定，使得核心原则对我国金融监管和金融发展具有指导性和约束力。当前建立一个有效金融监管体系应该把握以下几点：

（1）正确理解巴塞尔协议和有效监管核心原则，强化风险监管意识。多年来，我国金融监管一直侧重对金融机构执行国家政策的合规性监管，而有效监管的目标是保持金融系统的稳定性和信心，降低存款和金融体系的风险，弥补市场失灵所带来的缺陷，因此，第一，要转变观念积极探索合规性监管和风险性监管相结合的审慎监管思路。第二，核心原则提供的只是一个基本的参考要求——最低要求，即只有当实际执行的指标高于最低要求时，审慎监管才能得到有效实施。因为监管本身不可能也不应该保证不出现银行倒闭，而且在充分竞争的市场经济中倒闭也是重新配置资源的一种途径。第三，审慎监管不排斥金融创新。监管是为了建立一个有效的、有竞争的银行体系，金融创新促进金融竞争，使金融业不断为客户提供高质量的金融服务。金融创新所具有的高风险，反过来又对金融监管提出了更高要求。

（2）建立健全内部控制制度，不断完善持续性监管。持续性监管就是指通过现场和非现场监管对银行业面临的信用风险、市场风险、利率风险、流动风险等各类风险通过制定审慎法规进行监测与控制，尽早发现银行存在问题，防患于未然。这方面我们认为一要对银行业务运用实行全过程有效监管并定期提交高质量的监管报告。二要借鉴国际上银行评级方法如 CAMEL 评级体系，建立金融机构年度资产风险综合评估制度，健全金融机构重大风险快速报告制度和风险预警系统。三要整顿金融会计秩序，重树“三铁”信誉，确保会计信息真实，确保非现场监管报表系统的真实性和有效性。四要根据银行业务变化不断补充制定新的监管办法和制度，使金融监管逐步走向经常化、制度化和规范化。银行内控制度是金融监管当局持续性监管的一个重要内容。银行建立内部控制制度的目的是确保其业务能按经营目标以谨慎的方式经营，有效防范金融风险和道德风险。金融监管当局通过对金融机构内部控制制度的审核、评价和监管，防止某一金融机构由于内部控制制度不健全而导致发生危及金融安全体系的行为。目前我国金融机构在内控建设方面虽取得了一些成效，但仍存在明显不足。必须通过建立完善的资产负债比例管理和风险管理、授权授信审批制度、审慎会计原则、推行贷款五级分类法等措施，强化银行内控机制，提高银行自我约束、自我管理和审慎经营的自觉性。此外，还必须通过同业协会等行业自律组织制定同业公约，营造一个公平、公开、合理的有序竞争环境。

（3）全面执行审慎监管要求，增强银行风险抵御能力和国际竞争能力。长期以来我国四大国有商业银行资本充足率一直偏低，资金盈利能力和风险防范能力较弱，国际形象较差。1998 年 8 月 18 日财政部发行了 2700 亿特别国债用来补充国有独资银行的资本金，使国有商业很行的资本充足率有望达到 8%，从而提高抗风险能力。从我国目前发生的金融案例看，因流动性较差而发生的支付危机较多，不利于社会安定，所以对流动性管理不容忽视。

（4）加快推进本外币一体化监管步伐，保持对金融监管的统一性和完整性。商业银行本外币一体化经营使本外币一体化监管成为必然。因此有必要把现有的人民银行履行的对金融机构人民币业务监管和外汇管理局履行的外汇业务监管合二为一，划清职责、明确分工，对本外币、境内外、表内外业务实行统一管理，全面考核和监管金融机构法人的经营风险，保持对金融监管的统一性和完整性。

（5）试行存款保险制度，提高整个金融体系抗风险能力。存款保险制度的目的是在出现银行倒闭时向小储户提供补偿，提高普通储户对银行体系的信心。限制问题的进一步扩散可以提高整个银行体系的稳定性。同时，它与适当的退出程序相结合，可使金融监管当局在处理银行倒闭的问题有更大的自由度。建议试行建立一个由非国有商业银行、城市信用合作社等其他中小型银行参加的存款保险制度，根据风险大小向存款保险机构缴纳不同比例的资金，从而给存款人和经营良好的银行提供一个安全网。

（6）实施对跨国银行全球性并表监管。随着我国对外开放的逐步扩大，海外分支机构日益增多，国内外资金融机构也大大增加。因此，有必要加强金融监管国际合作，加强东道国与母国监管当局的定期联系，要求跨国银行遵守审慎经营的各项原则，并对其所有业务进行充分监测，避免灾难性事件的爆发。

（7）建立独立的内部审计机制，发挥外部审计作用。督促金融机构建立具有独立性，权威性的内部审计机制；要求内部审计直接向最高决策管理层负责，发挥内部审计在内部控制中的综合性再监督职能。外部审计则是对内部控制制度的一种外在监督，我国的外部审计在内控制度上还是一片空白，会计事务所的功能通常限于核定注册资本金，如能参照国外的先进做法和收费制度，将有利于减轻监管压力并降低监管成本。

（8）建立一个符合现代金融监管体系要求的人才培养机制。全球金融创新的迅速发展、金融竞争的日益加剧，使得现代金融发展实际上就成了金融人才的竞争与发展，要切实担负起现代金融监管各项职能，培养一大批高素质的金融监管人才显得格外重要。一要建立一个具有竞争机理、公正规范的人才培养机制和开发机制，加快实现监管队伍从单一操作型向复合管理型、从传统型向现代型的转变。要不断改进监管队伍的知识结构、专业结构和人员结构，培养一批既懂得金融专业知识，又通晓宏观经济、产业政策、会计、法律、国际法、计算机知识的专业人才，提高对国际金融市场新动向的分析判断和知识能力，提高对新事物新问题的敏感性和反应能力。二要建立符合现代金融业特点的人才激励机制和收入分配机制。用新的机制吸引人、鼓励人、培养人、管理人，造就一支勇于创新、勤奋敬业、德才兼备的监管队伍。

（9）加快金融监管电子化开发进程、促进监管手段先进化。信息业的高速发展、多媒体技术的广泛运用、衍生工具的层出不穷，既为金融创新和金融深化提供了广阔的前景，又对传统的金融监管提出了新的挑战。目前我国金融监管方面的电子化运用远不及银行业务的成熟。因此掌握现代金融业的发展特点和趋势，采用先进的现代科学技术，加快金融监管电子化进程，提高监管当局对信息的采集、处理能力，是当前应解决的问题。

（10）建立健全金融法律法规体系。完善的金融法律法规，是实施有效金融监管的法律依据，也是金融监管规范化法制化的根本保证。要进一步完善金融法规法律体系，提高全社会的金融法治意识，严厉惩治各种违法违规行为，确保有效金融监管的实施，维护国家金融秩序的稳定。

总之，在一国建立起既有利于促进和增强本国金融机构的国际竞争力，又有利于吸引国际资本向本国流动且能够有效防范金融风险的体系，不仅是一国的金融监管难题，也是一项世界性难题。由于我国经济发展的不平衡和现行金融体制的特点，要在我国设计和建立起适应金融全球化发展要求的金融监管体系，需要更多理性和现实的思考。这种历史与现实的复杂性，决定了其金融开放进程中的金融监管的国内外协调问题是一个系统的、长期的、渐进的过程。

参考文献：

1. 2005 年中国金融年鉴［M］. 北京：中国金融年鉴编辑部，2005.

2. 2005 年中国金融发展报告（中国社会科学院金融研究所）［M］. 北京：社会科学出版社，2005.

3. 罗纳德，麦金农. 经济市场化的次序——向市场经济过渡时期的金融控制［M］. 上海：上海三联书店，1999.

4. 祁敬宇. 金融协调运行机制论纲［M］. 北京：中国财政经济出版社，2006.

5. 祁敬宇. 金融发展的国内外协调问题研究［J］. 华南金融研究，2002（5）.

6. 祁敬宇. 中国金融开放的政策选择［N］. 中国经济时报，2006-06-19.

"三驾马车"对我国经济增长的贡献度分析

李成　刘超[①]

内容提要：分清拉动我国经济发展的主次因素，对于我国经济发展政策的制定有着积极的意义，而单从消费、投资和出口与GDP的比率不能充分说明问题。我们运用协整模型建立各因素与GDP的线性关系的方法，具体分析了各因素的变动对于我国经济增长的贡献大小，从而划分出具有说服力的影响我国经济发展的主次因素，并在此基础上提出推动我国经济发展的三点建议：(1)积极推动固定设备投资的同时，避免重复投资的发生；(2)完善各项社会保障措施，提高社会消费水平；(3)准确定位商品出口战略，协调好与各国的经贸关系。

关键词："三驾马车"　经济增长　贡献度

一、导言

自1979年改革开放以来，我国经济经历了快速的发展时期。27年间，GDP增长率最高时达到35%（1994），最低时也有5%左右（1999）（如图1），平均GDP增长率则为15.18%。根据时任国家发展改革委主任马凯的报告[②]：2005年我国GDP排名世界第六，根据普查调整后的数据，2005年我国已经超过法国，与英国基本持平，为世界第五或第四大经济体（2005年GDP总值达到182321亿元人民币）。

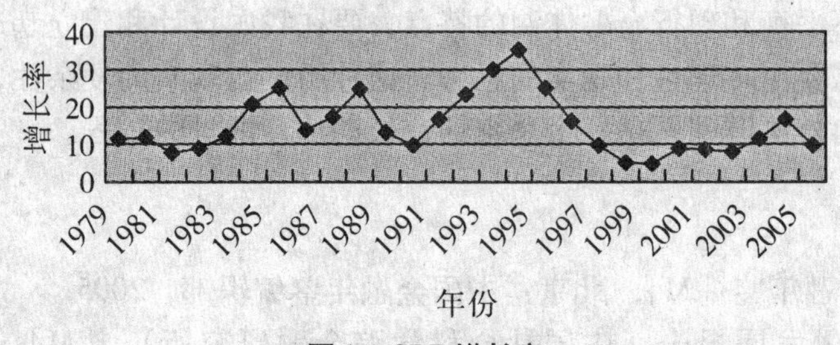

图1　GDP增长率

一国经济增长的动力来源于三个方面：投资、消费和出口，也就是所谓的经济增长"三驾马车"。根据投资、消费和出口对经济增长贡献率的不同，可以将经济增长模式分为投资拉动型、消费拉动型和出口导向型三种类型。三种经济增长模式是相对而言的，实际上，任何国家在经济发展过程中都存在上述三种动力的共同作用，不同模式之间的区分在于以哪一个动力为主。一般来说，投资拉动型的经济增长主要适合于处于工业化阶段的发展中国家，出口导向型经济增长模式则适合于国内市场狭小的国家，而发达的成熟市场经济国家则以消费拉动型的经济增长模式为主。美国就是一个以消费拉动为主的典型国家，2005年消费率为72.1%。投资率为25.1%。而日本在经济起飞期间，则以投资拉动和出口导向双重模式相互补充，1990年代之后转变为消费拉动增长模式。

---

① 李成：西安交通大学经济与金融学院教授，金融系主任，经济学博士，博士生导师。
刘超：西安交通大学经济与金融学院金融学2004级硕士研究生。

② 马凯：当前的经济形势和今年的经济工作——在中宣部等六部委组织的形势报告会上的报告，2006.2。

2005 年消费率为 72.63%①，投资率为 23%。具体到我国情况则有所不同，2005 年我国投资率为 41.81%，消费率为 49%，出口率为 33.64%。而从总体发展发展趋势上看（如图 2），我国投资率稳中有升，出口率升幅较大，消费率则缓慢下降。我国消费率居于主导地位，投资率与出口率居于次要地位。但是不难看出，我国投资率与出口率有超越消费率的趋势，特别是出口率更加明显。这与美国和日本处于消费拉动型为主的经济有所区别，与日本起飞时期双向拉动型的经济又有所不同，似乎近几年来我国经济发展表现的是三者共同拉动的同时，其主次又在消费占微弱优势的同时，有被投资和出口超越的趋势。

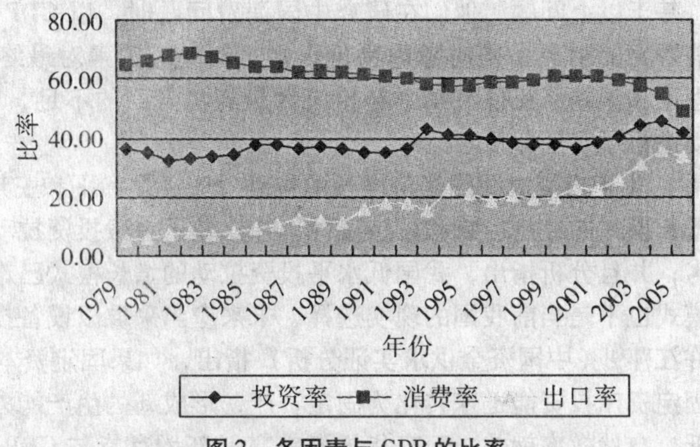

图 2　各因素与 GDP 的比率

分清拉动我国经济发展的主次因素，对于我国经济发展政策的制定有着积极的意义。已有的研究文献往往只注重于分析消费、投资及出口中的单个因素与经济增长的关系，且主要从各因素与 GDP 的简单比例来区分一国处于何种发展阶段，而单从各因素与 GDP 的比率不能充分说明问题。本文运用协整模型建立各因素与 GDP 的线性关系的方法，具体分析了各因素的变动对于我国经济增长的贡献大小，从而划分出具有说服力的影响我国经济发展的主次因素，并在此基础上提出了推动我国经济发展的几点建议。

二、文献综述

关于经济增长与消费、投资和出口的关系，已有不少学者分别对此进行过研究，分别得出了许多有益的见解。在此，我们简要总结如下：

（1）从消费角度看，由于消费是所有经济行为有效实现的最终环节，唯有消费需求的不断提升才具有经济增长持久的拉动力。因此近年来许多学者对中国居民消费进行了大量的研究，形成了许多重要成果。比较有代表性的观点有：万光华等（2001）② 通过测试罗伯特·霍尔（Robert Hall）消费函数及其扩展模型，分析了流动性约束与不确定性在中国居民消费行为演变中的作用，实证研究表明随着中国经济改革的不断深入，中国的居民消费行为在 20 世纪 80 年代的早期发生了结构性转变，流动性约束型消费者所占比重的上升以及不确定性的增大，造成了中国目前的低消费增长和需求不足，而且流动性约束和不确定性之间的相互作用进一步强化了两者对居民消费的影响，导致了居民消费水平和消费增长率的同时下降。孙烽、寿伟光（2001）③从跨期角度研究了最优消费、经济增长与经济账户动态之间的关系，通过模拟数据和现实数据的比较指出，现实经济环境的居民消费向下偏离了最优消费路径，使目前的消费水平和消费增长率不断下跌。王文博和闫荣

① 夏和平，王邦宜．投资拉动型经济增长模式分析与我国未来政策选择［J］．特区经济，2006（1）．
② 万光华，张茵，牛建高．流动性约束、不确定性和中国居民消费［J］．经济研究，2001（7）．
③ 孙烽，寿伟光．最优消费、经济增长与经常账户动态［J］．世界经济，2001（5）．

国（2003）① 指出，从现有的文献来看在以下三个方面还存在一些问题：①研究的范围。现有研究文献大多限于居民消费，未包括政府消费，这样从数量方面来研究总消费需求对经济增长的影响，必然会产生一定偏差。②影响因素的选择。现有文献对消费问题的分析多立足于经典消费理论，验证它们在中国的适用性。对持续走低的物价水平对消费需求的影响，不断下调的利率能否抑制不断上扬的储蓄，转而刺激消费需求的增长很少有严格的实证分析。③研究的方法论。传统的计量经济方法研究消费时存在着动态稳定性假设，而实际上经济不断增长的趋势使大多数经济变量序列是非平稳的，这样直接运用传统的计量经济方法来研究非平稳的经济变量之间的关系从方法论方面而考虑就缺乏一定的可靠性。基于以上问题，他们在研究中国消费问题时，以 GDP 最终消费（既包括居民消费，也包括政府消费）为对象，同时考虑物价水平、利率等因素对最终消费趋势的影响，在研究方法方面用协整理论和误差修正模型来弥补传统计量经济方面的不足，对中国 GDP 最终消费的长期均衡和短期波动进行了实证分析。

（2）从投资角度看，关于投资对我国经济增长的拉动效应，夏和平和王邦宜（2006）② 深入分析了投资拉动型经济增长模式的经济后果和可持续性，并比较了一般投资拉动和设备投资拉动型经济增长模式的质量优劣，并且分析指出，我国低水平投资拉动的增长模式已难以为继，但消费拉动型和出口导向型增长模式也不是当前我国的现实选择，未来应当采取以设备投资拉动为主、兼顾消费的经济增长模式。许江萍③（中国资金供求实证分析）指出，如果固定资本投资率高就表明投资的效率好，绝大部分固定资产投资能迅速转化为固定资产，形成新的生产能力。否则，就表示固定资产投资资本形成率低，自然效率就差；而存货投资率高（新增存货与 GDP 之比）则表明大量的产成品没有及时地销售出去，造成了大量的资金积压，因此资金的使用效率不高。相反，如果存货与 GDP 的比例较低，则表明流动资金周转速度快，产品库存积压少，资金使用效率高。

（3）从出口角度看，王子先（1998）④ 认为，由于出口作为一种最终需求，对经济增长有一种乘数效应，引起社会总需求的数倍扩大，从而对经济增长产生有力的拉动和刺激作用。20 世纪 90 年代以来我国货物出口需求，占社会总需求的比重都保持在20%左右。胡列曲（2000）⑤ 在分析外贸对我国经济增长的拉动作用时，进一步得出：按支出法计算的净出口（X－M）对经济增长贡献度的提高，也表明了海外需求对经济增长的推动效应。根据国民经济核算体系（SNA）中著名的恒等式：GDP＝C＋I＋（X－M）及在此基础上推出的增量恒等式△GDP＝△C＋△I＋（△X－△M），理论界一般认为外贸对经济增长的拉动作用的量化公式为：

外贸对经济增长的贡献度＝净出口增量/ CDP 增量×100%

外贸对 GDP 增长的拉动度＝GDP 增长率×外贸对 GDP 增长的贡献率。依据这两个公式，其计算出近年来外贸对我国经济增长的推动效应（见表 1）。

表 1　外贸对我国经济增长的拉动效应

年份	净出口增加额（亿元）	GDP 增加额（亿元）	外贸对 GDP 增长的贡献度	GDP 增长率	外贸对 GDP 增长的拉动度
1991	－34.05	3069.9	－1.1%	9.3%	－0.1%
1992	－216.43	5020.3	－4.3%	14.2%	－0.6%

① 王文博，闫荣国．中国 GDP 最终消费的长期均衡与短期波动的协整分析［M］．当代经济科学，2003（9）．
② 夏和平，王邦宜．投资拉动型经济增长模式分析与我国未来政策选择［J］．特区经济，2006（1）．
③ 许江萍．中国资金供求实证分析［M］．北京：经济管理出版社，2003．
④ 王子先．更应注重动态效应——外贸在国民经济发展中地位与作用的再认识［J］．国际贸易，1998（10）．
⑤ 胡列曲．中国外贸对国内经济发展促进作用的实证分析［J］．云南财贸学院学报，2000（1）．

表1（续）

年份	净出口增加额（亿元）	GDP增加额（亿元）	外贸对GDP增长的贡献度	GDP增长率	外贸对GDP增长的拉动度
1993	-952.78	7996.3	-11.9%	13.5%	-1.6%
1994	1517.64	12125	12.5	11.8%	1.5%
1995	939.11	11718.7	8%	10.3%	0.8%
1996	-371.14	9317.3	-4%	9.7%	-0.4%
1997	2331.23	6976.6	33.4	8.8%	2.9%

数据显示，1993年以前，净出口对GDP拉动度较小，有时甚至为负的贡献；但自1994年以来，净出口对GDP的贡献度和拉动度均为正值，并在1994年和1997年分别达到1.5个百分点和2.9个百分点的较高水平。这表明由于“双紧”政策的实施国内需求不振，经济增长对国外需求的依赖有所加强。边恕（2005）① 在《中日俄三国出口贸易对经济增长贡献的比较分析》一文中认为，经济增长不仅要依赖于当期国内净需求的增长率和实际出口增长率，而且还要依赖上年度国内净需求占上年度GDP比例，以及上年度实际出口占上年度实际GDP的比例。其得出的结论是：中国的贡献度从1979年开始到2002年几乎所有年份都对中国经济增长带来正面影响（只有1983年为-0.2%，1996年为-0.1%）。而国内净需求贡献度，除1989年于1990年急速下降外，其余年份都在3%以下，尽管如此从整体来看还是保持了不断上升的趋势。从1997年开始，由于中国实施经济紧缩政策，中国国内净需求的贡献度快速下降，相反出口贡献度大大上升。出口贡献度在2000年达到6.3%，2002年甚至达到创记录的7.5%。

从以上分析可以看出，有关学者对经济增长与三因素的关系分别进行了卓有成效研究，然而缺乏将三因素综合起来考虑对我国经济增长的效应分析，呈现出“各自为政”的离散研究状态，且大部分学者仅仅是简单的将各因素的数值与GDP相比来进行分析，缺乏实证检验的严谨性。下面，我们通过运用协整检验的方法将拉动经济增长的三因素结合起来考虑，并且对所得结论给出合理的解释。

三、实证分析

（一）数据选择及变量意义

本文选取国内生产总值（G）作为经济增长的指标，国内固定资本形成额②作为投资的指标（I），居民与政府消费之和作为消费指标（C），对外贸易出口额作为出口指标（E）。选择了1979—2005年的数据作为分析对象，通过建立经济增长与其他各指标的协整模型，分别从整体上和分阶段对影响我国经济增长的各因素变动情况进行了分析。

（二）实证分析

1. 整体分析（1979—2005年）

首先对所给变量进行定基计算后，取自然对数，然后进行ADF单位根检验，检验结果如表2：

① 边恕. 中日俄三国出口贸易对经济增长贡献的比较分析［J］. 国别经济，2005（6）.

② 社会资本形成额由固定资本形成额和存货增加额组成，固定资本形成表示固定资本投资转化为了固定资产，形成了新的生产能力；存货表示产品没有销售出去，造成了资金的积压。

表 2　　各变量 ADF 检验结果

变量	检验形式(*C*,*T*,*L*)	*ADF* 统计量	临界值(1% 检验水平)	*DW* 统计量
LnG	(C,0,1)	0.07	-3.72	1.14
LnI	(C,0,1)	-0.16	-3.72	1.78
LnC	(C,0,1)	-0.69	-3.72	1.54
LnE	(C,0,1)	-0.72	-3.72	2.00
△LnG	(C,0,1)	-2.79	-2.63(10% 检验水平)	1.76
△LnI	(C,0,1)	-3.12	-2.99(5% 检验水平)	1.77
△LnC	(C,0,1)	-2.81	-2.63(10% 检验水平)	1.87
△LnE	(C,0,1)	-4.03	-3.73	1.90

注：检验类型（C，0，1）中 C 表示常数项，T 表示时间趋势项，L 表示滞后阶数。

由表 2 知，LnG、LnI、LnC 和 LnE 的水平 ADF 值均大于其在 1% 显著水平上的临界值，表明至少可以在 99% 的水平上接受有单位根的原假设；而其一阶差分的 ADF 值均小于其在 10%、5% 与 1% 不等的显著水平上的临界值。因此，可以认为各序列存在单位根，它们均是 I（1）单位根过程，可进一步检验这些变量之间的协整性。

单整检验已经说明 LnG、LnI、LnC 和 LnE 都是 I（1）非平稳序列，进一步对变量之间的关系进行协整检验，以避免虚假回归。通过 VAR 模型确定滞后阶数 K = 1。检验结果可以看出，因为 LR = 65.53 > 61.27（1% 显著水平），所以分别拒绝零假设 rk（Π）=0，即认为变量 LnG、LnI、LnC 和 LnE 之间存在协整关系。因为 = 38.52 < 41.20（1% 显著水平），接受零假设 rk（Π）=1，则该四个变量之间只存在一个协整关系。协整公式如下：

$$LnG = 0.4467 + 0.1566LnI + 0.4365LnC + 0.2953LnE \quad (1)$$

$$(0.1284)\ (0.0625)\quad (0.1116)\quad (0.0418)$$

通过协整公式（1）可以看出，在整个样本期间，投资、消费与出口对我国经济增长均呈现正向影响关系，分别为 0.1566、0.4365 和 0.2953 个百分点的影响度，而且消费对于我国经济增长的影响度是主要的，即消费增加 1 个百分点对我国经济增长推动 0.4365 个百分点，其次为出口（0.2953 个百分点），投资对我国经济增长影响则处于最后位置。说明自我国改革开放以来，整体上看，经济增长主要归功于消费的增长，出口与投资在推动我国经济增长中的影响度相对弱一些。

下面我们对整个样本期间进行分段考察，分析各因素在整个期间的影响程度变化情况。鉴于样本数量的限制及协整检验的样本要求，我们在分段考察中，选取各阶段中的样本年份有所重复。我们认为，只要主要年份有所区别，能看出各变量的变化情况，也就达到了我们分析的目的。在此，我们主要分为两个阶段：一是 1979—1994 年，此阶段主要是我国经济快速增长时期（GDP 增长率最低为 7.63%，最高为 35%，平均增长率为 17.58%）且计划经济气氛浓厚一些，开放程度低一些。二是 1990—2005 年，此阶段主要是经济增长放缓时期（GDP 增长率最低为 4.75%，最高为 35%，平均增长率为 14.96%）且市场气氛浓厚一些，开放程度高一些（如图 3）。

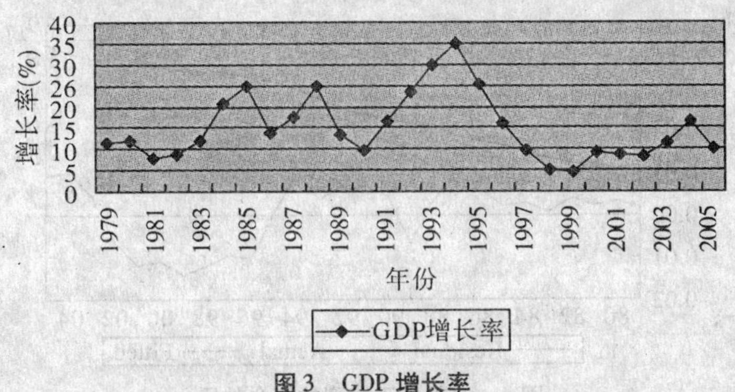

图3　GDP 增长率

2. 阶段分析

(1) 第一阶段（1979—1994 年）

用 Johansen 协整检验法知，该四个变量之间在 1% 的显著水平上有一个协整关系如下：

$$\text{LnG} = 0.1788 + 0.0391\text{LnI} + 0.7102\text{LnC} + 0.1947\text{LnE} \quad (2)$$

　　(0.1169)　(0.0470)　(0.0907)　(0.1169)

通过协整公式（2）可以看出，在此样本期间，消费、出口与投资对我国经济增长的影响，分别为 0.7102、0.1947 和 0.0391 个百分点的影响度，而且消费对于我国经济增长的影响度仍然是主要的，即消费增加 1 个百分点对我国经济增长推动 0.7102 个百分点，其次为出口（0.1947 个百分点），投资对我国经济增长影响则仍处于最后位置。说明我国改革开放前期，经济增长主要归功于消费的增长，出口与投资次之。且与整体样本期间的协整公式相比较，在此期间，消费的影响强度大一些，出口与投资相对小一些。

(2) 第二阶段（1990—2005 年）

用 Johansen 协整检验法知，该四个变量之间在 1% 的显著水平上有一个协整关系如下：

$$\text{LnG} = 1.2177 + 0.4774\text{LnI} + 0.2640\text{LnC} + 0.0816\text{LnE} \quad (3)$$

　　(0.1940)　(0.0990)　(0.1393)　(0.0316)

通过协整公式（3）可以看出，在此样本期间，消费、出口与投资对我国经济增长的影响，分别为 0.2640、0.0816 和 0.4774 个百分点的影响度，而且投资对于我国经济增长的影响度转变为主要的因素，即投资增加 1 个百分点对我国经济增长推动 0.4774 个百分点，其次为消费（0.2640 个百分点），出口对我国经济增长影响则处于最后位置。说明我国改革开放后期，经济增长主要归功于投资的增长，消费与出口次之。且与整体样本期间及改革前期的协整公式相比较，在此期间，投资的影响明显增强，消费与出口的影响明显减弱。

（三）误差修正模型

由 Granger 定理可知，一组具有协整关系的一阶单整变量一定有误差修正模型的表达形式存在。因此，必定存在描述影响经济增长的因素由短期波动向长期均衡调整的误差修正模型。采用 Hendry 的“一般到特殊”建模法，最后建立的误差修正模型（VEC）为：

$$\begin{aligned}\Delta \text{Ln}G = {} & 0.0688 - 0.6201(\Delta \text{Ln}G_{t-1} - 0.1605\Delta \text{Ln}I_{t-1} - 0.4353\Delta \text{Ln}C_{t-1} - 0.2932\Delta \text{Ln}E_{t-1} - \\ & 0.4150) + 1.4384\Delta \text{Ln}G_{t-1} + 0.1758\Delta \text{Ln}I_{t-1} - 1.0417\Delta \text{Ln}C_{t-1} - 0.0521\Delta \text{Ln}E_{t-1}\end{aligned} \quad (4)$$

$R^2 = 0.7690$　$\overline{R^2} = 0.7082$　$DW = 1.6521$

$s.e. = 0.0400$　$T = 27(1979—2005)$

其中，长期关系是：

$$\text{Ln}G = 0.4150 + 0.1605\text{Ln}I + 0.4353\text{Ln}C + 0.2932\text{Ln}E \quad (5)$$

　　(0.0627)　(0.1413)　(0.0597)

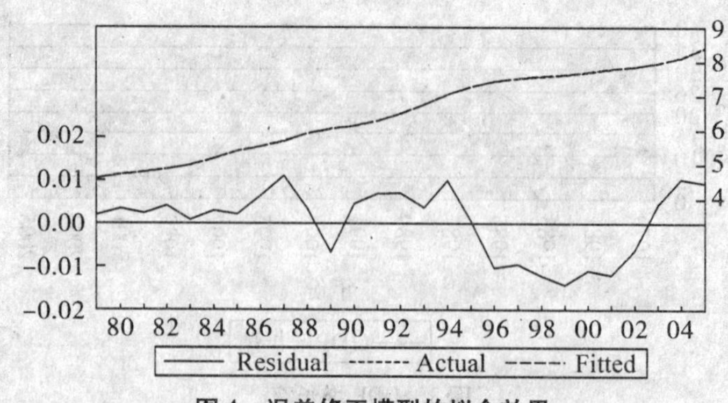

图 4　误差修正模型的拟合效果

（四）成因分析

从以上分析可以看出，整体上拉动我国经济增长的三因素的次序为：消费—出口—投资。从阶段性看，改革前期（1979—1994），其次序为：消费—出口—投资；改革后期（1990—2005），其次序为：投资—消费—出口。从总体上看，我国是消费拉动型经济社会，似乎已达到了美国和日本的经济发展模式的水平；但是从分段考察中，我们可以看出，我国目前仍处于投资拉动型经济社会，还远没有达到发达国家的经济发展模式。分析其成因，我们认为有以下几点：

（1）整体上看，我国自改革开放以来，首先是释放了社会长期压抑的消费倾向，对社会产品的需求急剧增长，国内供不应求的局面有助于促进经济的增长；同时，开放也进一步促进了我国有关产品的出口增加，从而发挥了出口对经济的拉动作用。源于消费与出口的增加，导致国内产品的稀缺，所以我国投资也就随之增加，以扩大社会产品的供给，从而获取投资收益来进一步发挥投资的拉动作用。另外，国家改革开放政策的不断放宽，积极建立市场经济的措施的实施，积极与国际经济体广泛接触，进一步从体制上为三因素促进经济发展创造了良好的环境。

（2）在改革开放的前半期，主要是国内的改革政策，使居民消费倾向得到极大释放，促使消费成为拉动经济增长的主要因素。国内的对外开放政策，促进了国内产品的外销，特别是劳动密集型产品的外销，拉动了经济增长。在此期间，积极吸引外资的政策，促使国外投资的增加，在弥补国内商品供不应求的同时，促进了经济的发展。

（3）改革开放后半期，我国确立了建立社会主义市场经济的发展方针，对国有企业进行了大刀阔斧的改革，打破了国有企业对经济的垄断局面，一定程度上为民营及外资企业参与市场公平竞争创造了条件。对外，我国积极参与国际经济组织的活动，积极加入 WTO、成立上海合作组织，参与东盟及亚太经济合作组织，与美国、欧盟、日本等国广泛发展经贸关系，加上 1997 年成功抵御了亚洲金融危机，使得国内外的投资资金看好我国经济发展前景，促使投资成为拉动经济增长的主要因素；而消费与出口退居其次。消费下降的原因，主要是近几年医疗、社保等方面的改革使得居民生活中遇到的不确定因素增加和大量政府赤字导致政府消费倾向减弱。出口拉动作用的下降，与近几年我国产品特别是劳动密集型产品由于成本低，导致有关国家对我国产品实行限制进口措施有关，也有世界商品处于供过于求的状态有关。

总之，虽然从总体上看，影响我国经济增长的三因素的次序为：消费—出口—投资。但是从阶段性分析中不难看出，投资已成为拉动我国经济发展的主要因素，消费次之，出口位居最后。因此，在今后的经济发展过程中，应在分清主次，重视发挥投资对拉动我国经济增长的同时，积极引导我国消费与出口对经济推动效应的发挥。

四、政策建议

通过以上分析，我们明确了各因素在推动我国经济发展中的地位与强度变化情况，分清了现阶段拉动我国经济增长的各因素的主次关系，对于我国经济发展具有重要的指导意义。在此，针对以上分析结果，结合有关学者的研究成果，我们提出以下建议：

（一）积极推动固定设备投资的同时，避免重复投资的发生

推行增值税改革，实行加速折旧制度，大力鼓励企业进行设备更新，推动我国经济加速进入深加工度化阶段。尽快推动增值税由生产型向消费型的转变，将固定资产投资剔除出税基，特别是应将设备投资剔除出税基，降低企业设备投资的成本，从而起到刺激设备更新的政策效果。另外，实行加速折旧制度直接缩短了企业设备的摊销年限，实质上也是一种减税政策，对企业设备更新也有直接的激励效果。战后日本政府就曾通过税制改革和折旧制度改革来鼓励设备投资，从而提高了企业的设备投资率，而且通过技术进步率的提高大大改善了企业的素质，造就了日本制造业的国际竞争力。

同时，应该严格宏观调控措施，避免传统模式的投资周期重演，防止重复建设和投资浪费。传统的低水平投资扩张已经表现出显著的边际效益递减，弊端已经十分突出，因此，应当坚决予以遏制，将其增速控制在一定范围之内。同时，抑制住低水平的重复建设，降低投资比例，才能为消费比例的提高创造空间，从而提高消费对经济增长的贡献作用，提高经济增长质量。

（二）完善各项社会保障措施，提高社会消费水平

增加政府的社会保障，科技教育文化等公益性事业支出，带动居民对科技教育文化等方面的消费需求；加大再就业工作的力度，增加下岗失业人员收入；加大对高收入者税收征管力度，增加税收；增大向贫困地区和人员转移支付的数额，提高居民的收入水平；加强农业，使农产品收购价格走出低谷；继续增加农民非农务工收入，让进城农民尽快变成城市居民；改革农村税费体制，减少农民支出，增加农村居民的收入水平；改变居民的消费习惯，推广消费信贷，进一步推动消费增长。

（三）准确定位商品出口战略，协调好与各国的经贸关系

我国当前对外贸易中的比较优势仍然集中体现在充足廉价的劳动力供给上，仍然缺乏以资本集中所反映的规模经济优势和以高技术反映的创新优势。并且这一格局在长期内难以有质的改变。为此，按照比较优势原则，外贸发展的总体思路应当设计为：近期以农副产品和轻纺产品为出口支柱，着重提高出口商品的技术含量、产品质量和档次，形成一批名牌产品；中期以机电产品出口为主导，着重发展成熟技术和成套设备出口；远期依靠新技术产品出口为战略目标。

参考文献：

1. 夏和平，王邦宜. 投资拉动型经济增长模式分析与我国未来政策选择［J］. 特区经济，2006（1）.

2. 万光华，张茵，牛建高. 流动性约束、不确定性和中国居民消费［J］. 经济研究，2001·（7）.

3. 孙烽，寿伟光. 最优消费、经济增长与经常账户动态［J］. 世界经济，2001（5）.

4. 夏和平，王邦宜. 投资拉动型经济增长模式分析与我国未来政策选择［J］. 特区经济，2006（1）.

5. 许江萍. 中国资金供求实证分析［M］. 北京：经济管理出版社，2003.

6. 王子先. 更应注重动态效应——外贸在国民经济发展中地位与作用的再认识［J］. 国际贸易，1998（10）.

7. 胡列曲. 中国外贸对国内经济发展促进作用的实证分析［J］. 云南财贸学院学报，2000（1）.

8. 边恕. 中日俄三国出口贸易对经济增长贡献的比较分析［J］. 国别经济，2005（6）.

9. 欧阳志刚，邹全胜. 江西民营企业扩大出口的对策研究［J］. 江苏商论，2006（2）.

上市公司独立董事制度监督绩效实证研究

姚铮　李惠敏[①]

内容提要：本文采用关联方占资水平指标，考察上市公司独立董事制度的监督绩效。实证结果显示，在不同的上市公司之间，独立董事制度的监督绩效是存在差别的。进一步研究发现，独立董事制度的监督绩效与独立董事比例正相关，与相对薪酬和平均年龄负相关，与任职家数和任职年限不存在显著相关关系。最后，文章根据实证分析的结果对独立董事制度的改进提出了相应的建议。

关键词：独立董事　制度特征　监督绩效

一、引言

独立董事制度起源于“一元制”治理结构下的英美等国，是为解决内部人控制、降低代理成本而引入的一种监督机制。我国采用的是“二元制”治理模式，股东大会下设董事会和监事会，监事会负责监督董事会和经理层。但是，由于受各种因素的制约，我国上市公司的监事会并没有起到应有的作用。我国上市公司大多数是由原来的国有企业改制后发行股票上市，股权高度集中，非国有股东控股的上市公司也存在这种现象。股权高度集中使大股东操纵股东大会和董事会的现象十分突出，董事会实际上成了大股东的“代言人”。根据 Shleifer & Vishny（1997）的研究，当股权集中到一定程度，使得一个所有者能有效地管制公司时，代理问题就会从经理层与所有者之间的利益冲突转向控股股东与少数股东之间的利益冲突。由于监事会监督功能的缺失，在控股股东与其他投资者利益发生冲突时，控股股东可以利用其对公司的控制权，转移上市公司的利益，侵犯中小股东的权益。在这样的治理结构下，上市公司行为短期化，大股东利用往来款和其他手段占用上市公司大量的资金就是一个最突出的问题。由于大股东占资，上市公司的血液被抽干，大量的关联债权收不回来，资产质量明显下降。许多经营业绩尚可的上市公司就是因为受其控股股东及其他关联方所累，出现了巨额亏损，最终实际上是中小投资者为大股东买单。

在独立董事制度比较成熟的西方国家，一般认为独立董事发挥监督和决策两项功能。一方面，监督或制约公司董事会和经理层的运作，维护中小投资者的利益；另一方面，发挥管理专长，参与公司的经营决策。我国上市公司引入独立董事制度主要是为了弥补监事会监督效力的不足，强化对董事会和经理层的内部监督。因此，我们认为，上市公司控股股东及其关联方占用上市公司的资金水平比上市公司的业绩指标更能直接地反映独立董事制度的监督绩效，这也是本文的研究与已有的相关研究相比一个重要的区别。2001 年 8 月，证监会发布了《关于上市公司建立独立董事制度的指导意见》（以下简称《指导意见》），对上市公司建立独立董事制度提出了具体的要求。上市公司建立独立董事制度的效果如何？如果独立董事没有起到应有的作用，又应该如何来改进制度设计，以提高独立董事制度的绩效？针对这一课题，本文以控股股东及其他关联方占用上市公司资金水平

---

① 姚铮：男，1957 年 11 月出生，浙江大学资本市场与会计研究中心执行主任、浙江大学企业投资研究所副所长、浙江大学管理学院会计与财务管理系副系主任，教授。

李慧敏：女，1982 年 4 月出生，浙江大学管理学院硕士研究生。

作为独立董事制度监督绩效的衡量指标，通过实证分析来检验，在目前的经济环境与体制结构下，上市公司独立董事制度的设计是否合理，进而提出应该如何来改进制度设计。

二、研究设计与样本选择

（一）变量选择与研究假设

1. 被解释变量

AIMP：关联方期末占资水平，控股股东及其关联方期末占用上市公司资金余额/资产总额。

上市公司的控股股东利用其控股权控制股东大会，进而控制董事会和经理层，侵占上市公司的利益，具体表现为直接或者通过其他关联方间接占用上市公司的资金。由于关联方占款途径多样、形式隐蔽，加之信息披露不充分，其中隐藏的问题外部人很难发现，“占款猛于虎”的现象已经引起了证券监管部门的高度重视。要从根本上杜绝大股东占款，彻底遏制大股东吃“免费午餐”的现象，独立董事对大股东及其关联方的有效监督和制约非常重要。本文将以关联方期末占资水平作为衡量独立董事制度监督绩效的指标。如果关联方占资水平较低，则说明独立董事发挥了良好的监督作用，监督绩效较好；如果关联方占资水平较高，则表明监督绩效较差。

2. 解释变量——测试变量

（1）IND：独立董事比例，独立董事人数/董事会总人数

独立董事在董事会成员中的比例是衡量董事会独立性的一个重要指标。Fama 和 Jensen（1983）认为，董事会中独立董事的比例越高，独立董事的监督越有效，并且还能有效限制经理层的机会主义行为。Byrd 和 Hickman（1992）的一项研究结果表明，独立董事的参与能够改善公司治理，但是这种关系是非线性的。国内学者陈宏辉，贾生华（2002）认为，随着董事会中独立董事人数比例的增加，独立董事的监督作用不断增强，董事会决策的公正性效率不断增加；但同时董事会的信息不对称问题也将趋于严重，决策的适用性效率会降低。大量的证据（Johnson，Hoskisson 和 Hitt，1993；Schellenger，Wood 和 Tashakori，1989）支持独立董事在董事会中占较多的席位可以减少公司管理层的自利行为。因而有以下假设：

假设1：独立董事比例的提高能够降低关联方期末占资水平，独立董事比例与监督绩效正相关。

（2）SAL：独立董事相对薪酬，独立董事的平均薪酬/金额最高的三名高管平均薪酬

Hermalin 和 Weisbach（1998）认为，不给独立董事足够的激励，他们就没有动力去从事他们应该从事的工作，也不会主动承担制定和质疑公司政策的重任。因此主张让独立董事利益与股东利益保持一致，提高独立董事待遇，并与公司绩效挂钩。国内学者封思贤（2005）则认为，独立董事的功能更多的是被定位于监督大股东和经营者，控股股东有可能通过较高的津贴收买独立董事的监督权，危害公司利益，因此独立董事薪酬与监督绩效负相关。我们认为，随着独立董事相对薪酬的提高，他们与管理层的利益逐渐趋同，这会影响到其自身的独立性，使其对大股东转移上市公司利益的行为保持沉默，丧失监督和制约作用。因而有以下假设：

假设2：上市公司支付给独立董事的相对薪酬越高，关联方期末占资水平越高，独立董事相对薪酬与监督绩效负相关。

（3）AGE：独立董事平均年龄，该上市公司独立董事的平均年龄

英国一位专门研究独立董事制度的专家认为，对于绝大多数人来说，最适合担任独立董事的年龄是退休前10年，他们此时担任独立董事会为公司带来最大的价值。因为这一时期对绝大多数人来说处于事业和能力的巅峰，既有丰富的经验，又有足够的能力和充沛的精力来履行其职责。国内学者孔翔（2001）认为，独立董事的年龄在35～55岁之间比较理想。因为如果独立董事过于年轻，则其不可能有太丰富的经验和阅历，因而难以对公司做出实质性的贡献；如果年龄太大，则可能没有足够的精力和动力去行使监督权。结合我国独立董事制度实施的实际情况，高龄独立董事的

现象比较普遍，因而有以下假设：

假设 3：独立董事的平均年龄越高，关联方期末占资水平越高，独立董事平均年龄与监督绩效负相关。

（4）QUA：独立董事平均任职家数，各上市公司平均每名独立董事任职家数

迄今为止，还没有文献对独立董事任职家数与监督绩效之间的关系做过专门的研究。从理论上来讲，担任多家上市公司的独立董事，会对独立董事恰当履行自己的职责产生不利的影响。一个人的时间和精力是有限的，如果一个独立董事在多家上市公司担任职务，受时间和精力的限制，很难保证其能够很好地履行职责。此外，各个上市公司的管理决策所需要的专业知识也不完全相同，在多家上市公司任职会对独立董事专业知识的广度和深度提出更高的要求。因而有以下假设：

假设 4：独立董事平均任职家数越多，关联方期末占资水平越高，独立董事平均任职家数与监督绩效负相关。

（5）YEAR：独立董事任职年限，各独立董事担任该公司独立董事的平均年限

Tejada（1997）的研究结果表明，如果一个企业的独立董事经常批评企业内部的管理层，那么在其任期届满之后常常会被解聘；相反，那些对企业内部的管理层不进行挑剔的独立董事将会连任。Vafeas（2003）认为，独立董事任职年限越长，越有可能被同化，他们更易倾向于与管理层合谋，独立性越差。因此，对独立董事任期加以限制是必要的，一般以三年为宜。因而有以下假设：

假设 5：独立董事任职年限越长，关联方期末占资水平越高，独立董事任职年限与监督绩效负相关。

2. 解释变量——控制变量

（1）SIZE：公司规模

本文使用总资产账面价值的自然对数作为衡量公司规模的变量。一般认为规模大的公司运作比较规范。因此，我们预测该变量与关联方期末占资水平负相关。

（2）TIME：上市年限

宾国强和舒元（2003）认为，我国上市公司上市前普遍存在过度“包装”的问题。因此，随着上市年限变长，上市公司业绩降低的可能性增大，控股股东对资金的饥渴程度也随之增强。因此，我们预测该变量与关联方期末占资水平正相关。

（3）DEBT：资产负债率

资产负债率越高，控股股东及其关联方占用上市公司资金的空间越小。因此，我们预测该变量与关联方期末占资水平负相关。

（4）NET：净资产收益率

控股股东通过违规操作转移上市公司的有效资产，掏空上市公司，会导致上市公司的业绩下降。因此，我们预测净资产收益率与关联方期末占资水平负相关。

（5）FIR：第一大股东持股比例

第一大股东持股比例越高，其在董事会中的表决权越大，对董事会决策的影响力也越大，占用资金更加方便。因此，我们预测第一大股东持股比例与关联方期末占资水平正相关。

（6）CHAR：第一大股东性质

虚拟变量，第一大股东为国有股东取 1，否则取 0。由于国有股东一股独大的现象更为普遍，更容易出现关联方违规占资等不规范行为。因此，我们预测第一大股东为国有股东时关联方期末占资水平会较高。

（二）样本选择

本研究对沪市 A 股进行抽样分析，为使样本公司具有代表性，有效样本的筛选过程如下：①随机选取 2004 年沪市 A 股上市公司 500 家；②剔除金融类上市公司 3 家；③剔除 2004 年间刚刚

上市的公司 18 家；④剔除 2004 年间发生增选、撤换独立董事的上市公司 101 家；⑤剔除 2004 年不支付独立董事薪酬的上市公司 4 家；⑥剔除财务数据不健全的上市公司 15 家；⑦剔除财务数据异常的 ST 类上市公司 29 家，最终得到有效样本 330 家。

（三）数据来源

本研究所有数据均来源于上市公司在上海证券交易所网站公开披露的年度报告和上市公告书。

三、实证检验

（一）描述性统计及相关分析

表 1 是有关被解释变量和测试变量的描述性统计，有效样本容量为 330。结果显示，我国上市公司独立董事比例的均值为 34.08%，独立董事相对薪酬的均值为 27.57%，独立董事平均年龄的均值为 50.24 岁，平均每名独立董事在 1.7837 家上市公司任职，平均任职年限为 2.3443 年，关联方期末占资水平的均值为 3.85%。

表 1　　各变量的描述性统计及相关分析

变量	样本量	均值	方差	独董比例	相对薪酬	独董年龄	兼职数目	任职年限	期末占资
独董比例	330	0.3408	0.04814	1.000	-0.114 *	0.068	0.082	-0.082	-0.171 **
相对薪酬	330	0.2757	0.19377		1.000	-0.003	-0.041	-0.003	0.185 **
平均年龄	330	50.24	7.39600			1.000	0.135 *	0.202 **	0.081 *
任职家数	330	1.7837	0.71217				1.000	0.004	-0.036
任职年限	330	2.3443	0.67872					1.000	-0.026
期末占资	330	0.0385	0.06347						1.000

注：* 表示 Pearson 相关系数通过了 0.05 的显著性检验（双尾检验）。

** 表示 Pearson 相关系数通过了 0.01 的显著性检验（双尾检验）。

从表 1 可以看出，测试变量与被解释变量之间存在如下相关关系：①独立董事比例与关联方期末占资水平显著负相关，这表明独立董事比例越高，监督绩效越好；②独立董事相对薪酬与关联方期末占资水平显著正相关，这表明随着独立董事相对薪酬的提高，监督绩效反而越差；③独立董事平均年龄与关联方期末占资水平显著正相关，这说明独立董事平均年龄与监督绩效负相关；④独立董事任职家数和任职年限都与关联方期末占资水平正相关，但这种相关关系均不显著。

从表 1 还可以看出，测试变量之间存在如下相关关系：①独立董事年龄与任职家数及任职年限显著正相关。这可能是因为年龄较大的独立董事往往是各个领域的专家或权威人士，享有较高的社会声望及丰富的实践经验，上市公司在刚开始引入独立董事制度时，比较倾向于聘任这些年龄较大的独立董事。因而，任职年限较长的均为一些年龄较大的独立董事；并且这些独立董事作为社会名流会受到多家上市公司的青睐，出现身兼数职的现象。②独立董事比例与相对薪酬显著负相关。这可能是因为随着独立董事比例的提高，大股东及管理层通过高薪收买独立董事监督权的可能性降低，独立董事的定位比较合理。

（二）回归分析

为了观察多重共线性问题，本文采用反向逐步回归法（Backward），进入回归方程的系数之 F 统计量的概率为 0.05，从回归方程中删除变量的系数之 F 统计值的概率为 0.10。SPSS 输出结果如表 2 所示。

表 2　　期末占资水平反向逐步回归系数表（Coefficients[a]）

模型	未标准化系数		标准化系数	t	显著性水平	共线性统计量	
	B	标准差	Beta			容忍度	VIF
(Constant)	0.187	0.074		2.534	0.012		
独董比例	-0.148	0.067	-0.113	-2.227	0.027	0.960	1.041
相对薪酬	0.057	0.017	0.174	3.409	0.001	0.958	1.044
平均年龄	0.001	0.000	0.091	2.018	0.048	0.917	1.091
上市年限	0.004	0.001	0.203	3.933	0.000	0.937	1.067
持股比例	0.045	0.021	0.115	2.151	0.032	0.863	1.158
净资报酬	-0.090	0.033	-0.140	-2.678	0.008	0.915	1.093
负债率	0.036	0.008	0.241	4.697	0.000	0.946	1.057
资产规模	-0.010	0.003	-0.153	-2.838	0.005	0.859	1.164

$R^2=0.224$　　调整后的 $R^2=0.204$　　F 值 = 11.275 **（注：* * 表示通过了 1% 的显著性检验）

a 因变量：关联方期末占资水平

从表 2 可以看出，独董比例、相对薪酬、平均年龄、上市年限、第一大股东持股比例、净资产报酬率、负债率和资产规模等 8 个变量进入了回归模型，8 个变量的容忍度都较大，方差膨胀因子（VIF）值很小，两个数值都接近于 1，说明这些变量之间不存在多重共线性。解释变量与被解释变量之间的相关关系如下：

（1）独立董事比例与关联方期末占资水平显著负相关。这说明随着独立董事比例的提高，独立董事制度的监督绩效有所提高，两者之间存在正相关关系，这一结论支持了假设 1。这是因为如果独立董事比例太低，会使独立董事在董事会中处于弱势地位，起不了实质性的作用。随着独立董事比例的上升，独立董事的力量会强大起来，能够有效履行对大股东和管理层的监督职能，保护上市公司中小股东的利益。

（2）独立董事相对薪酬与关联方期末占资水平显著正相关。这说明独立董事相对薪酬越高，监督绩效反而越差，两者之间存在负相关关系，这一关系验证了假设 2。因为随着相对薪酬的提高，独立董事可能会对这一职位产生依赖，而独立董事的提名权和任免权往往掌握在上市公司的大股东和管理层手中，这会使独立董事丧失独立性，为了自身利益而对大股东和管理层的违规行为保持沉默，甚至与其合谋来掏空上市公司。

（3）独立董事平均年龄与关联方期末占资水平显著正相关。这说明独立董事平均年龄越小，监督绩效越好，两者之间存在负相关关系，这一结果验证了假设 3。这是因为年纪较轻的独立董事有足够的精力履行其职责，他们思维更活跃，能够及时发现上市公司所隐藏的问题，并及时予以制止；同时，他们也更富于改革的激情与成就感。另外，他们更愿意花费时间和精力来履行职责，从而树立和扩大自身的声誉资本，为以后的发展奠定基础。

（4）独立董事平均任职家数与关联方期末占资水平不存在显著相关关系。这说明独立董事平均任职家数与其监督绩效之间不存在相关关系，实证结果不支持假设 4。这可能是因为担任多家上市公司独立董事的人士均是各个领域的知名专家，享有较高的声誉，而能够聘请到他们的也必然都是一些业绩较好、治理结构比较完善的上市公司。这些上市公司聘请高声望的独立董事目的在于向市场传递公司治理结构完善的信息，或者是为了发挥这些专家们的决策专长，独立董事的监督职能在这些上市公司反而弱化了。也说明《指导意见》将独立董事的任职家数限定在不超过 5 家是比较合理的，独立董事在多家公司任职受到限制，多家公司任职并没有产生普遍的影响。

（5）独立董事平均任职年限与关联方期末占资水平不存在显著相关关系。这说明独立董事平均任职年限与监督绩效之间不存在相关关系，实证结果不支持假设5。这一结论与国外学者的观点是不一致的。这可能是因为，一方面，独立董事任职年限越长，越有可能被同化，更易倾向于与经营管理层合谋，独立性更差；另一方面，任期越长，独立董事对上市公司的内部情况更加了解，能够更好地保护中小投资者的利益。另外，总体而言，上市公司建立独立董事制度的时间还不够长，独立董事任职年限对监督绩效的影响尚未有显著的体现。

另外，结果显示，负债率与关联方期末占资水平负相关，这与我们的预测相反。这可能是因为，正是由于大股东及其关联方的巨额占资，使得上市公司资金枯竭，负债率上升。也说明银行对上市公司的监控实际上并不是十分有效。第一大股东性质与关联方期末占资水平并不存在显著相关关系，这说明不论是国有股东还是非国有股东，在控股股东利益与上市公司利益发生冲突时，两者的行为并不存在显著的差异。

四、结论与建议

本文通过对330家样本公司的实证分析，比较详尽地考察了独立董事制度设计与监督绩效之间的关系。从实证分析的结果看，独立董事制度监督绩效与独立董事比例正相关；与独立董事相对薪酬和平均年龄负相关；在现有的独立董事制度和运作背景下，独立董事制度监督绩效与独立董事任职家数和任职年限不存在显著相关关系。从实证结果可以看出，《指导意见》对独立董事的最低比例进行强制性规定是很有必要的；将独立董事任职家数限定在5家以内以及将最长任职年限规定为6年是合理的；但是，《指导意见》对独立董事的年龄和相对薪酬没有作出相关规定。因此，我们主要提出以下三点建议：

第一，《指导意见》规定上市公司独立董事的最低比例为1/3，为了验证这一规定的合理性，我们还做了另外的实证分析。限于篇幅，在本文只说明该项实证分析的结果。我们把330家样本公司按独立董事比例分为小于1/3和大于等于1/3两组，对关联方期末占资水平进行了方差分析，结果表明独立董事比例大于等于1/3的公司关联方占资水平显著低于独立董事比例小于1/3的公司，这说明《指导意见》对独立董事最低比例的规定是合理的。结合前文回归分析的结论之一，独立董事比例与关联方期末占资水平显著负相关，我们认为，应该鼓励上市公司进一步提高独立董事的比例，以使独立董事制度能够起到更为显著的作用。

第二，应对独立董事的相对薪酬规定上限，防止大股东及管理层利用高薪来收买独立董事的监督权，以确保独立董事的独立性。对于担任独立董事的人士而言，要使其明确自身的责任和义务。担任独立董事应该是一项社会性的工作，而不是谋生的职业；独立董事应该更多地发扬奉献精神，不要对薪酬过于依赖。另外，还应该完善独立董事的约束机制和建立独立董事的声誉机制，除了对那些敷衍失职的独立董事予以处罚和法律制裁外，也应当对那些勤勉尽职的独立董事予以宣传和表彰。

第三，在独立董事的任职资格中，应对独立董事的年龄规定上限。鼓励上市公司尽量聘用年轻有为的人士担任独立董事，以保证独立董事有足够的时间和精力来履行其监督职责，使独立董事制度更好地发挥作用。

参考文献：

[1] Byrd, J., Hickman, K. Do outside directors monitor managers? [J]. Journal of Financial Economics, 1992 (32).

[2] Hermalin, Benjamin E. and Weisbach, Michael S. Endogenously Chosen Boards of Directors and their Monitoring of the CEO [J]. American Economics Review, 1998 (88).

[3] Vafeas. N. The Determinants of Compensation Committee Membership [J]. Corporate Governance: An International Review, 2000, 8 (4).

[4] 陈宏辉，贾生华. 信息获取、效率替代与董事会职能的改进——一个关于独立董事作用的假说性诠释及其应用 [J]. 中国工业经济，2002 (2).

[5] 封思贤. 独立董事制度对关联交易影响的实证研究 [J]. 商业经济与管理，2005 (3).

[6] 孔翔. 独立董事制度研究. 深圳证券交易所综合研究所. 创业板市场前沿问题研究 [M]. 北京：中国金融出版社，2001.

图书在版编目(CIP)数据

中国金融体制改革:回顾与展望(第六届)/邓乐平主编.—成都:西南财经大学出版社,2009.6

ISBN 978-7-81138-343-0

Ⅰ.中… Ⅱ.邓… Ⅲ.金融体制—经济体制改革—中国—文集 Ⅳ.F832.1-53

中国版本图书馆CIP数据核字(2009)第061205号

中国金融体制改革:回顾与展望(第六届)

邓乐平 主编

责任编辑:李雪

封面设计:穆志坚

责任印制:封俊川

出版发行:	西南财经大学出版社(四川省成都市光华村街55号)
网　　址:	http://www.bookcj.com
电子邮件:	bookcj@foxmail.com
邮政编码:	610074
电　　话:	028-87353785　87352368
印　　刷:	四川森林印务有限责任公司
成品尺寸:	203mm×280mm
印　　张:	13.5
字　　数:	370千字
版　　次:	2009年6月第1版
印　　次:	2009年6月第1次印刷
印　　数:	1—1000册
书　　号:	ISBN 978-7-81138-343-0
定　　价:	32.00元